ज्ञान गरिमा के
72 वर्ष

भारतीय
ज्ञानपीठ

AF622262

णाणं
पयासयं

वीर नि. सं.
2470

ई. सन्
1944

भारतीय ज्ञानपीठ

जैनदर्शन में नयवाद

जैनदर्शन में नयवाद

डॉ. सुखनन्दन जैन

भारतीय ज्ञानपीठ

मूर्तिदेवी ग्रन्थमाला : हिन्दी ग्रन्थांक 44

ISBN 978-81-263-1900-8

जैनदर्शन में नयवाद

डॉ. सुखनन्दन जैन

प्रकाशक : **भारतीय ज्ञानपीठ**
18, इन्स्टीट्यूशनल एरिया, लोदी रोड, नयी दिल्ली–110 003

मुद्रक : विकास कम्प्यूटर ऐंड प्रिंटर्स, दिल्ली

आवरण–सज्जा : ज्ञानपीठ कला प्रभाग

JAIN DARSHAN MEIN NAYAVAD
(Jain Philosophy)
by Dr. Sukhnandan Jain

Published by
Bharatiya Jnanpith
18, Institutional Area, Lodi Road, New Delhi-110 003
Ph. : 011-24698417, 24626467; 23241619 (Daryaganj)
Mob. : 9350536020; e-mail : bjnanpith@gmail.com
sales@jnanpith.net; website : www.jnanpith.net

Third Edition : 2017
Price : Rs. 225

अभीक्ष्ण ज्ञानोपयोगी, महान दार्शनिक,
आध्यात्मिक संत परमपूज्य सिद्धान्तचक्रवर्ती
आचार्य श्री विद्यानन्द मुनिराज
को सविनय समर्पित

आमुख

नयवाद का जैनदर्शन में एक महत्त्वपूर्ण स्थान है। अनेकान्त तथा स्याद्वाद के सिद्धान्तों का विवेचन इसी के साथ किया जाता है। आधुनिक युग में परस्पर विरोधी विचारों के द्वारा भिन्न-भिन्न वाद सामाजिक, आर्थिक और राजनीतिक क्षेत्र में एक दूसरे पर आक्रमण कर रहे हैं, उनमें परस्पर कोई समन्वय स्थापित नहीं हो पा रहा है। ऐसी परिस्थिति में जैनदर्शन का स्याद्वाद तथा नयवाद का सिद्धान्त परस्पर विरोधी विचारों के समन्वय का सिद्धान्त हमारे समक्ष प्रस्तुत करता है। स्याद्वाद तथा नयवाद का मूलतत्त्व यही है कि जीवन में कई प्रकार के विचार जो एक दूसरे के विरोधी प्रतीत होते हैं, उनका समन्वय आधुनिक जीवन की एक बहुत बड़ी आवश्यकता है। जैनदर्शन का नयवाद तथा स्याद्वाद इस दिशा में एक समर्थ दृष्टि देता है। इसलिए इसका अध्ययन आधुनिक जगत् में और अधिक आवश्यक हो जाता है। जैनदर्शन के संस्कृत, प्राकृत, अपभ्रंश तथा बाद के अन्य सभी मूल ग्रन्थों में नय का विवेचन किया है। वास्तव में नयवाद के विवेचन के बिना जैन सिद्धान्तों की व्याख्या की ही नहीं जा सकती।

जैन सिद्धान्त की मूल मान्यता है कि वस्तु अनन्त धर्मात्मक है और इन अनन्त धर्मों का विवेचन या अधिगम प्रमाण तथा नय के द्वारा किया जाता है। प्रमाण वस्तु के सम्पूर्ण स्वरूप को ग्रहण करता है तथा नय वस्तु के एक देश को ग्रहण करता है। इसी आधार पर प्रमाण सप्तभंगी का भी विवेचन किया जाता है।

नय का सामान्य अर्थ है—ज्ञाता अर्थात् जानने वाले का अभिप्राय। ज्ञाता का वह अभिप्राय विशेष नय है जो प्रमाण द्वारा जानी गई वस्तु के एक

देश को स्पर्श करता है।

नयवाद की जितनी उपयोगिता सैद्धान्तिक दृष्टि से है उतनी ही व्यावहारिक दृष्टि से भी। वस्तु स्वरूप का विवेचन करते समय नय की अपेक्षा कथन किया जाता है, इसी प्रकार व्यवहार में जो भी शब्द प्रयुक्त होता है, वह नय की अपेक्षा से होता है। व्यवहार का सम्पूर्ण सत्य इसी के अन्तर्गत आता है।

प्रमाण और नय के साथ निक्षेप का विवेचन आता है। प्रमाण और नय के द्वारा प्रचलित लोक व्यवहार 'निक्षेप' कहलाता है। इस दृष्टि से नय के विवेचन में निक्षेप का विवेचन समाहित रहता है।

नयवाद का विवेचन जैनदर्शन का ऐसा अनिवार्य अंग है कि जैन वाङ्मय में आगम साहित्य से लेकर आधुनिकतम साहित्य में इसका प्रतिपादन किया गया है। भारतीय दर्शन के क्षेत्र में नयवाद जैनाचार्यों की एक मौलिक देन है।

वस्तुतः आज इस बात की आवश्यकता है कि सम्पूर्ण जैन वाङ्मय के आलोक में तथा अन्य भारतीय दर्शनों की तुलना में नयवाद का एक ऐसा समीक्षात्मक अध्ययन प्रस्तुत किया जाए, जो दर्शन के क्षेत्र में नवीन तथ्यों के उद्‌घाटन के साथ-साथ अपनी उपयोगिता और महत्त्व का उद्‌घोषक हो। प्रस्तुत ग्रन्थ इसी उद्देश्य पूर्ति की दिशा में किया गया एक लघु प्रयास है।

इस ग्रन्थ में कुल पाँच अध्याय हैं, जिनमें जैन वाङ्मय में विवेचित तत्त्वाधिगम के अन्यतम उपाय 'नय' के स्वरूप को स्पष्ट करते हुए प्रमाण के साथ उसके अन्तर को विशद रूप से निरूपित करने का प्रयास किया गया है। साथ ही नयों के समन्वयवादी, सैद्धान्तिक तथा आध्यात्मिक दृष्टिकोणों पर पर्याप्त प्रकाश डालते हुए उनके भेद-प्रभेदों को भी एक सीमा में प्रस्तुत करने की चेष्टा की गयी है।

संक्षेप में प्रस्तुत ग्रन्थ में विवेचित विभिन्न विषयों को निम्नलिखित रूप में देखा जा सकता है—

प्रथम, 'नयवाद की पृष्ठभूमि' में नय परिचय, नयों की उपयोगिता, जैन दर्शन में वस्तु व्यवस्था—सत्, द्रव्य, गुण और पर्याय का उनके भेद-प्रभेदों सहित विवेचन किया गया है।

द्वितीय, 'तत्त्वाधिगम के उपाय' प्रकरण प्रमाण, नय, निक्षेप, अनेकान्त और स्याद्वाद तथा सप्तभंगीवाद के विवेचन से सम्बन्ध रखता है। इस विवेचन में उक्त उपायों में से प्रत्येक के स्वरूप और तत्त्वाधिगम में उनके महत्त्व को स्पष्ट करते हुए 'नय' के स्वरूप और उसकी उपयोगिता तथा सुनय-दुर्नय के अन्तर पर पर्याप्त प्रकाश डाला गया है।

तृतीय, विषय है 'नयों का समन्वयवादी दृष्टिकोण'। इसमें नयों के सापेक्ष कथन द्वारा जैनदर्शन तथा जैनेतर दर्शनों की वस्तु स्वरूप विषयक मान्यताओं का पर्यालोचन करते हुए उनमें समन्वय तथा सामंजस्य स्थापित करने की विधि का समीक्षात्मक विवेचन किया गया है।

चतुर्थ, नयों के सैद्धान्तिक दृष्टिकोण का प्रतिपादन करते हुए उनके भेद-प्रभेद—ज्ञान नय, शब्द नय, अर्थ नय तथा द्रव्यार्थिक और पर्यायार्थिक नय एवं उनके भेद, नैगमादि सात नयों का स्वरूप और उनके आभासों तथा उनके भेद-प्रभेदों का समालोचनात्मक विश्लेषण किया गया है।

पंचम, 'नयों के आध्यात्मिक दृष्टिकोण' का विवेचन है। इसमें अध्यात्म प्रतिपादक नय—निश्चय और व्यवहार तथा उनके भेद-प्रभेदों की सूक्ष्मताओं और आध्यात्मिक एवं लौकिक जीवन में उनकी उपयोगिताओं को सिद्ध करते हुए उनका दार्शनिक प्रतिपादन प्रस्तुत किया गया है।

'उपसंहार' में अध्ययन के निष्कर्ष को संक्षिप्त रूप में प्रस्तुत कर जीवन की सार्थकता, चिरन्तन एवं शाश्वतिक सुख-शान्ति की उपलब्धि में मूल कारण के रूप में स्याद्वाद तथा नयवाद की उपयोगिता एवं महत्त्व का मूल्यांकन है।

इस प्रकार प्रस्तुत ग्रन्थ में जैनदर्शन के मौलिक तत्त्व 'नयवाद' पर समस्त भारतीय दर्शन एवं जीवन के परिप्रेक्ष्य में प्रत्येक दृष्टिकोण से विचार करने का पूरा प्रयास रहा है।

प्रस्तुत ग्रन्थ के लेखन में डॉ. धर्मेन्द्रनाथ जी शास्त्री, भूतपूर्व अध्यक्ष, संस्कृत विभाग, मेरठ कालेज, मेरठ तथा भू.पू. संस्कृत प्राध्यापक एवं निदेशक, भारतीय अध्ययन संस्थान, कुरुक्षेत्र विश्वविद्यालय कुरुक्षेत्र के मार्ग निर्देशक के प्रति अपनी कृतज्ञता ज्ञापित करता हूँ।

परमादरणीय गुरुवर्य सिद्धान्ताचार्य पं. कैलाशचन्द्र जी शास्त्री के द्वारा

मुझे इस कार्य में यथोचित मार्ग दर्शन और प्रोत्साहन मिलता रहा है तदर्थ मैं उनके प्रति श्रद्धावनत हूँ।

अन्त में अपनी सहधर्मिणी कपूरी देवी— जो मुझे गार्हस्थ्य चिन्ताओं से मुक्त रखकर जैनदर्शन के इस गूढ़ विषय के लेखन में निरन्तर सहयोग देती रहीं— के प्रति आभारी हूँ।

—सुखनन्दन जैन

पुनश्च

भारतीय ज्ञानपीठ, नयी दिल्ली के प्रबन्धन्यासी साहू अखिलेश जैन के प्रति मैं अपनी कृतज्ञता व्यक्त करता हूँ कि उन्होंने जिनशासन प्रभावनार्थ पूज्य पिताजी की इस कृति को भारतीय ज्ञानपीठ से प्रकाशन की स्वीकृति दी। साथ ही मुख्य प्रकाशन अधिकारी डॉ. गुलाबचन्द्र जैन का विशेष आभारी हूँ कि उन्होंने इसके संशोधन-मुद्रण-प्रकाशन में पूरा-पूरा सहयोग प्रदान किया। प्रो. राजाराम जैन—जिन्होंने पिताजी के इस कृतित्व के विषय-गाम्भीर्य को देखकर ज्ञानपीठ जैसे प्रतिष्ठित संस्थान से प्रकाशित करने की प्रेरणा दी, श्री राकेश जैन शास्त्री, जैनदर्शनाचार्य (भारतीय ज्ञानपीठ), जिन्होंने पाण्डुलिपि को आद्योपान्त पढ़कर उसमें यथावश्यक संशोधन कर उसे सुपाठ्य बनाया तथा डॉ. वीरसागर जैन, अध्यक्ष, जैनदर्शन विभाग, श्री लालबहादुर शास्त्री, राष्ट्रिय संस्कृत विद्यापीठ, नयी दिल्ली के मार्गदर्शन का विशेष लाभ प्राप्त हुआ। मैं इन सभी विद्वज्जनों के प्रति असीम आभार व्यक्त करता हूँ।

पूज्य पिताश्री डॉ. सुखनन्दन जैन द्वारा सन् 1977 में जैनदर्शन के इस अनिवार्य विषय 'जैनदर्शन में नयवाद' पर लिखे गये शोध प्रबन्ध को पुस्तक रूप में प्रकाशित होता देखकर हम समस्त परिवार उनके प्रति श्रद्धावनत हैं।

—स्वराज जैन

महावीर जयन्ती
28 मार्च, 2010

अनुक्रम

1

नयवाद की पृष्ठभूमि

(1) नय-परिचय

जैनदर्शन में वस्तु-स्वरूप के परिज्ञान के लिए प्रमाण के साथ नय का भी प्रतिपादन किया गया है। नय यद्यपि प्रमाण का अंश है तथापि जैनेतर दर्शन-शास्त्रों में प्रमाण का जैसा महत्त्व है वैसा ही महत्त्व जैनदर्शन में नय का है। वस्तुत: नय जैनदर्शन की अपनी एक विशिष्ट और व्यापक विचार पद्धति है। जैनदर्शन प्रत्येक वस्तु का विश्लेषण नय से करता है। अनेकान्त तथा स्याद्वाद सिद्धान्त का विवेचन भी नय के द्वारा किया जाता है। जैनदर्शन में अनेकान्त दृष्टि के निर्वाह एवं विस्तार के लिए तथा उसके विविध प्रकार से उपयोग के लिए स्याद्वाद, नयवाद (सापेक्षवाद), सप्तभंगी सिद्धान्त आदि विविध रूपों का निरूपण किया गया है। ये स्याद्वाद, नयवाद आदि विविध रूप अनेकान्तवाद के ही तो फलितार्थ हैं। स्याद्वाद जिन विभिन्न दृष्टिकोणों का अभिव्यंजन है, वे दृष्टिकोण जैनपरिभाषा में नय के नाम से अभिहित होते हैं। नय का सामान्य अर्थ है, 'ज्ञाता का अभिप्राय'।[1] ज्ञाता का वह अभिप्राय विशेष नय है, जो प्रमाण के द्वारा जाने गये वस्तु के एकदेश को स्पर्श करता है। भेदाभेदात्मक, नित्यानित्यात्मक, उत्पाद-व्यय-ध्रौव्य रूप सामान्य-विशेषात्मक पदार्थ अखण्ड रूप से प्रमाण का विषय होता है। उसके किसी एक धर्म को मुख्य तथा इतर धर्मों को गौण रूप से विषय करने वाला ज्ञाता का अभिप्राय नय कहलाता है। जब वही अभिप्राय इतर धर्मों को गौण न करके उनका निरसन या निराकरण करने लगता है तब वह दुर्नय कहलाता है। तात्पर्य यह है कि प्रमाण में अनेक धर्मवाली पूर्ण वस्तु विषय होती है, नय में एक धर्म मुख्य रूप से विषय होकर भी इतर धर्मों के प्रति गौणता रहती है। इस प्रकार अनेक धर्मात्मक वस्तु के विभिन्न धर्मों का समन्वय करने के लिए नयवाद की उपयोगिता सिद्ध होती है।

सैद्धान्तिक दृष्टि से नयवाद की जितनी उपयोगिता है उतनी ही उपयोगिता व्यावहारिक दृष्टि से भी है। वस्तु-स्वरूप का विवेचन करते समय नय की अपेक्षा

कथन किया जाता है। इसी प्रकार व्यवहार में जो भी शब्द प्रयोग होता है वह भी नय की अपेक्षा होता है। व्यवहार का सम्पूर्ण सत्य इसी के अन्तर्गत आता है। जैनदर्शन के संस्कृत, प्राकृत, अपभ्रंश तथा बाद के अन्य सभी मूल ग्रन्थों में नय का विवेचन किया गया है। वास्तव में नयवाद के विवेचन के बिना जैन सिद्धान्तों की व्याख्या की ही नहीं जा सकती है। नयवाद का विवेचन जैनदर्शन का ऐसा अनिवार्य अंग है कि जैन-वाङ्मय में आगम साहित्य से लेकर आधुनिकतम साहित्य तक में इसका प्रतिपादन किया गया है। जैनेतर दर्शनों में वस्तु-तत्त्व के विवेचन की जो प्रक्रिया है जैनदर्शन में उससे भिन्न है। इस प्रकार भारतीय दर्शन में नयवाद जैन-दर्शन की एक मौलिक देन है।

(2) नयों की उपयोगिता

जैनदर्शन में नयों की बड़ी उपयोगिता और महत्त्व बतलाया गया है; क्योंकि उसमें वस्तु-विवेचन नयों के द्वारा किया जाता है। उसमें एक भी सूत्र और अर्थ ऐसा नहीं है जो नयशून्य हो।[2] जैनदर्शन को समझने के लिए नयदृष्टि को समझना अत्यावश्यक है। प्रमाण के साथ नयदृष्टि के माध्यम से वस्तु स्वरूप की प्ररूपणा ही तो जैनदर्शन है। बिना नयदृष्टि को समझे जैनदर्शन जटिल मालूम पड़ता है और उस निर्दोष प्रणाली में संशयादि दोष दृष्टिगत होने लगते हैं। तात्पर्य यह है कि नयों का सम्यग्ज्ञान हुए बिना वस्तु-स्वरूप का ठीक-ठीक परिज्ञान ही नहीं हो सकता। श्री माइल्ल धवल ने नय दृष्टि का महत्त्व बताते हुए कहा है, 'जो नयदृष्टि-विहीन हैं, उन्हें वस्तु के स्वरूप की उपलब्धि नहीं हो सकती है और जिन्हें वस्तु-स्वरूप की उपलब्धि नहीं है, वे सम्यग्दृष्टि कैसे हो सकते हैं।?'[3] सम्यग्दृष्टि बनने के लिए वस्तु-स्वरूप का ज्ञान होना आवश्यक है और वस्तु-स्वरूप के ज्ञान के लिए नयदृष्टि का होना आवश्यक है। नयदृष्टि के बिना वस्तु के स्वरूप को ठीक-ठीक नहीं जाना जा सकता। वस्तु-स्वरूप या जीवादि तत्त्वों के प्रति सच्ची श्रद्धा तभी जाग्रत् हो सकती है जब हम उनके स्वरूप को यथार्थ रूप में जान सकें और उनके यथार्थ स्वरूप को समझने के लिए हमें नयदृष्टि का सहारा लेना पड़ेगा; क्योंकि परस्पर सापेक्ष दो विरोधी प्रतीत होने वाले धर्मों के अनन्त युगलों को वस्तु अपने अन्तस्तल में छिपाये बैठी है। अर्थात् अनेकान्त के अंगभूत परस्पर विरोधी प्रतीत होने वाले अनन्त धर्म युगल प्रत्येक वस्तु में समाये हुए हैं।[4] यदि नयदृष्टि का सहारा नहीं लिया जाएगा और परस्पर सापेक्ष दो विरोधी धर्मों को निरपेक्ष दृष्टि से देखा जाएगा तो हम वस्तु के यथार्थ स्वरूप को जान ही नहीं सकेंगे।

विश्व के अन्य सभी दर्शन एकान्तवादी हैं। वे वस्तु को एक धर्मात्मक ही मानते हैं, विरुद्ध उभय धर्मात्मक नहीं मानते। इसीलिए उनमें प्रमाण के सिवाय अंशग्राहीरूप से नय की कोई चर्चा ही नहीं है; किन्तु अनेकान्तवादी जैनदर्शन का काम नय के बिना चल ही नहीं सकता, क्योंकि अनेकान्त का मूल नय है।[5] नय का विषय एकान्त है, इसलिए नय को एकान्त भी कहते हैं और एकान्तों के समूह का नाम अनेकान्त है। अत: एकान्त के बिना अनेकान्त सम्भव नहीं है। जो वस्तु प्रमाण की दृष्टि में अनेकान्त रूप है, वही वस्तु नय की दृष्टि में एकान्त स्वरूप है। अत: नय के बिना अनेकान्त सम्भव नहीं है।

प्रमाण और नय से अनेकान्त स्वरूप वस्तु की सिद्धि होती है। प्रमाण वस्तु के सभी धर्मों को विषय करने वाला है और नय वस्तु के उन धर्मों में से किसी एक धर्म को विषय करने वाला है। प्रमाण की अपेक्षा से अनेकान्त अनेकान्त-स्वरूप है। अर्थात् अनेक धर्मस्वरूप वस्तु अनेक धर्मस्वरूप ही दिखती है। वही अनेकान्त-स्वरूप वस्तु जब किसी विशेष नय की अपेक्षा से देखी जाती है तब किसी एक धर्मस्वरूप दिखती है, इस तरह वस्तु-स्वरूप को अपेक्षा-सहित मानने से या वस्तु-स्वरूप का सापेक्ष कथन करने से कोई विरोध नहीं आता है। अपेक्षा रहित अनेकान्त व एकान्त सब सदोष होते हैं। वस्तु नित्यानित्यात्मक, एकानेकात्मक, भेदाभेदात्मक, सामान्य-विशेषात्मक आदि अनेक धर्मस्वरूप है। इसी वस्तुस्वरूप को समझने के लिए जैनदर्शन में प्रमाण और नय ये दो साधन माने गये हैं। प्रमाण की अपेक्षा वस्तु अनेक धर्मस्वरूप झलकती है और नय की अपेक्षा एक-एक धर्मस्वरूप। नय वस्तु-स्वरूप को वस्तु के किसी एक धर्म को मुख्य करके और उसी समय उसके अन्य धर्मों को गौण करके बताता है। वह वस्तु के एक धर्म को मुख्य करके कहते हुए उसके अन्य धर्मों का निषेध नहीं करता है। इस प्रकार जैनदर्शन में स्याद्वाद और नय पद्धति से निर्बाध वस्तु-स्वरूप की सिद्धि होती है।

नय की उपयोगिता बतलाते हुए श्री माइल्ल धवल ने कहा है, 'अनेक स्वभावों से परिपूर्ण वस्तु को प्रमाण के द्वारा ग्रहण करके तत्पश्चात् एकान्तवाद का नाश करने के लिए नयों की योजना करनी चाहिए।'[6]

इसी बात को आचार्य देवसेन ने भी कहा है; 'नाना स्वभावों (धर्मों) से युक्त द्रव्य को प्रमाण के द्वारा जान करके सापेक्ष सिद्धि के लिए उसमें नयों की योजना करनी चाहिए।'[7]

श्री माइल्ल धवल पुन: कहते हैं, 'नय के बिना मनुष्य को स्याद्वाद का बोध नहीं हो सकता, इसलिए जो एकान्त का विरोध करना चाहता है उसे नय को जानना चाहिए। एकान्त का विरोध करने के लिए नय-ज्ञान आवश्यक है।'[8]

अकलंक देव ने कहा है: 'श्रुत के दो काम हैं, उनमें से एक का नाम स्याद्वाद है और दूसरे का नाम नय। अनेक धर्मात्मक सम्पूर्ण वस्तु के कथन को स्याद्वाद कहते हैं और वस्तु के एक देश कथन को नय कहते हैं।'[9] आचार्य समन्तभद्र ने भी 'स्याद्वाद के द्वारा गृहीत अनेकान्तात्मक पदार्थ के धर्मों का अलग-अलग कथन करने वाले को नय कहा है।'[10]

प्रमाण के द्वारा अनेकान्त का बोध होता है और नय के द्वारा एकान्त का। किन्तु नय तभी सुनय है जब वह सापेक्ष हो। यदि वह अन्य नयों के द्वारा गृहीत अन्य धर्मों का निराकरण करता है तो दुर्नय हो जाता है। अत: सापेक्ष नयों के द्वारा गृहीत एकान्तों के समूह का नाम ही अनेकान्त है और अनेकान्त का ग्राहक या प्रतिपादक स्याद्वाद है। अत: स्याद्वाद को समझने के लिए नय को समझना आवश्यक है और नय के द्वारा ही एकान्त का निरसन सम्भव है; क्योंकि यद्यपि नय एकान्त का ग्राहक है, किन्तु वह एकान्त भी तभी सम्यक् एकान्त कहा जाता है जब वह अन्य एकान्तों का निराकरण नहीं करता। अत: अन्य सापेक्ष एकान्त ही सम्यक् एकान्त है। जैनदर्शन एकान्त का विरोधी नहीं है, किन्तु मिथ्या एकान्त का विरोधी है। इस प्रकार के एकान्तों के समन्वय के लिए नय का ज्ञान आवश्यक है। नय का ज्ञाता यह जानता है कि वस्तु को जानने के बाद ज्ञाता अपने अभिप्राय के अनुसार उसका कथन करता है; अत: उसका कथन उतने ही अंश में सत्य है, सर्वांश में सत्य नहीं है, दूसरा ज्ञाता उसी वस्तु को अपने अभिप्राय के अनुसार भिन्न रूप से कहता है। उनके पारस्परिक विरोध को नयदृष्टि से ही दूर किया जा सकता है। अत: वस्तु के यथार्थ स्वरूप को समझने के साथ उसके सम्बन्ध में विभिन्न ज्ञाताओं के विभिन्न अभिप्रायों को समझने के लिए नय को जानना चाहिए। यही नय की उपयोगिता है।

(3) जैनदर्शन में वस्तु-व्यवस्था

जैनदर्शन में वस्तु-व्यवस्था का विवेचन सत्, द्रव्य, गुण और पर्याय के रूप में किया गया है।

(क) **सत्**—जगत् की प्रत्येक वस्तु चाहे वह द्रव्य हो या गुण हो या पर्याय हो, जो कुछ भी हो, सबसे पहले वह सत् है, उसके पश्चात् ही वह अन्य कुछ है। जो सत् नहीं है वह कुछ भी नहीं है। अत: प्रत्येक वस्तु सत् है। सत् के भाव को ही सत्ता या अस्तित्व कहते हैं। पदार्थों में स्वरूप का अवबोधक अन्वय रूप जो धर्म पाया जाता है उसे सत्ता कहते हैं। यह सत्ता अपने उत्पाद, व्यय और ध्रौव्य स्वभाव के द्वारा नाना पदार्थों में व्याप्त होकर रहती है इसलिए नाना रूप है। ऐसा

एक भी पदार्थ नहीं जो सत् स्वरूप न हो, इसलिए यह सर्व पदार्थ स्थित है। उत्पाद-व्यय-ध्रौव्य स्वभाव होने से त्रिलक्षणात्मक है। सब पदार्थों में अन्वय रूप से पायी जाती है इसलिए एक है और अनन्त पर्यायों का आधार है इसलिए अनन्त पर्यायात्मक है। यद्यपि सत्ता का स्वरूप उक्त प्रकार का है तो भी यह केवल अन्वय रूप से ही विचार करने पर प्राप्त होता है, व्यतिरेक रूप से विचार करने पर तो इसकी स्थिति ठीक इससे उलटी होती है। इसी से इसे उक्त कथन के प्रतिपक्ष वाला भी बतलाया गया है। आशय यह है कि वस्तु न सामान्यात्मक ही है और न विशेषात्मक ही, किन्तु उभयात्मक है, जिसकी सिद्धि विवक्षा भेद से होती है। नयपक्ष यह विवक्षा भेद या सापेक्षवाद का ही पर्यायवाची है। इससे सामान्य-विशेष रूप से उभयात्मक वस्तु की सिद्धि होती है।

सत्ता की विशेषता बतलाते हुए आचार्य कुन्दकुन्द ने भी कहा है—'सत्ता सब पदार्थों में रहती है, समस्त पदार्थों के समस्त रूपों में रहती है, समस्त पदार्थों की अनन्त पर्यायों में रहती है, उत्पाद-व्यय ध्रौव्यात्मक है, एक है और सप्रतिपक्षा है।'[11]

सत्ता का प्रतिपक्षी तो असत्ता ही हो सकती है; किन्तु असत्ता का अर्थ तुच्छाभाव नहीं है। जैनदर्शन में जो सत् है वही दृष्टिभेद से असत् भी कहा जाता है। इस प्रकार जगत् में जो कुछ सत् है वह किसी अपेक्षा से असत् भी है। न कोई वस्तु सर्वथा सत् है और न कोई वस्तु सर्वथा असत् है; किन्तु प्रत्येक वस्तु सदसदात्मक (अस्ति-नास्ति रूप) है। वस्तु का अस्तित्व केवल इस बात पर निर्भर नहीं है कि वह अपने स्वरूप को अपनाये हुए है; किन्तु इस बात पर भी निर्भर है कि अपने सिवाय वह संसार भर की अन्य वस्तुओं के स्वरूपों को नहीं अपनाये हुए है। यदि ऐसा न माना जाये तो किसी भी वस्तु का कोई प्रतिनियत स्वरूप नहीं रह सकता और ऐसा होने पर सब वस्तुएँ सब रूप हो जाएँगी। अनेकान्तात्मक वस्तु का यह सदसदात्मक स्वरूप स्याद्वाद और नयवाद के दृष्टिकोण से निर्विरोध सिद्ध होता है, जिसका स्पष्ट विवेचन आगे द्रव्य-विवेचन के अवसर पर किया जाएगा।

(ख) **द्रव्य-स्वरूप :** द्रव्य शब्द का उल्लेख जैन और न्याय-वैशेषिक, मीमांसा आदि वैदिक दर्शनों में स्पष्ट रूप से मिलता है। जैनदर्शन में जीव, पुद्गल, धर्म, अधर्म, आकाश और काल को द्रव्य कहा गया है[12] तथा न्याय-वैशेषिक दर्शन में पृथ्वी, जल, अग्नि, वायु, आत्मा, आकाश, दिशा, काल और मन इन नौ को द्रव्य कहा है;[13] किन्तु वैशेषिक दर्शन मान्य इन नौ द्रव्यों का अन्तर्भाव जैन दर्शन के छः द्रव्यों में ही हो जाता है, जिसका स्पष्ट विवेचन द्रव्य-भेद प्रकरण में किया जाएगा।

सर्व प्रथम जैन-आचार्य कुन्दकुन्द ने द्रव्य का लक्षण करते हुए कहा है—'जो सत् लक्षण वाला है, उत्पाद, व्यय और ध्रौव्य से युक्त है तथा गुण-पर्यायों

का आश्रय है अथवा गुण-पर्याय स्वभाव वाला है, वह द्रव्य है।[14]

आचार्य उमास्वामी,[15] और श्री माइल्ल धवल[16] ने भी इसी प्रकार द्रव्य का लक्षण किया है।

विश्लेषण—जो सत् है, वह द्रव्य है और जो उत्पाद-व्यय-ध्रौव्य से युक्त है वह सत् है। जो द्रव्य है वह गुण-पर्यायवान है इस तरह प्रकारान्तर से द्रव्य ही सत् है और वही उत्पाद-व्यय-ध्रौव्य से युक्त है। और वही गुण-पर्यायों वाला है वस्तुतः ये तीनों ही लक्षण विभिन्न रूप से द्रव्य की विशेषताओं को बतलाते हैं। सत् कहने से उत्पाद-व्यय-ध्रौव्य और गुण-पर्याय नियम से गृहीत होते हैं। 'उत्पाद-व्यय-ध्रौव्य युक्त' कहने से सत् और गुणपर्यायवत्व गृहीत होते हैं। तथा 'गुणपर्यायवत्' कहने से उत्पाद-व्यय-ध्रौव्य और सत् गृहीत होते हैं। इस तरह ये तीनों लक्षण परस्पर में अविनाभावी हैं; क्योंकि जो सत् है वह कथंचित् नित्य और कथंचित् अनित्य होने से उत्पाद-व्यय-ध्रौव्यात्मक है। एक द्रव्य में क्रम से होने वाली पर्यायों की परम्परा में पूर्व पर्याय के विनाश को व्यय कहते हैं, उत्तर पर्याय की उत्पत्ति को उत्पाद कहते हैं और पूर्व पर्याय का विनाश तथा उत्तर पर्याय का उत्पाद होने पर भी अपनी जाति को न छोड़ने का नाम ध्रौव्य है। गुण ध्रुव (सदा रहने वाले) होते हैं, पर्याय उत्पाद, विनाशशील होती है, अतः उत्पाद-व्यय-ध्रौव्य युक्त से गुणपर्यायवत्व सिद्ध होता है। इस तरह उत्पाद-व्यय-ध्रौव्य नित्यानित्य स्वरूप परमार्थ सत् को कहते हैं और गुणपर्याय को भी कहते है; क्योंकि गुण-पर्याय के बिना उत्पाद, व्यय, ध्रौव्य सम्भव नहीं है। इसी तरह गुण अन्वयी होते हैं, प्रत्येक अवस्था में द्रव्य के साथ अनुस्यूत रहते हैं और पर्याय व्यतिरेकी होती हैं, प्रतिसमय परिवर्तनशील होती हैं, अतः गुण व पर्याय उत्पाद, विनाश और ध्रौव्य का सूचन करते हैं तथा नित्यानित्य स्वभाव परमार्थ सत् का अवबोध कराते हैं।

सत्ता या अस्तित्व द्रव्य का स्वभाव है। वह अन्य साधनों से निरपेक्ष होने से अनादि-अनन्त है, उसका कोई कारण नहीं है, सदा एक रूप से परिणत होने से वैभाविक भाव रूप नहीं है, द्रव्य भाववान् है और अस्तित्व उसका भाव है। इस अपेक्षा से द्रव्य और अस्तित्व में भेद होने पर भी प्रदेश भेद न होने से द्रव्य के साथ उसका एकत्व है, अतः वह द्रव्य का स्वभाव ही है। वह अस्तित्व जैसे भिन्न-भिन्न द्रव्यों से भिन्न-भिन्न होता है उस तरह द्रव्य, गुण, पर्यायों का अस्तित्व भिन्न-भिन्न नहीं है। उन सबका अस्तित्व एक ही है।

एक द्रव्य से दूसरा द्रव्य नहीं बनता। सभी द्रव्य स्वभाव-सिद्ध हैं और चूँकि वे अनादि अनन्त हैं; और जो अनादि अनन्त होता है उसकी उत्पत्ति के लिए अन्य

साधनों की आवश्यकता नहीं होती। उसका मूल साधन तो उसका गुणपर्यायात्मक स्वभाव ही है, उसे लिए हुए वह स्वयं सिद्ध ही है। जो द्रव्यों से उत्पन्न होता है वह द्रव्यान्तर या अन्य द्रव्य नहीं है, किन्तु पर्याय है क्योंकि वह अनित्य होता है जैसे दो परमाणुओं के मेल से द्व्यणुक बनता है या जैसे मनुष्यादि पर्याय हैं। द्रव्य तो त्रिकालस्थायी होता है, वह पर्याय की तरह उत्पन्न और नष्ट नहीं होता है। इस प्रकार जैसे द्रव्य स्वभाव से ही सिद्ध है उसी प्रकार वह सत् भी स्वभाव से ही सिद्ध है, क्योंकि वह सत्तात्मक अपने स्वभाव से बना हुआ है। सत्ता द्रव्य से भिन्न नहीं है जो उसके समवाय से द्रव्य सत् हो। सत् और सत्ता ये दोनों पृथक् सिद्ध न होने से भिन्न-भिन्न नहीं हैं क्योंकि दण्ड और देवदत्त की तरह दोनों अलग-अलग दृष्टिगोचर नहीं होते। द्रव्य सदा अपने स्वभाव में स्थिर रहता है इसलिए वह सत् है। द्रव्य का वह स्वभाव है उत्पाद, व्यय और ध्रौव्य की एकता रूप परिणाम। उत्पाद, व्यय और ध्रौव्य इन तीनों का परस्पर में अविनाभाव है। उत्पाद व्यय के बिना नहीं होता, व्यय उत्पाद के बिना नहीं होता, उत्पाद और व्यय ध्रौव्य या स्थिति के बिना नहीं होते और ध्रौव्य या स्थिति उत्पाद, व्यय के बिना नहीं होता। जो उत्पाद और व्यय है वही ध्रौव्य या स्थिति है तथा जो ध्रौव्य या अवस्थिति है वही उत्पाद-व्यय है।[17]

उदाहरणार्थ यों कहा जा सकता है कि घट की उत्पत्ति है वही मिट्टी के पिण्ड का विनाश है, क्योंकि भाव अन्य भाव के अभाव रूप से दृष्टिगोचर होता है तथा जो मिट्टी के पिण्ड का विनाश है वही घड़े का उत्पाद है, क्योंकि अभाव अन्यभाव के भाव रूप से दिखलाई पड़ता है और जो घड़े का उत्पाद तथा मिट्टी के पिण्ड का व्यय है वही मिट्टी की स्थिति है, क्योंकि व्यतिरेक द्वारा ही अन्वय का प्रकाशन होता है। जो मिट्टी की स्थिति है वही घड़े का उत्पाद और मिट्टी के पिण्ड का विनाश है, क्योंकि व्यतिरेक अन्वय का अतिक्रमण नहीं करता।

यदि उपर्युक्त रूप से न माना जाय तो उत्पत्ति अन्य, विनाश अन्य और स्थिति या ध्रौव्य अन्य मानना होगा। वस्तु में व्यय और ध्रौव्य के बिना केवल उत्पाद को ही माना जाय तो घट की उत्पत्ति सम्भव नहीं होगी; क्योंकि मिट्टी की स्थिति और उसकी पिण्ड-पर्याय के विनाश के बिना घट उत्पन्न नहीं हो सकेगा। यदि 'उत्पन्न होगा' ऐसा माना जाएगा तो असत् का उत्पाद मानना होगा। एक बात यह भी होगी कि जिस प्रकार घट उत्पन्न नहीं होगा उसी प्रकार अन्य पदार्थ भी उत्पन्न नहीं होंगे और असत् का उत्पाद मानने पर आकाशकुसुम जैसी असम्भव वस्तुओं का भी उत्पाद मानना होगा। इसी प्रकार उत्पाद और ध्रौव्य के बिना केवल व्यय मानने पर

व्यय के कारण का अभाव होने से मिट्टी के पिण्ड का विनाश नहीं हो सकेगा। यदि उक्त स्थिति में केवल विनाश या व्यय होगा तो सत् के उच्छेद का भी प्रसंग आएगा। मिट्टी के पिण्ड का विनाश होने पर सभी पदार्थों का विनाश नहीं होगा और सत् का उच्छेद होने से चैतन्यादि का भी उच्छेद हो जाएगा। उत्पाद और व्यय के बिना केवल स्थिति मानने पर व्यतिरेक सहित स्थिति रूप अन्वय का अभाव होने से मिट्टी की स्थिति ही नहीं रहेगी अथवा केवल क्षणिकत्व को प्राप्त हो जाएगा। मिट्टी की स्थिति नहीं होने पर सभी पदार्थों की स्थिति नहीं होगी। क्षणिक नित्यता में बौद्ध सम्मत चित्क्षण भी नित्य हो जाएँगे। अतः पूर्व पूर्व पर्यायों के विनाश, उत्तरोत्तर पर्यायों के उत्पाद तथा अन्वय रूप की स्थिति (ध्रौव्य) से अविनाभूत त्रैलक्षण्य ही ज्ञेय पदार्थ का स्वरूप है। यही सत् है और सत् ही द्रव्य है। उक्त त्रिलक्षणात्मक पदार्थ या द्रव्य के मानने से वैशेषिक आदि अन्य दर्शनों के समान गुण, कर्म, सामान्य, विशेष, समवाय और अभाव नामक पृथक् पदार्थ मानने की आवश्यकता नहीं रहती है, ये सब द्रव्य की अवस्थाएँ हैं।

ये उत्पाद, व्यय और ध्रौव्य द्रव्य में नहीं होते हैं, पर्यायों में होते हैं और पर्याय द्रव्य में स्थित हैं, इसलिए ये सब द्रव्य के ही कहे जाते हैं।[18]

जैसे स्कन्ध, मूल, शाखा ये सब वृक्षाश्रित हैं, वृक्ष से भिन्न पदार्थ रूप नहीं हैं, उसी प्रकार पर्यायें द्रव्याश्रित ही हैं, द्रव्य से भिन्न पदार्थ रूप नहीं हैं तथा पर्याय उत्पाद, व्यय और ध्रौव्य रूप हैं; क्योंकि उत्पाद, व्यय और ध्रौव्य अंशों के धर्म हैं, अंशी के नहीं हैं। जैसे बीज, अंकुर और वृक्षत्व-ये वृक्ष के अंश हैं। बीज का नाश, अंकुर का उत्पाद और वृक्षत्व का ध्रौव्य तीनों एक साथ होते हैं, अतः नाश बीज पर आश्रित है, उत्पाद अंकुर पर, ध्रौव्य वृक्ष पर। नाश, उत्पाद, ध्रौव्य, बीज, अंकुर ये वृक्षत्व से भिन्न पदार्थ नहीं हैं। इसी तरह बीज अंकुर और वृक्षत्व भी वृक्ष से भिन्न पदार्थ नहीं हैं, ये सब वृक्ष ही हैं। उसीप्रकार नष्ट होता हुआ भाव, उत्पन्न होता हुआ भाव और ध्रौव्य भाव सब द्रव्य के अंश हैं तथा नाश, उत्पाद, ध्रौव्य उन भावों से भिन्न पदार्थ रूप नहीं है और वे भाव भी द्रव्य से भिन्न पदार्थ नहीं हैं, अतः सब एक द्रव्य ही हैं, किन्तु यदि उत्पाद, व्यय, ध्रौव्य, अंशों का न मानकर, द्रव्य का ही माना जाय तो सब गड़बड़ हो जाएगा। उदाहरण के लिए—यदि द्रव्य का ही व्यय माना जाये तो सब द्रव्यों का एक ही क्षण में विनाश हो जाने से जगत् द्रव्यशून्य हो जायेगा। यदि द्रव्य का ही उत्पाद माना जाये तो द्रव्य में प्रति समय उत्पाद होने से प्रत्येक उत्पाद एक द्रव्य हो जाएगा और उस तरह द्रव्य अनन्त हो जाएँगे। यदि द्रव्य का ही ध्रौव्य माना जाएगा तो क्रम से होने वाले भावों का अभाव

होने से द्रव्य का ही अभाव हो जाएगा। इसलिए उत्पाद, व्यय पर्याय के होते हैं और पर्याय द्रव्य की होती है, अतः ये सब एक ही द्रव्य हैं, ऐसा समझना चाहिए।

तथ्य यह है कि किसी भाव (सत्) का अत्यन्त नाश नहीं होता और किसी अभाव (असत्) का उत्पाद नहीं होता। सभी पदार्थ अपने गुण और पर्याय रूप से उत्पाद, व्यय और ध्रौव्य युक्त रहते हैं। विश्व में जितने सत् हैं, वे त्रैकालिक सत् हैं, उनकी संख्या में कभी भी परिवर्तन नहीं होता, पर उनकी पर्यायों में परिवर्तन अवश्य होता है इसका कोई अपवाद नहीं हो सकता है। प्रत्येक सत् परिणामशील होने से उत्पाद, व्यय और ध्रौव्ययुक्त है। वह पूर्व पर्याय को छोड़कर उत्तर पर्याय धारण करता है। उसके पूर्व पर्यायों के व्यय और उत्तर पर्यायों के उत्पाद की यह धारा अनादि अनन्त है, कभी भी विच्छिन्न नहीं होती। चेतन या अचेतन सभी प्रकार के सत् उत्पाद, व्यय और ध्रौव्य की परम्परा से युक्त हैं। यह त्रिलक्षण पदार्थ का मौलिक धर्म है। अतः उसे प्रतिक्षण परिणमन करना ही चाहिए। ये परिणमन कभी सदृश होते हैं और कभी विसदृश तथा ये कभी एक दूसरे के निमित्त से भी प्रभावित होते हैं। उत्पाद, व्यय और ध्रौव्य की परिणमन परम्परा कभी भी समाप्त नहीं होती। अगणित और अनन्त परिवर्तन होने पर भी वस्तु की सत्ता कभी भी नष्ट नहीं होती और न कभी उसका मौलिक द्रव्यत्व ही नष्ट होता है। उसका गुण-पर्यायात्मक स्वरूप बराबर बना रहता है। साधारणतः गुण नित्य होते हैं और पर्याय अनित्य। अतः द्रव्य को नित्यानित्यात्मक कहा जाता है। उत्पाद, व्यय और ध्रौव्यात्मक सत् ही द्रव्य है।

पहले द्रव्य का लक्षण करते समय उसका एक लक्षण गुण-पर्याय वाला भी किया गया है, जिसमें गुण और पर्याय पाये जाएँ, वह द्रव्य है।[19] जो द्रव्य के आश्रित हों और स्वयं दूसरे गुणों से रहित हों वे गुण कहलाते हैं।[20] अर्थात् द्रव्य की अनेकों पर्यायों के बदलते रहने पर भी जो द्रव्य से कभी पृथक् न हों, निरन्तर द्रव्य के साथ रहें, वे गुण हैं। जैसे जीव के ज्ञानादि गुण और पुद्गल के रूप रसादि। क्रम से होने वाली वस्तु की विशेषता या अवस्था को पर्याय कहते हैं। जैसे—जीव की जानना-देखना आदि अवस्थाएँ और पुद्गल परमाणुओं की द्व्यणुक, त्र्यणुक आदि अवस्थाएँ या कर्म रूप पर्यायें। ये गुण, पर्याय मिलकर ही द्रव्य कहलाते हैं। या गुण, पर्यायों के समूह का नाम ही द्रव्य है। गुण और पर्यायों के अतिरिक्त द्रव्य कोई पृथक् वस्तु नहीं है। द्रव्य में भेद करने वाले धर्म को गुण और द्रव्य के विकार को पर्याय कहते हैं। द्रव्य इन दोनों से युक्त होता है तथा वह अयुत सिद्ध और नित्य होता है। अनादि निधन द्रव्य में जल में तरंगों के समान पर्यायें प्रतिक्षण उत्पन्न और विनष्ट होती

रहती हैं।[21]

इस प्रकार द्रव्य में गुण और पर्याय सदा रहती हैं। प्रत्येक द्रव्य अनन्त गुणों का और क्रम से होने वाली उनकी पर्यायों का पिण्ड मात्र है। सर्वत्र गुणों को अन्वयी-नित्य और पर्यायों को व्यतिरेकी-अनित्य कहा गया है। इसका यही मतलब है कि जिनसे धारा में एकरूपता बनी रहती है वे गुण कहलाते हैं और जिनसे उसमें भेद प्रतीत होता है वे पर्याय कहलाते हैं। जीव में ज्ञानादि की धारा का, पुद्‌गल में रूपरसादि की धारा का, धर्म द्रव्य में गतिहेतुत्व की धारा का, अधर्म द्रव्य में स्थितिहेतुत्व की धारा का, आकाश में अवगाहन हेतुत्व की धारा का और काल द्रव्य में वर्तना की धारा का कभी विच्छेद नहीं होता, इसलिए वे ज्ञानादिक उस उस द्रव्य के गुण हैं; किन्तु वे गुण सदा काल एक रूप नहीं रहते। जो नित्य द्रव्यों के गुण हैं उन्हें यदि छोड़ भी दिया जाये तो भी जीव और पुद्‌गलों के गुणों में प्रतिसमय स्पष्टतया परिणाम लक्षित होता है। जैसे—जीव का ज्ञान-गुण संसार अवस्था में कभी मतिज्ञान रूप होता है तो कभी श्रुतज्ञान रूप। इसलिए ये मतिज्ञानादि ज्ञान-गुण की पर्याय हैं। इसीप्रकार अन्य गुणों में भी जान लेना चाहिए। द्रव्य सदा इन गुण रूप पर्यायों में रहता है, इसलिए वह गुण, पर्याय वाला कहा गया है। गुण और पर्याय द्रव्य से भिन्न नहीं हैं तथा द्रव्य गुण और पर्याय से भिन्न नहीं है इसलिए द्रव्य को गुण और पर्यायों से अभिन्न कहा है। ये गुण और पर्याय ही द्रव्य की आत्मा हैं, द्रव्य के स्वरूप हैं।[22] जैसे मक्खन, घी, दूध, दही से रहित गोरस नहीं होता उसी प्रकार पर्यायों से रहित द्रव्य नहीं होता और जैसे गोरस से रहित दूध, दही, घी, मक्खन आदि नहीं होते उसी प्रकार द्रव्य से रहित पर्याय नहीं होतीं। इसलिए कथन की अपेक्षा यद्यपि द्रव्य और पर्यायों में कथंचित् भेद है तथापि उन सबका अस्तित्व जुदा नहीं है, वे एक दूसरे को छोड़कर नहीं रह सकते, इसलिए वस्तु रूप से उनमें अभेद है[23]। जिस प्रकार पुद्‌गल से भिन्न स्पर्श, रस, गन्ध, वर्ण नहीं होते उसी प्रकार द्रव्य के बिना गुण नहीं होते और जिस प्रकार स्पर्श, रस, गन्ध, वर्ण के बिना पुद्‌गल नहीं होता उसी प्रकार गुणों के बिना द्रव्य नहीं होता। इसलिए यद्यपि कथन की अपेक्षा द्रव्य और गुणों में कथंचित् भेद है तथापि उन सबका एक अस्तित्व नियत है, वे परस्पर में एक दूसरे को कभी नहीं छोड़ते, इसलिए वस्तु रूप से द्रव्य और पर्यायों की तरह द्रव्य और गुणों में भी अभेद है।[24]

पहले यद्यपि द्रव्य को उत्पाद, व्यय और ध्रौव्य स्वभाव वाला कहा गया है और गुण, पर्याय वाला भी; पर विचार करने पर इन दोनों लक्षणों में कोई अन्तर नहीं प्रतीत होता है। केवल दृष्टिभेद है, अभिप्राय में भेद नहीं है; क्योंकि जो वस्तु उत्पाद, व्यय और ध्रौव्य स्वरूप कही जाती है, वही गुण, पर्याय स्वरूप वाली है।

गुण द्रव्य में सदा विद्यमान रहते हैं। अतः जब हम कहते हैं कि द्रव्य गुणमय है तो उसका अर्थ होता है कि वह ध्रौव्यमय है और पर्याय एक उत्पन्न होती है तो एक नष्ट होती है, अतः पर्याय उत्पाद-विनाशशील है। इसलिए जब हम कहते हैं कि द्रव्य पर्यायवाला है तो उसका मतलब होता है, वह उत्पाद- विनाशशील है। उत्पाद और व्यय ये पर्याय के ही दूसरे नाम हैं और ध्रौव्य यह गुण का दूसरा नाम है। गुण का मुख्य लक्षण ध्रौव्य है तथा पर्याय का मुख्य लक्षण उत्पाद और व्यय है। गुण की मुख्य पहचान उसका सदाकाल बने रहना है और पर्याय की मुख्य पहचान उसका उत्पन्न होते रहना और विनष्ट होते रहना है। इसलिए द्रव्य को चाहे उत्पाद, व्यय और ध्रौव्य स्वभाव कहो या गुण, पर्याय वाला कहो, दोनों का एक ही अभिप्राय होता है।

ऊपर तीन प्रकार से द्रव्य का लक्षण कहा गया है। सर्वप्रथम सत्ता से अभिन्न होने के कारण द्रव्य का लक्षण केवल 'सत्' ही है। किन्तु द्रव्य तो अनेकान्तात्मक है, अतः अनेकान्तात्मक द्रव्य का स्वरूप केवल सन्मात्र ही नहीं हो सकता। इसलिए द्रव्य का दूसरा लक्षण उत्पाद, व्यय और ध्रौव्य किया गया है। ये उत्पाद, व्यय और ध्रौव्य सामान्य कथन की अपेक्षा द्रव्य से अभिन्न हैं और विशेष कथन की अपेक्षा द्रव्य से भिन्न हैं। तीनों एक साथ होते हैं और द्रव्य के स्वभाव रूप होने से वे उसके लक्षण हैं। द्रव्य का तीसरा लक्षण गुण और पर्यायवान् है। अनेकान्तात्मक वस्तु में पाये जाने वाले अन्वयी विशेषों को गुण कहते है और व्यतिरेकी विशेषों को पर्याय कहते हैं। अन्वय का मतलब है एकरूपता या सदृशता। गुणों में सर्वदा एकरूपता रहती है, परिवर्तन होने पर भी अन्य-रूपता नहीं होती, इसलिए उन्हें अन्वयी कहते हैं; किन्तु पर्याय तो क्षण-क्षण में अन्य रूप होती रहती हैं इसलिए उन्हें व्यतिरेकी कहते हैं। इनमें से गुण तो द्रव्य में एक साथ रहते हैं और पर्याय क्रम से होती हैं। ये गुण-पर्याय भी द्रव्य से कथंचित् भिन्न और कथंचित् अभिन्न होते हैं, ये भी द्रव्य के स्वभावभूत हैं इसलिए द्रव्य का लक्षण हैं। द्रव्य के इन तीनों लक्षणों में से एक का कथन करने पर बाकी के दो स्वयमेव आ जाते हैं। यदि द्रव्य सत् है तो वह उत्पाद-व्यय-ध्रौव्यवाला और गुण-पर्यायवाला होगा ही। यदि वह उत्पाद-व्यय-ध्रौव्यवाला है तो वह सत् और गुण-पर्यायवाला होगा ही। यदि वह गुण-पर्यायवाला है तो वह सत् और उत्पाद-व्यय-ध्रौव्य वाला होगा ही। सत् नित्यानित्य स्वभाव वाला होने से ध्रौव्य को और उत्पाद-व्ययरूपता को प्रकट करता है तथा ध्रौव्यात्मक गुणों के साथ और उत्पाद-व्ययात्मक पर्यायों के साथ एकता को बतलाता है। इसी तरह उत्पाद-व्यय-ध्रौव्य नित्यानित्यस्वरूप पारमार्थिक सत् को

बतलाते हैं और अपने स्वरूप की प्राप्ति के कारणभूत गुण पर्यायों को प्रकट करते हैं; क्योंकि गुणों के होने से ही द्रव्य में ध्रौव्य होता है और पर्यायों के होने से उत्पाद व्यय होता है। यदि द्रव्य में गुण-पर्याय न हों तो उत्पाद-व्यय-ध्रौव्य भी नहीं हो सकते। अत: द्रव्य उत्पाद-व्यय-ध्रौव्य वाला है, ऐसा कहने से द्रव्य गुण-पर्यायवाला भी सिद्ध हो जाता है और द्रव्य गुण-पर्याय वाला है, ऐसा कहने से द्रव्य उत्पाद-व्यय-ध्रौव्य वाला है, ऐसा सूचित होता है तथा नित्यानित्य स्वभाव परमार्थ सत् है, यह भी सूचित होता है इस तरह द्रव्य के तीनों लक्षण परस्पर में अविनाभावी हैं। जहाँ एक हो वहाँ शेष दोनों नियम से होते हैं। इसी तरह द्रव्य और गुण-पर्याय तथा उत्पाद-व्यय-ध्रौव्य भी परस्पर में अविनाभावी हैं। जो गुण और पर्यायों को प्राप्त करता है, उसे द्रव्य कहते हैं, अत: जो एक द्रव्य स्वभाव है वह गुण-पर्याय स्वभाव भी है और जो गुण-पर्याय स्वभाव है वह द्रव्य स्वभाव भी है; क्योंकि द्रव्य के बिना गुण-पर्याय नहीं हो सकते और गुण-पर्याय के बिना द्रव्य नहीं हो सकता। इसी तरह द्रव्य और गुण के बिना पर्याय नहीं होतीं और पर्यायों के बिना द्रव्य और गुण नहीं होते, अत: जो द्रव्य गुण-स्वभाव है वह पर्याय-स्वभाव भी है और जो पर्याय-स्वभाव है वह द्रव्य गुण-स्वभाव भी है। इसी तरह उत्पाद व्यय के बिना नहीं होता, व्यय उत्पाद के बिना नहीं होता, उत्पाद और व्यय ध्रौव्य के बिना नहीं होते और ध्रौव्य उत्पाद तथा व्यय के बिना नहीं होता तथा जो उत्पाद है वही व्यय है, जो व्यय है वही उत्पाद है, जो उत्पाद और व्यय है वही ध्रौव्य है और जो ध्रौव्य है वही उत्पाद और व्यय है, जैसा कि ऊपर भी सोदाहरण प्रतिपादन किया जा चुका है। वस्तु का यथार्थ स्वरूप उत्पाद-व्यय-ध्रौव्यात्मक है। प्रत्येक वस्तु या द्रव्य उत्पाद-व्यय-ध्रौव्य की त्रिपुटी में वर्तमान हो रहा है। यही द्रव्य का निर्बाध लक्षण है।

(ग) द्रव्यभेद : जैनदर्शन के अनुसार द्रव्य के छ: भेद हैं—1.जीव, 2.पुद्गल, 3.धर्म, 4.अधर्म, 5.आकाश और 6. काल। इनमें अजीव द्रव्य के पाँच भेद हैं—पुद्गल, धर्म, अधर्म, आकाश और काल।[25]

जैनदर्शन में द्रव्यों की संख्या कुल छ: ही है। यह न पाँच है और न सात या आठ। न्याय-वैशेषिकादि वैदिक-दर्शन पृथ्वी, जल, तेज, वायु, आकाश, काल, दिशा, आत्मा और मन ये नौ द्रव्य मानते हैं।[26] भाट्ट मीमांसक अन्धकार और शब्द—ये दो द्रव्य अधिक मानते हैं; किन्तु इन सबका अन्तर्भाव उक्त छ: द्रव्यों में ही हो जाता है। जैसे—पृथ्वी, जल, अग्नि और वायु—ये स्वतन्त्र द्रव्य न होकर इनका अन्तर्भाव पुद्गल द्रव्य में ही हो जाता है; क्योंकि ये पृथ्वी आदि एक पुद्गल द्रव्य

के ही विविध प्रकार के परिणमन हैं। इसी प्रकार मन का भी पुद्गल द्रव्य या जीव द्रव्य में अन्तर्भाव हो जाता है। मन दो प्रकार का है—द्रव्य मन और भाव मन। द्रव्य मन का पुद्गल द्रव्य में और भाव मन का जीव द्रव्य में अन्तर्भाव हो जाता है तथा दिशा आकाश से पृथक् नहीं है, क्योंकि सूर्य के उदयादि की अपेक्षा से आकाश में पूर्व-पश्चिम आदि दिशाओं का विभाग किया जाता है। आकाश, काल और आत्मा या जीव—ये स्वतन्त्र रूप से जैनदर्शन में भी द्रव्य माने ही गये हैं। इसलिए वैशेषिक और भट्टों द्वारा स्वीकार किये गये सब द्रव्यों को जैनदर्शन में पृथक् रूप से स्वीकार नहीं किया गया है।

1. जीव द्रव्य-स्वरूप

जिसमें ज्ञान-दर्शन रूप चेतना-शक्ति, भला-बुरा पहचानने का ज्ञान, सुख-दुख की भावना व संकल्पशक्ति पायी जाये, वह एक चैतन्यतत्त्व, ज्ञानात्मक तत्त्व, इन्द्रियातीत अमूर्तिक तत्त्व है। निगोद आदि संसारी अवस्थाओं में एक वही तो प्रकाशमान हो रहा है,वही तो ओत-प्रोत हो रहा है। ये सब इसी की तो अवस्थाएँ हैं, जिनका निर्माण अपनी कल्पनाओं के आधार पर इसने स्वयं ही किया है। जिसके होने से ही ये सब चैतन्य हैं, जिसके न होने से जड़ और इसलिए ईश्वर, परब्रह्म व जगत् का स्रष्टा यही तो है। परमात्मा व प्रभु इसी का ही तो नाम है। अचिन्त्य है इसकी महिमा। इसी परम तत्त्व को आगमकार 'जीव' व 'आत्मा' कहते हैं। कोई इसे सोल (Soul) कहते हैं तो कोई 'रूह'। यह आत्मतत्त्व मन, वाणी और इन्द्रियों के अगोचर है। इसकी प्रतीति अनुभूति द्वारा ही हो सकती है। प्राणियों के अचेतन तत्त्व से निर्मित देह के अन्दर स्वतन्त्र आत्मतत्त्व का अस्तित्व है। इसकी पहचान व्यवहार में पाँच इन्द्रिय,[27] मन-वचन-काय रूप तीन बल, श्वासोच्छ्वास और आयु—इस प्रकार दश प्राणरूप बाह्य चिह्नों तथा निश्चय से चेतना के द्वारा हो सकती है।[28] वैसे यह रस-रहित, रूपरहित, गन्धरहित, शब्दरहित, निर्दिष्ट आकाररहित, किसी भौतिक चिह्न द्वारा भी न पहचाना जाने वाला अव्यक्त तथा चैतन्य-गुण-विशिष्ट है।[29] यह एक शाश्वत स्वतन्त्र द्रव्य है। श्रीमद्भगवद्गीता में भी आत्म द्रव्य को इसी प्रकार निरूपित किया गया है : यह अखण्ड है, अभेद है, अनादि है, अनन्त है, अजर है, अमर है, अजन्मा है। जन्म-मरण का चक्कर तो सब इस नश्वर शरीर के साथ ही है। यह आत्मा कभी भी किसी समय में न जन्म ग्रहण करता है और न मरता है अथवा न यह एक बार उत्पन्न होकर फिर होने वाला है; क्योंकि यह अज, नित्य, सनातन एवं प्राचीनतम है, शरीर के नाश होने पर भी यह

नष्ट नहीं होता है।[30] यह संसारावस्था में पुरातन शरीर को छोड़ता और नवीन शरीर को धारण करता रहता है, जिस प्रकार मनुष्य पुराने जीर्ण वस्त्रों को छोड़ देते और नवीन वस्त्रों को धारण करते रहते हैं।[31] इस आत्मतत्त्व को न शस्त्र काट सकते हैं,न अग्नि जला सकती है, न पानी गला सकता है और न वायु सुखा सकती है।[32] यह तो नित्य, निरंजन, शुद्ध, बुद्ध, अविरुद्ध, अनादि, अनन्त, चैतन्य स्वरूप, सत्-चित्-आनन्द स्वरूप है। यह स्वभाव से ही ज्ञाता, द्रष्टा, अनन्त-सुख और अनन्त शक्ति वाला है। जीवत्वशक्ति से युक्त है। यह स्वयं ही अपने अच्छे-बुरे भाग्य का निर्माता है। अपने अच्छे-बुरे कर्मों का कर्ता और उन्हीं कर्मों के फलों का भोक्ता है। यह संकोच-विस्तार गुण के कारण अपने छोटे-बड़े प्राप्त किये हुए शरीर के आकार वाला है। ऊर्ध्व गमन-स्वभाव वाला होने से मुक्त होने पर लोक के अन्त तक जाने वाला है। संक्षेप में यह जीव चैतन्य स्वरूप, जानने-देखने रूप उपयोग वाला, अमूर्तिक, कर्ता, भोक्ता, प्रभु, स्वदेह-परिमाण, संसारी, सिद्ध, स्वभाव से ऊर्ध्व गमन करने वाला तथा कर्मों से संयुक्त है।[33]

जीव का असाधारण लक्षण चेतना है और वह चेतना जानने-देखने रूप है। अर्थात् जो जानता और देखता है वह जीव है। सांख्यदर्शन भी चेतना को पुरुष का स्वरूप मानता है, किन्तु वह उसे ज्ञानरूप नहीं मानता। उसके अनुसार ज्ञान प्रकृति का धर्म है। ज्ञान का उदय न तो अकेले पुरुष में ही होता है और न बुद्धि में ही होता है। जब ज्ञानेन्द्रियाँ बाह्य पदार्थों को बुद्धि के सामने उपस्थित करती हैं तो बुद्धि उपस्थित पदार्थ के आकार को धारण कर लेती है। उतने पर भी जब बुद्धि में चैतन्यात्मक पुरुष का प्रतिबिम्ब पड़ता है तभी ज्ञान का उदय होता है। परन्तु जैनदर्शन बुद्धि और चैतन्य में कोई भेद नहीं मानता। उसमें हर्ष-विषाद आदि अनेक पर्याय वाला ज्ञान रूप एक आत्मा ही अनुभव से सिद्ध है। चैतन्य, बुद्धि, अध्यवसाय, ज्ञान आदि उसी की पर्याय कहलाती हैं। अत: चैतन्य ज्ञानस्वरूप ही है और जीव चैतन्यात्मक है, जीव ज्ञान-दर्शन रूप चेतनायुक्त है, ज्ञान-दर्शन जीव के गुण या स्वभाव हैं, उसमें अपने निज के धर्म हैं। कोई भी जीव उनके बिना रह ही नहीं सकता। यह अनुभव सिद्ध है कि जो जीव है, वह ज्ञानवान् है और जो ज्ञानवान् है वह जीव है। जैसे—अग्नि अपने उष्ण गुण या स्वभाव को और पानी अपने शीतल गुण या स्वभाव को छोड़ कर नहीं रह सकते, वैसे ही जीव भी ज्ञानगुण के बिना नहीं रह सकता। संसार के सभी पदार्थ, चाहे वे जड़ हों या चेतन, उनका अस्तित्व उनके अपने गुण या स्वभाव या धर्म के ऊपर ही निर्भर रहता है। एकेन्द्रिय पेड़-पौधों में रहने वाले जीव से लेकर मुक्तावस्था में रहने वाले जीव तक

में हीनाधिक ज्ञान पाया जाता है। सबसे कम ज्ञान एकेन्द्रिय वृक्षादि में रहने वाले जीवों में पाया जाता है और सबसे अधिक अर्थात् पूर्ण ज्ञान मुक्तात्मा में पाया जाता है। अत: ज्ञान गुण जीव या आत्मा का निजस्वरूप (स्वभाव या धर्म) है।

न्याय-वैशेषिक दर्शन भी ज्ञान को जीव का गुण मानता है; किन्तु उसके[34] मतानुसार गुण और गुणी, ये दोनों दो पृथक् पदार्थ और उन दोनों का परस्पर में समवाय सम्बन्ध होता है अत: उसके अनुसार आत्मा ज्ञान स्वरूप नहीं है, किन्तु उसमें ज्ञान गुण रहता है इसलिए वह ज्ञानवान् कहा जाता है। किन्तु जैनदर्शन के अनुसार यह मान्यता ठीक नहीं है; क्योंकि यदि आत्मा ज्ञानस्वरूप नहीं है तो वह अज्ञानस्वरूप माना जाएगा और उसके अज्ञानस्वरूप होने पर आत्मा और जड़ में कोई अन्तर नहीं रहता। दूसरी बात यह है कि न्यायदर्शन आत्मा को स्वयं चेतन भी नहीं मानता किन्तु चैतन्य के सम्बन्ध से ही चेतन मानता है। ऐसी स्थिति में ज्ञान की ही तरह चेतन के सम्बन्ध में भी वही आपत्ति उपस्थित होती है। अत: इस आपत्ति के निराकरण के लिए आत्मा को स्वयं चेतन और ज्ञानस्वरूप मानना चाहिए। क्योंकि यदि ज्ञानी (आत्मा) और ज्ञान-गुण को परस्पर में सदा एक दूसरे से भिन्न पदार्थान्तर माना जाये तो दोनों ही अचेतन हो जाएँगे। यदि यह कहा जाय कि ज्ञान से भिन्न होने पर भी आत्मा ज्ञान के समवाय से ज्ञानी होता है तो ज्ञान के साथ समवाय सम्बन्ध होने से पूर्व वह आत्मा ज्ञानी था या अज्ञानी? यदि ज्ञानी था तो उसमें ज्ञान का समवाय सम्बन्ध मानना व्यर्थ है। यदि अज्ञानी था तो अज्ञान के समवाय से अज्ञानी था या अज्ञान के साथ एकत्व होने से अज्ञानी था? अज्ञानी में अज्ञान का समवाय मानना तो व्यर्थ ही है तथा उस समय उसमें ज्ञान का समवाय न होने से उसे ज्ञानी भी नहीं कहा जा सकता। इसलिए अज्ञान के साथ एकत्व होने से आत्मा अज्ञानी ही ठहरता है। ऐसी स्थिति में जैसे अज्ञान के साथ एकत्व होने से आत्मा अज्ञानी हुआ वैसे ही ज्ञान के साथ भी आत्मा का एकत्व मानना चाहिए।[35] इस प्रकार ज्ञानगुण और ज्ञानी (गुणी आत्मा) अलग-अलग नहीं हैं। जैनदर्शन के अनुसार अलग या भिन्न वे ही कहे जाते हैं जिनके प्रदेश भिन्न हों। जैनदर्शन में गुण और गुणी के प्रदेश भिन्न नहीं माने जाते। अतएव ज्ञान-ज्ञानी (आत्मा) के प्रदेश भिन्न नहीं है। जो आत्मा के प्रदेश हैं, वे ही प्रदेश ज्ञानादि गुणों के भी हैं इसलिए उनमें प्रदेश भेद नहीं हैं। अत: जो जानता है वही ज्ञान है। इसलिए ज्ञान के सम्बन्ध से आत्मा ज्ञानी नहीं है, किन्तु ज्ञान ही आत्मा है। चूँकि ज्ञान आत्मा के बिना नहीं रह सकता, अत: ज्ञान ही आत्मा है। आत्मा में अनेक गुण पाये जाते हैं, अत: आत्मा ज्ञानस्वरूप भी है और अन्यगुण रूप भी।[36] इस प्रकार आत्मा या जीव का लक्षण

ज्ञान-दर्शनादि गुण रूप है।

देहात्मवादी चार्वाक केवल शरीर को ही आत्मा मानता है। उसके मतानुसार पृथ्वी, जल, अग्नि और वायु ये चार ही भौतिक तत्त्व हैं। इन तत्त्वों का ज्ञान हमें प्रत्यक्ष रूप से इन्द्रियों के द्वारा प्राप्त होता है। संसार के जितने भी द्रव्य हैं वे सभी इन चार तत्त्वों से बने हुए हैं। आत्म द्रव्य भी इस भूतचतुष्टय के संयोग से उत्पन्न शक्ति-विशेष ही है। देहरूप से परिणत इन्हीं तत्त्वों से चैतन्य उत्पन्न होता है। जैसे कोद्रव, जौ, गुड आदि के संयोग से मादकशक्ति उत्पन्न हो जाती है। प्रत्येक द्रव्य में अविद्यमान भी चेतनता इन भूत चतुष्टय के संयोग से ही चैतन्यशक्ति उत्पन्न हो जाती है। इस प्रकार भूतचतुष्टय के संयोग से उत्पन्न शक्ति-विशेष या शरीर-विशेष ही आत्मा है। शरीर से भिन्न कोई आत्मा नहीं है। इन तत्त्वों के नष्ट हो जाने पर देहरूप आत्मा भी स्वयं नष्ट हो जाता है। इस प्रकार शरीर ही आत्मा है।[37]

जैनदर्शन के अनुसार यह मान्यता भी सदोष है। क्योंकि यदि भूत-चतुष्टय के संयोग से चैतन्य या जीव उत्पन्न होता है तो चूल्हे पर चढ़ी हुई पतेली आदि में दाल-चावल बनाते समय उसमें जल, अग्नि, वायु और पृथ्वी इन चारों तत्त्वों का संयोग है, वहाँ पर चैतन्य की उत्पत्ति क्यों नहीं हो जाती है? वहाँ भी चेतन की उत्पत्ति होनी चाहिए, पर नहीं होती है। गुड आदि के सम्बन्ध में होने वाली अचेतन उन्मादिनी शक्ति का उदाहरण भी चेतन के विषय में लागू नहीं होता।

इसी प्रकार लोकायत चार्वाक इन्द्रियों को ही आत्मा मानता है तो प्राणात्मवादी चार्वाक प्राणों को ही, मन आत्मवादी चार्वाक मन को ही आत्मा कहता है तो योगाचार मतावलम्बी विज्ञानवादी बौद्ध बुद्धि को। प्रभाकर मतानुयायी मीमांसक के अनुसार अज्ञान ही आत्मा है तो कुमारिल भट्ट मतानुयायी मीमांसक के अनुसार अज्ञानोपहत चैतन्य ही आत्मा है।[38]

इसी प्रकार व्यापक तथा अणु-आत्मवादी आत्मा को बड़े से बड़ा (व्यापक) और छोटे-से-छोटा (अणुरूप) मानते है।[39]

जैनदर्शन के अनुसार ये सब मान्यताएँ तर्क, अनुभव और आगम के विरुद्ध सिद्ध होती हैं।

जीव द्रव्य भेद-प्रभेद : जीव मूलतः दो प्रकार के होते हैं—1. संसारी और 2. मुक्त।[40] कर्म बन्धन से युक्त अतएव जन्म-मरण धारण करने वाले जीव संसारी जीव कहलाते हैं और कर्मबन्धन से रहित अतएव जो संसार से छूट चुके हैं, जिन्हें जन्म-मरण के चक्कर से छुटकारा मिल चुका है, सिद्धगति को प्राप्त हो गये हैं वे मुक्त जीव हैं। मुक्त जीवों में तो कोई भेद नहीं होता। सभी सिद्ध गति को प्राप्त जीव समान गुण धर्म वाले होते हैं, किन्तु संसारी जीवों के अनेक भेद-प्रभेद होते

हैं। संसारी जीव मूलत: दो प्रकार के होते हैं—त्रस और स्थावर।[41] दो इन्द्रिय से लेकर पंचेन्द्रिय तक के सभी जीव त्रस कहलाते हैं।[42] स्थावर जीव एकेन्द्रिय होते हैं। स्थावर जीवों के केवल एक स्पर्शन इन्द्रिय ही होती है। ये पाँच प्रकार के होते है।[43]

1. पृथ्वीकायिक जीव (जिनका शरीर पार्थिव पृथ्वी रूप होता है); जैसे—पत्थर, लोहा, मिट्टी आदि खनिज पदार्थ जो पृथ्वी से पृथक् नहीं होते।
2. जलकायिक जीव (जल ही जिनका शरीर होता है। ये जल से पृथक् नहीं होते)। जैसे जल, ओला, ओस, बर्फ आदि। जल में उत्पन्न होने वाले जलजन्तुओं से ये बिल्कुल भिन्न होते हैं।
3. अग्निकायिक जीव (अग्नि ही जिनका शरीर होता है); जैसे अंगारा, बिजली, दीपक आदि। ये अग्नि से पृथक् नहीं होते।
4. वायुकायिक जीव (वायु ही जिनका शरीर होता है); ये वायु से पृथक् नहीं होते। वायु में उड़ने वाले कुछ कीटादि प्राणी इनसे बिल्कुल ही भिन्न होते हैं।
5. वनस्पतिकायिक जीव (वनस्पति ही जिनका शरीर होता है); जैसे वृक्ष, पौधे, लताएँ आदि।

संसारी जीव की चार गति या अवस्थाएँ होती हैं[44]—1.नरकगति, 2.तिर्यंच-गति, 3. मनुष्यगति, 4. देवगति।

(1) नरक गति—इस पृथ्वी के नीचे सात नरकों की स्थिति मानी गयी है। इन नरकों में उत्पन्न होना नरक गति है। जब कभी संसारी जीव तीव्र अशुभ (पाप) परिणामों से मृत्यु को प्राप्त करते हैं तब इन नरकों में जाते हैं। संसारी जीवों की यह गति (अवस्था या पर्याय) नरक गति कहलाती है। नरक गति में अपार कष्ट होते हैं। यह दुःखमय स्थान है। यहाँ का वातावरण सब प्रकार से दुःखदायक होता है। नारकी जीवों के परिणाम भी अत्यन्त क्रूर, आर्त-रौद्रमय होते हैं।

(2) तिर्यंचगति—पशु, पक्षी, कीड़े-मकोड़े आदि की अवस्था या गति को तिर्यंचगति कहते हैं। तिर्यंचगति में भी भूख-प्यास, सर्दी-गर्मी, परस्पर में एक दूसरे के द्वारा सताये जाना आदि अपार कष्ट देखे जाते हैं। इस गति की प्राप्ति भी अशुभ, पाप-परिणामों का ही फल है। मायाचार की मुख्यता में तिर्यंच गति प्राप्त होती है।

(3) मनुष्यगति—जिस समय जीव पुण्योदय से मनुष्य पर्याय में जन्म धारण करता है उसे मनुष्यगति कहते हैं। मनुष्य गति को अन्य तीनों गतियों से सर्वोत्कृष्ट माना गया है। इस गति से ही संयम आदि धारण करके, सम्यग्दर्शन, ज्ञान, चारित्र को प्राप्त करके मोक्षगति को प्राप्त किया जा सकता है।

(4) देवगति—जब जीव देव शरीर को प्राप्त करता है तो उसको देवगति कहते हैं। देवगति में यह जीव पुण्य के फलस्वरूप अनेक प्रकार के भोग, सुन्दर व स्वस्थ शरीर, मनोहर देवांगनाएँ और उनके भोग तथा वैक्रियक शरीर[45] सम्पन्न अनेक प्रकार का वैभव प्राप्त करता है। देवगति में भी यह जीव यदि सुविधाजन्य भोगों से पाप संचय करता है या उसका पुण्य क्षीण हो जाता है तो वहाँ से चलकर तिर्यंच गति में, एकेन्द्रिय स्थावर गति में भी पैदा हो जाता है, दुर्गतियों में परिभ्रमण करता है।

उक्त पंचेन्द्रिय जीवों के संज्ञी और असंज्ञी ये दो भेद भी होते हैं।[46]

(1) संज्ञी पंचेन्द्रिय—हिताहित की परीक्षा तथा गुण-दोष के विचार करने को संज्ञा कहते हैं। इस प्रकार की संज्ञा जिनके पायी जाती है, वे संज्ञी पंचेन्द्रिय जीव कहलाते हैं। इन जीवों के मन होता है जिसके द्वारा ये अपना भला-बुरा विचार सकते हैं। ये ही सैनी जीव कहलाते हैं। संज्ञी जीव पंचेन्द्रिय ही होते हैं।

(2) असंज्ञी पंचेन्द्रिय—उक्त प्रकार की संज्ञा जिन जीवों के नहीं पायी जाती है वे असंज्ञी पंचेन्द्रिय जीव कहलाते हैं। ये अपने भले-बुरे का विचार नहीं कर सकते हैं, ये ही असैनी जीव कहलाते हैं। कोई कोई जल में रहने वाले सर्प पंचेन्द्रिय तो होते हैं किन्तु उनके मन न होने से असंज्ञी या असैनी होते हैं।

वैसे जीवराशि अनन्त है किन्तु विस्तार भय से उनके सभी के भेद-प्रभेद यहाँ नहीं दिये जा रहे हैं, अन्य सिद्धान्त-ग्रन्थों से जान लेना चाहिए।

अजीवद्रव्य स्वरूप और भेद-प्रभेद : जैसा कि पूर्व में कहा गया है। अजीव द्रव्य के पाँच भेद हैं—1.पुद्‍गल, 2. धर्म, 3. अधर्म, 4. आकाश, 5. काल।

(1) पुद्‍गल द्रव्य : व्युत्पत्तिपरक लक्षण—'पुद्‍गल' शब्द का प्रयोग भारतीय दर्शनों में से केवल जैनदर्शन में ही किया गया है। यह शब्द जैन पारिभाषिक है। पारिभाषिक होते हुए भी यह शब्द रूढ़ न होकर व्यौत्पत्तिक है। अन्य किसी भी दर्शन में इस शब्द का प्रयोग नहीं मिलता है। यद्यपि बौद्धदर्शन में इसका प्रयोग किया गया है, पर नितान्त अन्य ही अर्थ में। जीव के अर्थ में भी इसका प्रयोग मिलता है, पर वह बिल्कुल ही अनुपयुक्त प्रतीत होता है। सांख्यदर्शन में अचेतन प्रकृति का तथा आधुनिक विज्ञान में मैटर (Matter) का जो स्थान है वही स्थान जैनदर्शन में 'पुद्‍गल' का है। जैनदर्शन में प्रकृति के समस्त अचेतन, मूर्तिक पदार्थों को 'पुद्‍गल' कहा गया है। पूरण स्वभाव से 'पुत्' और गलन स्वभाव से 'गल' इन दो अवयवों के मेल से 'पुद्‍गल' शब्द बना है।[47] वह द्रव्य जिसमें पहले पूरण-बाह्य अंश के मिलने , बनने, एकत्रित होने और पश्चात् गलन (गलन) टूटने-फूटने,

बिगड़ने की क्रियाएँ होती रहती हैं, वह पुद्गल है।[48] अचेतन जड़ पदार्थ को पूरण-गलन स्वभाव के कारण ही पुद्गल कहा गया है।[49] जो पूरें-गलें, टूटें-फूटें, बनें-बिगड़ें वे सब पुद्गल द्रव्य हैं।[50] हम जो कुछ देखते हैं, खाते-पीते हैं, सूँघते हैं, छूते हैं और सुनते हैं, वह सब पुद्गल द्रव्य है। इसीलिए जैनागम ग्रन्थों में पुद्गल का लक्षण स्पर्श, रस, गन्ध और वर्ण वाला कहा गया है।[51] अर्थात् जिस में आठ प्रकार का स्पर्श (कोमल, कठोर, हलका, भारी, शीत, उष्ण, स्निग्ध और रूक्ष), पाँच प्रकार का रस (खट्टा, मीठा, कडुवा, कषायला और चरपरा), दो प्रकार का गन्ध (सुगन्ध और दुर्गन्ध) और पाँच प्रकार का वर्ण (काला,पीला, नीला, लाल, और सफेद) ये बीस गुण पाये जाते हैं, वह पुद्गल द्रव्य है। वह रूपी है,[52] अजीव है, नित्य है, अवस्थित है और लोक का एक द्रव्य है। छहों द्रव्यों में एक पुद्गल द्रव्य ही मूर्तिक है, शेष द्रव्य अमूर्तिक हैं। न्यायदर्शनकार पृथ्वी, जल, तेज और वायु को जुदा द्रव्य मानते है; क्योंकि उनकी मान्यता के अनुसार पृथ्वी में रूप, रस, गन्ध और स्पर्श चारों गुण पाये जाते हैं, जल में गन्ध के सिवाय शेष तीन ही गुण पाये जाते हैं, तेज में गन्ध और रस के सिवा शेष दो ही गुण पाये जाते हैं और वायु में केवल एक स्पर्श ही गुण पाया जाता है। अत: चारों के परमाणु जुदे-जुदे हैं। अर्थात् पृथ्वी के परमाणु जुदे हैं, जल के परमाणु जुदे हैं, तेज के परमाणु जुदे हैं और वायु के परमाणु जुदे हैं। अत: ये चारों द्रव्य जुदे-जुदे हैं; किन्तु जैनदर्शन का कहना है कि सब परमाणु एक जातीय ही हैं और उन सभी में चारों गुण पाये जाते हैं। किन्तु उनसे बने हुए द्रव्यों में से किसी-किसी गुण की प्रतीति नहीं होती, उसका कारण उन गुणों का अभिव्यक्त न हो सकना ही है जैसे—पृथ्वी में जल का सिंचन करने से गन्धगुण व्यक्त होता है इसलिए उसे केवल पृथ्वी का ही गुण नहीं माना जा सकता। आँवला खाकर पानी पीने से पानी का स्वाद मीठा लगता है, किन्तु वह स्वाद केवल पानी का ही नहीं है, आँवले का स्वाद भी उसमें सम्मिलित है। इसी प्रकार अन्य में भी समझना चाहिए। इसके सिवाय जल से मोती उत्पन्न होता है जो पार्थिव माना जाता है, जंगल में बाँसों की रगड़ से अग्नि उत्पन्न हो जाती है, जौ के खाने से पेट में वायु उत्पन्न होती है। इससे सिद्ध है कि पृथ्वी, जल, अग्नि और वायु के परमाणुओं में भेद नहीं है। जो कुछ भेद है, वह केवल परिणमन का भेद है अत: सभी में स्पर्शादि चारों गुण मानने चाहिए और इसीलिए पृथ्वी आदि चार द्रव्य नहीं हैं; किन्तु एक द्रव्य है।

ऊपर कहे गये स्पर्श, रस, गन्ध और वर्ण, ये चार मुख्य भेद पुद्गल में पाये जाते हैं, पर इन के उक्त प्रकार से अवान्तर भेद बीस होते हैं उनमें भी प्रत्येक के

तरतम भाव से संख्यात, असंख्यात और अनन्त भेद होते हैं। स्पर्श, रस, गन्ध और वर्ण, ये पुद्गल के गुण हैं तथा कोमल, कठोर आदि उन गुणों की पर्याय हैं। ये स्पर्शादि गुण पुद्गल में किसी-न-किसी रूप में सदा पाये जाते हैं, इसलिए पुद्गल के ये स्वतत्त्व हैं।

पुद्गल के भेद—मूलतः पुद्गल के दो भेद हैं—अणु और स्कन्ध।[53] पुद्गलों में संयुक्त और वियुक्त, पूरण और गलन, मिलने और बिछुड़ने की क्षमता स्पष्ट दिखाई देती है, इसी से वह अणु और स्कन्ध, इन दो भागों में बँटा हुआ है। कितने ही प्रकार के पुद्गल क्यों न हों वे सब इन दो भागों में समा जाते हैं।

परमाणु—जैनदर्शन में परमाणु के स्वरूप को विभिन्न प्रकार से स्पष्ट किया गया है। स्कन्ध का वह अन्तिम भाग जो विभाजित हो ही नहीं सकता, परमाणु है। वह परमाणु नित्य है, शब्दरूप नहीं है। एकप्रदेशी है, अविभागी है और मूर्तिक है।[54] वह अत्यन्त सूक्ष्म होने से स्वयं ही आदि, स्वयं ही मध्य और स्वयं ही अन्त रूप है अर्थात् जिसमें आदि, मध्य और अन्त का भेद नहीं है और जो इन्द्रियों के द्वारा भी ग्रहण नहीं किया जा सकता उस अविभागी द्रव्य को परमाणु समझना चाहिए।[55] प्रत्येक परमाणु षट्कोण आकार वाला, एक प्रदेशावगाही, स्पर्श, रस, गन्ध और वर्ण के समुदाय रूप, पृथ्वी, जल, अग्नि और वायु का कारण रूप मूर्तिक, परिणमनशील, स्वयं अशब्द रूप अखण्ड द्रव्य है।[56] वह परमाणु अत्यन्त सूक्ष्म है, अविभागी है, शब्द का कारण होकर भी स्वयं अशब्द रूप है और शाश्वत होकर भी उत्पाद तथा व्यय युक्त है, उसमें भी उत्पाद-व्यय-ध्रौव्यात्मकता पायी जाती है। यद्यपि परमाणु प्रत्यक्ष नहीं है लेकिन उसका स्कन्ध रूप कार्यों को देखकर अनुमान कर लिया जाता है। परमाणुओं में दो अविरोधी स्पर्श (शीत-उष्ण में से एक तथा स्निग्ध-रूक्ष में से एक), एक वर्ण, एक गन्ध और एक रस रहता है। ये स्वरूप की अपेक्षा से नित्य हैं लेकिन स्पर्श आदि पर्यायों की अपेक्षा से अनित्य भी हैं। इनका परिमाण परिमण्डल (गोल) होता है।[57]

यद्यपि पुद्गल स्कन्ध में स्निग्ध-रूक्ष में से एक, शीत-उष्ण में से एक, मृदु-कठोर में से एक और लघु-गुरु में से एक, ये चार स्पर्श होते हैं, किन्तु परमाणु के अत्यन्त सूक्ष्म होने से उसमें मृदु-कठोर, लघु-गुरु, उन चार स्पर्शों के होने का कोई प्रश्न ही नहीं उठता, इसलिए उसमें केवल दो ही स्पर्श माने गये हैं। इससे अन्य द्व्यणुक आदि स्कन्ध बनते हैं। इसलिए यह उनका अन्त्य कारण है। अर्थात् यह वस्तु मात्र में उपादान है, कार्य नहीं है। यद्यपि द्व्यणुक आदि स्कन्धों का भेद

होने से परमाणु की उत्पत्ति देखी जाती है, इसलिए यह भी कथंचित् कार्य ठहरता है, तथापि परमाणु यह पुद्गल की स्वाभाविक दशा है, इसलिए वस्तुतः यह किसी का कार्य नहीं है, यह नित्य है, एक रस, गन्ध, वर्ण वाला है। यह इतना सूक्ष्म है कि इसे इन्द्रियों से नहीं जाना जा सकता तथापि कार्य द्वारा उसके अस्तित्व का अनुमान किया जा सकता है।[58] जब तक वह परमाणु स्कन्धगत है, प्रदेश कहलाता है और अपनी पृथक् अवस्था में परमाणु कहलाता है। यह परमाणु पुद्गल द्रव्य का अविभाज्य, अच्छेद्य, अभेद्य, अदाह्य तथा अग्राह्य अंश है। किसी भी उपाय, उपचार या उपाधि से उसका भाग नहीं हो सकता। वज्रपटल से भी उसका विभाग नहीं हो सकता, किसी तीक्ष्ण-अति तीक्ष्ण शस्त्र से भी उसका भाग नहीं हो सकता। वह तलवार की या इससे भी तीक्ष्ण धार वाले शस्त्र की धार पर रह सकता है। तलवार या छुरे की तीक्ष्ण धार पर रहे हुए परमाणु का छेदन-भेदन नहीं हो सकता। वह अग्नि में प्रवेश कर जलता नहीं, पुष्कर, संवर्त, महामेघ में भी प्रवेश कर आर्द्र नहीं होता, उदक-बिन्दु का आश्रय लेकर विलुप्त नहीं होता। परमाणु की न लम्बाई है, न चौड़ाई है, न गहराई है, वह तो इकाई रूप है।

परमाणु के भेद[59]—परमाणु चार प्रकार का है :

(1) द्रव्यपरमाणु—पुद्गलपरमाणु।

(2) क्षेत्रपरमाणु—आकाश परमाणु।

(3) कालपरमाणु—समय।

(4) भावपरमाणु—गुण।

भाव परमाणु चार प्रकार का बतलाया गया है—1.वर्ण-गुण, 2.गन्ध-गुण, 3.रस-गुण, 4. स्पर्श-गुण। इनके उपभेद भी 16 हैं। इस प्रकार जैन दर्शन में प्रतिपादित परमाणु वर्ण, रस, गन्ध, स्पर्शवान् है। ऐसा होना पुद्गल का स्वभाव है।

परमाणु में गति व क्रिया[60]—परमाणु जड़ होता हुआ भी गतिशील है। उसकी गति प्रेरित भी होती है और अप्रेरित भी। वह सर्वदा गति करता हो, ऐसी बात नहीं है, कभी करता है, कभी नहीं। वह क्रियावान् भी है। उसकी क्रियाएँ आकस्मिक होती हैं और अनेक प्रकार की होती हैं। वह कभी कम्पन भी करता है और स्थिर भी रहता है।

परमाणु अपनी उत्कृष्ट गति से एक समय में चौदहराजू लोक से पूर्व चरमान्त से पश्चिम चरमान्त, उत्तर चरमान्त से दक्षिण चरमान्त और अधोचरमान्त से ऊर्ध्व चरमान्त तक पहुँच सकता है। 'समय' एक जैन पारिभाषिक शब्द है। परमाणु की

तरह यह काल का अन्तिम टुकड़ा है। स्थूल रूप से हम इसे इस प्रकार से समझ सकते हैं कि हमारी आँखों के पलक के एक बार उठने या गिरने मात्र में असंख्य समय व्यतीत हो जाते हैं। 'समय' का उल्लेख जैनागम ग्रन्थों में इस प्रकार मिलता है कि 'पुद्गल' का शुद्ध-परमाणु आकाश के एक प्रदेश से दूसरे प्रदेश पर जितने समय में पहुँचता है, उसे समय कहते है और आकाश के जितने क्षेत्र को पुद्गल-परमाणु रोकता है या घेरता है उतने क्षेत्र को 'प्रदेश' कहते हैं। परमाणु एक समय में ब्रह्माण्ड के अधो चरमान्त से ऊर्ध्व चरमान्त तक अथवा ऊपर से नीचे तक चला जाता है।

जैन शास्त्रों के अनुसार यह समग्र विश्व ऊपर से नीचे तक चौदह राजू है। एक राजू कितना विशाल होता है, इसका स्थूल उल्लेख कुछ उत्तरवर्ती ग्रन्थों में इस प्रकार मिलता है:—कोई देव हजार मन के लौह गोलक को हाथ में उठाकर अनन्त आकाश में छोड़े और वह लौह गोलक छः महीने तक गिरता जाए इस अवधि में वह जितने आकाश देश का अवगाहन करता है, वह एक राजू है। ऐसे चौदह राजुओं का समस्त ब्रह्माण्ड है, अतः एक समय में इस छोर से उस छोर तक पहुँचने वाला परमाणु कितनी तीव्र गति करता है यह विचारणीय बात है।

जिस प्रकार परमाणु की उत्कृष्ट गति बताई गयी है उसी प्रकार उसकी अल्पतम गति का निर्देश भी शास्त्रों में मिलता है। कम से कम गति करता हुआ परमाणु एक समय में आकाश के एक प्रदेश से अपने निकटवर्ती दूसरे प्रदेश में जा सकता है। आकाश का एक प्रदेश उतना ही छोटा है जितना कि एक परमाणु। परमाणु की गति स्वतः भी होती है तथा अन्य पुद्गलों की प्रेरणा से भी। परमाणु-पुद्गल अप्रतिघाती है। वह मोटी-से-मोटी लौह दीवार को अपने सहजभाव से पार कर जाता है, पर्वत उसे नहीं रोकते। यह वज्र के भी इस पार से उस पार निकल जाता है। कभी-कभी वह प्रतिहत भी होता है। ऐसी स्थिति में वह स्वयं भी प्रतिहत हो सकता है। तथा अपने प्रतिपक्षी परमाणु को भी प्रतिहत कर सकता है।

परमाणुओं का सूक्ष्म परिणमन और अवगाहन—परमाणु की सबसे विलक्षण शक्ति तो यह है कि जिस आकाश प्रदेश को एक परमाणु ने घेर रखा है उसी आकाश प्रदेश में दूसरा परमाणु भी स्वतन्त्रतापूर्वक रह सकता है। और उसी एक आकाश प्रदेश में अनन्त प्रदेशी स्कन्ध भी ठहर जाता है। क्योंकि परमाणु के अत्यन्त सूक्ष्म होने से वह अपने निवास क्षेत्र में अन्य परमाणु को आने से नहीं रोकता इसलिए एक प्रदेश पर अनन्त परमाणु समा जाते हैं। सूक्ष्म रूप से परिणत हुए परमाणु

आकाश के एक-एक प्रदेश में अनन्त ठहर जाते हैं। इनकी यह अवगाहन शक्ति व्याघात रहित है इसलिए आकाश के एक प्रदेश में भी अनन्तानन्त परमाणुओं का अवस्थान निर्बाध रूप से होता है। इस प्रकार यह परमाणुओं की सूक्ष्म परिणमन और अवगाहन शक्ति का वैचित्र्य है।

परमाणुओं का समासीकरण—जैनदर्शन बताता है कि थोड़े से परमाणु एक विस्तृत आकाश खण्ड को घेर लेते हैं और कभी-कभी वे परमाणु घनीभूत होकर बहुत छोटे से आकाश देश में समा जाते हैं। इस समासीकरण और व्ययातीकरण का मुख्य कारण यह है कि एक परमाणु अपने ही सदृश एक आकाश प्रदेश में पूरा समा जाता है और अपनी सूक्ष्म परिणामावगाहनशक्ति से उसी आकाश प्रदेश में अनन्तानन्त परमाणु निर्विरोध एक साथ ठहर जाते हैं।

इस प्रकार इस विवेचन से परमाणु के सम्बन्ध में अनेक बातें ज्ञात होती हैं। परमाणु विषयक जैनदर्शन की यह मान्यता भारतीय-दर्शन में अपना विशेष स्थान रखती है।

स्कन्ध—दो या दो से अधिक तीन, चार, छः, संख्यात, असंख्यात तथा अनन्त परमाणुओं के पिण्ड को स्कन्ध कहते हैं। स्कन्ध अनेक पुद्गल-परमाणुओं का एक समूह है। परमाणु पुद्गल का शुद्धरूप या स्वाभाविक पर्याय है। और स्कन्ध विभाव पर्याय है; क्योंकि स्कन्ध अनेक परमाणुओं का बन्ध विशेष है। दो या दो से अधिक परमाणुओं के बन्ध से जो द्रव्य तैयार होता है उसे स्कन्ध कहते हैं।[61] दो परमाणुओं के मेल से द्व्यणुक बनता है, तीन परमाणुओं के मेल से त्र्यणुक, इसी तरह संख्यात, असंख्यात और अनन्त परमाणुओं के मेल से संख्यातप्रदेशी, असंख्यातप्रदेशी और अनन्तप्रदेशी स्कन्ध तैयार होते हैं। धूप में जो कण उड़ते हुए दृष्टिगोचर होते हैं वे सभी स्कन्ध ही हैं।

उक्त कथन में इतनी विशेषता है कि द्व्यणुक तो परमाणुओं के संश्लेष से ही बनता है किन्तु त्र्यणुक आदि स्कन्ध परमाणुओं के संश्लेष से भी बनते हैं तथा विविध स्कन्धों के संश्लेष से भी। इसलिए अन्त्य स्कन्ध के अतिरिक्त शेष सभी स्कन्ध परस्पर कार्यरूप भी हैं और कारणरूप भी। जिन स्कन्धों से बनते हैं उनके कार्य हैं और जिन्हें बनाते हैं उनके कारण भी है।

स्कन्ध के भेद—यद्यपि स्कन्ध के अनन्त भेद हैं तथापि संक्षेप से तीन भेद हैं—1. स्कन्ध, 2. स्कन्ध देश और 3. स्कन्ध प्रदेश।

(1) स्कन्ध—मूर्त द्रव्यों की एक इकाई स्कन्ध है। दूसरे शब्दों में दो से लेकर

यावत् अनन्त परमाणुओं का एकीभाव स्कन्ध है। विभिन्न परमाणुओं का एक होना जैसे स्कन्ध है वैसे ही विभिन्न स्कन्धों का एक होना भी एक स्वतन्त्र स्कन्ध है। कभी-कभी अनन्त परमाणुओं के स्वाभाविक मिलन से एक लोकव्यापी महास्कन्ध भी बन जाता है

(2) स्कन्ध देश—स्कन्ध एक इकाई है, उस इकाई के बुद्धि-कल्पित एक भाग को स्कन्ध देश कहा जाता है।

(3) स्कन्ध प्रदेश—जैनदर्शन के अनुसार प्रत्येक स्कन्ध का मूलाधार परमाणु है। यह परमाणु जब तक स्कन्धगत है तब तक वह स्कन्ध प्रदेश कहलाता है। वह अविभागी अंश जो सूक्ष्मतम है और जिसका फिर अंश नहीं बन पाता वह स्कन्ध प्रदेश है।

इस प्रकार स्कन्ध के ये तीन भेद और एक परमाणु, जिसका विवेचन किया जा चुका है, ये सब मिलाकर पुद्गल के चार भेद हैं।

अपने परिणमन की अपेक्षा पुद्गल स्कन्धों के छः भेद हैं[62]—

(1) बादर-बादर (स्थूल-स्थूल)—जिस पुद्गल स्कन्ध का छेदन-भेदन तथा अन्यत्र वहन या प्रापण हो सके उस स्कन्ध को बादर-बादर कहते हैं। जैसे—लकड़ी, पृथ्वी, पत्थर आदि।

(2) बादर (स्थूल)—जिसका छेदन-भेदन न हो सके; किन्तु अन्यत्र प्रापण या वहन हो सके, छिन्न-भिन्न होने पर आपस में मिल जावें उन स्कन्ध को बादर कहते हैं। जैसे दूध, घृत, जल, तैलादि द्रव पदार्थ।

(3) बादर-सूक्ष्म (स्थूल-सूक्ष्म)—जिसका छेदन-भेदन अन्यत्र वहन-प्रापण कुछ भी न हो सके ऐसे नेत्र से देखने योग्य पुद्गल स्कन्ध, जिनका आकार भी बने किन्तु पकड़ में न आवें वे बादर-सूक्ष्म कहलाते हैं। जैसे—छाया, प्रकाश, अन्धकार आतप, चाँदनी आदि।

(4) सूक्ष्म-बादर (सूक्ष्म-स्थूल)—नेत्र को छोड़कर शेष इन्द्रियों के विषयभूत पुद्गल स्कन्ध सूक्ष्म-बादर हैं। जैसे—ताप, ध्वनि आदि ऊर्जाएँ, वायु व अन्य प्रकार की गैसें।

(5) सूक्ष्म—जो सूक्ष्म होने के कारण इन्द्रियों से ग्रहण न किये जा सकें वे पुद्गल-स्कन्ध सूक्ष्म हैं। जैसे—कार्माण वर्गणाएँ (कर्म) आदि।

(6) सूक्ष्मसूक्ष्म—पुद्गल होकर भी जो स्कन्ध अवस्था से रहित हों वे सूक्ष्म-सूक्ष्म स्कन्ध हैं। जैसे—द्व्यणुक आदि।

इनके अतिरिक्त पुद्गलों के अन्य भेद भी आगमों में बताये गये हैं।

पुद्गल पर्याय—पुद्गल द्रव्य की अनन्त पर्याय हैं, उनमें दश पर्याय या अवस्थाएँ मुख्य हैं—शब्द, बन्ध, सूक्ष्मता, स्थूलता, संस्थान (आकार), भेद (खण्ड), अन्धकार, छाया, आतप और उद्योत।[63]

जैनदर्शन में पुद्गल द्रव्य की शब्द, बन्ध आदि उक्त दश अवस्थाएँ मानी गयी हैं, जिन्हें प्राचीन काल के अन्य दार्शनिक पुद्गल रूप में स्वीकार नहीं करते थे किन्तु आज आधुनिक विज्ञान ने उन्हें पुद्गल रूप में स्वीकार कर लिया है। जैनशास्त्रों में इनका विस्तृत विवेचन मिलता है। यहाँ संक्षेप रूप से उनका विवेचन किया जाता है—

1. शब्द—पुद्गल के अणु और स्कन्ध भेदों की अवान्तर जातियाँ 23 हैं। उनमें एक जाति शब्द या भाषा वर्गणा है। ये भाषा वर्गणाएँ लोक में सर्वत्र व्याप्त हैं। जिस काय-वस्तु से ध्वनि निकलती है उस वस्तु में कम्पन होने के कारण इन पुद्गल वर्गणाओं में भी कम्पन होता है जिससे तरंगें उत्पन्न होती हैं। ये तरंगें ही उत्तरोत्तर पुद्गल वर्गणाओं में कम्पन पैदा करती हैं, जिससे शब्द एक स्थान से उद्‌भूत होकर दूसरे स्थान पर भी सुनाई पड़ता है।

विद्यमान अणुओं का ध्वनिरूप परिणाम शब्द है। वह शब्द स्कन्ध से उत्पन्न होता है, अनेक परमाणुओं के बन्ध विशेष को स्कन्ध कहते हैं, उन स्कन्धों के परस्पर में टकराने से शब्द की उत्पत्ति होती है।[64] वह शब्द अरूप या अभौतिक नहीं है; क्योंकि वह श्रोत्रेन्द्रिय का विषय है। जो कुछ भी इन्द्रियग्राह्य होता है, वह मूर्त-स्वरूप और पौद्‌गलिक होता है। अत: शब्द पौद्‌गलिक है। स्कन्धों के परस्पर संयोग, संघर्षण और विभाग से शब्द उत्पन्न होता है। जिह्वा और तालु आदि के संयोग से नाना प्रकार के भाषात्मक प्रायोगिक शब्द उत्पन्न होते हैं। शब्द के उत्पादक उपादान कारण तथा स्थूल निमित्त कारण दोनों ही पौद्‌गलिक हैं। शब्द केवल शक्ति नहीं किन्तु शक्तिमान पुद्गल स्कन्ध है, जो वायुस्कन्ध के द्वारा देशान्तर को जाता हुआ आस-पास के वातावरण को प्रभावित करता है, झनझनाता है और सुनने वाले के कर्णकुहर को प्राप्त होता हुआ कान के पर्दे को स्पर्श करके सुनाई पड़ता है। शब्द मूर्तिक है इसलिए मूर्तिक कर्णेन्द्रिय द्वारा उसका ग्रहण होता है।

न्याय-वैशेषिक दर्शन शब्द को आकाश का गुण मानता है[65] तो वेदान्त ब्रह्म का विवर्त और बौद्ध विज्ञान का परिणाम। किन्तु जैनदर्शन इसे पुद्गल द्रव्य की व्यंजन पर्याय मानता है। यदि शब्द आकाश का गुण होता तो मूर्तिक कर्णेन्द्रिय के

द्वारा उसका ग्रहण नहीं हो सकता था, क्योंकि अमूर्तिक आकाश का गुण भी अमूर्तिक ही होगा तो फिर अमूर्तिक शब्द को मूर्तिक कर्णेन्द्रिय कैसे ग्रहण कर सकती है? इस प्रकार युक्ति से विचार करने पर यही सिद्ध होता है कि शब्द अमूर्तिक आकाश का गुण नहीं है किन्तु मूर्तिक पुद्‌गल द्रव्य की ही पर्याय है। अत: पौद्‌गलिक है। शब्द के पौद्‌गलिकत्व की सिद्धि अनुभव द्वारा भी होती है। शब्द टकराता भी है कुएँ, गुफा वगैरह में आवाज करने से वह टकराता है और उसकी प्रतिध्वनि सुनाई पड़ती है। निश्छिद्र बन्द कमरे में आवाज करने पर वह वहीं गूँजती रहती है, बाहर नहीं निकलती है। शब्द रोका भी जाता है, ग्रामोफोन के रिकार्ड, टेलीफोन आदि इसके उदाहरण हैं। शब्द गतिमान भी है। आधुनिक विज्ञान भी शब्द में गति मानता है। स्कूल में लड़कों को प्रयोग द्वारा बतलाया जाता है कि शब्द ऐसे आकाश में गमन नहीं कर सकता जहाँ किसी भी प्रकार का 'मैटर' न हो। और अब तो ऐसे वैज्ञानिक यन्त्र तैयार हो गये हैं जिनके द्वारा शब्द तरंगें देखी जा सकती हैं। अत: शब्द अमूर्त आकाश का गुण न होकर पौद्‌गलिक है, मूर्तिक है।

शब्द के भेद-प्रभेद[66]—शब्द के दो भेद हैं—1. भाषात्मक और 2. अभाषात्मक। 1. भाषात्मक शब्द दो प्रकार का है—1. अक्षरात्मक और 2. अनक्षरात्मक।

(1) जो विविध प्रकार की भाषाएँ संस्कृत, प्राकृत, देशभाषाएँ आदि बोलचाल में आती हैं, जिनमें ग्रन्थ रचे जाते हैं, वे अक्षरात्मक शब्द हैं।

(2)द्वीन्द्रिय आदि प्राणियों के जो ध्वनिरूप शब्द उच्चरित होते हैं तथा अरहंत देव की दिव्यध्वनि, ये अनक्षरात्मक शब्द हैं। दिव्यध्वनि कण्ठ, तालु आदि स्थानों से अक्षररूप होकर नहीं निकलती है, किन्तु सर्वांग से ध्वनि रूप उत्पन्न होती है, इसलिए अनक्षरात्मक है।

(2) अभाषात्मक शब्द के भी दो भेद हैं—1. वैस्रसिक, 2. प्रायोगिक।

(1) वैस्रसिक शब्द—मेघ आदि की गर्जन, जो बिना किसी के प्रयोग से स्वाभाविक हो, वैस्रसिक शब्द है।

(2) प्रायोगिक शब्द—जो दूसरे के प्रयोग से हो, वे चार प्रकार के हैं—1. तत, 2. वितत, 3. घन और 4. सुषिर।

(1) तत—चमड़े से मढ़े हुए मृदंग, ढोल, भेरी, नगाड़ा, तबला, दर्दुर आदि का शब्द तत है।

(2) वितत—ताँतवाले सितार, तमूरा, वीणा, सारंगी आदि वाद्यों का शब्द वितत है।

(3) घन—झांज, घंटा आदि का शब्द।

(4) सुषिर—फूँक से बजने वाले शंख, वांसुरी आदि का शब्द।

शब्द के उक्त सभी भेदों को एक चार्ट द्वारा एकसाथ प्रदर्शित किया जा सकता है—

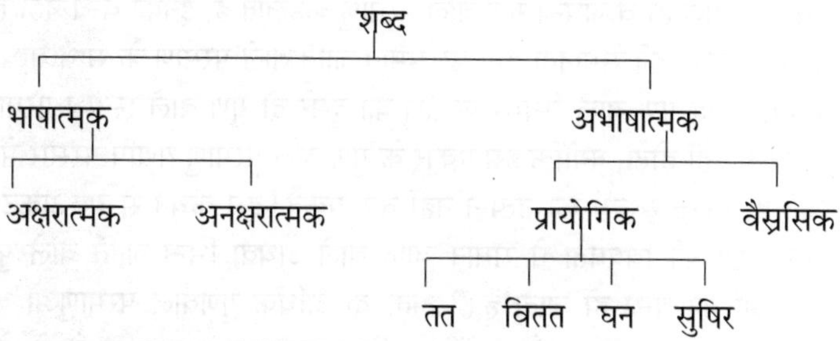

2. बन्ध[67]—अनेक पदार्थों में एकपने का ज्ञान कराने वाले सम्बन्ध विशेष को बन्ध कहते हैं। केवल दो वस्तुओं का परस्पर में मिल जाना मात्र ही बन्ध नहीं है; किन्तु बन्ध उस सम्बन्ध विशेष को कहते हैं, जिसमें दो चीजें अपनी असली हालत को छोड़कर एक तीसरी हालत में हो जाती हैं। जैसे—आक्सीजन और हाइड्रोजन, ये दोनों गैसें जब परस्पर में मिलती हैं तो पानी का रूप हो जाती हैं। कपूर, पिपरमैंट और सत अजवायन परस्पर में मिलकर एक द्रव औषधि का रूप धारण कर लेते हैं, यही बन्ध है। केवल संयोग मात्र ही बन्ध नहीं है। जैसे—एक घड़े में बहुत से चने भरे हैं, उन चनों में परस्पर में संयोग है, बन्ध नहीं, क्योंकि उनमें परस्पर एकीभाव नहीं है, भिन्न-भिन्न है; किन्तु एक चने में जो अनन्त परमाणुओं का समुदाय है, वह बन्ध रूप है; क्योंकि उन परमाणुओं में एकीभाव है। बन्ध में रासायनिक सम्मिश्रण आवश्यक है, उसके बिना बन्ध नहीं हो सकता।

जैनदर्शन में बन्ध के स्वरूप का विश्लेषण बड़ी सूक्ष्मता से किया गया है। उसके अनुसार स्निग्ध और रूक्ष गुण के निमित्त से ही परमाणुओं का बन्ध होता है। परमाणुओं में अन्य भी अनेक गुण होते हैं, किन्तु बन्ध कराने के कारण केवल दो ही गुण हैं—स्निग्धता (चिक्कणता) और रूक्षता (रूखापन)। यह स्निग्धता और रूक्षता पुद्गल परमाणुओं में हीनाधिक रूप में पायी जाती है। जैसे—जल तथा

बकरी, गाय, भैंस और ऊँटनी के दूध में और घी में उत्तरोत्तर अधिक रूप से स्नेह गुण (चिक्कणता) होता है तथा रज, बालू आदि में अधिक-अधिक रूक्षता पाई जाती है। इसी प्रकार परमाणुओं में भी स्निग्धता और रूक्षता की अधिकता होती है। अतः स्निग्ध गुणवाले परमाणुओं का भी बन्ध होता है, रूक्षगुण वाले परमाणुओं का भी बन्ध होता है। अर्थात् यह बन्ध स्निग्ध गुणवाले परमाणु व स्कन्ध का स्निग्ध गुण वाले परमाणु व स्कन्ध के साथ, रूक्ष का रूक्ष के साथ और स्निग्ध का रूक्ष के साथ। इस प्रकार समान जातीय तथा असमान जातीय दोनों का भी होता है;[68] किन्तु जघन्य गुण वाले परमाणुओं का बन्ध नहीं होता। जिनमें स्निग्धता और रूक्षता का एक अविभागी अंश हो वे जघन्य गुण वाले परमाणु कहलाते हैं, इनका बन्ध नहीं होता[69] और न ही गुणों की समानता होने पर समान जाति वाले परमाणु के साथ बन्ध होता है। जैसे— दो गुण वाले स्निग्ध परमाणु का दूसरे दो गुण वाले स्निग्ध परमाणु के साथ बन्ध नहीं होता; क्योंकि इस प्रकार के गुण वाले परमाणु यद्यपि परस्पर में मिल सकते हैं, किन्तु स्कन्ध को उत्पन्न नहीं कर सकते। इस कथन से यह प्रकट होता है कि गुणों की विषमता में समान जाति वाले अथवा भिन्न जाति वाले पुद्गल परमाणुओं का बन्ध हो जाता है।[70] अतः दो अधिक गुणवाले परमाणुओं का ही परस्पर में बन्ध हो सकता है; क्योंकि अधिक गुणवाला परमाणु अपने से दो कम गुणवाले परमाणु से मिलकर एक तीसरी ही अवस्था धारण करता है, इसी का नाम बन्ध है। यदि दो से अधिक या दो से कम गुणवालों का भी बन्ध मान लिया जाए तो अधिक विषमता हो जाने के कारण अधिक गुणवाला कम गुणवालों को तो अपने में मिला लेगा, किन्तु कम गुणवाला अधिक गुणवाले पर अपना उतना प्रभाव नहीं डाल सकेगा जितना रासायनिक सम्मिश्रण के लिए आवश्यक है। अतः दो अधिक गुणवालों का ही बन्ध होता है और ऐसे ही बन्ध से स्कन्धों की उत्पत्ति होती है।[71]

एक स्निग्ध परमाणु का दूसरे दो गुण अधिक स्निग्ध परमाणुओं के साथ बन्ध होता है, एक रूक्ष परमाणु का दूसरे दो गुण अधिक रूक्ष परमाणु के साथ बन्ध होता है और एक स्निग्ध परमाणु का दूसरे दो गुण अधिक रूक्ष परमाणु के साथ भी बन्ध होता है। इस प्रकार समान जातीय और असमान जातीय दोनों प्रकार के परमाणुओं का बन्ध होता है; किन्तु जघन्य गुणवालों का बन्ध नहीं होता है। जैसे—एक गुण वाले का तीन गुण वाले परमाणु के साथ बन्ध नहीं होता। शेष स्निग्ध या रूक्ष दोनों जाति के परमाणुओं का समधारा या विषमधारा में दो गुण अधिक होने पर बन्ध होता है। दो, चार, छः, आठ, दस इत्यादि जहाँ पर दो के ऊपर दो-दो अशों की अधिकता हो वह समधारा है और तीन, पाँच, सात, नौ, ग्यारह इत्यादि जहाँ पर तीन के ऊपर दो-दो अंशों की वृद्धि हो वह विषम धारा है। इन दोनों धाराओं में जघन्य गुण को

छोड़कर दो गुण अधिक का ही बन्ध होता है अन्य का नहीं।[72]

इसी प्रकार जो अधिक गुणवाला परमाणु होता है वह हीन गुणवाले परमाणु को भी अपने रूप परिणमाने वाला होता है। जैसे—अधिक मधुर रसवाला गीला गुड़ अपने ऊपर पड़ी हुई रज को भी गुड़ रूप परिणमा लेता है। ऐसे ही जब दो स्कन्धों का परस्पर बन्ध होता है और अधिक गुणवाला हीन गुणवाले को अपने स्वरूप परिणमाता है तब पहिली दोनों अवस्थाओं के त्यागपूर्वक तीसरी अवस्था प्रकट होती है और दोनों का एक महास्कन्ध हो जाता है। अन्यथा अधिक गुणवाला परिणमाने वाला न होने से कृष्ण और श्वेत तन्तु की तरह संयोग होने पर भी भिन्न-भिन्न ही रहते हैं[73]

बन्ध के भेद[74]

परस्पर श्लेष रूप इस बन्ध के दो भेद हैं—(1) वैस्रसिक और (2) प्रायोगिक।

(1) वैस्रसिक—बिना किसी प्रयत्न के बिजली, मेघ, अग्नि और इन्द्रधनुष आदि सम्बन्धी जो स्निग्ध और रूक्ष गुण निमित्तक बन्ध होता है, वह वैस्रसिक बन्ध है। कभी-कभी देखते ही देखते निरभ्र आकाश थोड़े से ही समय में रंग-बिरंगे बादलों से भर जाता है, वहाँ बादल रूप स्कन्धों का जमघट लग जाता है और कुछ ही क्षणों में वे बादल बिखरते दिखाई देते हैं। इसप्रकार से स्वाभाविक स्कन्धों का निर्माण और विघटन वैस्रसिक बन्ध है।

(2) प्रायोगिक—प्रायोगिक बन्ध वह है जो किसी के प्रयोग से होता है। प्रायोगिक बन्ध दो प्रकार का है—(1) अजीव विषयक और (2) जीवाजीव विषयक।

लकड़ी और लाख—चपड़ा आदि का बन्ध अजीव विषयक प्रायोगिक बन्ध है और ज्ञानावरणादि कर्म और शरीरादि नोकर्म का बन्ध जीव के साथ होना जीवाजीव विषयक प्रायोगिक बन्ध है। प्रायोगिक बन्ध के भी आलपन, आलेपन आदि पाँच भेद हैं, जिनका विस्तृत विवेचन 'तत्त्वार्थ राजवार्तिक' आदि ग्रन्थों से जानना चाहिए।

उक्त प्रकार का बन्ध पुद्गल द्रव्य में ही सम्भव है, अतः बन्ध भी पुद्गल द्रव्य की ही पर्याय है।

3. सूक्ष्मता[75]—सूक्ष्मता भी पुद्गल की पर्याय है; क्योंकि इसकी उत्पत्ति पुद्गल से होती है। सूक्ष्मता का अर्थ पतलापन या लघुता आदि है। जो वस्तु नेत्र से दिखाई न पड़े अथवा कठिनाई से दिखाई पड़े वह सूक्ष्मता है। इसके दो भेद

हैं—अन्त्य और आपेक्षिक। परमाणुओं में अन्त्य सूक्ष्मता पाई जाती है और द्व्यणुकादि में आपेक्षिक सूक्ष्मता रहती है। आपेक्षिक सूक्ष्मता संघात रूप स्कन्धों के परिणमन की अपेक्षा से हुआ करती है, जैसे— नारियल, आम, बेर आदि में आपेक्षिक सूक्ष्मपना है। नारियल की अपेक्षा आम में सूक्ष्मता और आम की अपेक्षा बेर में सूक्ष्मता पायी जाती है। इस प्रकार यह सूक्ष्मता अनेक भेद रूप है।

4. स्थूलता[76]—यह भी पुद्गल की पर्याय है। स्थूलता का अर्थ मोटापन या गुरुता है। इसके भी दो भेद हैं— अन्त्य और आपेक्षिक। आपेक्षिक स्थूलता संघात रूप पुद्गल स्कन्धों के परिणमन विशेष की अपेक्षा से हुआ करती है। अन्त्य स्थूलता सम्पूर्ण लोक में व्याप्त होकर रहने वाले महास्कन्ध में रहा करती है। और आपेक्षिक स्थूलता अपेक्षाकृत होती है। जैसे—बदरी फल की अपेक्षा आँवले में स्थूलता पाई जाती है और आँवले की अपेक्षा बिल्व फल में। इस प्रकार यह स्थूलता भी अनेक भेदरूप है। सूक्ष्मत्व के उदाहरण में उत्तरोत्तर सूक्ष्मता और स्थूलत्व के उदाहरण में उत्तरोत्तर स्थूलता पाई जाती है। ये दोनों ही पौद्गलिक हैं।

5. संस्थान[77]—संस्थान का अर्थ आकृति या आकार है। यह दो प्रकार का है—(1) इत्थंलक्षण और (2) अनित्थंलक्षण। जिस आकार का 'यह इस तरह का है' इस प्रकार से निर्देश किया जा सके वह इत्थंलक्षण संस्थान है। जैसे—गोल, त्रिकोण, चतुष्कोण, दीर्घ, वलयाकार आदि। जिस आकार से विषय में कुछ कहा न जा सके वह अनित्थंलक्षण संस्थान है। जैसे—मेघ, इन्द्रधनुष आदि के आकार के विषय में कुछ भी नहीं कहा जा सकता।

6. भेद[78]—एकत्व अर्थात् स्कन्ध रूप में परिणत पुद्गल पिण्ड का विश्लेष या विभाग होना भेद है। इसके उत्कर, चूर्ण, खण्ड, चूर्णिका, प्रतर, अणुचटन ये छह भेद हैं—

(1) उत्कर—करोंत, कुल्हाड़ी आदि से लकड़ी आदि के चीरने पर जो बुरादा निकलता है वह उत्कर है।

(2) चूर्ण—जो तथा गेहूँ आदि का आटा

(3) खण्ड—घट आदि का टुकड़ों-टुकड़ों में हो जाना।

(4) चूर्णिका—उड़द तथा मूँग आदि की चुनी-चूरी आदि।

(5) प्रतर—मेघ पटलों का विघटन तथा अभ्रक, मिट्टी आदि की तहें निकलना।

(6) अणुचटन—गर्म लोहे आदि को घन से कूटने पर आग के कणों का निकलना अथवा खान में से स्फुलिंगों का निकलना।

7. तम[79]—प्रकाश के विरोधी और दृष्टि का प्रतिबन्ध करने वाले पुद्गल परिणाम को तम या अन्धकार कहते हैं। तम अन्धकार का ही दूसरा नाम है। यह देखने में रुकावट डालने वाला प्रकाश का विरोधी या प्रतिपक्षी एक परिणाम विशेष है। इसमें वस्तुएँ दिखाई नहीं देतीं। सूर्य, चन्द्र, बिजली, दीपक आदि के अभाव में जो पुद्गल स्कन्ध काले अन्धकार के रूप में परिवर्तित होते हैं वह तम या अन्धकार है। प्रकाश और अन्धकार दोनों मूर्तिक हैं। इनका अवरोध हो सकता है। प्रकाश पथ में सघन पुद्गलों के आ जाने से अन्धकार की उत्पत्ति होती है अतएव ये दोनों पौद्गलिक हैं।

न्याय-वैशेषिक दर्शन तम को सर्वथा अभाव रूप मानता है, परन्तु नेत्रेन्द्रिय से उसका ज्ञान होता है, इसलिए उसे सर्वथा अभाव रूप नहीं माना जा सकता।

8. छाया[80]— किसी भी वस्तु में अन्य वस्तु की आकृति के अंकित हो जाने को छाया कहते हैं। यह छाया प्रकाश और आवरण के निमित्त से होती है। जब प्रकाश को आवृत करने वाले शरीरादिक के निमित्त मिलते हैं तब छाया पड़ती है। सूर्य, दीपक, बिजली आदि के कारण आस-पास के पुद्गल स्कन्ध भासुर रूप धारण कर प्रकाश स्कन्ध बन जाते हैं, जब कोई स्थूल स्कन्ध इस प्रकाश स्कन्ध की जितनी जगह को अवरुद्ध रखता है उतने स्थान के स्कन्ध काला रूप धारण कर लेते हैं, यही छाया है।

9, 10. आतप, उद्योत[81]—उष्ण प्रभा वाले प्रकाश को आतप और शीत प्रभा वाले तथा आह्लादक प्रकाश को उद्योत कहते हैं। सूर्य, अग्नि आदि का उष्ण प्रकाश आतप कहलाता है और चन्द्र, मणि, खद्योत (जुगनू) आदि का ठण्डा प्रकाश उद्योत कहलाता है। वैसे अग्नि से इन दोनों में अन्तर है। अग्नि स्वयं उष्ण होती है और उसकी प्रभा भी उष्ण होती है; किन्तु आतप और उद्योत के विषय में यह बात नहीं है। आतप मूल में ठण्डा होता है, केवल उसकी प्रभा उष्ण होती है और उद्योत मूल में भी ठण्डा होता है और उसकी प्रभा भी ठण्डी होती है।

उक्त तम, छाया, आतप और उद्योत पुद्गल द्रव्य के परिणमन विशेष के द्वारा ही निष्पन्न हुआ करते हैं, अतएव ये भी उसी के धर्म हैं। न भिन्न द्रव्य हैं और न भिन्न द्रव्य के परिणाम हैं। शब्द, बन्ध आदि के समान ये भी पुद्गल ही हैं; क्योंकि उक्त स्पर्श आदि सभी गुण पुद्गलों में ही रहा करते हैं और इसलिए पुद्गलों को रूप, रस, गन्ध, स्पर्शवान् कहा गया है। रूपादिक पुद्गल के लक्षण हैं। अतएव शब्द, बन्ध आदि को भी पुद्गल का ही परिणाम कहा गया है; किन्तु जैसा ऊपर कहा जा चुका है न्याय-वैशेषिक शब्द को आकाश का गुण, वेदान्ती ब्रह्म का विवर्त और कुछ लोग विज्ञान का परिणाम मानते है; किन्तु यह मान्यता युक्ति,

आगम और अनुभव से सिद्ध नहीं होती। जैनदर्शन के अनुसार शब्द मूर्तिक है। यदि वह आकाश का गुण होता तो गुणी आकाश की ही तरह अमूर्तिक एक, नित्य और व्यापक होता और मूर्त कर्णेन्द्रिय के द्वारा उसका ग्रहण नहीं हो सकता था। क्योंकि अमूर्तिक को मूर्तिक इन्द्रिय कैसे जान सकती है ? इसी प्रकार वह शब्द दीवाल आदि मूर्तिक पदार्थों के द्वारा भी नहीं रुक सकता।

आज विज्ञान से भी सिद्ध किया जा चुका है कि शब्द की गति इच्छानुसार चाहे जिधर को जा सकती है और आवश्यकता अथवा निमित्त के अनुसार उसको रोक कर भी रखा जा सकता है। जैसे कि ग्रामोफोन की चूड़ी में चाहे जैसा शब्द रोक कर रखा जा सकता है और उसको चाहे जब व्यक्त किया जा सकता है। टेलीग्राम वायरलेस—बेतार के तार द्वारा इच्छित दिशा और स्थान की तरफ उसकी गति की जा सकती है। इस प्रकार विज्ञान, युक्ति, आगम और अनुभव से सिद्ध होता है कि शब्द अमूर्तिक आकाश का गुण नहीं, किन्तु मूर्तिक पुद्‌गल का ही परिणाम है। इसी प्रकार बन्ध आदि भी सभी पुद्‌गल के ही परिणाम हैं।

पुद्‌गल के कार्य—शरीर, वचन, मन और प्राणापान (श्वासोच्छ्‌वास) ये पुद्‌गल द्रव्य के कार्य या उपकार हैं।[82] सांसारिक जीवन सम्बन्धी समग्र व्यवहार पुद्‌गल द्रव्याश्रित है। वस्त्रादि भोगोपभोग सामग्री का हमारे दैनिक जीवन में निरन्तर उपयोग होता रहता है, इनके अतिरिक्त और भी अनेक अगणित कार्य हैं जिन पर हमारा जीवन तथा समस्त संसार निर्भर है। इन सभी पर विचार किया जाए तो सभी पौद्‌गलिक ही हैं, इसलिए जैनदर्शन में ये पुद्‌गल द्रव्य के कार्य या उपकार कहे गये हैं। मोहवश भ्रमित होकर जीव इनसे सम्बन्धित होता है।

2-3 धर्म द्रव्य और अधर्म द्रव्य[83]

जैनदर्शन द्वारा मान्य जीव, पुद्‌गल, धर्म, अधर्म, आकाश और काल इन छह द्रव्यों में से जीव, आकाश और काल इन तीन को तो वेदान्त, न्याय-वैशेषिक, सांख्य-योग आदि सभी जैनेतर आस्तिक दर्शनों ने स्वीकार किया है। पुद्‌गल तत्त्व को भी ये सभी दर्शन प्रकृति, परमाणु आदि के रूप में स्वीकार करते हैं, किन्तु धर्म और अधर्म द्रव्य को कोई भी दर्शन नहीं मानता। केवल जैनदर्शन ही इन्हें द्रव्य रूप में स्वीकार करता है।

धर्म और अधर्म द्रव्य में धर्म तथा अधर्म शब्द से पुण्य-पाप को या शुभाशुभ कर्म को अथवा न्याय-वैशेषिकादि दर्शनों के द्वारा माने हुए गुण विशेष को नहीं समझना चाहिए, किन्तु ये दोनों जैनदर्शन के पारिभाषिक शब्द हैं, जो द्रव्यवाचक हैं, गुणवाचक नहीं है। पुण्य-पाप आत्मा के परिणाम विशेष हैं या कर्म के भेद हैं

और धर्म तथा अधर्म शब्द दो अचेतन द्रव्यों के वाचक हैं। ये दोनों ही अमूर्तिक, अखण्ड, अदृश्य और अचेतन द्रव्य हैं, जो तिल में तेल की तरह समस्त लोक में व्याप्त हैं, लोक के कण-कण में भरे हुए हैं। ये दोनों भी जीव और पुद्गल की ही तरह दो स्वतन्त्र द्रव्य हैं, जिनका कार्य है—जीव और पुद्गलों के चलने और ठहरने में सहायक होना।

उक्त छः द्रव्यों में से धर्म, अधर्म, आकाश और काल ये चार द्रव्य तो निष्क्रिय हैं, इनमें हलन-चलन क्रिया नहीं होती है। शेष जीव और पुद्गल ये दो द्रव्य अनेक और सक्रिय हैं। जैनदर्शन वेदान्त की तरह आत्म-द्रव्य को एक व्यक्ति रूप नहीं मानता और सांख्य, न्याय-वैशेषिक आदि सभी वैदिक दर्शनों की तरह उसे निष्क्रिय भी नहीं मानता। यहाँ निष्क्रियत्व से गति-क्रिया का निषेध किया गया है, क्रिया मात्र का नहीं। जैनदर्शन के अनुसार निष्क्रिय द्रव्य का अर्थ 'गतिशून्य द्रव्य' इतना ही है। गतिशून्य धर्म और अधर्म द्रव्य में भी सदृश परिणमन रूप क्रिया जैनदर्शन मानता ही है। इन दोनों में भी उत्पाद-व्यय-ध्रौव्यात्मकता अर्थात् पर्याय-परिणमनता पाई जाती है।

जीव और पुद्गल द्रव्य गतिमान् हैं और स्थितिमान् भी। यह गति और स्थिति-शीलता अन्य द्रव्यों में नहीं पाई जाती है। जिस समय ये गमन रूप क्रिया में परिणत होते हैं उस समय इनके इस परिणमन में बाह्य निमित्त कारण धर्मद्रव्य हुआ करता है। जैसे-जल चलती हुई मछली के चलने में सहायक होता है। उसी प्रकार जो चलते हुए जीव और पुद्गलों को चलने में सहायता करता है वह धर्मद्रव्य है; किन्तु जैसे जल ठहरी हुई मछली को चलने के लिए प्रेरित नहीं करता उसी प्रकार धर्मद्रव्य भी ठहरे हुए जीव और पुद्गलों को बलात् नहीं चलाता।[84] यह धर्मद्रव्य रूप, रस, गन्ध, स्पर्श और शब्द से रहित है अतएव अमूर्त, समस्त लोकाकाश में व्याप्त, अखण्ड, विस्तृत और असंख्यात प्रदेशी है। जैसे—जल स्वयं गमन न करता हुआ तथा दूसरों को गतिरूप परिणमाने में प्रेरक न होता हुआ अपने आप गमन रूप परिणमते हुए मत्स्यादिक जलचर जीवों के गमन करने में उदासीन सहकारी कारण मात्र है, उसी प्रकार धर्मद्रव्य भी स्वयं गमन न करता हुआ तथा पर को गतिरूप परिणमाने में प्रेरक न होता हुआ, स्वयमेव गतिरूप परिणमते हुए जीव और पुद्गलों के गमन करने में उदासीन, अविनाभूत सहकारी कारण मात्र है।[85] इस प्रकार धर्मद्रव्य को गति का माध्यम कह सकते हैं।

इसी प्रकार ये जीव और पुद्गल जिस समय स्थित होते हैं, उस समय इनकी स्थिति में अधर्मद्रव्य बाह्य सहायक हुआ करता है। जैसे—छाया ठहरते हुए पथिक जनों के ठहरने में सहायक होती है उसी प्रकार जो ठहरते हुए जीव और पुद्गलों

के ठहरने में सहायक होता है वह अधर्मद्रव्य है, किन्तु वह अधर्मद्रव्य गमन करते हुए जीव और पुद्‌गलों को ठहराता नहीं है।[86] जिस प्रकार धर्मद्रव्य गति-सहकारी है उसी प्रकार अधर्मद्रव्य स्थिति-सहकारी है। जैसे—पृथ्वी स्वयं पहले से ही स्थिति रूप है तथा पर की स्थिति में प्रेरक नहीं है। किन्तु स्वयं स्थिति रूप परिणमते हुए अश्वादिकों का उदासीन, अविनाभूत सहकारी कारण भाव है, उसी प्रकार अधर्म-द्रव्य भी स्वयं पहले से ही स्थितिरूप पर के स्थिति परिणमन में प्रेरक न होता हुआ स्वयमेव स्थितिरूप परिणमते हुए जीव और पुद्‌गलों का उदासीन अविनाभूत सहकारी कारण मात्र है।[87] इस अधर्मद्रव्य को स्थिति का माध्यम कह सकते हैं।

ये दोनों ही द्रव्य उदासीन कारण हैं न कि प्रेरक। प्रेरणा करके बलात् किसी भी द्रव्य को ये न तो चलाते है और न ठहराते हैं, किन्तु चलते हुए को चलने में और ठहरते हुए को ठहरने में मदद करते हैं। यदि ये प्रेरक कारण होते तो बड़ी गड़बड़ हो जाती। न तो कोई पदार्थ गमन ही कर सकता था, न ठहर ही सकता था, क्योंकि जब धर्मद्रव्य यदि गमन करने के लिए प्रेरित करता तो उसी समय उसका प्रतिपक्षी अधर्मद्रव्य उन्हीं पदार्थों को ठहरने के लिए प्रेरित करता, क्योंकि जैनदर्शन के अनुसार धर्मद्रव्य और अधर्मद्रव्य सर्वत्र एवं सर्वदा समस्त लोकाकाश में विद्यमान रहते हैं। अतएव जब धर्मद्रव्य चलने में सहायक होगा तब अधर्मद्रव्य उसमें बाधक होगा तथा जब अधर्मद्रव्य ठहरने में सहायक होगा तो उसी समय धर्मद्रव्य बाधक हो जाएगा। अथवा जो चल रहे हैं वे चलते ही रहेंगे और जो ठहरे हैं वे ठहरे ही रहेंगे, किन्तु जो चलते हैं वे ठहरते भी हैं। अतः जीव और पुद्‌गल स्वयं ही चलते हैं और स्वयं ही ठहरते हैं। धर्म और अधर्मद्रव्य केवल उसमें सहायक मात्र हैं या उदासीन कारण हैं।

जैसा कि ऊपर कहा गया है सांख्य-योग, न्याय वैशेषिक आदि दर्शन आकाश और काल द्रव्य को तो मानते हैं, किन्तु धर्म और अधर्म द्रव्य को नहीं मानते हैं, पर इससे इन दोनों के अस्तित्व को अस्वीकार नहीं किया जा सकता, क्योंकि लोकालोक का विभाग और गति-स्थिति की साधारण कारणता, इन दो बातों से इनका अस्तित्व जाना जाता है और इसी से इन दोनों की उपयोगिता और आवश्यकता सिद्ध होती है।

लोक में जीव और पुद्‌गल ये दो पदार्थ गतिशील भी है और स्थितिशील भी। इनके अतिरिक्त शेष सब पदार्थ निष्क्रिय होने से स्थितिशील नहीं हैं, किन्तु यहाँ पर गतिपूर्वक होने वाली स्थिति और स्थितिपूर्वक होने वाली गति विवक्षित है, जो जीव और पुद्‌गल इन दो के सिवाय अन्यत्र नहीं पायी जाती। यद्यपि जीव

और पुद्गल ये दोनों द्रव्य स्वयं गमन करते हैं और स्वयं स्थित भी होते हैं इसलिए ये इनके परिणाम हैं। अर्थात् गतिक्रिया और स्थिति क्रिया ये जीव और पुद्गल को छोड़कर अन्यत्र नहीं होती, इसलिए ये जीव और पुद्गल ही इन दोनों क्रियाओं के उपादान कारण हैं और धर्म तथा अधर्मद्रव्य निमित्त कारण हैं। जो कारण स्वयं कार्यरूप परिणम जाता है वह उपादान कारण कहलाता है, किन्तु ऐसा नियम है कि प्रत्येक कार्य उपादान कारण और निमित्त कारण इन दो के मेल से होता है, केवल एक कारण से कार्य की उत्पत्ति नहीं होती। छात्र सुबोध है पर अध्यापक या पुस्तक का निमित्त न मिले तो वह पढ़ नहीं सकता। यहाँ उपादान है किन्तु निमित्त नहीं, इसलिए कार्य नहीं हुआ। छात्र को अध्यापक या पुस्तक का निमित्त मिल रहा है पर वह मन्दबुद्धि है, इसलिए भी वह पढ़ नहीं सकता, यहाँ निमित्त है, किन्तु उपादान नहीं, इसलिए कार्य नहीं हुआ। इससे स्पष्ट हो जाता है कि गति और स्थिति का कोई निमित्त कारण होना चाहिए, क्योंकि निमित्त के बिना केवल उपादान से कार्य की उत्पत्ति नहीं होती। इसी आवश्यकता की पूर्ति के लिए जैनदर्शन में धर्म और अधर्म द्रव्य माने गये हैं। धर्मद्रव्य का कार्य गमन में सहायता करना है और अधर्म द्रव्य का कार्य ठहरने में सहायता करना है।

इन दोनों के अस्तित्व को सिद्ध करने के लिए दूसरी बात यह है कि जड़ और चेतन द्रव्य जो दृश्यादृश्य विश्व के खास अंग हैं, उनकी गतिशीलता तो अनुभव सिद्ध है। अगर कोई नियामक तत्त्व न हो तो वे द्रव्य अपनी सहज गतिशीलता के कारण अनन्त आकाश में कहीं भी चले जा सकते हैं। यदि वे सचमुच अनन्त आकाश में चले ही जाएँ तो इस दृश्यादृश्य विश्व का नियत संस्थान जो सदा सामान्य रूप से एकसा दृष्टिगोचर होता है, वह किसी भी तरह घट नहीं सकेगा, क्योंकि अनन्त पुद्गल और अनन्त जीव भी अनन्त परिमाण विस्तृत आकाश क्षेत्र में बेरोकटोक संचरित होने से ऐसे पृथक् हो जाएँगे, जिनका असम्भव नहीं तो दुःसम्भव अवश्य हो जाएगा। यही कारण है कि गतिशील उक्त द्रव्यों की गतिमर्यादा को नियन्त्रित करने वाले तत्त्व को जैनदर्शन स्वीकार करता है और वही तत्त्व धर्मद्रव्य कहलाता है। गतिमर्यादा के नियामक रूप से उक्त धर्मद्रव्य को स्वीकार कर लेने पर स्थिति मर्यादा के नियामक रूप से अधर्म द्रव्य को भी जैनदर्शन स्वीकार कर ही लेता है।

यदि यह कहा जाय कि आकाश द्रव्य सर्वत्र है, अतः गति और स्थिति इन दोनों का निमित्त कारण आकाश को ही मान लिया जाए, परन्तु आकाश का कार्य जीव-पुद्गलों या जगत् के जड़-चेतन पदार्थों को अवकाश-स्थान देना है न कि गति और स्थिति में निमित्त होना। इसलिए आकाश को गति और स्थिति में निमित्त

नहीं माना जा सकता।

दूसरी बात यह है कि पूर्व, पश्चिम आदि व्यवहार जो दिग्द्रव्य-दिशा का कार्य वैशेषिक आदि दर्शनों द्वारा माना जाता है,[88] उसकी उपपत्ति आकाश के द्वारा हो सकने के कारण दिग्द्रव्य को आकाश से अलग मानने की जरूरत नहीं, पर धर्म, अधर्म द्रव्यों का कार्य आकाश से सिद्ध नहीं हो सकता, क्योंकि आकाश को गति और स्थिति का नियामक मानने से वह अनन्त और अखण्ड होने के कारण जड़ तथा चेतन द्रव्यों को अपने में सर्वत्र गति व स्थिति करने से रोक नहीं सकता और ऐसा होने से नियत दृश्यादृश्य विश्व के संस्थान की अनुपपत्ति बनी ही रहेगी। इसीलिए धर्म, अधर्मद्रव्यों को आकाश से अलग स्वतन्त्र द्रव्य मानना न्याय-संगत है। जब जड़ और चेतन गतिशील हैं तब मर्यादित आकाश क्षेत्र में उनकी गति और स्थिति नियामक के बिना ही अपने स्वभाव से नहीं मानी जा सकती, इसलिए धर्म, अधर्मद्रव्यों का अस्तित्व युक्ति-सिद्ध है।

4. आकाशद्रव्य

जो जीवादि द्रव्यों को अवकाश (स्थान) प्रदान करता है वह आकाश द्रव्य है[89]। 'आकाश' शब्द की व्युत्पत्तियाँ भी इस ही परिभाषा के आधार पर की गयी हैं। जिसमें समस्त द्रव्य अवकाश को प्राप्त हों अथवा जो स्वयं अवकाश रूप हो अथवा जो सब द्रव्यों को अवकाश (स्थान) देता है अथवा जिसमें जीवादि द्रव्य अपनी-अपनी पर्यायों से अभिन्न रूप से आकाशित या प्रकाशित होते हों।[90] अथवा जो चारों ओर से सर्वत्र लोक और अलोक में रहता है, वह आकाश है।[91] यह आकाश सर्वव्यापी, अखण्ड, अमूर्तिक, अदृश्य, अरूपी, निष्क्रिय और एक है। तात्पर्य यह है कि आकाश वह अमूर्त द्रव्य है जिसमें सभी द्रव्य स्थान पाते हैं, ये सभी आकाश में ही स्थित हैं। ये एक दूसरे में व्याप्त हैं। अर्थात् परस्पर एक दूसरे में समावेश करने वाले हैं।

आकाश द्रव्य का कार्य—इस द्रव्य का मुख्य कार्य सब पदार्थों को स्थान देना है।[92] अवकाशदान इसका असाधारण गुण है। जीव व समस्त भौतिक पदार्थ इस आकाश द्रव्य में अवगाहना (स्थान) पाये हुए हैं। अवगाह करने वाले या स्थान पाने वाले जीवादि द्रव्य हैं, इनको अवगाह (स्थान) देना आकाश का कार्य है।[93] जीवादि द्रव्य कहीं-न-कहीं स्थित हैं अर्थात् आधेय बनना या अवकाशलाभ करना इनका कार्य है, पर अपने में अवकाश देना यह आकाश का कार्य है। इसी से 'अवगाह प्रदान' यह आकाश का लक्षण माना गया है। यह आकाश जीव, पुद्गल, धर्म, अधर्म और कालद्रव्यों के अवगाहन में हेतुपने को प्राप्त होता है। अर्थात् उन्हें

अवगाहन में सहायता करता है।[94]

यद्यपि सभी सूक्ष्म द्रव्य परस्पर एक दूसरे को अवकाश देते हैं, परन्तु आकाश द्रव्य का कार्य समस्त द्रव्यों को एक साथ स्थान देना है।

आकाश के भेद—जैनदर्शन के अनुसार आकाश के दो विभाग किये गये हैं—(1) लोकाकाश और (2) अलोकाकाश।[95] आकाश के जितने भाग में जीव, पुद्गल, धर्म, अधर्म और काल, ये पाँच द्रव्य पाये जाते हैं वह लोकाकाश कहलाता है और जहाँ केवल अनन्त आकाश ही है, वह अलोकाकाश है।[96] 'लोकाकाश' शब्द की व्युत्पत्ति भी इसी आधार पर की गयी है—जिसमें धर्मादिद्रव्य देखे जाते हैं, पाये जाते हैं, वह लोक है और लोक सम्बन्धी आकाश लोकाकाश है। 'लोक' शब्द लुक् धातु से अधिकरण अर्थ में 'घञ्' प्रत्यय करने पर बनता है।[97] अलोकाकाश में कोई द्रव्य नहीं पाया जाता है। केवल आकाश द्रव्य ही पाया जाता है। लोकाकाश सीमासहित है और अलोकाकाश सीमा-रहित। धर्म द्रव्य नाम का द्रव्य लोक से बाहर नहीं पाया जाता, इसलिए लोक के बाहर जीव और पुद्गल द्रव्य नहीं जा सकते और इस अपेक्षा से लोक की एक सीमा बँध जाती है। लोक से बाहर अलोकाकाश में अनन्त आकाश ही आकाश है, जहाँ आकाश के अतिरिक्त और कोई द्रव्य नहीं पाया जाता। उसमें अन्य किसी द्रव्य का अस्तित्व नहीं है और न हो सकता है; क्योंकि वहाँ गमनागमन के साधनभूत धर्म द्रव्य का अभाव है। इसी विषय का विवेचन करते हुए आचार्य कुन्दकुन्द ने भी कहा है—'जीव, पुद्गल धर्म और अधर्म द्रव्य लोक से बाहर नहीं हैं और आकाश उस लोक के अन्दर भी है और बाहर भी, क्योंकि उसका अन्त नहीं है।[98]

यदि अन्य दार्शनिकों द्वारा यह कहा जाय कि जीव और पुद्गलों के गमन और स्थिति के लिए धर्म और अधर्म द्रव्य को अलग से मानने की आवश्यकता नहीं है, इस आकाश द्रव्य को ही उनके गमन और स्थिति में कारण मान लिया जाए तो जैनाचार्य उन जैनेतर दार्शनिकों के इस कथन से सहमत नहीं हैं, क्योंकि यदि आकाश को अवगाह के साथ-साथ गमन और स्थिति का भी कारण मान लिया जाए तो ऊर्ध्वगमन करने वाले मुक्त जीव मोक्षस्थान में कैसे ठहर सकेंगे?[99] चूँकि भगवान् जिनेन्द्र ने मुक्त जीवों का स्थान ऊपरी लोक के अग्रभाग में बतलाया है, इसलिए आकाश गमन और स्थिति का कारण नहीं माना जा सकता[100] तथा यदि आकाश को जीव और पुद्गलों के गमन और स्थिति में भी कारण माना जाए तो ऐसा मानने से लोक की अन्तिम मर्यादा बढ़ती है और अलोकाकाश की हानि प्राप्त होती है, क्योंकि फिर तो जीव और पुद्गल गमन करते हुए आगे बढ़ते ही जाएँगे और ज्यों-ज्यों वे आगे बढ़ते जाएँगे त्यों-त्यों लोक भी बढ़ता जाएगा और अलोक घटता

जाएगा।[101] अत: धर्म और अधर्म द्रव्य ही गमन और स्थिति में कारण हैं, आकाश नहीं, इस प्रकार भगवान् जिनेन्द्र ने भव्यश्रोताओं को लोक का स्वभाव बतलाया है।[102]

उक्त कथन का यही निष्कर्ष है कि लोकाकाश में जीव और पुद्गलों के गमन के लिए धर्मद्रव्य, स्थिति के लिए अधर्मद्रव्य तथा अवगाहन के लिए आकाश द्रव्य को ही पृथक् और स्वतन्त्र रूप से मानना होगा। अकेला आकाश द्रव्य तीनों कार्य नहीं कर सकता। ऐसा मानने पर ही लोक की मर्यादा और स्थिति सम्भव है।

वैशेषिक दर्शन आकाश का लक्षण शब्द मानता है।[102] इस विषय में न्याय दर्शन का कहना है कि शब्द एक गुण है, गुण ही नहीं विशेष गुण है। प्रत्येक गुण किसी द्रव्य में रहता है, कोई भी गुण ऐसा नहीं है जिसका आश्रय कोई द्रव्य न हो, तब शब्द का आश्रय भी कोई द्रव्य होना चाहिए। अत: शब्द का आश्रयभूत द्रव्य आकाश है। इसके अनुसार ही आकाश का लक्षण 'शब्द' किया गया है। इसके अतिरिक्त अवकाशदान से भी आकाश की सिद्धि होती है। आकाश न हो तो सभी मूर्त द्रव्य सम्पिण्डित अवस्था में एक हो जाएँगे और प्रवेश, निष्क्रमण आदि क्रियाएँ भी असम्भव हो जाएँगी। आकाश एक, विभु (व्यापक) और नित्य है,[103] किन्तु जैनदर्शन शब्द को आकाश का लक्षण या गुण न मानकर पुद्गल द्रव्य की पर्याय मानता है। जैसा कि पुद्गलद्रव्य के कथन में ऊपर विवेचन किया जा चुका है। हाँ, आकाश को एक, व्यापक और नित्य द्रव्य अवश्य माना है।

सांख्यदर्शन प्रकृति या प्रधान के विकार को आकाश कहता है,[104] किन्तु जैनदर्शन के अनुसार आकाश को प्रकृति या प्रधान का विकार भी नहीं माना जा सकता, क्योंकि एक ही प्रकृति के घट, पट, पृथ्वी, जल, अग्नि, वायु, आकाश आदि विकार सम्भव नहीं हैं। मूर्तिक-अमूर्तिक, रूपी-अरूपी, व्यापक-अव्यापक एवं सक्रिय-निष्क्रिय आदि रूप से विरुद्ध धर्म वाले एक ही प्रकृति के विकार सम्भव नहीं हो सकते हैं।

इसी प्रकार वैशेषिकदर्शन पूर्व, पश्चिम आदि व्यवहार का कारण दिग्द्रव्य को भी एक स्वतन्त्र द्रव्य मानता है;[104] किन्तु जैनदर्शन द्वारा उसका अन्तर्भाव इस आकाश द्रव्य में कर लिया गया है। इस कारण यदि दिशा को एक स्वतन्त्र द्रव्य माना जाए तो पूर्वदेश, पश्चिमदेश, उत्तरदेश आदि व्यवहारों से एक 'देशद्रव्य' की सत्ता भी स्वतन्त्र रूप से स्वीकार करनी होगी।

5. कालद्रव्य

स्वयं परिवर्तित होते हुए जीवादि द्रव्यों के परिवर्तन में जो सहायक कारण होता है वह कालद्रव्य है। अथवा वर्तना लक्षण वाला कालद्रव्य है।[105]

सम्पूर्ण द्रव्यों का यह स्वभाव है कि वे अपने-अपने स्वभाव में सदा ही वर्तें, परन्तु उनका यह वर्तना किसी न किसी बाह्य सहकारी कारण के होने पर होता है, इसलिए इनको वर्तने वाला सहकारी कारण रूप वर्तना गुण जिसमें पाया जाए उसे काल कहते हैं। इसी आधार पर 'काल' शब्द की व्युत्पत्ति की गयी है—जो द्रव्यों को वर्ताता है अथवा समयादि पर्यायों के द्वारा जो जाना जाए, जिसका निश्चय किया जाए, संख्या की जाए, निर्णय किया जाए वह काल है।[106] काल के सहयोग से ही समस्त द्रव्य वर्तते हैं।[107] तात्पर्य यह है कि प्रत्येक द्रव्य में प्रतिसमय अपनी विविध पर्यायों के द्वारा उत्पाद-व्यय होता है। यह उत्पाद-व्यय अकारण तो हो नहीं सकता। जैसे—जीव और पुद्गलों की गति में धर्मद्रव्य सहयोगी कारण है और गतिपूर्वक होने वाली स्थिति में अधर्मद्रव्य सहयोगी कारण है, वैसे ही प्रत्येक द्रव्य की प्रतिसमय जो नयी-नयी पर्याय उत्पन्न होती हैं, वे अकारण नहीं हो सकतीं, उनका भी कोई सहयोगी कारण होना चाहिए। यहाँ जो भी सहयोगी कारण रूप से स्वीकार किया गया है वही काल द्रव्य है। यह काल द्रव्य परिणामी होने से दूसरे द्रव्य रूप परिणत हो जाए यह बात नहीं है। वह न तो स्वयं दूसरे द्रव्य रूप परिणत होता है और न दूसरे द्रव्यों को अपने स्वरूप अथवा भिन्न द्रव्यस्वरूप परिणमाता है, किन्तु अपने स्वभाव से ही अपने-अपने योग्य पर्यायों से परिणत होने वाले द्रव्यों के परिणमन में काल द्रव्य उदासीनता से स्वयं बाह्य सहकारी हो जाता है।[108] यद्यपि परिणमन करने की शक्ति सभी पदार्थों में है, किन्तु बाह्यनिमित्त के बिना उस शक्ति की व्यक्ति नहीं हो सकती। जैसे कुम्भकार के चाक में घूमने की शक्ति स्वयं विद्यमान है, किन्तु कील का सहारा पाये बिना वह घूम नहीं सकता, वैसे ही संसार के पदार्थ भी कालद्रव्य की सहायता के बिना परिवर्तन नहीं करते। अतः काल द्रव्य उनके परिवर्तन में सहायक है; किन्तु वह भी वस्तुओं का बलात् परिणमन नहीं कराता है, किन्तु स्वयं परिणमन करते हुए द्रव्यों का सहायक मात्र हो जाता है।

कालद्रव्य के भेद[109]—कालद्रव्य के दो भेद हैं—1. व्यवहार काल, 2. निश्चयकाल।

(1) व्यवहार काल—जो द्रव्य-परिर्वतन रूप है और परिणाम, क्रिया, परत्व अपरत्व से जाना जाता है, वह व्यवहार काल है।

(2) निश्चय काल—वर्तना जिसका लक्षण है वह निश्चयकाल कहलाता है। लोकाकाश के प्रत्येक प्रदेश पर रत्नों की राशि की तरह जुदे जुदे जो काल के अणु स्थित हैं, उन कालाणुओं को निश्चय काल कहते हैं और वे कालाणु असंख्यात द्रव्य हैं।[110] चूँकि लोकाकाश के प्रदेश असंख्यात हैं और एक-एक प्रदेश पर एक-एक कालाणु स्थित है, अतः वे कालाणु असंख्यात द्रव्य हैं। अर्थात् जितने लोकाकाश के प्रदेश हैं उतने ही काल द्रव्य हैं। काल द्रव्य कालाणु ही हैं उन कालाणुओं के निमित्त से ही संसार में प्रतिक्षण परिवर्तन होता रहता है। उन्हीं के निमित्त से प्रत्येक वस्तु का अस्तित्व कायम है।

वह काल द्रव्य अनन्त समय वाला है।[111] यद्यपि वर्तमान काल एक समय मात्र ही है तथापि भूत-भविष्यत् की अपेक्षा अनन्त समय वाला है। जैसा वर्तमान समय है ऐसे ही अतीत अनन्त समय हो गये हैं और आगे अनन्त समय होंगे। 'समय' काल द्रव्य की एक पर्याय है। अतीत, अनागत और वर्तमान सब मिलाकर वे अनन्त होती हैं, इसलिए काल द्रव्य अनन्त समय वाला कहा गया है। काल द्रव्य के सबसे छोटे हिस्से को 'समय' कहते हैं। मन्द-गति से चलने वाला पुद्गल का एक परमाणु आकाश के एक प्रदेश से दूसरे प्रदेश पर जितने काल में पहुँचता है उतना काल एक समय है। इन समयों के समूह को ही आवलि, घड़ी, घंटा, दिन-रात आदि कहा जाता है और यह सब व्यवहार काल है। व्यवहारकाल निश्चय काल द्रव्य की पर्याय है। यह व्यवहारकाल सौर मण्डल की गति और घड़ी-घण्टा वगैरह के द्वारा जाना जाता है तथा इसके द्वारा ही निश्यचकाल अर्थात् काल द्रव्य के अस्तित्व का अनुमान किया जाता है। यह कालद्रव्य अपनी द्रव्यात्मक सत्ता रखता है और वह धर्म, अधर्म द्रव्यों के समान समस्त लोकाकाश में स्थित है तथा यह भी अन्य द्रव्यों के समान उत्पाद, व्यय और ध्रौव्य लक्षण से युक्त है। रूप, रस, गन्ध और स्पर्श आदि से रहित होने के कारण आकाश की तरह ही अमूर्तिक और अदृश्य है। यह धर्म और अधर्म द्रव्य के समान लोकाकाश व्यापी एक द्रव्य नहीं है और न ही आकाश के समान एक अखण्ड द्रव्य है, किन्तु प्रत्येक लोकाकाश के प्रदेश पर एक-एक कालाणु के स्थित रहने के कारण अनेक है। इस कालद्रव्य के कारण ही वस्तु में पर्याय-परिवर्तन होता है।

कालद्रव्य के उपकार या कार्य—वर्तना, परिणाम, क्रिया, परत्व और अपरत्व ये काल द्रव्य के उपकार या कार्य हैं।[112]

(1) वर्तना—जो द्रव्यों को वर्तावे उसे वर्तना कहते हैं। अथवा प्रत्येक द्रव्य के एक-एक समयवर्ती परिणमन में जो स्वसत्ता की अनुभूति होती है उसे वर्तना

कहते हैं।[113] यद्यपि सभी पदार्थ अपने-अपने स्वभाव के अनुसार वर्त रहे हैं और सदा वर्तते हैं, किन्तु इनको वर्ताने वाला काल द्रव्य है।[114] काल की यह प्रयोजक शक्ति ही वर्तना है।[115] 'वर्तना' शब्द णिजन्त में 'वृति' धातु से कर्म या भाव में युट् प्रत्यय करने पर स्त्रीलिंग में बनता है। इसकी व्युत्पत्ति 'वर्त्यते' या 'वर्तनमात्रम्' है।[116] जिस प्रकार धर्मादिक द्रव्य गति आदि में उदासीन कारण माने गये हैं। उसी प्रकार कालद्रव्य भी द्रव्यों की वर्तना में उदासीन प्रयोजक है। पदार्थों के वर्तन में यह बाह्य निमित्त कारण है। यदि इसको कारण न माना जाएगा तो बड़ी गड़बड़ उपस्थित हो जाएगी, हरएक पदार्थ के क्रम-भावी परिणमन युगपत् उपस्थित होने लगेंगे।

निष्कर्ष यह है कि जगत् के जितने पदार्थ हैं वे स्वयं वर्तनशील हैं। परिवर्तित होते रहना उनका स्वभाव है। ऐसा एक भी पदार्थ नहीं है जो उत्पाद-व्यय-ध्रौव्यात्मक न हो। इसप्रकार यद्यपि प्रत्येक वस्तु की वर्तनशीलता उसके स्वभावगत है पर यह कार्य बिना निमित्त के नहीं होता, इसलिए इसके निमित्त रूप से कालद्रव्य को स्वीकार किया गया है। यही कारण है कि 'वर्तना' कालद्रव्य का लक्षण माना गया है। अत: कालद्रव्य के निमित्त से होने वाले परिवर्तन का नाम वर्तना है। वर्तना से ही कालद्रव्य का अस्तित्व सिद्ध होता है। इस विषय में एक लोकप्रसिद्ध उदाहरण प्रस्तुत किया जा सकता है—भात बनाने के लिए चावलों को पानी युक्त बटलोई में डाल दीजिए और उसे चूल्हे की अग्नि पर रखने के कुछ समय बाद भात (चावल) बनकर तैयार हो जाता है। चावलों से जो भात बना वह एक समय में और एक साथ ही नहीं बना, किन्तु चावलों में प्रत्येक समय सूक्ष्म परिणमन होते-होते अन्त में स्थूल परिणमन दृष्टिगोचर होता है। यदि प्रतिसमय सूक्ष्म परिणमन न होता तो स्थूल परिणमन भी नहीं हो सकता था। अत: चावलों में जो प्रतिसमय परिवर्तन हुआ वह काल रूप बाह्य कारण की अपेक्षा से ही हुआ है। इसी प्रकार सब पदार्थों में परिणमन कालद्रव्य के कारण ही होता है। काल द्रव्य निष्क्रिय होकर भी निमित्त मात्र से सब द्रव्यों की वर्तना में हेतु होता है।

(2) परिणाम—एक पर्याय की निवृत्ति होकर दूसरे पर्याय की उत्पत्ति होने का नाम परिणाम है। जीव का परिणाम ज्ञानादि है, पुद्गल का परिणाम वर्णादि है, धर्म, अधर्म और आकाश द्रव्य का परिणाम अगुरुलघु गुणों की वृद्धि और हानि है।

(3) क्रिया—हलन-चलन रूप परिणति को क्रिया कहते हैं। क्रिया के दो भेद हैं—प्रायोगिकी और वैस्रसिकी।[117] हल, मूसल, शकट आदि में जो क्रिया होती है वह दूसरों के द्वारा होती है। इसको प्रायोगिकी क्रिया कहते हैं। मेघ आदि में क्रिया स्वभाव से होती है, इसे वैस्रसिकी क्रिया कहते हैं।

(4) परत्वापरत्व—छोटे और बड़े के व्यवहार को परत्वापरत्व कहते हैं। 25 वर्ष के मनुष्य को बड़ा और 20 वर्ष के मनुष्य को उसकी अपेक्षा से छोटा कहते हैं।

इस प्रकार ये वर्तनादि कालद्रव्य के उपकार या कार्य हैं, असाधारण लक्षण हैं, क्योंकि यदि कालद्रव्य न हो तो द्रव्यों का वर्तन ही नहीं हो सकता और न उनका परिणमन हो सकता, न गति हो सकती और न परत्वापरत्व का व्यवहार ही बन सकता है। ये सब काल द्रव्य की सहायता से होते हैं। इसलिए इन्हें देखकर ही अमूर्तिक कालद्रव्य का अस्तित्व सिद्ध होता है।

इस कालद्रव्य को न्याय-वैशेषिक आदि दर्शनों ने भी स्वीकार किया है। उनके अनुसार जैसे आकाश प्रत्यक्ष-गोचर नहीं है वैसे ही काल भी किसी के प्रत्यक्ष का विषय नहीं है, किन्तु एक व्यावहारिक पदार्थ अवश्य है। कालद्रव्य का निरूपण करते हुए वे कहते हैं कि अतीत, अनागत एवं वर्तमान आदि व्यवहार का हेतु काल है और वह भी आकाश के समान ही एक नित्य तथा व्यापक है।[118] नया-पुराना, ज्येष्ठ-कनिष्ठ, युगपत्-अयुगपत्, विलम्बता-शीघ्रता, अब-जब, कब-तब आदि व्यवहार काल के बिना नहीं हो सकते। वह उपाधि भेद से क्षण-मुहूर्त, घड़ी-घंटा, रात-दिन, पक्ष-मास आदि अनेक रूप से व्यवहार में आता है।

सांख्यदर्शन काल नाम का कोई तत्त्व नहीं मानता, किन्तु योगदर्शन योगसूत्र के व्यासभाष्य में 'क्षणस्तु वस्तु-पतितः' कहकर क्षणरूप काल की सत्ता मानता है। मुहूर्त, अहोरात्र रूप काल को केवल विकल्प मात्र मानता है। उसके अनुसार क्षण रूप काल ही वास्तविक वस्तु है। इसी को काल-तत्त्ववेत्ता योगिजन काल नाम से पुकारते हैं।

किन्तु उक्त सभी दर्शनों की मान्यतायें केवल व्यवहार काल तक ही सीमित हैं। वे जैन दर्शन मान्य केवल व्यवहार काल को ही कालद्रव्य मानते हैं। निश्चयकाल या कालाणुरूप वस्तु को वे नहीं जानते हैं। निश्चय कालद्रव्य की मान्यता तो केवल जैनदर्शन में ही है।

उक्त जीवादि सभी द्रव्य नित्य अवस्थित और अरूपी हैं।[119] ये द्रव्य कभी भी अपने स्वरूप से नष्ट नहीं होते हैं, इसलिए नित्य हैं। इनकी संख्या सदा 'छः' ही रहती है, ये कभी भी 'छः' इस संख्या का उल्लंघन नहीं करते अथवा ये कभी भी अपने-अपने प्रदेशों को नहीं छोड़ते हैं इसलिए अवस्थित हैं। इन द्रव्यों में नित्यत्व और अवस्थितत्व द्रव्यनय की अपेक्षा से है। इनमें रूप, रस, गन्ध और स्पर्श

नहीं पाये जाते हैं। इसलिए अरूपी हैं, किन्तु पुद्गल द्रव्य रूपी अर्थात् मूर्तिक है।[120] यहाँ यद्यपि पुद्गल द्रव्य को रूपी कहा गया है पर रूप के साहचर्य से रस, गन्ध तथा स्पर्श का भी ग्रहण हो जाता है। क्योंकि जहाँ रूप है वहाँ रस, गन्ध और स्पर्श अवश्य होंगे, जहाँ रस है वहाँ रूप, गन्ध तथा स्पर्श भी अवश्य होंगे, जहाँ गन्ध हैं वहाँ रूप, रस तथा स्पर्श भी अवश्य होगा, इसी प्रकार जहाँ स्पर्श होगा वहाँ रूप, रस और गन्ध भी अवश्य होगा। उदाहरणार्थ—आम के फल को लिया जा सकता है। आम का पका हुआ फल है। इसमें पीला रूप, मीठा रस, सुगन्ध तथा कोमल स्पर्श ये चारों गुण एक साथ ही पाये जाते हैं। इनमें धर्म द्रव्य, अधर्म द्रव्य एवं आकाशद्रव्य ये तीन द्रव्य, जीव तथा पुद्गल की तरह अनेक भेद स्वरूप न होकर एक-एक अखण्ड द्रव्य हैं।[121] जीवद्रव्य अनन्त हैं, पुद्गल द्रव्य अनन्तानन्त है और काल द्रव्य असंख्यात (अणु रूप) हैं। धर्म, अधर्म और आकाश ये द्रव्य निष्क्रिय भी हैं।[122] एक स्थान से दूसरे स्थान में जाने को क्रिया कहते हैं। इस प्रकार की क्रिया इन द्रव्यों में नहीं पायी जाती है इसलिए ये निष्क्रिय हैं; क्योंकि धर्म तथा अधर्मद्रव्य समस्त लोकाकाश में तिल में तेल की तरह व्याप्त हैं एवं आकाश द्रव्य भी लोक और अलोक दोनों में सर्वत्र व्याप्त है, इसलिए अन्य क्षेत्र का अभाव होने से इनमें क्रिया होने का कोई प्रश्न ही नहीं उठता।

यहाँ यह प्रश्न उपस्थित हो सकता है कि यदि धर्म आदि द्रव्य निष्क्रिय हैं तो इनका उत्पाद नहीं बन सकता, क्योंकि उत्पाद क्रिया-पूर्वक ही होता है। जैसे—घटादिक का उत्पाद क्रिया-पूर्वक ही देखा जाता है। उत्पाद के अभाव में विनाश भी सम्भव नहीं हैं। अतः धर्मादि द्रव्यों को उत्पाद-व्यय और ध्रौव्य युक्त कहना ठीक नहीं है अर्थात् इनमें उत्पाद-व्यय-ध्रौव्य युक्त द्रव्य का लक्षण घटित नहीं हो सकता और ऐसी स्थिति में ये द्रव्य नहीं कहलाएँगे।

इस प्रश्न का सयुक्तिक समाधान यह है कि यद्यपि धर्म आदि द्रव्यों में क्रिया-निमित्तक उत्पाद नहीं है फिर भी इनमें दूसरे प्रकार का उत्पाद पाया जाता है। उत्पाद दो प्रकार का है, स्वनिमित्तक और परप्रत्यय। यह दोनों ही प्रकार का उत्पाद धर्म आदि द्रव्यों में होता रहता है। जैनदर्शन के अनुसार प्रत्येक द्रव्य में अनन्त अगुरुलघु गुण स्वीकार किये गये हैं। इन गुणों में छह स्थान पतित वृद्धि और हानि स्वभाव से ही होती रहती है। अर्थात् छह प्रकार की वृद्धि और छह प्रकार की हानि के द्वारा परिवर्तन होता रहता है। यही स्वनिमित्तक उत्पाद और व्यय है। मनुष्य, पशु आदि की गति, स्थिति और अवकाश-दान में हेतु होने के कारण धर्मादि द्रव्यों

में परप्रत्ययापेक्ष उत्पाद और व्यय भी होता रहता है, क्योंकि क्षण-क्षण में गति आदि के विषय भिन्न-भिन्न होते हैं और विषय भिन्न होने से उसके कारणों को भी भिन्न होना चाहिए।

पुनः प्रश्न उपस्थित होता है कि क्रियावान् जलादि ही मछली आदि की गति आदि में निमित्त होते हैं तो फिर निष्क्रिय धर्मादि द्रव्य जीवादि की गति आदि में हेतु कैसे हो सकते हैं?

इसका भी समाधान है कि ये द्रव्य केवल जीवादि की गति आदि में सहायक होते हैं, प्रेरक नहीं। जैसे चक्षु रूप के देखने में निमित्त मात्र होता है, लेकिन जो नहीं देखना चाहता है या जिसका मन विक्षिप्त है, उसको देखने की प्रेरणा नहीं करता। इसलिए धर्मादि द्रव्यों का निष्क्रियत्व होने पर भी जीवादि की गति आदि में हेतु होने में कोई विरोध नहीं है।

उक्त छः द्रव्यों में से काल द्रव्य को छोड़कर शेष पाँच द्रव्यों को 'पंचास्तिकाय' कहते हैं। जो द्रव्य सत्ता रूप होकर बहुप्रदेशी हो उन्हें 'अस्तिकाय' कहते हैं। ये पाँचों द्रव्य सदा विद्यमान रहते हैं, इसलिए इन्हें 'अस्ति' कहते हैं और जैसे काय (शरीर) बहुप्रदेशी होता है उसी प्रकार कालद्रव्य को छोड़कर शेष पाँचों द्रव्य भी बहु प्रदेशी होते हैं। इसलिए इन्हें 'काय' कहते हैं। इस प्रकार पाँचों द्रव्यों की 'अस्तिकाय[123] संज्ञा है। 'अस्तिकाय' में दो शब्द हैं—'अस्ति' और 'काय'। 'अस्ति' का अर्थ होता है 'है' जो अस्तित्व सूचक है और 'काय' शब्द का अर्थ होता है 'शरीर' जैसे शरीर बहुप्रदेशी होता है वैसे ही काल के सिवाय शेष पाँच द्रव्य भी बहुप्रदेशी हैं इसलिए इन्हें 'अस्तिकाय' कहते हैं। 'अस्तिकाय' की व्युत्पत्ति भी इसी प्रकार की गयी है— 'अस्ति विद्यते कायः बहुप्रदेशत्वं यत्रासौ अस्तिकायः'। काल द्रव्य अस्ति (विद्यमान) तो है, किन्तु वह एक प्रदेशी होने से 'काय' नहीं, अतएव उसे 'अस्तिकाय' नहीं कहते; क्योंकि उसके कालाणु असंख्य होने पर भी परस्पर में सदा अबद्ध रहते हैं, न तो वे आकाश के प्रदेशों की तरह सदा से मिले हुए एक और अखण्ड हैं और न पुद्गल परमाणुओं की तरह कभी मिलते और कभी बिछुड़ते ही हैं, इसलिए वे काय नहीं कहे जाते। जैसे—रत्नों की राशि हार में एक साथ लगा देने पर भी प्रत्येक रत्न अलग-अलग रहता है उसी प्रकार लोकाकाश के प्रत्येक प्रदेश पर एक-एक कालाणु पृथक्-पृथक् है। लोकाकाश के प्रदेश असंख्यात होने के कारण कालद्रव्य भी असंख्यात द्रव्य हैं। अर्थात् प्रत्येक कालाणु स्वतन्त्र द्रव्य है, इसलिए वह बहुप्रदेशी अस्तिकाय नहीं कहा

जाता है।[124]

ऊपर 'प्रदेश' शब्द का प्रयोग अनेक बार हुआ है, अतः उसके विषय में स्पष्ट रूप से जान लेना आवश्यक है—

आकाश के जितने क्षेत्र में पुद्गल का सबसे छोटा टुकड़ा (परमाणु) रह सके उतने क्षेत्र को 'प्रदेश' कहते हैं। इस प्रदेश में धर्म और अधर्म द्रव्य के एक-एक प्रदेश, काल का अणु और पुद्गल के संख्यात, असंख्यात तथा अनन्त अणु भी लोहे में आग के समान एकक्षेत्रावगाही होकर समा जाते हैं। इसीलिए 'प्रदेश' को सब द्रव्यों के अणुओं को स्थान देने योग्य कहा है।[125] इस प्रकार के प्रदेश उक्त पाँचों द्रव्यों में पृथक्-पृथक् रूप से अनेकों पाये जाते हैं। इसीलिए ये बहुप्रदेशी हैं और बहुप्रदेशी होने से 'अस्तिकाय' कहलाते हैं। इनका बहुप्रदेशत्व इस प्रकार है—लोकाकाश में यदि क्रम-वार एक-एक करके परमाणुओं को बराबर-बराबर सटाकर रखा जावे तो असंख्यात परमाणु समा सकते हैं। अतः लोकाकाश और उसमें व्याप्त धर्म तथा अधर्म द्रव्य असंख्यात प्रदेशी कहे जाते हैं। इसी प्रकार शरीर परिमाण एक जीवद्रव्य भी यदि शरीर से बाहर होकर फैले तो समस्त लोकाकाश में फैल सकता है—व्याप्त हो सकता है। लोकाकाश में असंख्यात प्रदेश होते हैं, इससे जीव द्रव्य भी असंख्यात प्रदेशी है। धर्म तथा अधर्म भी समस्त लोकाकाश में तिल में तेल की तरह व्याप्त हैं इससे ये भी असंख्यात प्रदेशी हैं।[126] आकाश के अनन्त प्रदेश हैं।[127] क्योंकि वह लोकाकाश के बाहर भी है और उसकी कोई सीमा नहीं है। परन्तु लोकाकाश के असंख्यात ही प्रदेश हैं। पुद्गल द्रव्य के संख्यात, असंख्यात और अनन्त प्रदेश होते हैं।[128] वैसे पुद्गल का परमाणु तो एक ही प्रदेशी है, किन्तु उन परमाणुओं के समूह से जो स्कन्ध बन जाते हैं, वे संख्यात, असंख्यात और अनन्त प्रदेशी होते हैं, इस दृष्टि से पुद्गल भी बहुप्रदेशी है। इस प्रकार बहुप्रदेशी होने से पाँचों द्रव्य 'अस्तिकाय' कहे जाते हैं, किन्तु काल द्रव्य के अणु एक-एक अलग-अलग रहते हैं, वे मिलकर स्कन्ध रूप नहीं होते, इस कारण वह एकप्रदेशी है, कायवान् (अस्तिकाय) नहीं है।[129]

अब यहाँ यह प्रश्न हो सकता है—जब लोकाकाश के असंख्यात ही प्रदेश हैं तब उसमें अनन्त और अनन्तानन्त प्रदेश वाले पुद्गल द्रव्य तथा शेष द्रव्य किस तरह रह सकते हैं?

इसका समाधान है कि पुद्गल परमाणुओं में दो तरह का परिणमन होता है; एक सूक्ष्म परिणमन और दूसरा स्थूल। जब उनमें सूक्ष्म परिणमन होता है तब

लोकाकाश के एक प्रदेश में भी अनन्त प्रदेश वाला पुद्गल स्कन्ध स्थान पा लेता है। इसके सिवाय समस्त द्रव्यों में एक दूसरे को अवगाहन देने की सामर्थ्य है और वह सामर्थ्य व्याघात से रहित है, जिससे अल्पक्षेत्र में ही समस्त द्रव्यों के रहने में कोई बाधा नहीं होती।

जैसा कि ऊपर कहा गया है पुद्गल द्रव्य के संख्यात, असंख्यात और अनन्त प्रदेश होते हैं, किन्तु पुद्गल परमाणु के दो आदि प्रदेश नहीं होते हैं।[130] परमाणु एक प्रदेशी ही होता है। पुद्गल के सबसे छोटे टुकड़े या हिस्से का नाम परमाणु है। परमाणु का और विभाग नहीं किया जा सकता, अत: उसके भेद या प्रदेश नहीं हो सकते। परमाणु से छोटा और आकाश से बड़ा कोई पदार्थ नहीं पाया जाता, इसलिए प्रदेश-भेद की कल्पना सम्भव न होने से उसे अप्रदेशी माना है।

यहाँ यह भी विचारणीय है कि प्रदेश और परमाणु में क्या अन्तर है? जबकि दोनों एक स्वरूप से प्रतीत होते हैं?

वैसे देखा जाय तो कोई अन्तर नहीं है, केवल व्यवहार का अन्तर है। जो विभक्त है या बँध कर बिछुड़ सकता है, वहाँ 'परमाणु' या 'अणु' व्यवहार होता है और जहाँ विभाग तो नहीं है और विभाग हो भी नहीं सकता, केवल बुद्धि से विभाग को कल्पना की जाती हैं, वहाँ प्रदेश व्यवहार होता है। उदाहरणार्थ पुद्गल द्रव्य के परमाणु अलग-अलग हैं या अलग हो सकते हैं, इसलिए पुद्गल द्रव्य में मुख्यतया अणु व्यवहार देखा जाता है, यही बात काल द्रव्य की है, उसके अणु भी अलग-अलग हैं, इसलिए वहाँ भी अणु व्यवहार होता है, किन्तु शेष द्रव्यों में प्रदेश न तो विभक्त हैं और न ही विभाग किया जा सकता है, केवल बुद्धि से विभाग की कल्पना की जाती है, इसलिए वहाँ प्रदेश व्यवहार होता है।

इन जीवादि द्रव्यों का अवगाह लोकाकाश में है।[131] लोकाकाश आधार और जीवादि द्रव्य आधेय हैं। लेकिन लोकाकाश का अन्य कोई आधार नहीं है, वह अपने ही आधार पर (स्वप्रतिष्ठ) है; क्योंकि आकाश से अधिक परिमाण वाला दूसरा कोई द्रव्य नहीं है, जो आकाश का आधार हो सके। अत: आकाश किसी का आधेय नहीं हो सकता। आकाश भी व्यवहार नय की अपेक्षा धर्मादि समस्त द्रव्यों का आधार माना गया है। निश्चय दृष्टि से तो सब द्रव्य स्वप्रतिष्ठ हैं।

धर्म और अधर्म द्रव्य समस्त लोकाकाश में तिल में तेल की तरह व्याप्त हैं।[132] इसमें अवगाहन शक्ति होने से परस्पर में व्याघात नहीं होता है। वास्तव में लोक अलोक का विभाग इन दोनों द्रव्यों के कारण ही है। जितने आकाश में ये

दोनों द्रव्य पाये जाते हैं, वह लोकाकाश है और शेष अलोकाकाश।

पुद्गलद्रव्य का अवगाह लोकाकाश के एक प्रदेश को आदि लेकर संख्यात, असंख्यात प्रदेशों में यथायोग्य होता है।[133] आकाश के एक प्रदेश में एक परमाणु से लेकर असंख्यात और अनन्त परमाणुओं के स्कन्ध का अवगाह हो सकता है। इसी प्रकार आकाश के दो, तीन आदि प्रदेशों में भी पुद्गल द्रव्य का अवगाह होता है।

यहाँ यह प्रश्न उपस्थित होता है कि धर्म, अधर्म द्रव्य तो अमूर्तिक हैं इसलिए इनके अवगाह में कोई विरोध नहीं है, लेकिन अनन्त प्रदेश वाले मूर्तिक पुद्गल स्कन्ध का असंख्यात प्रदेशी लोकाकाश में अवगाह कैसे हो सकता है?

इसका समाधान यह है कि सूक्ष्म परिणमन और अवगाहन शक्ति होने से आकाश के एक प्रदेश में भी अनन्त परमाणु वाला पुद्गल स्कन्ध रह सकता है। जैसे—एक कोठे में अनेक दीपकों का प्रकाश एक साथ रहता है। इस विषय में आगम प्रमाण भी है—सूक्ष्म-बादर और नाना प्रकार के अनन्तानन्त पुद्गल स्कन्धों से यह लोक ठसाठस भरा है।[134] इस विषय को और अधिक स्पष्ट करने के लिए रुई का दृष्टान्त पर्याप्त है—जिस प्रकार फैली हुई रुई अधिक क्षेत्र को घेरती है, जबकि उसकी गाँठ बाँधने पर अल्प क्षेत्र में आ जाती है।

जीवों का अवगाह लोकाकाश के असंख्यातवें भाग से लेकर समस्त लोकाकाश में है।[135] लोकाकाश के असंख्यात भागों में से एक, दो, तीन आदि भागों में एक जीव रहता है और लोक-पूरण समुद्घात के समय वही जीव समस्त लोकाकाश में व्याप्त हो जाता है। समुद्घात का मतलब होता है मूल शरीर को न छोड़कर तैजसकार्मण रूप उत्तर देह के साथ-साथ जीव प्रदेशों का शरीर से बाहर निकलना।[136]

यहाँ यह प्रश्न हो सकता है कि यदि एक जीवद्रव्य असंख्यात प्रदेशी है तब वह लोक के असंख्यातवें भाग में कैसे रह सकता है? इसका समाधान यह है कि दीपक के प्रकाश की तरह प्रदेशों के संकोच और विस्तार के द्वारा जीव लोकाकाश के असंख्यातवें आदि भागों में रहता है। जिस तरह दीपक को एक बड़े मकान में या खुले मैदान में रख देने से उसका प्रकाश समस्त मकान या पूरे मैदान में फैल जाता है और उसी दीपक को एक छोटे से घड़े में रख देने से उसका प्रकाश उसी में संकुचित होकर रह जाता है। उसी तरह जीव भी अनादि कार्माण शरीर के कारण जितना छोटा या बड़ा शरीर प्राप्त करता है, उसमें अपने आत्म-प्रदेशों के संकोच और विस्तार स्वभाव के कारण रह जाता है। लघु या सूक्ष्म शरीर में आत्म-प्रदेशों

का संकोच और बड़े शरीर में उन्हीं आत्मप्रदेशों का विस्तार हो जाता है लेकिन जीव वही रहता है। जैसे—हाथी और चींटी या सूक्ष्म-से-सूक्ष्म किसी जीव-जन्तु के शरीर में रहता है।[137]

एक प्रदेश में स्थित होने के कारण यद्यपि ये सभी द्रव्य परस्पर में प्रवेश करते हैं, लेकिन अपने-अपने स्वभाव को नहीं छोड़ते इसलिए उनमें संकर या एकत्व दोष नहीं हो सकता। कहा भी है—ये द्रव्य परस्पर में प्रवेश करते हैं, एक-दूसरे में मिलते हैं, परस्पर में एक दूसरे को अवकाश देते हैं लेकिन अपने-अपने स्वभाव को नहीं छोड़ते।[138]

उक्त जीवादि छहों द्रव्य शुद्ध और अशुद्ध के भेद से दो प्रकार के हैं। इनमें धर्म, अधर्म, आकाश और काल, ये चार द्रव्य तो सदा शुद्ध ही रहते हैं, परन्तु जीव और पुद्गल, ये दो द्रव्य शुद्ध तथा अशुद्ध दोनों प्रकार के होते हैं। कर्म, नोकर्म (शरीर) के सम्बन्ध से रहित जीव द्रव्य का जो मुक्त अवस्था में परिणमन है वह शुद्ध जीव द्रव्य का परिणमन है और संसार अवस्था में जीव का परद्रव्य पुद्गल तथा पुद्गलजन्य रागादि के साथ जो सम्बन्ध रहता है, उस अवस्था में जीव का जो परिणमन है, वह अशुद्ध जीव द्रव्य का परिणमन है। इसी प्रकार जीव के रागादि भावों का निमित्त पाकर पुद्गलद्रव्य में जो कर्मरूप परिणमन है, वह अशुद्ध पुद्गल का परिणमन है और जीव निरपेक्ष पुद्गल का जो स्वाश्रित परिणमन है वह शुद्ध पुद्गल का परिणमन है। अथवा पुद्गल का जो अणुरूप परिणमन है वह शुद्ध परिणमन है और द्व्यणुक आदि स्कन्ध रूप अथवा कर्म-स्कन्ध रूप जो परिणमन है वह अशुद्ध परिणमन है। इसप्रकार एक द्रव्य अनेक शुद्ध-अशुद्ध पर्यायों का समूह है।

गुण—स्वरूप और भेद

स्वरूप—जो द्रव्य के आश्रित हों और स्वयं दूसरे गुणों से रहित हों, वे गुण कहलाते हैं।[139] द्रव्य की अनेकों पर्यायों के बदलते रहने पर भी जो द्रव्य से कभी पृथक् न हों, निरन्तर द्रव्य के साथ रहें, वे गुण हैं। जैसे जीव के ज्ञानादि गुण और पुद्गल के रूप रसादि। सत्ता को भी गुण कहा गया है, अतः वह द्रव्य के आश्रित है और स्वयं निर्गुण है। किन्तु द्रव्य किसी के आश्रित नहीं है वह तो सत्ता जैसे अनन्त गुणों का आश्रय है। इस तरह गुण और गुणी के भेद से दोनों में भेद है किन्तु उनमें प्रदेश-भेद नहीं है। जो द्रव्य है वह गुण नहीं है और जो गुण है वह द्रव्य नहीं है। अतः द्रव्य का गुण रूप और गुण का द्रव्य रूप न होना ही उन दोनों में

भेद-व्यवहार का कारण है। किन्तु इसका यह मतलब नहीं लेना चाहिए कि द्रव्य के अभाव को गुण और गुण के अभाव को द्रव्य कहते है, क्योंकि जैसे सोने का विनाश होने पर सोने के गुणों का विनाश हो जाता है और सोने के गुणों का विनाश होने पर सोने का विनाश हो जाता है, वैसे ही द्रव्य के अभाव में गुण का अभाव हो जाएगा और गुण के अभाव में द्रव्य का अभाव हो जाएगा।

जैनदर्शन के अुनसार द्रव्य के बिना गुण नहीं रह सकते और गुण के बिना द्रव्य नहीं रह सकता। अतः नाम, लक्षण आदि के भेद से द्रव्य और गुण में भेद होने पर भी दोनों का अस्तित्व एक ही है अतः वस्तुत्व रूप से दोनों अभिन्न हैं।[140] तात्पर्य यह है कि द्रव्य से भिन्न न गुण का कोई अस्तित्व है और न पर्याय का। जैसे सोने से भिन्न न पीलापन है और न कुण्डलादि हैं। अतः द्रव्य से उसका गुण और पर्याय भिन्न नहीं है। चूँकि सत्ता द्रव्य का स्वरूपभूत अस्तित्व नामक गुण है अतः वह द्रव्य से भिन्न कैसे हो सकती है? इसलिए द्रव्य स्वयं सत् स्वरूप है।

श्री माइल्ल धवल ने भी 'जो द्रव्य के सहभावी हों उन्हें गुण कहा है। वे गुण सामान्य और विशेष के भेद से दो प्रकार के हैं। सब द्रव्यों में पाये जाने वाले सामान्य गुण दस कहे है और विशेष गुण सोलह।[141] इनका विवेचन आगे किया जाएगा।

गुण द्रव्य से भिन्न नहीं हैं, क्योंकि न गुण से द्रव्य का अस्तित्व भिन्न है और न द्रव्य से गुण का अस्तित्व भिन्न है, अतः दोनों में एक द्रव्यपना है। इसी तरह द्रव्य और गुण के प्रदेश भिन्न नहीं है, अतः दोनों में एक क्षेत्रपना है। दोनों सदा सहभावी हैं, इसलिए दोनों में एक कालपना है और दोनों का एक स्वभाव होने से दोनों में भाव की अपेक्षा भी एकत्व है। गुणों के समुदाय को भी द्रव्य कहा है,[142] अतः गुण द्रव्य के सहभावी होते हैं और पर्याय क्रम-भावी होती हैं। एक द्रव्य के सब गुण एक साथ रहते हैं, किन्तु पर्याय एक के बाद एक क्रम से होती हैं।

पहले द्रव्य-विवेचन-प्रकरण में द्रव्य को गुण और पर्याय वाला कहा गया है, इससे स्पष्ट है कि गुण द्रव्य के आश्रय से रहते हैं। अर्थात् द्रव्य आधार है और गुण आधेय हैं। पर इससे आधार और आधेय में दही और कुण्ड के समान सर्वथा भेद पक्ष का ग्रहण नहीं करना चाहिए, क्योंकि गुण द्रव्य के आश्रय से रहते हुए भी वे उससे कथंचित् अभिन्न हैं। जैसे तेल तिल के सब अवयवों में व्याप्त रहता है वैसे ही प्रत्येक गुण द्रव्य के सभी अवयवों में समान रूप से व्याप्त रहता है। इससे द्व्यणुक आदि पर्यायों में भी यह लक्षण घटित हो जाता है, क्योंकि द्व्यणुक आदि भी अपने आधार-भूत परमाणु द्रव्य के आश्रय से रहते हैं। अतएव 'जो स्वयं

विशेष रहित हों वे गुण हैं' यह कहा गया है। ऐसा नियम है कि जैसे द्रव्य में गुण पाये जाते हैं वैसे गुण में अन्य गुण नहीं पाये जाते हैं, अतएव वे स्वयं विशेष रहित होते हैं। इस प्रकार 'जो द्रव्य के आश्रय रहते हैं और स्वयं विशेष रहित हैं, वे गुण हैं।[143] दूसरे शब्दों में शक्ति विशेष को भी गुण कहा गया है, इसमें अन्य शक्ति का वास नहीं रहता, इसलिए इसे निर्गुण कहा जाता है।

गुणों को द्रव्य के समान कथंचित् नित्य और कथंचित् अनित्य भी कहा गया है। यद्यपि गुणों की इस नित्यानित्यात्मकता के विषय में जैनेतर दर्शनों में विवाद पाया जाता है, किन्तु जैनदर्शन द्रव्य के समान गुणों की नित्यानित्यात्मकता को स्वीकार करता है। उसके अनुसार गुण भी कथंचित् नित्य और कथंचित् अनित्य होते हैं; क्योंकि गुण द्रव्य से पृथक् नहीं पाये जाते, इसलिए द्रव्य का जो स्वभाव है, गुणों का भी वही स्वभाव पाया जाता है। ऐसा नहीं होता कि कोई गुण वर्तमान में हो और कुछ काल बाद न रहे। जितने भी गुण हैं वे सदा पाये जाते हैं। उदाहरणार्थ—जीव में ज्ञानादि का, पुद्गल में रूप आदि का सदा अन्वय देखा जाता है। ऐसा समय न तो कभी प्राप्त हुआ और न कभी प्राप्त हो सकता है, जिसमें जीव के ज्ञान आदि गुणों का अभाव रहे और पुद्गल में रूपादि का अभाव रहे। इससे ज्ञात होता है कि गुण नित्य हैं, उनकी यह नित्यता प्रत्यभिज्ञान से सिद्ध है। यह ठीक है कि विषय-भेद से जीव का ज्ञान गुण बदला दिखता है। जब वह घट को जानता है तब वह घटाकार हो जाता है और पट को जानते हुए पटाकार, पर ज्ञान की धारा कभी भी नहीं टूटती, इसलिए ज्ञान सन्तान की अपेक्षा वह ज्ञान गुण नित्य ही है। इसी नित्य को ध्रौव्य भी कहा जाता है। जैन-दर्शन में ऐसा ध्रुवत्व भी इष्ट नहीं जो सदा अपरिणामी रहे। सांख्यदर्शन पुरुष को कूटस्थ नित्य मानता है, पर प्रकृति के सम्पर्क से उसे बद्ध जैसा मान लेने पर वह कूटस्थता नहीं बन सकती। यह बात अन्य नित्यवादी दर्शनों के सम्बन्ध में भी जान लेना चाहिए। इससे यही सिद्ध होता है कि गुण विविध अवस्थाओं में रहकर भी अपने स्वभाव को नहीं छोड़ता, इसी कारण वह नित्य कहा जाता है। जैसे—हरा आम पकने पर पीला हो जाता है तो भी उससे रंग पृथक् नहीं होता। इससे स्पष्ट है कि वर्ण नित्य है। यह सिद्धान्त सब गुणों के सम्बन्ध में समझना चाहिए।

यहाँ यह विचारणीय है कि नित्यता का यह अर्थ नहीं कि वह सदा एक सा बना रहे, उसमें किसी भी प्रकार का परिणमन न हो। यह तो ठीक है कि किसी भी वस्तु या गुण में विजातीय परिणमन नहीं होता। जीव बदलकर पुद्गल या अन्य द्रव्य रूप नहीं होता और पुद्गल या अन्य द्रव्य बदलकर जीव रूप नहीं होते। जीव सदा जीव ही बना रहता है। और पुद्गल सदा पुदगल ही। जो द्रव्य जिस रूप होता

है उसी रूप में बना रहता है। जीव चींटी से हाथी या मनुष्य, पशु, पक्षी हो सकता है, पर वह जीवत्व को कभी नहीं छोड़ सकता। अतएव प्रत्येक वस्तु या गुणमें सजातीय परिणमन सदा होता रहता है। प्राय: देखा जाता है कि हमारी बुद्धि विषय के अनुसार सदा बदलती रहती है। जो वर्तमान में पट को जान रही है, वही कालान्तर में घट को जानने लगती है। इसी प्रकार जो आम वर्तमान में हरा है वही कालान्तर में पीला भी हो जाता है। अत: इस प्रकार परिणमनों की भिन्नता के कारण ही गुणों को सर्वथा नित्य नहीं माना जा सकता। इससे ज्ञात होता है कि गुण कथंचित् अनित्य भी हैं। इस प्रकार यद्यपि गुण कथंचित् नित्यानित्यात्मक सिद्ध होते हैं तथापि जो दर्शन कार्य-कारण में सर्वथा भेद मानते हैं वे गुणों को सर्वथा नित्य और पर्यायों को सर्वथा अनित्य मानते हैं, किन्तु उनकी यह मान्यता समीचीन नहीं है वास्तव द्रव्य-गुण-पर्याय सर्वथा पृथक्-पृथक् सिद्ध नहीं होते, ये कथंचित् भेदाभेदात्मक हैं। यदि भेदवादियों की दृष्टि से गुणों को सर्वथा नित्य और पर्यायों को सर्वथा अनित्य माना जाय तो अर्थ क्रिया कारित्व का विरोध आता है। जैनदर्शन के अनुसार गुण और पर्यायों से द्रव्य सर्वथा पृथक् नहीं है, किन्तु समुच्चय रूप से गुण और पर्यायों को ही द्रव्य माना गया है। गुण और पर्यायों से पृथक् द्रव्य नाम की कोई वस्तु नहीं है। इसलिए द्रव्य के नित्यानित्य सिद्ध होने पर अभिन्न गुण भी कथंचित् नित्यानित्य सिद्ध होते हैं।

ऐसा सिद्धान्त होने पर भी न्याय-वैशेषिक दर्शन कुछ गुणों को सर्वथा नित्य और कुछ गुणों को सर्वथा अनित्य मानता है। उसके मतानुसार कारण द्रव्य के गुण सर्वथा नित्य हैं और कार्य द्रव्य के गुण अनित्य हैं। अपनी मान्यता की पुष्टि में उनका कहना है कि कच्चे घड़े को अग्नि में पकाने पर उसके पहले के गुण नष्ट होकर नये गुण उत्पन्न होते है। वैशेषिक दर्शन तो इससे एक कदम और आगे बढ़कर यहाँ तक कहता है कि अग्नि में घड़े के पकाने पर अग्नि की ज्वालाओं के कारण अवयवों के संयोग का नाश हो जाने पर, असमवायी कारण के नाश से श्यामघट नष्ट हो जाता है। फिर परमाणुओं में रक्त रूप की उत्पत्ति होकर द्व्यणुक आदि के क्रम से लाल घड़े की उत्पत्ति होती है। पर विचार करने पर उनका यह सब कथन समीचीन प्रतीत नहीं होता है, क्योंकि घड़े की कच्ची अवस्था बदल कर पक्की अवस्था के उत्पन्न होते समय यदि घड़े के मिट्‌टीपने का नाश माना गया होता तो कदाचित् उक्त कथन घटित होता, किन्तु जब पाक अवस्था में मिट्टी का नाश नहीं होता है तब मिट्टी में रहने वाले गुणों का नाश तो बन ही नहीं सकता है, क्योंकि किसी वस्तु का अपने गुणों को छोड़कर अन्य कोई दूसरा अस्तित्व नहीं

है। इसलिए गुण कथंचित् नित्यानित्य ही सिद्ध होते हैं।

गुणों को सहभू,[144] अन्वयी,[145] और अर्थरूप भी कहा गया है, क्योंकि गुण, सहभू, अन्वयी और अर्थ ये चारों शब्द पर्यायवाची हैं। अतएव एक ही अर्थ के वाचक हैं।[146] इनमें 'सहभू' शब्द का व्युत्पत्तिपरक अर्थ है, जो एक साथ होते हैं, वे गुण हैं। गुण युगपत् हैं, पर्यायों के समान क्रम-क्रम से, एक के बाद दूसरा इत्यादि क्रम से नही होते हैं।[147] गुणों को 'सहभू' या सहभावी[148] इसलिए कहते हैं कि जितने भी गुण हैं वे सब एक साथ हैं। पर्यायों के समान क्रमवर्ती नहीं हैं। प्रत्येक गुण की त्रिकालभावी जो अनन्त पर्याय हैं वे सब सदा नहीं पाई जाती, किन्तु प्रत्येक समय में जुदी जुदी होने से वे क्रमवर्ती हैं पर गुणों का स्वभाव ऐसा नहीं है। अतीत काल में जितने और जो गुण थे वर्तमान काल में भी उतने और वे ही गुण हैं। इसी प्रकार भविष्य में भी उतने और वे ही गुण रहेंगे, इसलिए गुण 'सहभू' या 'सहभावी' कहे गये हैं। जैसे—जीव के ज्ञानादि गुण।

जैनाचार्यों ने गुणों को 'अन्वयी' भी कहा है। 'अन्वयी' इस शब्द की व्युत्पत्ति करते हुए कहा है : 'अन्वय' शब्द में 'अनु' यह पद अव्युच्छिन्न प्रवाह रूप अर्थ का द्योतक है और 'अय' धातु का अर्थ गमन करना है, इसलिए अनु+अय= 'अन्वय' शब्द का व्युत्पत्तिपरक अर्थ द्रव्य होता है। इस दृष्टि से सदा सत्व, सत्, सामान्य, द्रव्य, अन्वय, वस्तु, अर्थ, विधि—ये सब शब्द सामान्य रूप से एक ही अर्थ के वाचक हैं। इस प्रकार का 'अन्वय' जिनके पाया जाय वे 'अन्वयी' हैं और यह अन्वय गुणों में पाया जाता है, इसलिए गुण 'अन्वयी' कहलाते हैं। वस्तु का स्वभाव होने से गुण स्वत: सपक्ष अर्थात् स्वत:सिद्ध हैं, उन्हें पर्यायों की अपेक्षा नहीं करनी पड़ती है।[149]

अन्वय का अर्थ धारा या परम्परा है। प्रत्येक गुण में यह धारा सदैव पायी जाती है, इसलिए गुण 'अन्वयी' कहलाते हैं। वस्तु के पीछे-पीछे उसकी प्रत्येक अवस्था में साथ रहना अन्वय का अर्थ है। चूँकि यह विशेषता गुणों में पायी जाती है इसी से जैन सिद्धान्त में गुणों को अन्वयी कहा है। गुणों के इस अन्वयी रूप का यही अर्थ है कि वस्तु की प्रत्येक दशा में बराबर अनुस्यूत रहना। जैसे जीव की नर-नारक आदि पर्याय तो आती-जाती रहती है और जीवत्व उन सब में बराबर अनुस्यूत रहता है। अत: जीवत्व जीव का अन्वयी रूप है।

दूसरे शब्दों में जिनसे धारा में एक-रूपता बनी रहती है वे गुण कहलाते हैं। जीव में ज्ञानादि की धारा का, पुद्गल में रूप-रसादि की धारा का, धर्म द्रव्य में गतिहेतुत्व की धारा का, अधर्म द्रव्य में स्थिति हेतुत्व की धारा का, आकाश में अवगाहन हेतुत्व की धारा का और काल द्रव्य में वर्तना हेतुत्व की धारा का कभी

विच्छेद नहीं होता, इसलिए वे ज्ञानादि उस-उस द्रव्य के गुण हैं।

गुणों को 'अर्थरूप' भी कहा गया है। 'अर्थ' शब्द गमनार्थक 'ऋ' धातु से बना है। गुणों में अनादि सन्तान रूप से अनुगत रूप अर्थ पाया जाता है, इसलिए गुण का 'अर्थ' यह पर्यायवाची नाम सार्थक ही है।[150] यतः गुण अन्वय प्रधान होता है अतः उसे 'अर्थ' शब्द द्वारा कहना ठीक ही है। इस प्रकार यद्यपि गुण सहभू, अन्वयी और अर्थ रूप सिद्ध होते हैं तथापि उन्हें सर्वथा नित्य मान लेना उचित नहीं है, किन्तु गुण द्रव्यों के समान कथंचित् नित्य और कथंचित् अनित्य होते हैं। सामान्य की अपेक्षा वे नित्य हैं और अपने गुणांशों की अपेक्षा अनित्य।

जिस प्रकार वस्तु परिणमनशील है उसी प्रकार गुण भी परिणमनशील हैं, इसलिए गुणों में भी उत्पाद और व्यय ये दोनों होते हैं, उनमें ध्रुवत्व की स्थिति गुण-सन्तति की अपेक्षा प्रत्यभिज्ञान से सिद्ध है। अतएव गुण स्वयंसिद्ध और परिणामी भी है, इसलिए नित्य और अनित्य रूप होने से उनमें उत्पाद-व्यय-ध्रौव्यात्मकता भी सिद्ध है।[151]

संक्षेप में द्रव्य में भेद करने वाले धर्म को भी जैन-दर्शन गुण मानता है।[152] अथवा जो द्रव्य को द्रव्यान्तर से पृथक् करता है वह भी गुण है।[153] वस्तु की सहभावी विशेषता का वाचक भी गुण है। द्रव्य के विस्तार विशेष को भी जैनाचार्यों ने गुण माना है।[154]

भेद—इस प्रकार द्रव्य में जितने भी गुण प्राप्त होते हैं वे सभी गुण यद्यपि गुणत्व सामान्य की अपेक्षा से समान हैं तथापि उनमें भेद भी हैं। उनमें कितने ही साधारण गुण हैं और कितने ही असाधारण गुण हैं। वैसे द्रव्य में अनन्त गुण विद्यमान हैं, किन्तु उन्हें दो भागों में विभक्त किया गया है—1.साधारण या सामान्य गुण और 2. असाधारण या विशेष गुण। जो गुण सामान्य रूप से सब द्रव्यों में पाये जाएँ उन्हें सामान्य गुण कहते हैं। जैसे—अस्तित्व आदि। और जो गुण सब द्रव्यों में न पाये जाएँ, अथवा जो गुण प्रत्येक द्रव्य के विशिष्ट गुण होते हैं उन्हें विशेष गुण कहते हैं। जैसे—जीव के ज्ञान, दर्शन आदि गुण और पुद्गल के रूप रसादि गुण।[155]

सामान्य गुण—अस्तित्व, वस्तुत्व, द्रव्यत्व, प्रमेयत्व, अगुरुलघुत्व, प्रदेशत्व, चेतनत्व, अचेतनत्व, मूर्तत्व और अमूर्तत्व ये द्रव्यों के दश सामान्य गुण हैं।[156] आचार्य अमृतचन्द्र ने जीवादि द्रव्यों के सामान्य गुण इस प्रकार बतलाये हैं—अस्तित्व, नास्तित्व, एकत्व, अन्यत्व, द्रव्यत्व, पर्यायत्व, सर्वगतत्व, असर्वगतत्व, सप्रदेशत्व, अप्रदेशत्व, मूर्तत्व, अमूर्तत्व, सक्रियत्व, अक्रियत्व, चेतनत्व, अचेतनत्व, कर्तृत्व, अकर्तृत्व, भोक्तृत्व, अभोक्तृत्व और अगुरुलघुत्व।[157] उक्त दस सामान्य गुणों में से अन्त के चेतनत्व, अचेतनत्व, मूर्तत्व और अमूर्तत्व इन चार गुणों को

विशेष गुणों में भी गिनाया गया है, क्योंकि ये चारों गुण सजाति की अपेक्षा सामान्य गुण हैं और विजाति की अपेक्षा विशेष गुण है।[158]

तात्पर्य यह है कि चेतनत्व गुण जीव में ही पाया जाता है। किन्तु जीव द्रव्य तो अनन्त हैं और उन सभी में चेतनत्व गुण पाया जाता है। इस अपेक्षा से वह सामान्य गुण है किन्तु अचेतन द्रव्यों की अपेक्षा वही विशेष गुण है। अचेतनत्व गुण पाँचों अचेतन द्रव्यों में पाया जाता है, इसलिए वह सामान्य गुण है, किन्तु चेतन जीव में न पाया जाने से वही विशेष गुण हो जाता है। मूर्तत्व गुण केवल पुद्गल द्रव्यों में ही पाया जाता है और पुद्गल द्रव्य तो जीवों से भी अनन्तगुणे हैं। इस अपेक्षा से वह पुद्गल का सामान्य गुण है किन्तु अमूर्त द्रव्यों में न पाया जाने से वही विशेष गुण हो जाता है। अमूर्तत्व गुण पुद्गल के सिवाय शेष सभी द्रव्यों में पाया जाता है अतः वह सामान्य गुण है। किन्तु पुद्गल द्रव्य में न पाया जाने से वही विशेष गुण है। इसलिए इन चार गुणों की गणना सामान्य और विशेष गुणों में की गयी है। आचार्य अमृतचन्द्र ने भी मूर्तत्व, अमूर्तत्व, चेतनत्व और अचेतनत्व को साधारण गुणों में गिनाया है। इनमें से अमूर्तत्व तथा अचेतनत्व तो साधारण हैं, किन्तु चेतनत्व और मूर्तत्व विशेष गुण हैं। वस्तुत्व और प्रमेयत्व का अमृतचन्द्र जी ने नामोल्लेख नहीं किया है।

विशेष गुण—ज्ञान, दर्शन, सुख, वीर्य, स्पर्श, रस, गन्ध, वर्ण, गतिहेतुत्व, स्थितिहेतुत्व, अवगाहन हेतुत्व, वर्तना हेतुत्व, चेतनत्व, अचेतनत्व, मूर्तत्व और अमूर्तत्व—ये द्रव्यों के 16 विशेष गुण हैं।[159]

उक्त दस सामान्य गुणों में से प्रत्येक द्रव्य में आठ-आठ सामान्य गुण हैं, क्योंकि जीव द्रव्य में अचेतनत्व और मूर्तत्व ये दो गुण नहीं होते, पुद्गल द्रव्य में चेतनत्व और अमूर्तत्व ये दो गुण नहीं होते तथा धर्म द्रव्य, अधर्मद्रव्य आकाश द्रव्य और कालद्रव्य में चेतनत्व और मूर्तत्व गुण नहीं होते हैं।[160]

इसी प्रकार उक्त सोलह विशेष गुणों में से जीव द्रव्य में ज्ञान, दर्शन, सुख, वीर्य, चेतनत्व और अमूर्तत्व—ये छः गुण मुख्य होते है, पुद्गल द्रव्य में स्पर्श, रस, गन्ध, वर्ण, मूर्तत्व और अचेतनत्व—ये छः गुण मुख्य होते हैं।[161]

धर्मद्रव्य में गतिहेतुत्व, अमूर्तत्व, अचेतनत्व—ये तीन विशेष गुण होते हैं, अधर्मद्रव्य में स्थितिहेतुत्व, अमूर्तत्व, अचेतनत्व—ये तीन विशेष गुण होते हैं। आकाश द्रव्य में अवगाहन हेतुत्व, अमूर्तत्व अचेतनत्व—ये तीन विशेष गुण होते हैं और कालद्रव्य में वर्तनाहेतुत्व, अमूर्तत्व, अचेतनत्व—ये तीन विशेष गुण होते हैं।[162]

इस प्रकार सब द्रव्यों में से प्रत्येक द्रव्य में आठ-आठ सामान्य गुण होते हैं

तथा विशेष गुणों में से जीव और पुद्गल द्रव्य में छः-छः और धर्म, अधर्म, आकाश तथा काल द्रव्य में तीन-तीन विशेष गुण होते हैं।[163]

पर्याय : स्वरूप और भेद

व्युत्पत्ति—'पर्याय' शब्द 'परि' उपसर्ग पूर्वक 'इण्' धातु से 'ण' प्रत्यय करने पर सिद्ध होता है। 'परि' उपसर्ग का अर्थ है—'कालकृत भेद' और 'इण्' धातु का अर्थ हैं 'गमन या प्राप्ति'। अर्थात्—जो कालकृत भेद को प्राप्त होती है उसे पर्याय कहते हैं[164] अथवा जो सब ओर से भेद को प्राप्त करे उसे पर्याय कहते है[165] अथवा जो स्वभाव-विभाव रूप से पूरी तरह द्रव्य को प्राप्त होती हैं, वे पर्याय हैं[166] या जो स्वभाव-विभाव रूप से परिणमन करती है, वह पर्याय है।[167]

स्वरूप—जैनदर्शन में जैनाचार्यों ने पर्याय का स्वरूप बतलाते हुए उसे क्रमवर्ती, अनित्य, व्यतिरेकी, उत्पाद-व्यय रूप और कथंचित् ध्रौव्यात्मक कहा है।[168] क्रमवर्ती का अर्थ है कि पर्याय एक के बाद दूसरी और दूसरी के बाद तीसरी इस क्रम से होती हैं। जैसे पिण्ड, कोश, कुशूल और घट ये पर्याय मिट्टी में युगपत् नहीं पाई जातीं, किन्तु क्रम से होती हैं। इसलिए वे क्रमवर्ती कहलाती हैं। तात्पर्य यह है कि प्रतिसमय एक पर्याय का स्थान दूसरी पर्याय लेती रहती है। यह नहीं हो सकता कि एक पर्याय के रहते हुए दूसरी पर्याय हो जाए इसलिए स्वभावतः पर्यायों में क्रम घटित होता है और इसीलिए क्रम से होने वाली वस्तु की विशेषता या अवस्था को पर्याय कहा है। जैसे जीव की नर, नारकादि पर्याय या अवस्थाएँ और पुद्गल परमाणुओं की द्व्यणुक आदि अवस्थाएँ या कर्मरूप पर्याय। पर्याय का वास्तविक अर्थ वस्तु का अंश है। अंश के दो भेद हैं—एक अन्वयी और दूसरा व्यतिरेकी। अन्वयी अंश को गुण और व्यतिरेकी अंश को पर्याय कहते हैं। इसीलिए जैनदर्शन में सर्वत्र गुणों को अन्वयी, नित्य, ध्रौव्यात्मक और पर्यायों को व्यतिरेकी, अनित्य, उत्पाद-व्ययशील कहा गया है। इसका यही मतलब है कि जिनसे धारा में एक रूपता बनी रहती है वे गुण कहलाते हैं और जिनसे उसमें भेद प्रतीत होता है वे पर्याय कहलाती हैं। इसलिए व्यवहार, विकल्प, भेद और पर्याय एकार्थक हैं।

जैसा कि ऊपर कहा गया है ये गुण और पर्याय मिलकर ही द्रव्य कहलाते हैं या गुण, पर्यायों के समूह का नाम ही द्रव्य है। गुण और पर्यायों के अतिरिक्त द्रव्य कोई पृथक् वस्तु नहीं है।

भेद—पर्याय के दो भेद किये गये हैं—द्रव्य पर्याय और गुण-पर्याय। अनेक द्रव्यों में ऐक्य का बोध कराने वाली पर्याय को द्रव्य-पर्याय कहते हैं। इसके भी दो भेद हैं—सजातीय और विजातीय। अनेक पुद्गलों के मेल से जो घट-पट आदि

स्कन्ध बनते हैं अथवा परमाणुओं के मेल से जो द्व्यणुक आदि अवस्थाएँ होती हैं वे समानजातीय द्रव्य पर्याय हैं और जीव तथा पुद्गल के मेल से जो मनुष्य, पशु आदि पर्याय बनती हैं वे असमानजातीय द्रव्य-पर्याय हैं।

गुणों के द्वारा अन्वय रूप एकता के ज्ञान का कारण जो पर्याय है वह गुण पर्याय है। इसके भी दो भेद हैं—स्वभाव पर्याय और विभाव-पर्याय।[169]

आचार्य कुन्दकुन्द ने भी पर्याय के दो भेद किये हैं—एक स्व-पर सापेक्ष और दूसरी निरपेक्ष।[170] स्व-पर सापेक्ष पर्याय का ही दूसरा नाम विभाव पर्याय है और निरपेक्ष पर्याय का दूसरा नाम स्वभाव पर्याय है। इसी को पर निमित्तक और स्व-निमित्तक पर्याय कहते हैं। अर्थात् स्वनिमित्तक पर्याय स्वभाव पर्याय है और पर-निमित्तक पर्याय विभाव पर्याय है। जीव और पुद्गल को छोड़कर शेष चार द्रव्यों का परिणमन स्व-निमित्तक होता है अत: उनमें सदा स्वभाव पर्याय होती हैं, किन्तु जीव और पुद्गल में स्वभाव तथा विभाव दोनों पर्याय होती हैं। जीव और पुद्गल की जो पर्याय परनिमित्तक होती हैं वह विभाव पर्याय कहलाती हैं और पर का निमित्त दूर हो जाने पर जो पर्याय होती है वह स्वभाव पर्याय कही जाती है। जीव द्रव्य और कर्म रूप परिणत पुद्गल द्रव्य के संयोग से विभाव पर्याय होती है। इन्हीं दोनों द्रव्यों के मेल से यह संसार परम्परा चल रही है। परमाणु पुद्गलद्रव्य की स्वभाव पर्याय है और दो या तीन आदि परमाणुओं के संयोग से उत्पन्न द्व्यणुक, त्र्यणुक आदि पुद्गलद्रव्य की विभाव पर्याय हैं। इसी तरह कर्मोपाधिरहित सिद्ध या मुक्तावस्था जीव की स्वभावपर्याय है और जीव तथा पुद्गल के संयोग से उत्पन्न हुई देव, मनुष्य आदि पर्याय जीव की विभाव पर्याय हैं। इसी तरह गुण-पर्यायों में भी समझ लेना चाहिए। समस्त द्रव्यों में रहने वाले अपने-अपने अगुरुलघु गुण द्वारा प्रति समय होने वाली छह प्रकार की हानि-वृद्धि रूप पर्याय स्वभाव गुणपर्याय है तथा पुद्गल स्कन्ध के रूपादिगुण और जीव के ज्ञानादिगुण जो पुद्गल के संयोग से हीनाधिक रूप परिणमन करते हैं वह विभाव गुणपर्याय है। जैसे जीव द्रव्य में ज्ञान गुण की केवलज्ञानपर्याय स्वभावपर्याय है किन्तु संसार-दशा में उस ज्ञानगुण का जो मतिज्ञानादि-रूप परिणमन, कर्मों के संयोगवश हो रहा है वह विभावपर्याय है। इस प्रकार द्रव्यपर्याय के स्वभाव पर्याय और विभावपर्याय ये दो भेद कहे गये हैं और गुणपर्याय के भी स्वभाव पर्याय तथा विभावपर्याय ये दो भेद कहे गये हैं। अर्थपर्याय और व्यंजनपर्याय के भेद से भी पर्याय के दो भेद किये गये हैं। अर्थपर्याय सूक्ष्म है, प्रतिक्षण नाश होने वाली है तथा वचनों के अगोचर है और व्यंजनपर्याय स्थूल होती है, चिरकाल तक रहने वाली है, वचनगोचर तथा अल्पज्ञानियों के भी दृष्टिगोचर होती है। इन दोनों के भी स्वभाव और विभाव के भेद से दो-दो भेद

होते हैं।[171] इन सभी के भेद-प्रभेदों का विस्तृत विवेचन प्रवचनसार, नियमसार आदि जैनागम ग्रन्थों से जान लेना चाहिए।

इस प्रकार सत्ता द्रव्य, गुण और पर्याय का विस्तृत विवेचन हो जाने पर सांख्य आदि वैदिक दार्शनिकों द्वारा यह शंका प्रस्तुत की जाती है कि द्रव्य में विद्यमान पर्याय उत्पन्न होती है अथवा अविद्यमान पर्याय? इस विषय में सत्कार्यवादी सांख्यदर्शन का कथन है कि 'सतः सज्जायते' इस सिद्धान्त के अनुसार सत् से ही सत् की उत्पत्ति होती है, असत् से सत् की उत्पत्ति नहीं हो सकती अर्थात् असत् वस्तु कभी सत् नहीं हो सकती। कार्य अपने कारण में पहले से ही विद्यमान रहता है, अनुकूल कारणकलाप मिलने पर वह प्रकट हो जाता है। यदि घट अपने कारण रूप मिट्टी में पहले से ही विद्यमान नहीं रहता तो वह अनेकों व्यापारों के करने पर भी कभी सत् नहीं हो सकता। अतः जो पदार्थ पहले से ही अपने कारण में अव्यक्त रूप से विद्यमान रहता है वही उससे आविर्भूत होता है, कोई नयी वस्तु कहीं से उत्पन्न नहीं होती। सब वस्तुएँ सर्वदा ही रहती हैं। वे कभी सूक्ष्म अर्थात् अव्यक्त अवस्था में और कभी स्थूल अर्थात् व्यक्त अवस्था में आ जाया करती हैं। यही अवस्था परिवर्तन जगत् में हुआ करता है। नयी वस्तु न उत्पन्न होती है और न विद्यमान वस्तु का कभी विनाश ही होता है। इसे ही सांख्यदर्शन का सत्कार्यवाद कहा जाता है।[170] उदाहरणार्थ—तिलों में तेल पहले से ही है, उसे यन्त्र में पेलकर अभिव्यक्त कर दिया जाता है। दही में मक्खन व्याप्त है, उससे ही मथकर प्रकट कर दिया जाता है। कोई शिल्पी राम या कृष्ण, बुद्ध या महावीर की या शेर, हिरण आदि की मूर्ति बनाता है तो वह एक बड़ा पत्थर लेता है और अपने औजारों से पत्थर के अंशों को काटकर अपनी या आपकी पसन्द की मूर्ति को उसी पत्थर में से प्रकट कर देता है, बाहर से कुछ नहीं लाता। इससे यही सिद्ध होता है कि तेल, घृत, मूर्ति आदि पहले से ही उन-उन पदार्थों में विद्यमान थे, उन पर अन्य अवयवों का एक आवरण पड़ा हुआ था, उस आवरण को हटाकर उन्हें प्रकट कर दिया गया, नयी वस्तु कोई नहीं बनायी गयी। ठीक उसी प्रकार जीवादि पदार्थों में सब पर्याय विद्यमान रहती हैं, किन्तु वे छिपी हुई हैं, इसलिए दिखाई नहीं देती।

सांख्य के उक्त मत से सहमत न होते हुए जैनाचार्य कहते हैं—यदि द्रव्य में पर्याय विद्यमान होते हुए भी ढँकी हुई है तो वस्त्र से ढँके हुए देवदत्त की तरह उसकी उत्पत्ति निष्फल है।[173] जैसे देवदत्त पर्दे के पीछे बैठा हुआ है, पर्दे के हटाते ही देवदत्त प्रकट हो गया। उसको यदि कोई यह कहे कि 'देवदत्त उत्पन्न हो गया' तो ऐसा कहना व्यर्थ है, क्योंकि देवदत्त तो वहाँ पहले से ही विद्यमान था। इसी तरह यदि द्रव्य में पर्याय पहले से ही विद्यमान है और पीछे प्रकट हो जाती है तो

उसकी उत्पत्ति कहना गलत है। उत्पत्ति तो अविद्यमान की ही होती है। अतः अनादिनिधन द्रव्य में काललब्धि आदि के मिलने पर अविद्यमान पर्यायों की ही उत्पत्ति होती है।[174]

वस्तुतः द्रव्य अविनश्वर होने के कारण अनादि निधन है। उस अनादि निधन द्रव्य में अपने योग्य द्रव्य, क्षेत्र, काल, भाव के मिलने पर जो पर्याय विद्यमान नहीं होती उसकी उत्पत्ति हो जाती है। जैसे विद्यमान मिट्टी में घट के उत्पन्न होने का उचित काल आने पर तथा कुम्हार आदि के सद्भाव में घट आदि पर्याय उत्पन्न होती हैं। अतः अविद्यमान पर्याय की ही उत्पत्ति होती है न कि विद्यमान पर्याय की और न ही द्रव्य में पहले से विद्यमान अथवा तिरोहित पर्याय की अभिव्यक्ति। यही जैनदर्शन का अभिमत है।

उक्त विषय में असत्कार्यवादी न्याय-वैशेषिक दर्शन का भी कथन है कि उत्पत्ति से पूर्वकाल में कार्य अपने कारण में नहीं रहता, तदुपरान्त वह कारण सामग्री से उत्पन्न होता है। अतः कारण और कार्य अत्यन्त भिन्न हैं।

तात्पर्य यह है कि कार्य की सत्ता उसकी उत्पत्ति से पूर्व कारण में नहीं रहती है, क्योंकि यदि उत्पत्ति से पूर्व कार्य की स्थिति मानी जाएगी तो कारण की फिर क्या आवश्यकता रहेगी? और न उसकी उत्पत्ति का ही प्रश्न उठता है। कार्य यदि उपादान (समवायी) कारण में पहले से ही विद्यमान है तो कारण और कार्य का भेद नहीं हो सकेगा। जैसे यदि मिट्टी में घड़ा पहले से ही था तब कुम्हार को चक्र घुमाने आदि के परिश्रम की क्या आवश्यकता थी तथा मिट्टी और घड़े को एक ही नाम क्यों नहीं दिया गया? अतः सिद्ध होता है कि यथार्थ में कार्य अपने कारण में विद्यमान नहीं था, किन्तु फिर भी कार्य एक विशेष कारण में ही उत्पन्न होता है, जो स्वाभाविक है। इस प्रकार न्यायदर्शन असत्कार्यवाद की स्थापना करता है। उसके अनुसार जगत् का उपादान कारण नित्य पदार्थ परमाणु है, जो सत् है, किन्तु कार्य असत् है। इस प्रकार न्याय-वैशेषिक दर्शन कारण और कार्य में सर्वथा भेद मानता है।

जैनदर्शन इस मान्यता से भी सहमत नहीं है, उसके अनुसार धर्म और धर्मी की विवक्षा से कारण और कार्य में अथवा द्रव्य और पर्याय में भेद किया जाता है, किन्तु वस्तु स्वरूप से उनमें भेद नहीं है।[175]

यथार्थतः कारण रूप मिट्टी आदि द्रव्य में और कार्य रूप घटादि पर्याय में धर्म और धर्मी भेद की विवक्षा होने से ही भेद है वास्तव में भेद नहीं है। अर्थात् जब यह कहना होता है कि यह मिट्टी धर्मी है और घटादि पर्याय धर्म है, तभी भेद की प्रतीति होती है, किन्तु वस्तु स्वरूप से धर्म और धर्मी में भेद नहीं किया जा सकता।

अर्थात् द्रव्यार्थिक नय से कार्य और कारण में अभेद है। इसी तरह गुण-गुणी, पर्याय-पर्यायी, स्वभाव-स्वभाववान् आदि में भी कथंचित् भेद और कथंचित् अभेद समझना चाहिए। सर्वथा भेद मानना एकान्त है। इससे अनेकान्तात्मक वस्तु की सिद्धि नहीं हो सकती, क्योंकि यदि द्रव्य और पर्याय में वस्तुरूप से भी भेद माना जाएगा तो द्रव्य पर्याय से सर्वथा भिन्न एक जुदी वस्तु ठहरेगा और पर्याय द्रव्य से सर्वथा भिन्न एक जुदी वस्तु ठहरेगी। ऐसी स्थिति में बिना पर्याय के द्रव्य और बिना द्रव्य के पर्याय हुआ करेगी। जैसे यदि मिट्टी रूप द्रव्य से घटादि पर्याय सर्वथा भिन्न है तो मिट्टी के बिना भी घट पाया जाएगा। अतः कारण और कार्य में, द्रव्य और पर्याय में वस्तुरूप से भेद नहीं मानना चाहिए।

इसी प्रकार ज्ञानाद्वैतवादी[176] बाह्य घट पट आदि पदार्थों को असत् मानता है और एक ज्ञान को ही सत् मानता है। उसके अनुसार अनादि वासना के कारण हमें बाहर में ये पदार्थ दिखाई देते हैं, किन्तु वे वैसे ही असत्य हैं जैसे स्वप्न में दिखाई देने वाली बातें असत्य होती हैं।

ज्ञानाद्वैतवादियों की यह मान्यता भी जैनाचार्यों की दृष्टि में समीचीन नहीं है, क्योंकि यदि सब ज्ञानरूप ही है तो ज्ञेय तो कुछ भी नहीं रहा और जब ज्ञेय ही नहीं रहा तो बिना ज्ञेय के ज्ञान कैसे रह सकता है, क्योंकि जो जानता है उसे ज्ञान कहते है और जो जाना जाता है उसे ज्ञेय कहते हैं। जब जानने के लिए कोई है ही नहीं तो ज्ञान कैसे हो सकता है?

जो शरीर, मकान वगैरह बाह्य पदार्थ समस्त लोक में प्रसिद्ध हैं उनको भी जो ज्ञान रूप मानता है वह ज्ञान के स्वरूप को ही नहीं जानता। जिनका स्वरूप जानने योग्य होता है उन्हें ज्ञेय स्वरूप कहते हैं। अतः ज्ञान से बाहर जितने भी पदार्थ हैं वे सब ज्ञेयरूप हैं, ज्ञानरूप नहीं हैं। जो उन्हें ज्ञानरूप कहता है वह वास्तव में ज्ञान के स्वरूप को ही नहीं समझता है। यदि वह ज्ञान के स्वरूप से थोड़ा-सा भी परिचित होता तो बाह्य पदार्थों का लोप न करता।

इस विषय में शून्य कार्यवादी बौद्धों[177] का भी कथन है कि 'असतः सज्जायते' असत् से सत् अर्थात् अभाव से भाव की उत्पत्ति होती है। दूध के अभाव से ही दही की उत्पत्ति होती है, बीज के अभाव से अंकुर उत्पन्न होता है, मृत्पिण्ड के अभाव से घड़ा उत्पन्न होता है और कूटस्थ कारण से कार्य उत्पन्न होता है। अतः अभाव से ही भाव की उत्पत्ति का अनुमान किया जाता है। दूसरी बात वे यह कहते हैं कि जिस एक या अनेक रूप से पदार्थों का कथन किया जाता है वास्तव में वह रूप है ही नहीं, इसलिए वस्तु मात्र असत् है और जगत् शून्य के अतिरिक्त कुछ भी नहीं है।

संसार में तरह-तरह की वस्तुएँ आँखों से स्पष्ट दिखाई देती हैं, उनको देखते हुए भी जो कहता है कि जगत् शून्य रूप है उसका यह कथन ठीक नहीं हैं, क्योंकि जब जगत् शून्य रूप है और उसमें कुछ भी सत् नहीं है तो ज्ञान और शब्द भी असत् हुए और जब ज्ञान तथा शब्द भी असत् हैं तो यह शून्यवादी कैसे तो स्वयं यह जानता है कि सब कुछ शून्य है और कैसे दूसरों को यह कहता है कि सब शून्य है? क्योंकि ज्ञान और शब्द के अभाव में न कुछ जाना जा सकता है और न कुछ कहा जा सकता है। इसके अतिरिक्त जब सब जगत् शून्यरूप है तो शून्यवादी भी शून्यरूप हुआ और जब वह स्वयं शून्य है तो वह शून्य को कैसे जानता है और कैसे शून्यवाद का कथन करता है? अत: शून्यवादी बौद्धों का मन्तव्य भी जैनदर्शन की दृष्टि में किसी भी प्रकार से समीचीन नहीं है।

इस प्रकार सत्ता, द्रव्य, गुण और पर्याय का विवेचन करने के पश्चात् इस विषय में जैनेतर दार्शनिकों की जो विभिन्न विचारधाराएँ हैं, उन सबका प्रतिपादन तथा परिहार ठीक प्रकार से किया गया है। अनेकात्मक वस्तु के यथार्थस्वरूप का विवेचन यदि नयवाद (सापेक्षवाद) का आश्रय लेकर किया जाए तो किसी भी प्रकार का विवाद नहीं रह जाता है, क्योंकि नयवाद के बिना वस्तु का यथार्थस्वरूप सिद्ध ही नहीं हो सकता है।

वस्तु मीमांसा में नयों का अर्थान्वयन—जैनदर्शन में उत्पाद, व्यय और ध्रौव्य इन तीनों की एकता व समन्वय का प्रतिपादन किया गया है। किन्तु अन्य जैनेतर दर्शनों में इनमें से किसी-किसी एक को ग्रहण कर वस्तुमीमांसा की गयी है। उदाहरण के लिए सांख्य और वेदान्त वस्तु को ध्रुव व नित्य मानते हैं। वे उसमें किसी प्रकार का परिणमन स्वीकार नहीं करते, परन्तु बौद्ध दर्शन वस्तु को क्षणभंगुर एवं अनित्य मानते हैं। उनके अनुसार प्रत्येक समय में पर्याय बदल जाती है। पूर्ववर्ती क्षण में जो पर्याय है वह उत्तरवर्ती क्षण में नहीं रहती। पर्याय के साथ द्रव्य का भी अभाव हो जाता है। वस्तुत: बौद्धदर्शन की यह मान्यता पदार्थ की उत्पाद और विनाश-मूलक मान्यता को अभिव्यक्त करती है, लेकिन न्याय-वैशेषिक दर्शन गुण और क्रिया को वस्तु से पृथक् मानते हैं। इसप्रकार जैनदर्शन के उत्पाद, व्यय और ध्रुव इन वस्तुगत स्वभावों को जैनेतर दर्शनों में पृथक्-पृथक् रूप से स्वीकार किया गया है। यदि ये सभी दर्शन नयवाद की दृष्टि से सापेक्ष कथन करते तो वस्तु-स्वरूप की सम्यक् सिद्धि में कोई मतभेद नहीं रहता और ये सभी दर्शन सम्यग्दर्शन कहे जाते। यही जैनदर्शन की मान्यता का निष्कर्ष है और यही नयवाद का फलितार्थ है।

सन्दर्भ

1. नयो ज्ञातुरभिप्रायः।—लघी., का. 52।
2. नत्थि नएहि विहूणं सुत्तं अत्थोय जिणमए किंचि।—वि. भा., गा. 762
3. जे णयदिट्ठिविहीणा ताण ण वत्थुसहावउवलद्धि।
   वत्थुसहावविहूणा सम्मादिट्ठि कहं हुंति।।—न. च.,गा.181
4. यदेव तत् तदेवातत्, यदेवैकं तदेवानेकं, यदेव सत् तदेवासत्, यदेव नित्यं तदेवानित्यम् इत्येकवस्तु वस्तुत्वनिष्पादकपरस्परविरुद्धशक्तिप्रकाशनमनेकान्तः।—स. सा., टी. पृ. 564
5. णयमूलो अणेयन्तो।—न. च., गाथा 175
6. णाणासहावभरियं वत्थुं गहिऊण तं पमाणेण।
   एयंतणासणट्ठं पच्छा णयजुं जणं कुणह।।—न. च., गा. 172
7. नाना स्वभाव-संयुक्तं द्रव्यं ज्ञात्वा प्रमाणतः।
   तच्च सापेक्ष-सिद्ध्यर्थं स्यान्नयमिश्रितं कुरु।।—आ. प., श्लो. पृ. 168
8. जह्मा णएण विणा होइ ण णरस्स सियवायपडिवत्ती।
   तह्मा सो बोहव्वो एयंतं हंतुकामेण।—न. च., गा. 174
9. उपयोगौ श्रुतस्य द्वौ स्याद्वादनसंज्ञितौ।
   स्याद्वादः सकलादेशी नयो विकलसंकथा।।—लघी.,का.62
10. स्याद्वादप्रविभक्तार्थविशेषव्यंजको नयः।—आ. मी., का. 106
11. सत्ता सव्वपदत्था सविस्सरूवा अणंतपज्जाया।
    भंगुप्पादधुवत्ता सप्पडिवक्खा हवदि एक्का।।—पंचा., गाथा 8
12. नि. सा,—गा.9
13. त. सं.,—पृ. 2
14. (अ) दव्वं सल्लक्खणयं उप्पादव्वयधुवत्तसजुंत्तं।
       गुणपज्जयासयं वा जं तं भण्णंति सव्वण्हु।।—पंचा., गा. 10
    (ब) अपरिच्चत्तसहावेणुप्पादव्वयधुवत्तसंजुत्तं।
       गुणवं च सपज्जायं जं तं दव्वंति वुच्चन्ति।।—प्र.सा., गा. 95
15. सद् द्रव्यलक्षणम्। उत्पादव्ययध्रौव्ययुक्तं सत्।
    गुणपर्ययवद् द्रव्यम्।।—त. सू. 5/29, 30, 38
16. तिक्काले जं संत वट्टदि उप्पादवयधुवत्तेहिं।
    गुणपज्जायसहावं अणाइसिद्धं खु तं हवे दव्वम्।।—न. च., गा.36
17. ण भवो भंगविहीणो भंगो वा णत्थि संभवविहीणो।
    उप्पादो विय भंगो ण विणा धोव्वेण अत्थेण।।—प्र. सा., गा. 100 तथा टीका
18. उप्पादट्ठिदिभंगा विज्जंते पज्जएसु पज्जाया।
    दव्वे हि संति णियंद तम्हा दव्वं हवदि सव्वं।।—वही, गा. 101 तथा इसकी टीका
19. गुणपर्ययवद्द्रव्यम्।—त. सूत्र 5/38
20. द्रव्याश्रया निर्गुणा गुणाः।—वही, 5/41

21. (अ) गुण इदि दव्वविहाणं दव्वविकारो हि पज्जवो भणिदो।
तेहि अणूणं दव्वं अजुदपसिद्धं हवे णिच्चं।।—स. सि. 5/38
(ब) द्रव्यविधानं हि गुणा द्रव्यविकारोऽत्र पर्ययो भणितः।
तैरन्यूनं द्रव्यं नित्यं स्यादयुतसिद्धमिति।।
अनाद्यनिधने द्रव्ये स्वपर्यायाः प्रतिक्षणम्।
उन्मज्जन्ति निमज्जन्ति जलकल्लोलवज्जलैः।।—त. वृत्ति, 5/38, उद्धृत

22. गुणपज्जयदो दव्वं दव्वादो ण गुणपज्जया भिण्णा।
जम्हा तम्हा भणियं दव्वं गुणपज्जयमणण्णं।।—न. च., गा. 41

23. पज्जयविजुदं दव्वं दव्वविजुत्ता य पज्जया णत्थि।
दोण्हं अणण्णभूदं भावं समणा परूवेंति।।—पंचा., गा. 12

24. दव्वेण विणा ण गुणा गुणेहिं दव्वं विणा ण संभवदि।
अव्वदिरित्तो भावो दव्वगुणाणं हवदि तम्हा।।—वही, गाथा 13

25. जीवा पोग्गलकाया धम्माधम्मा य काल आयासं।
तच्चत्था इदि भणिदा णाणागुणपज्जए हि संजुत्ता।।—नि. सा., गा. 9

26. पृथिव्यप्तेजोवाय्वाकाशकालदिगात्ममनांसि नवैव।—त. सं., पृ. 2

27. स्पर्शनरसनघ्राणचक्षुः श्रोत्रणि।—त. सू. 2/19

28. (अ) पंचेविइंदियपाणा मनवचकायेसु तिण्णि बलपाणा।
आणप्पाणप्पाणा आउगपाणेण होंति दसपाणा।—गो. जी., गा. 130
(ब) तिक्काले चदुपाणा इंदिय बलमाउ आणपाणो य।
ववहारा सो जीवो णिच्चयणयदो दु चेदणा जस्स।।—द्र. सं.,गा. 3
(स) इंदियपाणोय तधा बलपाणो तह य आउपाणो य।
आणप्पाणप्पाणो जीवाणं होंति पाणा ते।।—प्र. सा., गा. 146

29. अरसमरूवमगंधं अव्वत्तं चेदणागुणमसद्दं।
जाण अलिंगग्गहणं जीवमणिदिट्ठ संठाणं।।—वही, गा. 172

30. भ. गीता, अ. 2, श्लो. 20

31. वासांसि जीर्णानि यथा विहाय
नवानि गृह्णाति नरोऽपराणि।
तथा शरीराणि विहाय जीर्णा-
न्यन्यानि संयाति नवानि देही।—वही, श्लो. 22

32. नैनं छिन्दन्ति शस्त्राणि नैनं दहति पावकः।
न चैनं क्लेदयन्त्यापो न शोषयति मारुतः।।—वही, श्लो. 23।

33. (अ) जीवोत्ति हवदि चेदा उवओग-विसेसिदो पहू कत्ता।
भोत्ता य देहमत्तो णहि मुत्तो कम्मसंजुत्तो।—पंचास्ति., गा. 27
(ब) जीवो उवओगमओ अमुति कत्ता सदेह-परिमाणो।
भोत्ता संसारत्थो सिद्धो सो विस्सोड्ढगई।।—द्र. सं., गा. 2

34. त. भा.,—पृ. 33

35. णाणी णाणं च सदा अत्थंतरिदो दु अण्णमण्णस्स।
दोण्हं अचेदणत्तं पसजदि सम्मं जिणावमदं।।
णहि सो समवायादो, अत्थंतरिदो दु णाणदो णाणी।
अण्णाणीति य वयणं एगतप्पसाधगं होदि।।—पंचास्ति., गा. 54/55
36. णाणं अप्पत्ति मदं वट्टदि णाणं विणा ण अप्पाणं।
तम्हा णाणं अप्पा अप्पा णाणं व अण्णं बा।।—प्र. सा, गा. 27
37. तत्र पृथिव्यादीनि भूतानि चत्वारि तत्त्वानि तेभ्य एव देहाकारपरिणतेभ्य: किण्वादिभ्यो मदशक्तिवत् चैतन्यमुपजायते। तेषु विनष्टेषु सत्सु स्वयं विनश्यति।—स. द., सं. पृ. 3।
38. वे. सा.,—पृ. 52-53
39. अणोरणायान् महतो महीयान्...।—वही,-भूमिका पृ. 22
40. संसारिणो मुक्ताश्च।—त. सू. 2/10
41. संसारिणस्त्रसस्थावरा:।—वही, 2/12
42. द्वीन्द्रियादयस्त्रसा:।—वही, 2/14
43. पृथिव्यप्तेजोवायुवनस्पतय: स्थावरा:।—वही, 2/13
44. पञ्चास्ति.,—गा. 71
45. वह शक्ति जिसके द्वारा शरीर को छोटा-बड़ा आदि किया जा सकता है।
46. समनस्कामनस्का:।—त. सू. 2/11
47. पूरणात् 'पुत' गलयतीति 'गल:'। शब्द कल्पद्रुम,—पृ. 503
48. पूर्वं पूर्यन्ते पश्चात् गलन्ति ये ते पुद्गला:।—त. वृत्ति, 5/19, पृ. 190
49. पूरण-गलन-स्वभावत्वात् पुद्गला:।—वही सं. 181
पूरणगलनान्वर्थ-संज्ञत्वात् पुद्गला:।—त. रा. वा. 5/1 वा. 24
50. पूरयन्ति गलयन्ति इति पुद्गला:।—जैन सि. द., पृ. 143
51. स्पर्शरसगन्धवर्णवन्त: पुद्गला:।—त. सू. 5/23
52. रूपिण: पुद्गला:।—वही, 5/5
53. अणव: स्कन्धाश्च।—त. सू., 5/25
54. सव्वेसिं खंधाणं जो अंतो तं वियाण परमाणू।
सो सस्सदो असद्दो एक्को अविभागी मुत्तिभवो।।—पंचास्ति., गा. 84
55. अत्तादि अत्तमज्झं अत्तंतं णेव इंदिये गिज्झं।
अविभागी जं दव्वं परमाणू तं वियाणाहि।—नि. सा., गा. 26
56. आदेसमत्तमुत्तो धादुचदुक्कस्स कारणं जोदु।
सो णेओ परमाणू परिणामगुणो सयमसद्दो।—पंचास्ति., गा. 85
57. अणव: कार्यलिंगा स्यु: द्विस्पर्शा: परिमण्डला:।
एकवर्णरसानित्या: स्युरनित्याश्च पर्ययै:।।—त. वृ., 5/25, पृ. 198 पर उद्धृत
58. (अ) कारणमेव तदन्त्यं सूक्ष्मा नित्यश्च भवति परमाणु:।
एकरसगन्धवर्णो द्विस्पर्श: कार्यलिंगश्च।—जैन सि. दं., पृ. 145 पर उद्धृत

(ब) एकरसवण्णगंधं दो फासं सद्दकारणमसद्दं।
खंधं तरिदं दव्वं परमाणुं तं वियाणेहि।।—पंचास्ति., गा. 88

59. जैन दर्शन और आधुनिक विज्ञान।—पृ. 32
60. वही,—पृ. 35, 36
61. खंधो परमाणु संगसंघादो।—पंचास्ति., गा. 86
62. बादरबादर बादर बादरसुहमं च सुहमथूलं च।
सुहमं च सुहमसुहमं च धरादियं होदि छब्भेयं।।—गो. जी., गा. 603
63. (अ) सद्दो बंधो सुहुमो थूलो संठाण भेदतमछाया।
उज्जोदादवसहिया पुग्गलदव्वस्स पज्जाया।—द्र. सं., गा. 16
(ब) शब्दबन्धसौक्ष्म्यस्थौल्यसंस्थानभेदतमश्छायातपोद्योतवन्तश्च।।—त. सू. 5/24
64. सद्दो खंधप्पभवो खंधो परमाणुसंगसंघादो।
पुट्ठेसु तेसु जायदि सद्दो उप्पादिगो णियदो।।—पंचास्ति, गा. 86
65. शब्दगुणकमाकाशम्।—त. सं., पृ. 15
66. त. रा. वा.—5/24
67. त. सू.,—5/24
68. स्निग्धरूक्षत्वाद्बन्धः—त. सू. 5/33
69. न जघन्यगुणानाम्।—वही, 5/34
70. गुणसाम्ये सदृशानाम्।—वही, 5/35
71. द्व्यधिकादिगुणानां तु।—वही, 5/36
72. णिद्धस्स णिद्धेण दुराहिएण लुक्खस्स लुक्खेण दुराहिएण।
णिद्धस्स रुक्खेण हवेज्ज बंधो जहण्णवज्जे विसमे समे वा।।—गो. जी., गा. 615
73. बन्धेऽधिकौ पारिणामिकौ च।—त. सू., 5/37
74. त. रा. वा,—5/24
75. त. रा. वा.,—5/25
76. त. रा. वा.,—5/25
77. वही,—5/25
78. वही,—5/25
79. त. रा. वा.,—5/24
80. वही
81. वही
82. शरीरवाङ्मनःप्राणापानाः पुद्गलानाम्।—त. सू., 5/19
83. त. रा. वा.,—5/17
84. गईपरिणयाण धम्मो, पुग्गलजीवाण गमणसहयारी।
तोयं जह मच्छाणं अच्छंता णेव सो णेइ।।—द्र. सं., 17
85. धम्मत्थिकायमरसं अवण्णगंधं असद्दमप्फासं।
लोगागाढं पुट्ठं पिहुलमसखा दियपदेसं।।

उदगं जह मच्छाणं गमणाणुग्गहकरं हवदि लोए।
तह जीवपोग्गलाणं धम्मं दव्वं वियाणेहि।—पंचास्ति., गा. 90, 92

86. ठाणजुदाण अधम्मो, पुग्गलजीवाण ठाणसहयारी।
छाया जह पहियाणं गच्छंता णेव सो धरइ।।—द्र. सं., गा. 18

87. जह हवदि धम्मदव्वं तह तं जाणेह दव्वमधम्मक्खं।
ठिदिकिरियाजुत्ताणं कारणभूदं तु पुढवीव।।—पंचास्ति., गा. 93

88. प्राच्यादिव्यवहारहेतुर्दिक्। सा चैका, नित्या, विभ्वी च।—त. सं., पृ. 17

89. सव्वेसिं जीवाणं सेसाणं तह या पुग्गलाणं च।
जं देदि विवरमखिलं तं लोगे हवदि आगासं।।—पंचास्ति., गा. 90

90. आकाशान्तेऽत्र द्रव्याणि स्वयमाकशतेऽथ वा।
द्रव्याणामवकाशं वा करोत्याकाशमस्त्यतः।।—त. सार, 3/37

91. आ समन्तात् लोके अलोके च काशते तिष्ठति आकाशः।—त., वृत्ति. 5/9

92. आकाशस्यावगाहः।—त. सू., 5/18

93. अवगाहिनां धर्माधर्मपुद्गलजीवानामवगाह आकाशस्योपकारः।—त. भाष्य, 5/18

94. जीवानां पुद्गलानां च कालस्याधर्मधर्मयोः।
अवगाहनहेतुत्वं तदिदं प्रतिपद्यते।।—त. सार, 3/38

95. जेण्हं लोगागासं, अल्लोगागासमिदिदुविहं।—द्र. सं. गा. 19

96. धम्माधम्मा कालो, पुग्गलजीवा य संति जावदिये।—द्र.सं.,, गा. 20

97. लोक्यन्ते विलोक्यन्ते धर्मादयाः पदार्थाः यस्मिन्निति लोकः, लोकस्य
सम्बन्धो आकाशो लोकाकाशो। लोकः लुक धातोः अधिकरणं घञ्।—त. वृत्ति, 5/12

98. जीवा पोग्गलकाया धम्माधम्मा य लोग दोणण्णा।
तत्तो अणण्णमण्णं आयासं अंतवदिरित्तं॥—पंचास्ति., गा. 98

99. आगासं अवगासं गमणट्ठिदि कारणेहिं देदि जदि।
उड्ढं गदिप्पधाणा सिद्धा चिट्ठन्ति किध तत्थ॥—वही, 99

100. जम्हा उपरिट्ठाणं सिद्धाणं जिणवरेहिं पण्णत्तं।
तम्हा गमणट्ठाणं आयासे जाण णत्थि त्ति।।—वही, गा. 100

101. जदि हवदि गमणहेदुं आगासं ठाण कारणं तेसिं।
पसजदि अलोगहाणी लोगस्स य अंतपरिवुड्ढी।।—वही, गा. 101

102. तम्हा धम्माधम्मा गमणट्ठिदि कारणाणि णागासं।
इदि जिणवरेहिं भणिदं लोगसहावं सुणंताणं।।—वही, गा. 102

102A. शब्दगुणकमाकाशम्।—त. सं., पृ. 15

103. तच्चैक, विभुः, नित्यं च।—वही, पृ. 15

104. सां. का.,—का. 22

104A. प्राच्यादिव्यवहारहेतुर्दिक्।—त. सं., पृ. 17

105. जीवादीदव्वाणं परिवट्टणकारणं हवे कालो।—नि. सा., गा. 33

106. कलयति वर्तयति द्रव्याणि इति कालः। कल्यते ज्ञायते निश्चीयते संख्यायते समयादिभिः
पर्यायैः मुख्यः कालो निर्णीयते यः सः कालः।—त. वृ. 5/39

107. वत्तणहेदू कालो वत्तणगुणमविय दव्वणिचयेसु।
कालाधारेणेव य वट्टंति हु सव्व दव्वाणि।।—गो. जी., गा. 568

108. ण य परिणमदि सयं सो ण य परिणामेइ अण्णमण्णेहि।
विविहपरिणामियाणं हवदि हु कालो सयं हेदु।।—वही, गा. 570

109. दव्वपरिवट्टरूवो, जो सो कालो हवेइ ववहारो।
परिणामादीलक्खो, वट्टणलक्खो य परमट्ठो।।—द्र. सं., गा. 21

110. लोयायासपदेसे इक्केक्के जे ठिया हु इक्केक्का।
रयणाणं रासीमिव, ते कालाणू असंखदव्वाणि।।—वही, गा. 22

111. सोऽनंतसमयः। त. सू., 5/40

112. वर्तनापरिणामक्रियाः परत्वापरत्वे च कालस्य।—त. सू., 5/22

113. प्रतिद्रव्यपर्यायमन्तनीतैकसमय स्वसत्तानुभूतिर्वर्तना।—त. रा. वा., 5/22 वा. 4

114. वर्तन्ते पदार्थाः, तेषां वर्तयिता कालः।—स. त. सू., 5/22

115. स्वयमेव वर्तमानाः पदार्थाः वर्तन्ते यथा सा कालाध्या प्रयोजिका वृत्तिः वर्तना।—वही, 5/22

116. वृतेर्णिजन्तात्कर्मणि भावे वा युटि स्त्रीलिंगे वर्तनेति भवति। वर्त्यते वर्तनमात्रम् वा वर्तना इति। वर्तते वर्तना इति कर्मणि विग्रहः। वर्तनं वर्तना इतिभावे विग्रहः।—स. सि. 5/22

117. स. सि., 5/22, पृ. 292

118. अतीतादिव्यवहारहेतुः कालः। सचैको विभुर्नित्यश्च।—त. सं., पृ. 15

119. नित्यावस्थितान्यरूपाणि।—त. सू. 5/4

120. रूपिणः पुद्गलाः।—वही, 5/5

121. आ आकाशादेकद्रव्याणि।—वही, 5/6

122. निष्क्रियाणि च।—वही, 5। 7

123. संति जदो तेणेदे अत्थीति भणंति जिणवरा जम्हा।
काया इव बहुदेसा, तम्हा काया य अत्थिकाया य।।—द्र. सं., गा. 24

124. लोयायासपदेसे, इक्केक्के जे ठिया हु इक्केक्का।
रयणाणं रासीमिव ते कालाणु असंख दव्वाणि।।—वही, गा. 22

125. जावदियं आयासं, अविभागी-पुग्गलाणु वट्ठद्दं।
तं खु पदेसं जाणे, सव्वाणुट्ठाण दाणरिहं।।—वही सं. गा. 27

126. असंख्येया प्रदेशा धर्माधर्मैकजीवानाम्।—त. सू., 5/8

127. आकाशस्यानन्ताः।—वही, 5/9

128. संख्येयाऽसंख्येयाश्च पुद्गलानाम्।—वही, 5/10

129. होंति असंखा जीवे, धम्माधम्मे अणंत आयासे।
मुत्ते तिविह पदेसा, कालस्सेगो ण तेण सो काओ।।—द्र. सं., गा. 25

130. नाणोः।—त. सू., 5/11

131. लोकाकाशेऽवगाहः।—त. सू., 5/12

132. धर्माधर्मयोः कृत्स्ने।—वही, 5/13

133. एकप्रदेशादिषु भाज्यः पुद्गलानाम्।—वही, 5/14

134. सोगाढगाढणिचिदोपुग्गलकायेहिं सव्वदो लोगो।
सुहुमेहि बादरेहि य अप्पाओग्गेहिं जोग्गेहिं।।—प्र. सा., गा. 168
135. असंख्येयभागादिषु जीवानाम्।—त. सू., 5/15
136. मूलसरीरमछंडिय उत्तरदेहस्स जीवपिंडस्स।
णिग्गमणं देहादो होदि समुग्घादणामं तु।।—गो. जी., गा. 668
137. प्रदेश संहारविसर्पाभ्यां प्रदीपवत्।—त. सू., 5/16
138. अण्णोण्णं पविसंता दिंता ओगासमण्णमण्णस्स।
मेलंता विय णिच्चं सग सभावं ण विजहंति।।—पंचास्ति., गा. 7
139. द्रव्याश्रयाः निर्गुणाः गुणाः।—त. सू., 5/41
140. दव्वेण विणा ण गुणा गुणेहिं दव्वं विणा ण संभवदि।
अव्वदिरित्तो भावो दव्वगुणाणं हवदि तम्हा।।—पंचास्ति., गा. 13
141. दव्वाणं सहभूदा सामण्णविसेसदो गुणा णेया।
सव्वेसिं सामण्णा दहभणिया सोलस विसेसा।।—न. च., गा. 11
142. गुणसमुदायो द्रव्यम्।—चि. वि., पृ. 3
143. द्रव्याश्रया गुणाः स्युर्विशेषमात्रास्तु निर्विशेषाश्च।—पं. ध., श्लोक 104
144. सहभुवः गुणाः।—आ. प.,—सू. 92
145. अन्वयिनो गुणाः।—स. सि., 5/13
146. तद्वाक्यान्तरमेतद्यथा गुणाः सहभुवोऽपि चान्वयिनः।
अर्थाश्चैकार्थत्वादर्थादेकार्थवाचकाः सर्वे।।—पं. ध., श्लोक 13
147. सह सार्धं च समं वा तत्र भवन्तीति सहभुवः प्रोक्ताः।
अयमर्थो युगपत्ते सन्ति न पर्यायवत् क्रमात्मानः।।—वही, श्लोक 139
148. गुणाः सहभाविनो जीवस्य ज्ञानादयः।—सि. वि. टीका, पृ. 213
149. पं. ध. श्लोक 142-144
150. पं. ध. श्लोक 150
151. पं. ध, श्लोक 159
152. गुण इदि दव्वविहाण-।—स. सि., पृ. 309 पर उद्धृत
154. गुण्यते पृथक् क्रियते द्रव्यं द्रव्या यैस्ते गुणाः।—आ. प., सू. 93
154. गुणा विस्तारविशेषाः।—प्र. सा., गा. 95 की टीका
155. प. ध., श्लोक 160-161
156. आ. प., सूत्र 9
157. प्र. सा., गा. 95 की टीका।
158. न. च., गा. 16
159. आ. प., सूत्र 11
160. प्रत्येकमष्टौ सर्वेषाम्।—आ. प., सूत्र 10
161. प्रत्येकं जीवपुद्गलयोः षट्।—वही, सूत्र 12
162. एतरेषां—धर्माधर्माकाशपुद्गलानां प्रत्येकं त्रयोगुणाः।—वही, सू. 13

163. एक्केक्के अट्ठट्ठा सामण्णाहुंति सव्वदव्वाण।
छज्जीवपोग्गलाणं इयराणं विसेस तितिभेया।।—न. च., गा. 15

164. परिभेदमेति गच्छति इति पर्याय:।—ध. पु. 1, पृ. 84

165. परिसमन्तादाय: पर्याय:।—आ. प., पृ. 19

166. स्वभावविभावपर्याय रूपतया परिसमन्तात् परिगच्छन्ति परिप्राप्नुवन्ति ये ते पर्याया:। त. वृ. 5/38

167. स्वभावविभावरूपतया याति पर्येति परिणमतीति पर्याय:।—आ. प., सू. 105

168. क्रमवर्तिनो ह्यनित्या अथ च व्यतिरेकिणश्च पर्याया:।
उत्पादव्ययरूपा अपि च ध्रौव्यात्मका: कथंचिच्च।।—पं. ध., श्लोक 165

169. प्र. सा., गाथा 93 की टीका तथा पंचास्ति., गा. 16 की टीका

170. पज्जाओ दुवियप्पो सपरावेक्खो य णिरवेक्खो।—नि. सा., गा. 14-15

171. पंचास्ति., गा. 16 की टीका

172. असदकरणादुपादानग्रहणात् सर्वसम्भवाऽभावात्।
शक्तस्यशक्यकरणात् कारणभावाच्च सत्कार्यम्।।—सां. का. 9

173. जदि दव्वे पज्जाया वि विज्जमागा तिरोहिदा संति।
ता उप्पत्ती विहला पडिपिहिदे देवदत्ते व्व।।—का. अ., गा. 243

174. सव्वाण पज्जयाणं अविज्जमाणाण होदि उप्पत्ती।
कालाई-लद्धीए अणाइ-णिहणम्मि दव्वम्मि।—वही, गा. 244

175. दव्वाण पज्जयाणं धम्म-विवक्खाए कीरए भेओ।
वत्थु-सरूवेण पुणो ण हि भेदो सक्क्दे काउं।।—वही, गा. 245

176. जदि सव्वमेव णाणं णाणा रूवेहि संठिदं एक्कं।
तो ण वि किं पि विणेयं णेयेण विणा कहं णाणं।।—का. अ., गा. 247

177. का. अ., गा.—250-251

2

तत्त्वाधिगम के उपाय

जैनदर्शन में तत्त्वाधिगम अर्थात् वस्तुस्वरूप को समझने के लिए प्रमाण, नय, निक्षेप आदि उपाय बताये गये हैं। इनके द्वारा ही वस्तुस्वरूप का ठीक-ठीक परिज्ञान होता है। आचार्य उमास्वामी ने सर्वप्रथम प्रमाण और नय के द्वारा वस्तुस्वरूप के परिज्ञान का निर्देश किया है।[1]

भट्ट अकलंक देव ने कहा है—'आत्मा आदि पदार्थों का ज्ञान ही प्रमाण है। उनको जानने का उपाय निक्षेप है तथा ज्ञाता अर्थात् जानने वाले के अभिप्राय का नाम नय है। अतः इन प्रमाण, नय और निक्षेपरूप युक्तियों से ही पदार्थ का बोध होता है।'[2]

आचार्य यतिवृषभ ने भी यही भाव अभिव्यक्त किया है।[3]

आचार्य वीरसेन स्वामी ने प्रमाण, नय और निक्षेप की सार्थकता प्रकट करते हुए धवला टीका प्रथम पुस्तक में उद्धरण दिया है—'जिस पदार्थ का प्रत्यक्षादि प्रमाणों द्वारा, नैगमादि नयों द्वारा और नामादि निक्षेपों द्वारा सूक्ष्मदृष्टि से विचार नहीं किया जाता है, वह पदार्थ कभी युक्त (संगत) होते हुए भी अयुक्त (असंगत) सा प्रतीत होता है और कभी अयुक्त होते हुए भी युक्त-सा प्रतीत होता है। अतः प्रमाण, नय और निक्षेप के द्वारा पदार्थ का निर्णय करना चाहिए।'[4]

आचार्य यतिवृषभ[5] तथा जिनभद्रगणि क्षमाश्रमण[6] ने भी यही कहा है—'जो व्यक्ति प्रमाण, नय और निक्षेप से पदार्थ की ठीक-ठीक समीक्षा नहीं करता उसे अयुक्त पदार्थ भी युक्त और युक्त पदार्थ भी अयुक्त ही प्रतिभासित होता है।'

श्री माइल्ल धवल ने निक्षेपादि के जानने का प्रयोजन बतलाते हुए कहा है—'जो निक्षेप, नय और प्रमाण को जानकर तत्त्व की भावना करते हैं वे वास्तविक तत्त्व के मार्ग में संलग्न होकर वास्तविक तत्त्व को प्राप्त करते हैं।'

'यदि आप गुण, पर्याय, लक्षण, स्वभाव, निक्षेप, नय और प्रमाण को भेद

सहित जानते हैं तो द्रव्य के स्वभाव को समझते हैं। अर्थात् द्रव्य के स्वभाव को समझने के लिए गुण, पर्याय, निक्षेपादि का जानना आवश्यक है।[7]

इस प्रकार इन प्रमाणादि को समझे बिना हमें वस्तुस्वरूप का सही ज्ञान नहीं हो सकता। अत: इनका क्रमबद्ध विवेचन किया जाता है।

प्रमाण

(1) **प्रमाण का सामान्य लक्षण**—जिसके द्वारा पदार्थों का यथार्थ ज्ञान हो उसे प्रमाण कहते हैं।[8] ज्ञान यथार्थ और अयथार्थ दोनों प्रकार का होता है। सम्यक् निर्णायक ज्ञान यथार्थ होता है और संशय, विपर्यय आदि ज्ञान अयथार्थ। प्रमाण से केवल यथार्थ ज्ञान होता है। वस्तु का संशय, विपर्यय आदि से रहित जो निश्चित ज्ञान होता है, वह प्रमाण है।[9] यह प्रमाण का व्युत्पत्तिलभ्य सामान्य अर्थ है। इसी व्युत्पत्ति का आश्रय लेकर सभी भारतीय दार्शनिकों ने प्रमा के करण अर्थात् साधकतम कारण को प्रमाण कहा है।[10] प्रमाण शब्द 'प्र' उपसर्ग पूर्वक 'मा' धातु के करण में ल्युट् प्रत्यय करने पर सिद्ध होता है। अतएव प्रमा का करण अर्थात् साधन प्रमाण कहलाता है। जो वस्तु जैसी है उसको वैसा ही जानना प्रमा है। अथवा यथार्थ ज्ञान को प्रमा[11] कहते हैं। करण का अर्थ है साधकतम। जो जिस कार्य का साधकतम अर्थात् अतिशयेन साधक या प्रकृष्ट उपकारक या कारण हो वह उस कार्य का करण होता है[12]। एक कार्य की सिद्धि में अनेक सहयोगी होते हैं, किन्तु वे सभी करण नहीं कहलाते। फलकी सिद्धि में जिसका व्यापार अत्यन्त रूप से साधक, प्रकृष्ट उपकारक होता है, वह करण कहलाता है। कलम से लिखने में हाथ और कलम दोनों चलते हैं, किन्तु करण कलम ही होगा। क्योंकि लिखने का निकटतम सम्बन्ध कलम से है, हाथ से उसके बाद। इसलिए हाथ साधक और कलम साधकतम है।

(2) **प्रमा की करणता**—प्रमाण के इस सामान्य लक्षण में किसी को भी विवाद नहीं है। विवाद है तो केवल प्रमा के करण के विषय में। बौद्ध सारूप्य (तदाकारता) और योग्यता को प्रमा का करण मानते हैं। नैयायिक-वैशेषिक इन्द्रिय, इन्द्रियार्थ सन्निकर्ष और ज्ञान को करण मानते है। सांख्य इन्द्रिय वृत्ति को करण के स्थान में रखते हैं। प्रभाकर ज्ञाता के व्यापार को करण मानता है तो मीमांसक इन्द्रिय को। ऐसी स्थिति में जैन केवल ज्ञान को ही प्रमा का करण मानते हैं।

जैनदर्शन की मान्यता है कि जानना या प्रमारूप क्रिया चेतन है और चेतन क्रिया में साधकतम कारण कोई अचेतन नहीं हो सकता, अत: अव्यवहित रूप से प्रमा का जनक ज्ञान ही करण हो सकता है। न्याय-वैशेषिक दर्शन में प्रत्यक्ष प्रमा

के तीन करण माने गये हैं—इन्द्रिय, इन्द्रियार्थ सन्निकर्ष और ज्ञान।[13] किन्तु इन्द्रिय और इन्द्रियार्थ को प्रत्यक्ष प्रमा का करण मानना ठीक नहीं है, क्योंकि इन्द्रिय और सन्निकर्ष स्वयं अचेतन तथा अज्ञान रूप हैं अतः वे अज्ञान की निवृत्तिरूप प्रमा के करण कैसे हो सकते हैं? अज्ञान-निवृत्ति का विरोधी ज्ञान ही करण हो सकता है। जैसे कि अन्धकार की निवृत्ति में अन्धकार का विरोधी प्रकाश ही मुख्य करण होता है। प्रमिति या प्रमा अज्ञान-निवृत्ति रूप होती है अतः इस अज्ञान-निवृत्ति में अज्ञान के विरोधी ज्ञान को ही करण मानना उचित है।

(3) **जैनदर्शन-सम्मत प्रमाण-लक्षण**—प्रमाण के लक्षण क्षेत्र में प्रमाण लक्षण की अनेक धाराएँ बहीं, तब जैनदर्शनिकों को भी प्रमाण की स्वमन्तव्यपोषक एक परिभाषा निश्चित करनी पड़ी। सर्वप्रथम आचार्य समन्तभद्र ने 'स्व' और 'पर' को प्रकाशित करने वाले ज्ञान को प्रमाण कहा है।[14] आचार्य सिद्धसेन दिवाकर ने भी स्वामी समन्तभद्र के इस प्रमाण-लक्षण में 'बाधविवर्जित' पद जोड़कर स्वपरावभासक अवाधित ज्ञान को प्रमाण माना है।[15]

आचार्य समन्तभद्र और आ. सिद्धसेन के उत्तरवर्ती पूज्यपाद स्वामी ने भी 'जो अच्छी तरह मान करता है, जिसके द्वारा अच्छी तरह मान किया जाता है या प्रमिति मात्र है, वह प्रमाण है।' इसप्रकार प्रमाण शब्द की व्युत्पत्ति करते हुए स्वपरावभासक ज्ञान को ही प्रमाण कहा है और इन्द्रिय, इन्द्रियार्थ-सन्निकर्ष तथा मात्र ज्ञान को प्रमिति का करण (प्रमाण) मानने में दोष प्रदर्शित किये हैं।[16]

इसके बाद जैन न्याय के प्रतिष्ठापक तार्किक विद्वान् अकलंकदेव ने प्रमाण लक्षण में व्यवसायात्मक पद जोड़कर अपने और अर्थ को ग्रहण करने वाले व्यवसायात्मक (निश्चयात्मक) ज्ञान को प्रमाण कहा है।[17] उन्होंने ही पुनः अनधिगतार्थग्राही अविसंवादि ज्ञान को प्रमाण बतलाया है।[18]

अकलंकदेव के उत्तरवर्ती आचार्य माणिक्यनन्दी ने 'स्व और अपूर्व अर्थ अर्थात् जो किसी अन्य प्रमाण से नहीं जाना गया है, के निश्चय करने वाले ज्ञान को प्रमाण कहा है।'[19] आचार्य माणिक्यनन्दी के प्रमाण लक्षण पर आचार्य समन्तभद्र, सिद्धसेन तथा अकलंकदेव का स्पष्ट प्रभाव प्रतीत होता है। क्योंकि इन्होंने अपने प्रमाण-लक्षण द्वारा आचार्य समन्तभद्र और सिद्धसेन द्वारा स्थापित तथा अकलंकदेव द्वारा विकसित प्रमाण-लक्षण का समर्थन किया है। इन्होंने अपने सूत्र-ग्रन्थ 'परीक्षामुख' की रचना इन तीनों आचार्यों के दार्शनिक प्रकरणों का मन्थन करके ही की है। उत्तरकालीन आचार्यों ने भी प्रायः प्रमाण के इन्हीं लक्षणों को अपनाया है।

यही स्थिति श्वेताम्बर आचार्य वादिदेव सूरि की है। इन्होंने भी अपने सूत्र-ग्रन्थ 'प्रमाण-नय-तत्त्वालोक' की रचना आचार्य माणिक्यनन्दी के सूत्र ग्रन्थ 'परीक्षामुख' को सामने रखकर की है। आचार्य वादिदेव सूरि ने स्व और पर को निश्चित रूप से जानने वाले ज्ञान को प्रमाण कहा है।[20] इस लक्षण में 'स्व' का अर्थ है ज्ञान और 'पर' का अर्थ है ज्ञान से भिन्न पदार्थ। तात्पर्य यह है कि वही ज्ञान प्रमाण माना जाता है जो अपने आपको और अपने से भिन्न दूसरे पदार्थों को भी यथार्थ तथा निश्चितरूप से जाने।

आचार्य विद्यानन्दि ने सम्यग्ज्ञान को प्रमाण[21] बतलाकर बाद में स्वार्थ व्यवसायात्मक ज्ञान को सम्यग्ज्ञान बतलाया है।[22] इन्होंने प्रमाण के लक्षण में अनधिगत या अपूर्व विशेषण नहीं दिया है, क्योंकि इनके अनुसार ज्ञान चाहे अपूर्व (अगृहीत) अर्थ को जाने या गृहीत अर्थ को, वह 'स्व' और 'पर' का निश्चय करने वाला होने से ही प्रमाण माना जाता है।[23]

सन्मति टीकाकार अभयदेव सूरि आचार्य विद्यानन्दि की तरह स्वार्थ व्यवसायात्मक ज्ञान को ही प्रमाण कहते हैं।[24] पर-व्यवसायात्मक के स्थान पर 'निर्णीत' पद का प्रयोग करते हैं।

आचार्य हेमचन्द्र ने अर्थ के सम्यक् निर्णय को प्रमाण कहा है।[25]

आचार्य धर्मभूषण ने अपने 'न्यायदीपिका' ग्रन्थ में आचार्य विद्यानन्दि के द्वारा स्वीकृत सम्यग्ज्ञानत्व रूप प्रमाण के सामान्य लक्षण को ही अपनाया है और उसे अपनी पूर्वपरम्परानुसार सविकल्पक, अगृहीत-ग्राही एवं स्वार्थ व्यवसायात्मक सिद्ध किया है तथा धर्मकीर्ति, प्रभाकर भट्ट और नैयायिकों के प्रमाण-लक्षणों की आलोचना की है।

इस प्रकार आचार्य समन्तभद्र, सिद्धसेन दिवाकर और अकलंक देव का प्रमाण सामान्य-लक्षण ही उत्तरवर्ती जैन तार्किकों के लिए आधार हुआ है। प्राय: उत्तरवर्ती सभी आचार्यों ने इसी आचार्यत्रयी की प्रमाण लक्षण सम्बन्धी विचारधारा को अपनाकर अपने-अपने प्रमाण-लक्षणों का परिष्कार किया है।

(4) **प्रमाण की प्रमाणता**—जो पदार्थ जैसा है, उसको उसी रूप में जानना ज्ञान की प्रमाणता है और अन्य रूप में जानना अप्रमाणता है। प्रमाणता और अप्रमाणता का यह भेद बाह्य पदार्थों की अपेक्षा समझना चाहिए। प्रत्येक ज्ञान अपने स्वरूप को वास्तविक ही जानता है। अत: स्व-रूप की अपेक्षा सभी ज्ञान प्रमाण होते हैं। बाह्य पदार्थों की अपेक्षा कोई ज्ञान प्रमाण होता है और कोई अप्रमाण। प्रमाणता की उत्पत्ति उन्हीं कारणों से होती है जिन कारणों से प्रमाण उत्पन्न होता है। अप्रमाणता भी इसी तरह अप्रमाण के कारणों से ही पैदा होती है।

प्रमाण की इस प्रमाणता और अप्रमाणता के विषय में प्रायः सभी दार्शनिकों में मतभेद पाया जाता है।

मीमांसक कुमारिल भट्ट ज्ञान की प्रमाणता को स्वतः और अप्रमाणता को परतः मानते हैं। इस प्रकार वे स्वतः प्रामाण्यवादी हैं। उनका कहना है—'प्रमाण की अर्थ को जानने रूप शक्ति को अथवा अर्थ को जानने रूप क्रिया को प्रामाण्य कहते हैं।' यह प्रामाण्य-ज्ञान, ज्ञान-मात्र को उत्पन्न करने वाली सामग्री से ही उत्पन्न होता है। उसके लिए उस सामग्री के अतिरिक्त अन्य किसी की आवश्यकता नहीं पड़ती। इसी का नाम स्वतः प्रामाण्य है अर्थात् जहाँ ज्ञान तथा तद्गत प्रामाण्य दोनों का ग्रहण एक ही सामग्री से हो जाता है, उसे स्वतः प्रामाण्य कहा जाता है।[26] अथवा अर्थ को ज्यों का त्यों जान लेने की शक्ति का नाम प्रामाण्य है। यह शक्ति पदार्थों में स्वतः ही प्रकट होती है। वह उत्पादक कारणों के अधीन नहीं है। तात्पर्य यह है कि सब प्रमाणों का प्रामाण्य स्वतः ही होता है, क्योंकि जो शक्ति स्वयं अविद्यमान है उसे कोई दूसरा उत्पन्न नहीं कर सकता।[27] इसके विपरीत ज्ञानग्राहक और प्रमाण्यग्राहक सामग्री अलग-अलग होने पर परतः प्रामाण्य होता है।[28]

मीमांसक मत में ज्ञान और प्रामाण्य दोनों की ग्राहक एक ही सामग्री 'ज्ञाततान्यथानुपपत्तिप्रसूता अर्थापत्ति' है। उनका अभिप्राय यह है कि 'अयं घटः' इस ज्ञान से घट में एक 'ज्ञातता' नामक धर्म उत्पन्न होता है। यह धर्म 'अयं घटः' इस ज्ञान के होने से पहले नहीं था। इस ज्ञान के बाद उत्पन्न हुआ है। इसलिए यह 'अयं घटः' इस ज्ञान से जन्य है। अर्थात् उसका कारण ज्ञान है। इस 'ज्ञातता' धर्म की प्रतीति 'ज्ञातो मया घटः' इस ज्ञान में होती है। यह 'ज्ञातता' धर्म अपने कारण ज्ञान के बिना उत्पन्न नहीं हो सकता है। इसलिए 'ज्ञातता' की 'अन्यथानुपपत्ति से प्रसूता अर्थापत्ति' ही इस ज्ञातता धर्म की ग्राहिका है और जब ज्ञाततान्यथानुपपत्ति प्रसूता अर्थापत्ति से ज्ञान का ग्रहण होता है, तब उस ज्ञान में रहने वाले प्रामाण्य का ग्रहण भी उसी अर्थापत्ति से हो जाता है। इस प्रकार ज्ञानग्राहक और प्रामाण्यग्राहक सामग्री समान होने से स्वतः प्रामाण्य है।

न्याय-वैशेषिक दर्शन प्रामाण्य और अप्रामाण्य दोनों को परतः मानते हैं। अतः ये परतः प्रामाण्यवादी हैं। न्याय के परतः प्रामाण्यवाद में ज्ञान और प्रामाण्य दोनों की ग्राहक सामग्री अलग-अलग है। ज्ञानग्राहक सामग्री तो अनुव्यवसाय है और प्रामाण्य या अप्रामाण्य की ग्राहक सामग्री प्रवृत्ति का साफल्य या वैफल्यमूलक अनुमान है।

सांख्य और योग प्रामाण्य व अप्रामाण्य दोनों को स्वतः मानते हैं।[29]

बौद्धदर्शन में प्रामाण्य और अप्रामाण्य के स्वतो ग्राह्यत्व और परतो ग्राह्यत्व

के सम्बन्ध में दो प्रकार की मान्यताएँ प्रचलित हैं। अनेक बौद्ध विद्वान् अप्रामाण्य को स्वतः और प्रामाण्य को परतः मानते हैं। उनके अनुसार कोई भी ज्ञान तब तक अप्रमाण ही समझा जाता है जब तक उससे प्रेरित मनुष्य ज्ञात अर्थ को प्राप्त नहीं कर लेता। ज्ञान प्रमाण तभी समझा जाता है जब वह अर्थ का प्रापक हो जाता है। इस मत का संकेत माधवाचार्य के 'सर्वदर्शन संग्रह' में किया गया है।[30]

परन्तु आचार्य शान्तरक्षित आदि बौद्ध विद्वानों की मान्यता इससे विपरीत है। वे अभ्यास-दशापन्न ज्ञान में प्रामाण्य और अप्रमाण्य दोनों को स्वतः और अनभ्यास-दशापन्न ज्ञान में दोनों को परतः मानते हैं। 'तत्त्व संग्रह' में इस मत का अनियम पक्ष के रूप में वर्णन किया गया है।[31]

जैनदर्शन में प्रामाण्य और अप्रामाण्य दोनों की उत्पत्ति तो परतः तथा ज्ञप्ति अभ्यास दशा में स्वतः और अनभ्यास दशा में परतः मानी गयी है।[32]

जिन कारणों से ज्ञान की उत्पत्ति होती है उन कारणों के अतिरिक्त दूसरे कारणों से प्रमाणता का उत्पन्न होना परतः उत्पत्ति कहलाती है। जिन कारणों से ज्ञान का निश्चय होता है, उन्हीं कारणों से प्रमाणता का निश्चय होना 'स्वतः ज्ञप्ति' कहलाती है और दूसरे कारणों से निश्चय होना 'परतः ज्ञप्ति' कहलाती है।

परिचित अवस्था को अभ्यास दशा और अपरिचित अवस्था को अनभ्यास दशा कहते हैं। हम अपने गाँव के जलाशय, नदी, बावड़ी आदि से परिचित हैं। अतः उनकी ओर जाने पर जो जलज्ञान उत्पन्न होता है उसकी प्रमाणता तो स्वतः ही होती है; किन्तु अन्य अपरिचित ग्रामादिक में जाने पर 'यहाँ जल होना चाहिए' इस प्रकार जो जलज्ञान होगा, वह शीतल वायु के स्पर्श से, कमलों की सुगन्धि से या पानी भरकर आती हुई पनहारिनों के देखने आदि परनिमित्तों से ही होगा। अतः उस जलज्ञान की प्रमाणता अनभ्यास दशा में परतः मानी जाएगी।

तात्पर्य यह है कि विषय की परिचित दशा में ज्ञान की स्वतः प्रामाणिकता होती है। इसमें प्रथम ज्ञान की सच्चाई जानने कि लिए विशेष कारणों की आवश्यकता नहीं होती। जैसे कोई व्यक्ति अपने मित्र के घर कई बार गया हुआ है। उससे भली-भाँति परिचित है। वह मित्र-गृह को देखते ही निःसन्देह उसमें प्रविष्ट हो जाता है। 'यह मेरे मित्र का घर है' ऐसा ज्ञान होने के समय ही उस ज्ञानगत सच्चाई का निश्चय नहीं होता तो वह उस घर में प्रविष्ट नहीं होता।

विषय की अपरिचित दशा में प्रामाण्य का निश्चय परतः होता है। ज्ञान की कारण सामग्री से जब उसकी सच्चाई का पता नहीं लगता तब विशेष कारणों की सहायता से उसकी प्रामाणिकता जानी जाती है, यही परतः प्रामाण्य है। पहले सुने हुए चिह्नों के आधार पर अपने मित्र के घर के पास पहुँच जाता है, फिर भी उसे

यह सन्देह हो सकता है कि यह घर मेरे मित्र का है या किसी दूसरे का? उस समय किसी जानकार व्यक्ति से पूछने पर प्रथम ज्ञान की सच्चाई मालूम हो जाती है। यहाँ ज्ञान की सच्चाई का पता दूसरे की सहायता से लगा, इसलिए यह परतः प्रामाण्य है।

(5) **प्रमाण के भेद**—प्रमाण के भेद या संख्या के विषय में भी दर्शनों में मतभेद पाया जाता है। इन विभिन्न दर्शनों में एक से लेकर आठ तक प्रमाण के भेद माने गये हैं।

विभिन्न दर्शनों द्वारा मान्य प्रमाणभेद

एक प्रमाणवादी चार्वाक सम्प्रदाय केवल एक प्रत्यक्ष प्रमाण ही मानता है। इसीलिए वह परलोक आदि का निषेध करता है।

द्विप्रमाणवादी बौद्ध तथा वैशेषिक प्रत्यक्ष और अनुमान-दो प्रमाण मानते हैं।

त्रिप्रमाणवादी सांख्य और योग प्रत्यक्ष, अनुमान तथा आगम (शब्द)—इन तीन प्रमाणों को मानते हैं।

चतुःप्रमाणवादी नैयायिक प्रत्यक्ष, अनुमान, आगम और उपमान—इन चार प्रमाणों को मानते हैं।

पंच प्रमाणवादी प्रभाकर-मीमांसक प्रत्यक्ष, अनुमान, आगम, उपमान और अर्थापत्ति—इन पाँच प्रमाणों को मानते हैं।

षट् प्रमाणवादी कुमारिल भट्ट-मीमांसक तथा वेदान्ती प्रत्यक्ष, अनुमान, आगम, उपमान, अर्थापत्ति और अभाव इन छह प्रमाणों को मानते हैं।

अष्ट प्रमाणवादी पौराणिक सम्प्रदाय प्रत्यक्ष, अनुमान, आगम, उपमान, अर्थापत्ति, अभाव, सम्भव और ऐतिह्य—इन आठ प्रमाणों को मानता है।[33]

जैनदर्शन सम्मत प्रमाणभेद

जैनदर्शन में आचार्य उमास्वामी ने सम्यग्ज्ञान को प्रमाण बतलाते हुए प्रमाण के दो भेद किये हैं। 1. प्रत्यक्ष और 2. परोक्ष।[34] जैनदर्शन का यह प्रमाण-भेद उनकी अपनी विशेष सूझ है। प्रमाण के इन प्रत्यक्ष और परोक्ष दो भेदों में ही उपरिनिर्दिष्ट अन्य दर्शनों द्वारा मान्य विभिन्न प्रमाण-भेदों का अन्तर्भाव बड़ी सुगमता से किया जा सकता है। उपयोगिता की दृष्टि से प्रत्येक वस्तु के भेद किये जाते हैं, किन्तु भेद उतने ही होने चाहिए जितने अपना स्वरूप स्वतन्त्र रूप से असंकीर्ण रख सकें। महान् दार्शनिक आचार्य समन्तभद्र ने सम्यग्ज्ञान रूप प्रमाण के अन्य प्रकार से भी दो भेद किये है—1.अक्रमभावि, 2. क्रमभावि। केवलज्ञान या आप्त ज्ञान

अक्रमभावी है। और शेष मति, श्रुत, अवधि और मन:पर्यय ये चार क्रम-भावि हैं।[35] आप्त ज्ञान अक्रमभावि है और हम छद्मस्थों का प्रमाण ज्ञान क्रमभावी है।

विभिन्न दर्शनों द्वारा मान्य प्रत्यक्ष-परोक्ष लक्षण

जैनेतर दार्शनिकों ने प्रत्यक्ष का लक्षण अनेक प्रकार से किया है। न्याय वैशेषिक दर्शन इन्द्रिय और अर्थ के सन्निकर्ष से उत्पन्न ज्ञान को प्रत्यक्ष कहता है।[36] सांख्य दर्शन भी श्रोत्रादि इन्द्रियों की वृत्ति को अथवा घट पट आदि पदार्थों में चक्षु, श्रोत्रादि इन्द्रियों के सन्निकर्ष से उत्पन्न बुद्धि के व्यापार को प्रत्यक्ष मानता है।[37]

मीमांसा दर्शन इन्द्रियों का आत्मा के साथ सम्बन्ध होने पर उत्पन्न होने वाली बुद्धि को प्रत्यक्ष मानता है।

बौद्ध दर्शन के आचार्य वसुबन्धु, दिङ्नाग तथा धर्मकीर्ति आदि ने नाम, जाति आदि कल्पना से रहित निर्विकल्पक तथा भ्रान्तिरहित ज्ञान को प्रत्यक्ष माना है।[38] प्राय: सभी बौद्ध दार्शनिक विद्वानों ने निर्विकल्पक ज्ञान को ही प्रत्यक्ष स्वीकार किया है।

न्यायदर्शन में प्रत्यक्ष ज्ञान के दो भेद किए गये हैं—एक सविकल्पक और दूसरा निर्विकल्पक। जिसमें वस्तु के स्वरूप की प्रतीति के साथ उसके नाम, जाति आदि का भी भान होता है उसको सविकल्पक कहते हैं। जैसे घट, पट आदि की प्रतीति के साथ उनके नाम, जाति आदि का भी भान (ज्ञान) होता है। साधारणत: व्यवहार में आने वाले सभी ज्ञान सविकल्पक के उदाहरण हैं।[39] परन्तु जहाँ केवल वस्तु का स्वरूप प्रतीत होता है उसके नाम, जाति आदि की प्रतीति नहीं होती है अर्थात् जिसमें विशेष्य-विशेषण भाव आदि की प्रतीति न हो, मात्र सामान्यावलोकन हो उसको निर्विकल्पक कहते हैं।[40] इसी को 'आलोचन-मात्र' भी कहा गया है।[41]

ज्ञान की उत्पत्ति प्रक्रिया में सर्वप्रथम इस प्रकार का वस्तुमात्रावगाहि ज्ञान उत्पन्न होता हैं इसको बौद्ध और जैनदर्शन दोनों ने स्वीकार किया है। जैनदर्शन, जो निर्विकल्पक को प्रत्यक्ष नहीं मानता है, वह भी इस प्रकार के ज्ञान का अस्तित्व तो स्वीकार करता है और इसको 'दर्शन' नाम से व्यवहृत करता है और इस 'दर्शन' को परोक्ष भी मानता है, क्योंकि उसने परोक्ष 'मतिज्ञान' को भी सांव्यवहारिक प्रत्यक्ष कहा है, जिसका स्वरूप आगे कहा जाएगा।

जैनदर्शन में आत्मा के चैतन्य गुण से सम्बन्ध रखने वाले परिणाम-विशेष को उपयोग कहा गया है। उपयोग जीव का तद्भूत लक्षण है।[42] यह उपयोग दो प्रकार का माना गया है—ज्ञानोपयोग और दर्शनोपयोग।[43] ज्ञानोपयोग पदार्थ को विकल्प सहित जानता है और दर्शनोपयोग या दर्शन पदार्थ को विकल्प रहित जानता है।

ज्ञान को साकार और दर्शन को निराकार भी कहा गया है। 'दर्शन' का स्पष्ट विवेचन करते हुए जैनागमों में कहा गया है कि सामान्य-विशेषात्मक पदार्थ के विशेष अंश का ग्रहण न करके केवल सामान्य अंश का जो निर्विकल्पक रूप से ग्रहण होता है उसे दर्शन कहते हैं।[44] अर्थात् निर्विकल्पक रूप से जीव के द्वारा जो सामान्य-विशेषात्मक पदार्थों की स्व-पर सत्ता का अवभासन होता है उसे 'दर्शन' कहते हैं।[45]

तात्पर्य यह है कि पदार्थों में सामान्य और विशेष दोनों ही धर्म एक साथ रहते हैं, किन्तु सामान्य धर्म की अपेक्षा से जो स्व-पर सत्ता का अवभासन होता है उसको दर्शन कहते हैं। इसका शब्दों द्वारा प्रतिपादन नहीं किया जा सकता। दर्शन पदार्थों का आकार रहित सामान्य रूप से सत्ता-मात्र का ग्रहण करता है। इसमें यह 'काला' है, यह 'गोरा' है, यह 'छोटा' है, यह 'बड़ा' है—इस प्रकार का विकल्प पैदा नहीं होता। 'कुछ' है इस प्रकार पदार्थ की सत्ता (मौजूदगी) मात्र प्रतिभासित होती है। अर्थात् यह निर्विकल्पक होता है।

उक्त सविकल्पक और निर्विकल्पक प्रत्यक्ष में से जैसा कि ऊपर कहा गया है बौद्ध तथा वेदान्त दर्शन केवल निर्विकल्पक को ही प्रत्यक्ष मानता है तो जैनदर्शन केवल सविकल्पक को ही, जबकि न्याय-वैशेषिक आदि सभी वैदिक दर्शन सविकल्पक और निर्विकल्पक दोनों को ही प्रत्यक्ष मानते हैं।

न्याय-वैशेषिक मतानुसार प्रत्यक्ष के प्रकारान्तर से लौकिक और अलौकिक ये दो भेद भी माने गये हैं।[46] अस्मदादि लौकिक पुरुषों का प्रत्यक्ष लौकिक प्रत्यक्ष है और वह इन्द्रिय सन्निकर्ष आदि कारण सामग्री के होने पर ही सम्भव है, परन्तु योगियों के प्रत्यक्ष के लिए इन्द्रिय सन्निकर्ष आदि कारण सामग्री की आवश्यकता नहीं है। योगीजन अपनी योगज सामर्थ्य से इन्द्रियार्थ सन्निकर्ष के बिना भी भूत, भविष्यत्, सूक्ष्म व्यवहित, विप्रकृष्ट सभी वस्तुओं को ग्रहण कर सकते हैं। उनका यह ज्ञान यथार्थ और साक्षात्कारात्मक निर्विकल्पक होता है। इस प्रकार लौकिक और अलौकिक दोनों प्रकार के निर्विकल्पक ज्ञान और उनकी कारण सामग्री के विषय में प्रायः सभी निर्विकल्पकवादी एकमत हैं।

इस प्रकार न्याय, वैशेषिकादि प्रायः सभी वैदिक दर्शनों ने इन्द्रिय और पदार्थ के सन्निकर्ष को प्रत्यक्ष माना है और इसी प्रकार इन्द्रियों से परे, जहाँ इन्द्रियों की पहुँच नहीं है, ऐसे ज्ञान को परोक्ष भी कहा है अर्थात् जो ज्ञान इन्द्रियों के व्यापार से उत्पन्न होता है वह प्रत्यक्ष है।[47] और जो इन्द्रियों के व्यापार से रहित है वह परोक्ष है।[48] यहाँ 'अक्ष' शब्द का अर्थ इन्द्रिय लिया गया है, किन्तु प्रत्यक्ष का यह लक्षण जैनदर्शन के अनुसार समीचीन नहीं है क्योंकि इन्द्रिय और पदार्थ के सन्निकर्ष

को प्रत्यक्ष लक्षण मानने पर इन्द्रियों में से चक्षुरिन्द्रिय पदार्थों से सम्बद्ध होकर (सटकर) उनके रूपादि का ज्ञान नहीं कराती, किन्तु उनसे दूर स्थित होकर ही उनका ज्ञान कराती है।[49] यह हम स्पष्ट ही देखते हैं। इस प्रकार यह लक्षण अव्याप्ति दोष से दूषित सिद्ध होता है। इसी प्रकार उक्त लक्षण के मानने पर आप्त के प्रत्यक्ष ज्ञान का अभाव प्राप्त होता है; क्योंकि आप्त के इन्द्रिय या इन्द्रियार्थ सन्निकर्षपूर्वक पदार्थज्ञान नहीं होता। यदि उसके भी इन्द्रियपूर्वक ही ज्ञान माना जाय तो उसको सर्वज्ञ कैसे माना जा सकता है? यदि यह कहा जाए कि उसको मानस प्रत्यक्ष होता है, उससे समस्त पदार्थों को जान लेता है, तो यह भी ठीक नहीं, क्योंकि मन के प्रयत्न से ज्ञान की उत्पत्ति मानने पर भी सर्वज्ञत्व का अभाव ही सिद्ध होता है। यदि पुनः यह कहा जाए कि योगी प्रत्यक्ष नाम का एक अन्य दिव्यज्ञान है, जैसा कि ऊपर कहा गया है उससे योगीजन इन्द्रियार्थ सन्निकर्ष के बिना भी भूत, भविष्यत्, सूक्ष्म, व्यवहित, विप्रकृष्ट आदि सभी वस्तुओं को जान सकते है तो भी उनमें प्रत्यक्षता नहीं बनती, क्योंकि वह इन्द्रियों के निमित्त से नहीं होता है। जिसकी प्रवृत्ति प्रत्येक इन्द्रिय से होती है वह प्रत्यक्ष है।[50] ऐसा सभी वैदिक दर्शनों ने स्वीकार भी किया है। इस प्रकार उक्त लक्षण निर्दोष सिद्ध नहीं होता है।

जैनदर्शनसम्मत प्रत्यक्ष-परोक्ष लक्षण—प्रत्यक्ष प्रमाण—जैनदर्शन के प्रमुख आचार्य कुन्दकुन्द ने प्रत्यक्ष और परोक्ष का लक्षण करते हुए कहा है—'पर अर्थात् इन्द्रिय, मन, प्रकाशादि की अपेक्षा से रहित आत्म मात्र सापेक्ष पदार्थज्ञान को प्रत्यक्ष कहते हैं और इन्द्रिय, मन, प्रकाशादि पर साधनों की अपेक्षा से होने वाले पदार्थज्ञान को परोक्ष कहते हैं।[51]

इसी प्रकार आचार्य कुन्दकुन्द के भाष्यकार अमृतचन्द्राचार्य ने भी प्रत्यक्ष और परोक्ष का यही लक्षण किया है।[52]

आचार्य कुन्दकुन्द के पश्चात् उमास्वामी तथा उनके भाष्यकार अकलंकदेव, पूज्यपाद आदि ने भी प्रत्यक्ष और परोक्ष के व्युत्पत्तिपरक लक्षण किये हैं। 'प्रत्यक्ष' शब्द 'प्रति' और 'अक्ष' इन शब्दों के मेल से बना है। 'अक्ष' शब्द का अर्थ आत्मा और इन्द्रिय है, किन्तु यहाँ 'अक्ष' शब्द का अर्थ आत्मा लिया गया है, अतः जो ज्ञान इन्द्रियादि की अपेक्षा के बिना केवल आत्मा के प्रति ही नियत होता है उसे प्रत्यक्ष कहते हैं।[53]

इसी प्रकार 'अक्ष' व्याप् और ज्ञा— ये धातुएँ एकार्थ वाचक हैं। इसलिए 'अक्ष' का अर्थ आत्मा होता है। इस प्रकार क्षयोपशम वाले या आवरणरहित केवल आत्मा के प्रति जो नियत है अर्थात् जो ज्ञान बाह्य इन्द्रियादि की अपेक्षा से न होकर केवल क्षयोपशमवाले या आवरण रहित आत्मा से होता है वह प्रत्यक्ष ज्ञान

कहलाता है।[54]

विचारणीय यह है कि इन्द्रियों से होने वाला ज्ञान प्रत्यक्ष, जैसा कि जैनेतर दर्शन मानते हैं, नहीं माना जा सकता है; क्योंकि इस प्रकार के ज्ञान से आत्मा में सर्वज्ञता नहीं आ सकती है, उसका अभाव हो जाएगा। अतएव अतीन्द्रिय ज्ञान परनिरपेक्ष होने के कारण प्रत्यक्ष है। जो ज्ञान सर्वथा स्वावलम्बी है, स्वतन्त्र आत्मा के आश्रित है, पर निरपेक्ष है, जिसमें बाह्य साधनों की आवश्यकता नहीं है वह प्रत्यक्ष है, और जिसमें इन्द्रिय, मन, प्रकाशादि की अपेक्षा या आवश्यकता रहती है, वह परोक्ष है, क्योंकि इन्द्रिय, मन, प्रकाश और गुरूपदेशादि पर कहे जाते हैं, इन पर अर्थात् बाह्य निमित्तों की अपेक्षा से 'अक्ष' अर्थात् आत्मा के जो ज्ञान उत्पन्न होता है उसे परोक्ष कहते हैं।[55]

आचार्य कुन्दकुन्द और उमास्वामी के उत्तरवर्ती आचार्यों ने तार्किक दृष्टि से भी प्रत्यक्ष और परोक्ष के लक्षण किये हैं।

आचार्य सिद्धसेन दिवाकर ने अपरोक्ष रूप से अर्थ को ग्रहण करने वाले ज्ञान को प्रत्यक्ष और इससे भिन्न ज्ञान को परोक्ष कहा है।[56] इस लक्षण में 'अपरोक्ष' शब्द विशेष महत्त्व का है। नैयायिक 'इन्द्रिय' और अर्थ के सन्निकर्ष से उत्पन्न ज्ञान' को प्रत्यक्ष मानते हैं।[57] आचार्य सिद्धसेन ने 'अपरोक्ष' शब्द के द्वारा उससे असहमति प्रकट की है। इन्द्रिय के माध्यम से होने वाला ज्ञान आत्मा (प्रमाता) के साक्षात् नहीं होता, इसलिए वह प्रत्यक्ष नहीं है। ज्ञान की प्रत्यक्षता के लिए अर्थ और उसके बीच अव्यवधान होना जरूरी है। आचार्य अकलंकदेव ने परमार्थतः स्पष्ट, साकार, द्रव्य-पर्यायात्मक और सामान्य-विशेषात्मक अर्थ को जानने वाले और आत्मवेदी ज्ञान को प्रत्यक्ष कहा है।[58]

इन्होंने लघीयस्त्रय में 'विशद ज्ञान' को भी प्रत्यक्ष कहा है।[59] अर्थात् जो ज्ञान परमार्थ रूप से विशद (निर्मल) और स्पष्ट होता है उसे प्रत्यक्ष कहते हैं। इन्होंने आगे वैशद्य (विशदता या निर्मलता) का लक्षण करते हुए कहा है—अनुमानादि परोक्ष प्रमाणों की अपेक्षा पदार्थ के वर्ण, आकारादि के विशेष प्रतिभासन को वैशद्य कहते है।[60]

तात्पर्य यह है कि जिस ज्ञान में किसी अन्य ज्ञान की सहायता अपेक्षित न हो वह ज्ञान विशद कहलाता है। जिस तरह अनुमानादि परोक्षज्ञान अपनी उत्पत्ति में लिंगज्ञान, व्याप्तिस्मरण आदि की अपेक्षा रखते हैं। उस तरह प्रत्यक्ष अपनी उत्पत्ति में किसी अन्य ज्ञान की अपेक्षा नहीं रखता। यही अनुमानादि से प्रत्यक्ष में अतिरेक (अधिकता) है। दूसरे शब्दों में, अन्य ज्ञान के व्यवधान से रहित जो निर्मल,

स्पष्ट और विशिष्ट ज्ञान होता है, उसे विशदता या वैशद्य कहते हैं।[61]

ज्ञान की इस विशदता या स्पष्टता को हम एक उदाहरण द्वारा समझ सकते हैं—जैसे किसी एक बालक को उसके पिता ने अग्नि का ज्ञान शब्द द्वारा करा दिया। बालक ने शब्द (आगम) से अग्नि जान ली। इसके पश्चात् फिर धूम दिखाकर अग्नि का ज्ञान करा दिया। बालक ने अनुमान से अग्नि जान ली। तदनन्तर बालक के पिता ने जलता हुआ अंगारा उठा लिया और बालक के सामने रखकर कहा—देखो, यह अग्नि है। इस प्रकार यह प्रत्यक्ष से अग्नि का जानना कहलाया है। इस उदाहरण में पहले दो ज्ञानों की अपेक्षा अन्तिम ज्ञान अर्थात् प्रत्यक्ष द्वारा अग्नि का विशेष वर्ण, स्पर्श आदि का जो निर्मल ज्ञान होता है, बस यही ज्ञान की विशदता या स्पष्टता है। ऐसी विशदता जिस ज्ञान में पायी जाती है वह ज्ञान प्रत्यक्ष कहलाता है।

इस प्रकार आचार्य अकलंक की व्याख्या के अनुसार 'विशद ज्ञान' प्रत्यक्ष है। आचार्य सिद्धसेन दिवाकर के प्रत्यक्ष लक्षण के 'अपरोक्ष' पद के स्थान पर 'विशद' पद को लक्षण में स्थान देने का एक कारण है। आचार्य अकलंक की प्रमाणव्यवस्था में व्यवहारदृष्टि का भी आश्रयण है। इसके अनुसार प्रत्यक्ष के दो भेद होते है—मुख्य और सांव्यवहारिक। मुख्य प्रत्यक्ष वह है जो अपरोक्षतया अर्थ ग्रहण करे। सांव्यवहारिक प्रत्यक्ष में अर्थ का ग्रहण इन्द्रिय के माध्यम से होता है, उसमें 'अपरोक्षतया' अर्थग्रहण' लक्षण नहीं बनता। इसलिए दोनों की संगति करने के लिए 'विशद' शब्द की योजना करनी पड़ी।

आचार्य अकलंक ने अपने इस प्रत्यक्ष-लक्षण द्वारा दार्शनिक जगत् की एक बहुत बड़ी समस्या का समाधान किया। समस्या थी इन्द्रियजन्य ज्ञान को परोक्ष मानना। किसी भी जैनेतर दार्शनिक ने इन्द्रियजन्य ज्ञान को परोक्ष नहीं माना, सब उसे प्रत्यक्ष ही मानते हैं, किन्तु जैनदर्शन इन्द्रियों से होने वाले ज्ञान को परोक्ष मानता है। जबकि इतर दार्शनिक उसे प्रत्यक्ष कहते थे। यह एक लोक व्यावहारिक समस्या थी। इसका समाधान इन्होंने बड़े सुन्दर तार्किक ढंग से किया। इन्होंने प्रत्यक्ष के दो भेद किये—1. सांव्यवहारिक प्रत्यक्ष और 2. पारमार्थिक या मुख्य प्रत्यक्ष।[62] लोक में जिस इन्द्रियजन्य ज्ञान को प्रत्यक्ष कहा जाता है वह व्यवहार से तथा देशत: विशद (निर्मल) होने से उसे उन्होंने सांव्यवहारिक प्रत्यक्ष के रूप में स्वीकार किया। इस प्रकार लोकव्यवहार का निर्वाह करने के लिए उन्होंने सांव्यवहारिक प्रत्यक्ष की कल्पना की, जो अपने ही अनोखे ढंग की थी। इससे इन्होंने इन्द्रिय और मन की सहायता से होने वाले मतिज्ञान को परोक्ष की परिधि में से निकाल कर तथा सांव्यवहारिक प्रत्यक्ष नाम देकर प्रत्यक्ष की परिधि में सम्मिलित कर दिया। इस अनूठी कल्पना से उक्त समस्या का पूर्ण समाधान हो गया। इस प्रकार आचार्य

अकलंक का यह प्रत्यक्ष लक्षण इतना लोकप्रिय हुआ कि इनके उत्तरवर्ती सभी दिगम्बर और श्वेताम्बर जैनाचार्यों ने तथा जैनेतर दार्शनिकों ने इस लक्षण को बिना किसी विरोध के सहर्ष स्वीकार किया।

जिस प्रकार आचार्य अकलंक ने 'विशद ज्ञान' को प्रत्यक्ष कहा है उसी प्रकार बौद्ध भी 'विशद ज्ञान' को प्रत्यक्ष कहते हैं, किन्तु वे केवल निर्विकल्पक ज्ञान को ही प्रत्यक्ष की सीमा में रखते हैं।

यद्यपि आचार्य सिद्धसेन के लक्षण में निर्दिष्ट 'अपरोक्ष' का वेदान्त के और आचार्य अकलंक के प्रत्यक्ष लक्षण में निर्दिष्ट 'विशद' का बौद्ध के प्रत्यक्षलक्षण से अधिक सामीप्य है, फिर भी उसके विषय ग्राहक स्वरूप में मौलिक भेद है। वेदान्त के मतानुसार पदार्थ का प्रत्यक्ष अन्तःकरण की वृत्ति के माध्यम से होता है। अन्तःकरण दृश्यमान पदार्थ का आकार धारण करता है। आत्मा अपने शुद्ध साक्षी चैतन्य से उसे प्रकाशित करता है, तब प्रत्यक्ष ज्ञान होता है।

जैनदर्शन के अनुसार प्रत्यक्ष में ज्ञान और ज्ञेय के बीच दूसरी कोई शक्ति नहीं होती।

बौद्ध प्रत्यक्ष को निर्विकल्पक मानते हैं। जैनों के अनुसार निर्विकल्पक बोध निर्णायक नहीं होता, इसलिए यह प्रत्यक्ष तो क्या प्रमाण ही नहीं बनता।

जैनदर्शन के अनुसार आत्ममात्र सापेक्ष ज्ञान प्रत्यक्ष तथा जिस ज्ञान में इन्द्रिय, मन, प्रकाशादि पर-साधनों की अपेक्षा होती है वह ज्ञान परोक्ष है। प्रत्यक्ष आत्मजन्य या आत्मीक ज्ञान है और परोक्ष इन्द्रियजन्य ज्ञान है, प्रत्यक्ष स्वाश्रित और परोक्ष पराश्रित, प्रत्यक्ष इन्द्रिय निरपेक्ष और परोक्ष इन्द्रिय सापेक्ष, प्रत्यक्ष आत्माधीन और परोक्ष इन्द्रियाधीन, प्रत्यक्ष आत्मविशुद्धि या आत्मनैर्मल्यजन्य और परोक्ष इन्द्रियनैर्मल्य-जन्य ज्ञान है। इस प्रकार प्रत्यक्ष और परोक्ष की ये परिभाषाएँ जैनदर्शन की भारतीय दर्शन को एक विशेष देन है।

प्रत्यक्ष के भेद—उपरि विवेचित प्रत्यक्ष के दो भेद हैं—1.सांव्यवहारिक प्रत्यक्ष, 2. पारमार्थिक या मुख्य प्रत्यक्ष।[63]

1. सांव्यवहारिक प्रत्यक्ष—इन्द्रिय और मन ही सहायता से होने वाले एकदेश निर्मल ज्ञान को सांव्यवहारिक प्रत्यक्ष कहते हैं।[64] 'सांव्यवहारिक' शब्द का व्युत्पत्तिपरक अर्थ भी किया गया है—सम् अर्थात् समीचीन प्रवृत्ति-निवृत्तिरूप व्यवहार को संव्यवहार कहते हैं और उसमें होने वाले ज्ञान को सांव्यवहारिक कहते हैं।[65] जैसा कि ऊपर कहा गया है, आचार्य अकलंक ने प्रत्यक्ष का यह भेद लोक व्यवहार का समन्वय करने के लिए स्वीकार किया है। यही भाव इस व्युत्पत्तिपरक अर्थ में अभिव्यक्त होता है।

सांव्यवहारिक प्रत्यक्ष भी दो प्रकार का है—1.इन्द्रिय सांव्यवहारिक प्रत्यक्ष और 2. अनिन्द्रिय सांव्यवहारिक प्रत्यक्ष।

(1) इन्द्रिय सांव्यवहारिक प्रत्यक्ष—स्पर्शन, रसना, घ्राण, चक्षु और कर्ण—इन पाँच इन्द्रियों और मन की सहायता से उत्पन्न होने वाला ज्ञान इन्द्रिय सांव्यवहारिक प्रत्यक्ष कहलाता है। इसी को आचार्य उमास्वामी ने मतिज्ञान कहा है।[66]

(2) अनिन्द्रिय सांव्यहारिक प्रत्यक्ष—अनिन्द्रिय सांव्यवहारिक प्रत्यक्ष जैसा कि इस के नाम से अभिव्यक्त होता है, अनिन्द्रिय अर्थात्—केवल मन से उत्पन्न होने वाला ज्ञान अनिन्द्रिय सांव्यवहारिक प्रत्यक्ष है।

इन्द्रिय सांव्यहारिक प्रत्यक्ष या मतिज्ञान को चार भागों में विभक्त किया गया है—1.अवग्रह, 2. ईहा, 3. अवाय और 4. धारणा।[67]

1. अवग्रह—योग्य क्षेत्र में स्थित पदार्थ के साथ इन्द्रिय का सम्बन्ध होने पर सबसे पहले दर्शन होता है, जो निर्विकल्पक अथवा निराकार होता है और दर्शन के बाद उस पदार्थ का जो प्रथम ग्रहण होता है, जो सविकल्पक अथवा साकार हुआ करता है, उसे अवग्रह कहते हैं। जैसे—चक्षु इन्द्रिय द्वारा 'यह शुक्ल रूप है' ऐसा ग्रहण होना अवग्रह है।[68] तात्पर्य यह है कि चक्षु आदि इन्द्रियों तथा घटादि पदार्थों का सम्पर्क होते ही प्रथम दर्शन होता है। यह दर्शन सत्ता-मात्र या सामान्य (कुछ है) को ग्रहण करता है। पीछे वही दर्शन वस्तु के आकार आदि का निर्णय होने पर अवग्रह ज्ञान रूप परिणत हो जाता है। जैसे—'यह मनुष्य है' यह ज्ञान होना अवग्रह है। अवग्रह, ग्रहण, आलोचना और अवधारण—ये एक ही अर्थ के वाचक शब्द हैं। अर्थात् अवग्रह के पर्यायवाची हैं।[69]

अवग्रह के भी दो भेद हैं— 1. व्यंजनावग्रह और 2. अर्थावग्रह। अव्यक्त, अस्पष्ट या अप्रकट पदार्थ के ग्रहण को व्यंजनावग्रह कहते हैं और व्यक्त, स्पष्ट या प्रकट पदार्थ के ग्रहण को अर्थावग्रह कहते हैं। अथवा जो प्राप्त अर्थ के विषय में होता है उसको व्यंजनावग्रह कहते हैं और जो अप्राप्त अर्थ के विषय में होता है उसको अर्थावग्रह कहते हैं।[70] अर्थात्—इन्द्रियों से प्राप्त (सम्बन्ध) अर्थ को व्यंजन कहते हैं और अप्राप्त (असम्बन्ध) अर्थ को अर्थ कहते हैं और इनके ज्ञान को क्रम से व्यंजनावग्रह और अर्थावग्रह कहते हैं। इस प्रकार व्यंजन शब्द का अर्थ 'प्राप्ति' भी किया गया है इसलिए इसका ऐसा अर्थ समझना चाहिए कि इन्द्रियों से सम्बन्ध होने पर भी जबतक प्रकट न हो तब तक उसे व्यंजन कहते हैं। और प्रकट होने पर 'अर्थ' कहते हैं। इन दोनों का भेद एक दृष्टान्त के द्वारा स्पष्ट किया

गया है[71] जैसे—मिट्टी के नये अति सूक्ष्म सकोरे पर जल के दो-तीन बिन्दु डाले जायें तो तुरन्त ही सकोरा उन्हें सोख लेता है और वह गीला नहीं होता किन्तु बार-बार जलबिन्दु डालने पर एक समय ऐसा आता है कि वह सकोरा धीरे-धीरे गीला हो जाता है, और वह गीला दिखाई देने लगता है। इससे पूर्व भी सकोरा में वे जल कण थे अवश्य किन्तु दृष्टि में आने लायक नहीं थे, उनकी मात्रा अति अल्प थी। जब जल की मात्रा बढ़ी और सकोरा की सोखने की शक्ति कम हुई तब कहीं आर्द्रता दिखाई देने लगी और जो जल सर्वप्रथम सकोरे में समा गया था वही अब उसके ऊपर के तल में इकट्ठा होने लगा और स्पष्ट दिखाई दिया। इसी तरह जब किसी सुषुप्त व्यक्ति को पुकारा जाता है तब यह शब्द उसके कान में गायब सा हो जाता है। दो-चार बार पुकारने से उसके कान में जब पौद्गलिक शब्दों की मात्रा काफी रूप में भर जाती है तब जलकणों से पहले पहल आर्द्र होने वाले सकोरे की तरह उस सुषुप्त व्यक्ति के कान भी शब्दों से परिपूरित होकर उनको सामान्य रूप से जानने में समर्थ होते हैं कि 'यह क्या है?' यही सामान्य ज्ञान है जो शब्द को पहले पहल स्पष्टतया जानता है। इसके बाद विशेष ज्ञान का क्रम प्रारम्भ होता है इस तरह स्पर्श आदि इन्द्रियों में ग्रहण किया हुआ स्पर्श अथवा श्रोत्र आदि इन्द्रियों में आया हुआ शब्द अथवा गन्ध आदि दो-चार-छह क्षणों तक स्पष्ट नहीं होते, किन्तु बार-बार ग्रहण करने पर स्पष्ट हो जाते हैं। अतः स्पष्ट ग्रहण से पहले व्यंजनावग्रह होता है। पश्चात् अर्थावग्रह होता है। किन्तु ऐसा कोई नियम नहीं है कि जैसे अवग्रह-ज्ञान दर्शनपूर्वक ही होता है। वैसे ही अर्थावग्रह भी व्यंजनावग्रहपूर्वक ही हो, क्योंकि अर्थावग्रह तो पाँचों ही इन्द्रियों और मन से होता है, किन्तु व्यंजनावग्रह चक्षु और मन से नहीं होता है। इन को छोड़कर शेष चार ही इन्द्रियों से होता है।[72] आशय यह है कि जो इन्द्रियाँ अपने विषय को उससे सम्बद्ध या सट कर जानती हैं उन्हीं से व्यंजनावग्रह होता है। ऐसी इन्द्रियाँ केवल चार हैं—स्पर्शन, रसना, घ्राण और श्रोत्र। ये चारों इन्द्रियाँ अपने विषय से सम्बद्ध होने पर ही स्पर्श, रस, गन्ध और शब्द को ग्रहण करती हैं, किन्तु चक्षु और मन अपने विषय से दूर रहकर ही उसे जानते हैं। तभी तो जो वस्तु आँख के अत्यन्त निकट होती है उसे वह नहीं जानती। जैसे—आँख में लगा हुआ अंजन। इसी से जैनदर्शन में चक्षु को अप्राप्यकारी माना है। चक्षु की अप्राप्यकारिता आगम और युक्ति से सिद्ध होती है। आगम से यथा—'श्रोत्र स्पृष्ट शब्द को सुनता है और अस्पृष्ट शब्द को भी सुनता है, नेत्र अस्पृष्ट रूप को ही देखता है तथा घ्राण, रसना और

स्पर्शन इन्द्रियाँ क्रम से स्पृष्ट और अस्पृष्ट गन्ध, रस और स्पर्श को जानती हैं।[73] युक्ति से चक्षु की अप्राप्यकारिता 'आँख' में लगे हुए अंजन' के दृष्टान्त द्वारा ऊपर निर्दिष्ट कर दी गयी है।

दर्शन और अवग्रह में भेद—दिगम्बर और श्वेताम्बर दोनों परम्पराओं में दर्शन को अनाकार तथा सामान्य-ग्राही माना है तथा ज्ञान को साकार और विशेषग्राही माना है। पहले दर्शन होता है फिर ज्ञान होता है, किन्तु दिगम्बर परम्परा केवलज्ञानी के दर्शन और ज्ञान एक साथ मानती है। आचार्य पूज्यपाद[74] कहते हैं कि विषय और विषयी का सन्निपात होने पर दर्शन होता है। अकलंकदेव[75] ने भी उसको स्पष्ट करते हुए कहा है कि इन्द्रिय और अर्थ का योग होने पर सत्ता सामान्य का दर्शन होता है। अर्थात् वे दर्शन का विषय बतला देते हैं। यही सन्मात्र दर्शन अनन्तर समय में 'अर्थाकार विकल्पधी' हो जाता है। अर्थात् अर्थ के आकार का निर्णायक हो जाता है, वही अवग्रह है।

दर्शन और अवग्रह के भेद की चर्चा करते हुए अकलंकदेव 'तत्त्वार्थवार्तिक' में कहते हैं[76]—

'चक्षु' के द्वारा 'कुछ है' इस प्रकार के निराकार अवलोकन को दर्शन कहते हैं। जैसे—तत्काल जन्मे हुए बालक को आँख खोलते ही जो प्रथम अवलोकन होता है, जिसमें वस्तु के विशेष धर्मों का भान नहीं होता, वह दर्शन है, वैसे ही सभी को पहले दर्शन होता है उसके पश्चात् दो-तीन समय तक आँखें टिमटिमाने पर 'यह रूप है' इस प्रकार विशेषता को लिए हुए अवग्रह होता है आँखें खोलते ही बाल शिशु को जो दर्शन होता है यदि वह अवग्रह का सजातीय होने से ज्ञान है तो वह मिथ्या ज्ञान है अथवा सम्यग्ज्ञान है? यदि मिथ्याज्ञान है तो वह संशय है या विपर्यय है अथवा अनध्यवसाय है? वह संशय या विपर्यय ज्ञान तो हो नहीं सकता; क्योंकि बच्चे की चेष्टाएँ सम्यग्ज्ञानमूलक देखी जाती हैं तथा प्रथम ही संशय और विपर्यय हो भी नहीं सकते। जब कोई सीप और चाँदी को देख लेता है, उसके पश्चात् ही उसे सामने पड़ी हुई वस्तु में सीप और चाँदी का भ्रम होता है तथा वह अनध्यवसाय भी नहीं है; क्योंकि उसे वस्तु-मात्र का दर्शन हो रहा है। अतः बच्चे का प्राथमिक अवलोकन मिथ्याज्ञान तो नहीं है और न सम्यग्ज्ञान ही है, क्योंकि उसमें वस्तु के आकार का बोध नहीं है। अतः यह मानना पड़ता है कि अवग्रह से पहले दर्शन होता है।

इस तरह अकलंकदेव ने अवग्रह और दर्शन में भेद सिद्ध करते हुए 'कुछ

है' इस प्रकार से वस्तु-मात्र के ग्राही को दर्शन और 'वह रूप है' इस प्रकार वस्तु-विशेष के ग्राही को अवग्रह ज्ञान कहा है।

यहाँ यह बतला देना उचित होगा कि सभी जैनेतर दार्शनिक यह मानते हैं कि सबसे पहले इन्द्रिय और विषय का सन्निकर्ष होता है फिर निर्विकल्पक ज्ञान होता है। मीमांसक कुमारिल भट्ट लिखते हैं कि 'सबसे प्रथम आलोचना ज्ञान होता है। वह निर्विकल्पक होता है, शुद्ध वस्तु से जन्य होता है तथा मूक शिशु के ज्ञान के सदृश होता है। आचार्य जिनभद्र ने भी अवग्रह की चर्चा करते हुए आलोचनपूर्वक अवग्रहज्ञान के होने की चर्चा की है, जिसका वर्णन पहले कर आये हैं और उन्होंने आलोचना ज्ञान को व्यंजनावग्रह माना है; क्योंकि इन्द्रिय और अर्थ का सम्बन्ध होने पर आलोचना ज्ञान होता है और तभी व्यंजनावग्रह माना गया है, किन्तु यदि आलोचना-ज्ञान में सामान्य अर्थ का ग्रहण होता है तो वह अर्थावग्रह से भिन्न नहीं है तथा अकलंकदेव की उक्त चर्चा में मूक शिशु के प्रथम दर्शन को अवग्रह से विलक्षण सिद्ध करके अवग्रह से पहले दर्शन की सत्ता सिद्ध की गयी है। अत: कुमारिल के आलोचना-ज्ञान को अकलंकदेव ने दर्शन माना है। इसी तरह बौद्धों के निर्विकल्पक ज्ञान को भी अकलंकदेव ने प्रत्यक्ष ज्ञान न मानकर दर्शन माना है। सारांश यह है कि जैनदर्शन में सविकल्पक ज्ञान से पहले किसी निर्विकल्पक ज्ञान का अस्तित्व नहीं माना गया, जबकि अन्य दर्शनों में माना गया। अत: अकलंकदेव ने उसकी तुलना दर्शन से की, क्योंकि जैनदर्शन में ज्ञान को दर्शनपूर्वक माना है तथा उसका विषय सत्ता-सामान्य है। अकलंकदेव की इस मान्यता को भी उनके उत्तराधिकारी दोनों परम्पराओं के दार्शनिकों ने स्वीकार किया।

2. ईहा—अवग्रह के द्वारा होने वाला ज्ञान इतना कमजोर होता है कि इसके बाद संशय हो सकता है, इसलिए संशयापन्न अवस्था को दूर करने के लिए या पिछले ज्ञान को व्यवस्थित करने के लिए जो ईहन, विचारणा या गवेषणा होती है, वह ईहा ज्ञान है। अवग्रह से होने वाले ज्ञान के बाद उस पदार्थ को विशेष रूप से जानने कि लिए जब यह शंका हुआ करती है कि यह मनुष्य तो है, परन्तु दाक्षिणात्य है अथवा औदीच्य है? तब उस शंका को दूर करने के लिए उसके वस्त्र आदि की तरफ दृष्टि देने से यह ज्ञान होता है कि यह दाक्षिणात्य होना चाहिए, इसी को ईहा कहते हैं।

आशय यह है कि अवग्रह से गृहीत अर्थ में विशेष जानने की आकांक्षा रूप ज्ञान को ईहा कहते हैं।[78] जैसे—'यह पुरुष है' इस प्रकार यदि 'पुरुष' का अवग्रह ज्ञान हुआ तो 'यह पुरुष' किस देश का है, किस उम्र का है? आदि जानने की आकांक्षा ईहा है। श्वेताम्बरीय मान्यता के अनुसार, शब्द को सुनकर 'यह शब्द होना

चाहिए' इस प्रकार की जिज्ञासा का होना ईहा है। ईहा ज्ञान संशय रूप नहीं है। एक वस्तु में परस्पर विरुद्ध अनेक अर्थों के ज्ञान का नाम संशय है। यह संशय अवग्रह के पश्चात् और ईहा से पहले होता है। संशय के दूर होने पर जब ज्ञान निश्चय के अभिमुख होता है तो उसी को ईहा कहते हैं। जैसे—पुरुष का अवग्रह होने पर यह दक्षिणात्य है अथवा औदीच्य है? इत्यादि संशय होता है। इसके पश्चात् जब वह निश्चयोन्मुख होता है कि अमुक होना चाहिए, वह ईहा है।

यदि यह कहा जाय कि ईहा-ज्ञान में विशेष का निश्चय नहीं होता और संशय भी अनिश्चयात्मक है, ऐसी अवस्था में दोनों में क्या भेद है? इसका समाधान किया गया है कि संशय पहले होता है और ईहा बाद में उत्पन्न होती है। अतएव दोनों भिन्न-भिन्न हैं। इसके अतिरिक्त संशय में दोनों पलड़े बराबर होते हैं, दक्षिणी और पश्चिमी की दोनों कोटियाँ तुल्य बल वाली होती हैं, ईहा में एक पलड़ा भारी हो जाता है। यह 'दक्षिणी होना चाहिए' इस प्रकार का ज्ञान एक ओर को झुका रहता है। अतएव संशय और ईहा दोनों एक नहीं है।

ईहा, ऊहा, तर्क, परीक्षा, विचारणा और जिज्ञासा ये सब शब्द एक ही अर्थ के वाचक हैं। अर्थात् ईहा शब्द के पर्यायवाची हैं।[79]

3. अवाय—विशेष धर्मों को जानकर यथार्थ वस्तु का निर्णय होना अवाय है।[80] अथवा अवग्रह तथा ईहा के द्वारा जाने हुए पदार्थ के विषय में 'यह समीचीन है' अथवा 'असमीचीन है इस तरह से गुण-दोषों का विचार करने के लिए जो निश्चय रूप ज्ञान की प्रवृत्ति होती है, उसको अपाय या अवाय कहते हैं। जैसे—'यह मनुष्य दक्षिणी होना चाहिए' इतना ज्ञान ईहा द्वारा हो चुका था, उसमें विशेष का निश्चय होना अर्थात् उस मनुष्य के निकट आजाने पर उसकी बातचीत (बोलचाल) के सुनने पर यह दृढ़ निश्चय होता है कि यह 'दाक्षिणात्य ही है' इस प्रकार के ज्ञान को अपाय कहते हैं। अपाय, अपगम, अपनोद, अपव्याध, अपेत, अपगत, अपविद्ध और अपनुत्त—ये सभी शब्द एक अर्थ के वाचक हैं अर्थात् अवाय शब्द के पर्याय वाची है।[81]

यहाँ अवाय और अपाय दोनों शब्दों का प्रयोग किया गया है। श्वेताम्बर सम्मत तत्त्वार्थ सूत्र में 'अपाय' शब्द का प्रयोग है और दिगम्बर सम्मत तत्त्वार्थ सूत्र में 'अवाय' शब्द का प्रयोग है। आचार्य अकलंकदेव[82] ने अपने राजवार्तिक में यह चर्चा की है कि यह अपाय शब्द है अथवा अवाय? इसका समाधान करते हुए उन्होंने कहा है कि दोनों ही शब्द ठीक हैं, एक के प्रयोग से दूसरे का ग्रहण स्वयं हो जाता है। जैसे जब 'यह दाक्षिणात्य नहीं है' इस तरह यह शब्द अपाय अर्थात्

निषेध करता है तो 'यह उत्तरीय है' यह अवाय अर्थात् ज्ञान करता है। और जब 'यह उत्तरीय है' यह ज्ञान करता है तब 'यह दाक्षिणात्य नहीं है' यह अपाय अर्थात् निषेध करता है।

4. धारणा—अवाय से निर्णीत वस्तु को कालान्तर में न भूलने में जो ज्ञान कारण है उसे धारणा कहते है। जैसे अवाय से यह निश्चय हो गया था कि 'यह दाक्षिणात्य ही है' इसको कालान्तर में न भूलने में जो ज्ञान कारण होता है उसे धारणा कहते हैं।[83] धारणा का मतलब प्रतिपत्ति है। अर्थात् अपने योग्य पदार्थ का जो बोध हुआ है, उसका अधिक काल तक स्थिर रहना धारणा है। यह धारणा ही स्मृति आदि ज्ञानों की जननी है। जिस पदार्थ का धारणा ज्ञान नहीं होता उसका कालान्तर में स्मरण भी सम्भव नहीं है। धारणा का अर्थ संस्कार भी है। यह ज्ञान हृदय-पटल पर इस प्रकार अंकित हो जाता है कि कालान्तर में भी वह जाग्रत हो सकता है।

धारणा, प्रतिपत्ति, अवधारणा, अवस्थान, निश्चय, अवगम और अवबोध ये सब शब्द एक ही अर्थ के वाचक हैं। अर्थात् धारणा शब्द के पर्यायवाची हैं।[84]

ये अवग्रह आदि चारों ज्ञान इसी क्रम से होते हैं। इनकी उत्पत्ति में कोई व्यतिक्रम नहीं होता; क्योंकि अदृष्ट का अवग्रह नहीं होता, अनवगृहीत में सन्देह नहीं होता, सन्देह हुए बिना ईहा नहीं होती, ईहा के बिना अवाय नहीं होता और अवाय के बिना धारणा नहीं होती। किन्तु जैसे कमल के सौ पत्तों को ऊपर नीचे रखकर सुई से छेदने पर ऐसी प्रतीति होती है कि सारे पत्ते एक ही समय में छेदे गये। यद्यपि वहाँ काल-भेद है, किन्तु अत्यन्त सूक्ष्म होने से हमारी दृष्टि में नहीं आता, वैसे ही अभ्यस्त विषय में यद्यपि केवल अवाय-ज्ञान की ही प्रतीति होती है फिर भी उससे पहले अवग्रह और ईहा ज्ञान बड़ी द्रुतगति से हो जाते हैं, इससे उनकी प्रतीति नहीं होती। आशय यह है कि पहले दर्शन, फिर अवग्रह, फिर सन्देह, फिर ईहा, फिर अवाय और तदनन्तर धारणा ज्ञान उत्पन्न होता है। यही अनुभव का क्रम है। यदि इस क्रम को स्वीकार न किया जाय तो किसी भी पदार्थ का ज्ञान होना असम्भव है; क्योंकि जब तक दर्शन के द्वारा पदार्थ की सत्ता का आभास नहीं हो तब तक मनुष्यत्व आदि अवान्तर सामान्य ज्ञात नहीं होंगे, अवान्तर सामान्य के ज्ञान बिना 'यह दक्षिणी है या पश्चिमी' इस प्रकार का सन्देह उत्पन्न नहीं होगा, सन्देह के बिना 'यह दक्षिणी होना चाहिए' इस प्रकार का ईहा ज्ञान नहीं होगा, इसी प्रकार अगले ज्ञानों का भी अभाव हो जाएगा। अत: दर्शन, अवग्रह आदि का उक्त क्रम ही मानना युक्ति और अनुभव से संगत है।

यहाँ यह जानना भी आवश्यक है कि यह कोई नियम नहीं कि इनमें से पहला ज्ञान होने पर आगे के सभी ज्ञान होते ही हैं। कभी केवल अवग्रह ही होकर रह जाता है, कभी अवग्रह, और ईहा ही होते हैं, कभी-कभी अवग्रह, ईहा और अवाय ज्ञान ही होते हैं और कभी धारणा तक होते हैं। ये सभी ज्ञान एक चैतन्य के ही विशेष हैं, किन्तु ये सब क्रम से होते हैं तथा इनका विषय भी एक दूसरे से अपूर्व है। अतः ये सब आपस में भिन्न-भिन्न माने जाते हैं।

अवग्रह आदि का कालमान[85]—

श्वेताम्बर आगमिक मान्यता के अनुसार—

(1) व्यंजनावग्रह का काल असंख्यात समय है।

(2) अर्थावग्रह का काल एक समय है।

(3) ईहा का काल अन्तर्मुहूर्त (48 मिनट का मुहूर्त और उससे कम अन्त-र्मुहूर्त)।

(4) अवाय का काल भी अन्तर्मुहूर्त।

(5) धारणा का काल संख्यात और असंख्यात समय है।

ये अवग्रह आदि ज्ञान बहु, बहुविध, क्षिप्र, अनिःसृत, अनुक्त, ध्रुव और इनसे उलटे एक या अल्प, एकविध या अल्पविध, अक्षिप्र, निःसृत, उक्त तथा अध्रुव—इन बारह प्रकार के पदार्थों को ग्रहण करते हैं अर्थात् इन बारह प्रकार के पदार्थों का अवग्रह ईहादि रूप ज्ञान होता है।[86]

बहु आदि के लक्षण :

1. बहु—एक साथ एक पदार्थ का बहुत अवग्रहादि ज्ञान होना। जैसे—गेहूँ की राशि देखने से बहुत से गेहुँओं का ज्ञान होना।
2. बहुविध—बहुत प्रकार के पदार्थों का अवग्रहादि ज्ञान होना। जैसे—गेहूँ, चना, चावल आदि कई पदार्थों का ज्ञान होना।
3. क्षिप्र—शीघ्रता से पदार्थ का ज्ञान होना अथवा शीघ्र पदार्थ को क्षिप्र कहते हैं जैसे—तेजी से बहता हुआ जलप्रवाह।
4. अनिःसृत—अप्रकट पदार्थ का ज्ञान। जैसे—जल में डूबा हुआ हाथी आदि अथवा एक प्रदेश के ज्ञान से सर्व का ज्ञान होना। जैसे बाहर निकली हुई हाथी की सूंड को देखकर जल में डूबे हुए पूरे हाथी का ज्ञान होना।
5. अनुक्त—वचन से कहे बिना अभिप्राय से जान लेना। जैसे—मुख की

आकृति तथा हाथ आदि के इशारे से प्यासे या भूखे मनुष्य का ज्ञान होना।

6. ध्रुव—स्थिर पदार्थ को ध्रुव कहते है। जैसे पर्वतादि अथवा बहुत काल तक जैसे का तैसा निश्चल ज्ञान होते रहना।
7. एक—अल्प अथवा एक पदार्थ का ज्ञान। जैसे—एक गेहूँ या एक चने का ज्ञान होना।
8. एकवधि—एक प्रकार के या एक ही जाति के पदार्थों का ज्ञान होना जैसे—एक सदृश गेहुँओं का ज्ञान होना।
9. अक्षिप्र—चिरग्रहण—किसी पदार्थ को धीरे-धीरे बहुत समय तक जानना अथवा मन्द पदार्थ को अक्षिप्र कहते हैं। जैसे—कछुआ, धीरे-धीरे चलने वाला घोड़ा, मनुष्यादि।
10. निःसृत—बाहर निकले हुए प्रकट पदार्थों का ज्ञान होना।
11. उक्त—कहने पर ज्ञान होना।
12. अध्रुव—जो क्षण-क्षण हीन अधिक होता रहे उसे अध्रुव ज्ञान कहते हैं अथवा चंचल रूप में पदार्थों को जानना अध्रुव ज्ञान है। जैसे विद्युत आदि का ज्ञान।

उक्त बारह प्रकार के विषयों का पाँच इन्द्रिय और मन से अवग्रह, ईहा, अवाय और धारणा रूप ज्ञान होता है तथा ऊपर कहे हुए बहु आदिक बारह भेद पदार्थ के हैं। अर्थात् बहु आदि विशेषण विशिष्ट पदार्थ के ही अवग्रह आदि ज्ञान होते हैं।[87]

इस विषय में वैशेषिकादि[88] दर्शनों का मत है कि चक्षु आदि इन्द्रियाँ पदार्थों के केवल रूपादि गुणों को ही ग्रहण करती हैं, पदार्थों को नहीं, क्योंकि इन्द्रियों का सन्निकर्ष रूपादि गुणों के साथ ही होता है, अतः वे उन्हीं को ग्रहण करती हैं, किन्तु जैनदर्शन इस मान्यता से सहमत नहीं है। उसके अनुसार चक्षु आदि इन्द्रियों का सम्बन्ध पदार्थों के साथ ही होता है, केवल रूपादि गुणों के साथ नहीं होता, अतः चक्षु आदि इन्द्रियों के द्वारा होने वाले अवग्रहादि मात्र रूपादि गुणों को ही नहीं जानते, किन्तु उन गुणों के द्वारा द्रव्य को ग्रहण करते हैं, क्योंकि गुण और गुणी (द्रव्य) में कथंचित् अभेद होने से गुण का ग्रहण होने पर गुणी (द्रव्य) का भी ग्रहण उस रूप में ही हो जाता है। किसी ऐसे इन्द्रिय-ज्ञान की कल्पना नहीं की जा सकती, जो द्रव्य को छोड़कर मात्र गुण को या गुण को छोड़कर मात्र द्रव्य को ग्रहण करता हो।

मतिज्ञान के भेद

अवग्रह — व्यंजनावग्रह	अवग्रह — अर्थावग्रह	ईहा	अवाय	धारणा
बहु	बहु	बहु	बहु	बहु
बहुविध	बहुविध	बहुविध	बहुविध	बहुविध
क्षिप्र	क्षिप्र	क्षिप्र	क्षिप्र	क्षिप्र
अनि:सृत	अनि:सृत	अनि:सृत	अनि:सृत	अनि:सृत
अनुक्त	अनुक्त	अनुक्त	अनुक्त	अनुक्त
ध्रुव	ध्रुव	ध्रुव	ध्रुव	ध्रुव
एक	एक	एक	एक	एक
एकविध	एकविध	एकविध	एकविध	एकविध
अक्षिप्र	अक्षिप्र	अक्षिप्र	अक्षिप्र	अक्षिप्र
नि:सृत	नि:सृत	नि:सृत	नि:सृत	नि:सृत
उक्त	उक्त	उक्त	उक्त	उक्त
अध्रुव	अध्रुव	अध्रुव	अध्रुव	अध्रुव
स्पर्शन, रसना, घ्राण, कर्ण।	स्पर्शन, रसना, घ्राण, चक्षु, कर्ण, मन	स्पर्शन, रसना, घ्राण, चक्षु, कर्ण, मन	स्पर्शन, रसना, घ्राण, चक्षु, कर्ण, मन	स्पर्शन, रसना, घ्राण, चक्षु, कर्ण, मन
12×4	12×6	12×6	12×6	12×6
48 +	72 +	72 +	72 +	72 = 336

मतिज्ञान के भेद

इस प्रकार ऊपर सांव्यवहारिक प्रत्यक्ष के अन्तर्गत मतिज्ञान के भेद-प्रभेदों का वर्णन किया गया है। यदि इन भेद-प्रभेदों पर अलग-अलग रूप से विचार किया जावे तो ये सब भेद 336 होते है जैसे—यह बारह प्रकार के पदार्थों का ज्ञान अवग्रह, ईहा, अवाय और धारणा रूप होता है। अत: ये समस्त भेद मिलकर 12×4=48 होते हैं और इनमें प्रत्येक ज्ञान पाँच इन्द्रियों और मन के द्वारा होता है अत: 48×6=288 भेद हुए। ये 288 भेद अर्थावग्रह, ईहा, अवाय और धारणा के हैं। क्योंकि ये सभी पाँच इन्द्रिय और मन से होते हैं, किन्तु व्यंजनावग्रह चक्षु और मन से उत्पन्न नहीं होता, केवल चार इन्द्रियों से ही होता है, क्योंकि चक्षु और मन पदार्थ को दूर से ही ग्रहण करते हैं, उनसे सम्बद्ध या सटकर नहीं ग्रहण करते हैं। इस प्रकार व्यंजनावग्रह के बहु आदि बारह विषयों की अपेक्षा 12×4=48 भेद होते हैं। इन सबको मिलाने से 288+48=336 भेद मतिज्ञान के होते हैं अर्थात् मतिज्ञान 336 प्रकार से पदार्थों को ग्रहण करता है, उनको जानता है।

मतिज्ञान के इन 336 भेदों को उक्त तालिका द्वारा प्रदर्शित किया है। परस्पर की भेद-विवक्षा—

(क) बहु और बहुविध में भेद—[89] बहुत व्यक्तियों के जानने को बहुज्ञान कहते हैं। जैसे बहुत-सी गायों को जानना, गेहूँ या चनों की राशि को देखने से बहुत से गेहुँओं का ज्ञान होना और बहुत जातियों के जानने को बहुविध ज्ञान कहते हैं। जैसे—खण्डी, मुण्डी, साँवली आदि अनेक जातियों की गायों को जानना। इसी प्रकार गेहूँ, चना, चावल आदि कई जाति के अनाजों का ज्ञान होना।

(ख) एक और एकविध में अन्तर[90]—एक व्यक्ति को जानना एक ज्ञान है। जैसे—यह गौ है। इसी प्रकार एक गेहूँ या एक चने का ज्ञान होना। और एक जाति को जानना एकविध है। जैसे—यह खण्डी गौ है या एक सदृश गेहूँओं का ज्ञान होना। इसी को आचार्य वीरसेन स्वामी ने अपने शब्दों में कहा है—'एकप्रत्यय व्यक्तिगत एकता में सम्बद्ध रहने वाला है और एकविध अनेक व्यक्तियों में सम्बद्ध एकजाति में रहने वाला है' अर्थात् एक व्यक्तिरूप पदार्थ का ग्रहण करना एक अवग्रह है और एक जाति में स्थिति एक पदार्थ का अथवा बहुत पदार्थों की एक जाति का ग्रहण करना एकविध अवग्रह है।[91]

(ग) क्षिप्र और अक्षिप्र में भेद[92]—आशु अर्थात् शीघ्रतापूर्वक वस्तु को ग्रहण करना क्षिप्र अवग्रह है। जैसे—तेजी से बहते हुए जलप्रवाह का ज्ञान होना और नवीन सकोरे में रहने वाले जल के समान धीरे-धीरे वस्तु को ग्रहण करने वाला अक्षिप्र अवग्रह है।

(घ) उक्त और नि:सृत में भेद[93]—दूसरे के कहने से जो ज्ञान होता है वह उक्त है और स्वत: ही जान लेना नि:सृत है।

यदि यह कहा जाय कि श्रोत्र, घ्राण, स्पर्शन, रसना—ये चारों इन्द्रियाँ प्राप्यकारी हैं अर्थात् प्राप्त पदार्थ को जानती हैं, अत: इनसे अनि:सृत और अनुक्त शब्दादि का ज्ञान कैसे होगा? तो इसका समाधान है—जैसे चींटी वगैरह को घ्राण और रसना इन्द्रिय से दूरवर्ती गुड़ आदि की गन्ध और रस का ज्ञान हो जाता है, वैसे ही अनि:सृत और अनुक्त शब्दादि का भी ज्ञान जानना चाहिए।

इनमें से 'उक्त' का सम्बन्ध केवल श्रोत्रेन्द्रिय के साथ तो ठीक बैठ जाता है, किन्तु अन्य इन्द्रियों के साथ नहीं बैठता है; क्योंकि जो बात शब्द के द्वारा कही जाय वही 'उक्त' है और शब्द श्रोत्रेन्द्रिय का विषय है। आचार्य अकलंक ने इसे इस प्रकार घटित किया है—जैसे कोई आदमी दो रंगों को मिलाकर कोई तीसरा रंग बनाना दिखला रहा है तो उसके कहने से पहिले ही उसके अभिप्राय को जान लेना कि आप इन दोनों रंगों को मिलाकर अमुक रंग बनाएँगे, यह अनुक्तरूप का ज्ञान है और कहने पर जानना उक्त रूप का ज्ञान है। चूँकि रूप चक्षु का विषय है अत: यह चक्षु विषयक उक्त और अनुक्त ज्ञान है। इसी तरह स्पर्श, रस, गन्ध को लेकर स्पर्शन, रसना और घ्राण इन्द्रिय के साथ उक्त और अनुक्त को घटित कर लेना चाहिए।

(ङ) अनि:सृत और अनुक्त का भेद[94]—अनभिमुख (जो सामने न हो) अर्थ का ग्रहण करना अथवा उपमान-उपमेय भाव के बिना ग्रहण करना अनि:सृत अवग्रह है। अथवा वस्तु के एकदेश का अवलम्बन करके पूर्ण रूप से वस्तु को ग्रहण करने वाला तथा वस्तु के एक देश अथवा समस्त वस्तु का अवलम्बन करके वहाँ अविद्यमान अन्य वस्तु को विषय करने वाला भी अनि:सृत प्रत्यय है। यह प्रत्यय असिद्ध नहीं है, क्योंकि घट के अर्वाग्भाग का अवलम्बन करके कहीं घट प्रत्यय की उत्पत्ति देखी जाती है, कहीं पर अर्वाग्भाग के एक देश का अवलम्बन करके उक्त प्रत्यय की उत्पत्ति पाई जाती है, कहीं पर 'गाय के समान गवय होता है' इस प्रकार अथवा अन्य प्रकार से एक वस्तु का अवलम्बन करके वहाँ समीप में न रहने वाली अन्य वस्तु को विषय करने वाले प्रत्यय की उत्पत्ति पाई जाती है, कहीं पर अर्वाग्भाग के ग्रहण-काल में ही परभाग का ग्रहण पाया जाता है और यह असिद्ध भी नहीं है' क्योंकि, अन्यथा वस्तु-विषयक प्रत्यय की उत्पत्ति बन नहीं सकती तथा अर्वाग्भाग मात्र वस्तु हो नहीं सकती; क्योंकि उतने मात्र से अर्थ-क्रियाकारित्व नहीं पाया जाता। कहीं पर एक वर्ण के श्रवण काल में ही आगे उच्चारण किये जाने वाले वर्णों को विषय करने वाले प्रत्यय की उत्पत्ति पाई जाती है, कहीं पर अपने अभ्यस्त

प्रदेश में एक स्पर्श के ग्रहण काल में ही अन्यस्पर्श विशिष्ट उस वस्तु के प्रदेशान्तरों का ग्रहण होता है तथा कहीं पर एक रस के ग्रहण काल में ही उन प्रदेशों में नहीं रहने वाले रसान्तर से विशिष्ट वस्तु का ग्रहण होता है। दूसरे आचार्य 'नि:सृत' ऐसा पढ़ते हैं। उनके द्वारा उपमा प्रत्यय एक ही संगृहीत होगा, अत: वह इष्ट नहीं है।[95] इसका प्रतिपक्षभूत, अभिमुख अर्थ का ग्रहण करना अथवा उपमान-उपमेय भाव के द्वारा ग्रहण करना नि:सृत अवग्रह है, जैसे कमलदलनयना अर्थात् इस स्त्री के नयन कमलपत्र के समान हैं। इस नि:सृत प्रत्यय का अभाव भी नहीं है; क्योंकि, कहीं पर किसी काल में आलम्बनीभूत वस्तु के एक देश में उतने ही ज्ञान का अस्तित्व पाया जाता है।[96]

अनियमित-गुण-विशिष्ट द्रव्य का ग्रहण करना अनुक्त अवग्रह है[97] अथवा इन्द्रिय के प्रतिनियत गुण से विशिष्ट वस्तु के ग्रहण काल में ही उस इन्द्रिय के अप्रतिनियत गुण से विशिष्ट उस वस्तु का ग्रहण जिससे होता है वह अनुक्तप्रत्यय है। यह असिद्ध भी नहीं है; क्योंकि चक्षु से लवण, शक्कर व खांड के ग्रहण काल में ही कभी उनके रस का ज्ञान हो जाता है, दही के गन्ध के ग्रहण काल में ही उसके रस का ज्ञान हो जाता है, दीपक के रूप के ग्रहण काल में ही कभी उसके स्पर्श का ग्रहण हो जाता है तथा शब्द के ग्रहण काल में ही संस्कार-युक्त किसी पुरुष के उसके रसादि विषयक प्रत्यय की उत्पत्ति भी पाई जाती है।[98] इससे प्रतिपक्ष रूप, नियमित गुण-विशिष्ट अर्थ का ग्रहण करना उक्त अवग्रह है। जैसे—चक्षु इन्द्रिय के द्वारा धवल पदार्थ का ग्रहण करना और घ्राणेन्द्रिय द्वारा सुगन्ध द्रव्य का ग्रहण करना इत्यादि।[99]

जैनदर्शन में सम्यग्ज्ञान को प्रमाण कहा गया है। यह प्रमाणरूप ज्ञान पाँच प्रकार का है—1.मतिज्ञान, 2.श्रुतज्ञान, 3.अवधिज्ञान, 4. मन:पर्ययज्ञान, 5. केवलज्ञान।[100] इनमें से आदि के दो ज्ञान अर्थात् मतिज्ञान और श्रुतज्ञान परोक्ष हैं'[101] क्योंकि ये पराश्रित हैं। शेष—अवधिज्ञान, मन:पर्ययज्ञान और केवलज्ञान प्रत्यक्ष हैं,[102] क्योंकि ये स्वाश्रित अर्थात् आत्म-मात्र सापेक्ष हैं। इनमें मतिज्ञान के स्वरूप, भेद-प्रभेद का पर्याप्त विवेचन इन्द्रिय सांव्यवहारिक प्रत्यक्ष के वर्णन में किया जा चुका है। अब क्रम प्राप्त श्रुतज्ञान विवेचनीय है।

श्रुतज्ञान[103]

जो ज्ञान मतिज्ञान से उत्पन्न होता है वह श्रुतज्ञान कहलाता है, क्योंकि 'सुदंमई पुव्वं' (श्रुतं मतिपूर्वम्)[104] श्रुतज्ञान मतिज्ञानपूर्वक होता है, ऐसा वचन है।[105] अर्थात् मतिज्ञान से जाने हुए पदार्थ का अवलम्बन लेकर जो अन्य अर्थ का ज्ञान होता है

वह श्रुतज्ञान कहलाता है। श्रुत, आप्तवचन, उपदेश, ऐतिह्य, आम्नाय, प्रवचन और जिनवचन ये सब शब्द एक ही अर्थ के वाचक हैं।[106] श्रुत शब्द कुशल शब्द के समान जगत्स्वार्थवृत्ति (लक्षणा विशेष) है। जैसे कुश काटने रूप क्रिया का आश्रय करके सिद्ध किया गया कुशल शब्द (उक्त अर्थ को छोड़कर) सब जगह 'पर्यवदात' या 'दक्ष' अर्थ में आता है, उसी प्रकार श्रुतशब्द भी श्रवण क्रिया को लेकर सिद्ध होता हुआ रूढ़िवश किसी ज्ञान विशेष में रहता है न कि केवल श्रवण से उत्पन्न ज्ञान में ही। सूत्र में आये हुए 'पूर्व' शब्द का अर्थ कारण है। इसलिए श्रुतज्ञान मतिज्ञानपूर्वक होता है अर्थात् मतिज्ञान के निमित से श्रुतज्ञान उत्पन्न होता है। मतिज्ञान हुए बिना श्रुतज्ञान नहीं हो सकता। फिर भी मतिज्ञान को श्रुतज्ञान का निमित्त कारण मानना चाहिए, उपादान कारण नहीं, क्योंकि उसका असली निमित्त कारण तो श्रुतज्ञानावरण कर्म का क्षयोपशम ही है।

मतिज्ञान और श्रुतज्ञान में अन्तर—सर्वप्रथम पाँच इन्द्रिय और मन—इनमें से किसी एक के निमित्त से किसी भी विद्यमान वस्तु का मतिज्ञान होता है। इसके बाद इस मतिज्ञानपूर्वक उस ज्ञात हुई वस्तु के विषय में या उसके सम्बन्ध से अन्य वस्तु के विषय में जो विशेष चिन्तन और मनन प्रारम्भ होता है, उसे ही श्रुतज्ञान कहते हैं। जैसे—चक्षु से आम के फल को देखना, यह मतिज्ञान है। इस आम्र फल विषयक चाक्षुष मतिज्ञान के होने के बाद उसके विषय में मन से उसकी आकृति, रूप, रस, गन्ध आदि पर विचार कर यह ज्ञात होता है कि यह बनारसी या लखनवी आम होना चाहिए। इस प्रकार के विकल्पों का होना श्रुतज्ञान है। आशय यह है कि किसी भी पदार्थ को देखना यह चक्षु इन्द्रिय का कार्य है और यह मतिज्ञान है तथा उसे गुण-दोषों, उसकी उपयोगिता-अनुपयोगिता आदि पर विचार करना यह मन का कार्य है, यही श्रुतज्ञान का विषय है। मन का विषय श्रुत है और श्रुत का अर्थ शब्दसंकेत आदि के माध्यम से होने वाला ज्ञान है। यहाँ मन का विषय जो श्रुत बताया है उससे मतलब भावश्रुत का है, जो श्रुतज्ञानावरण कर्म के क्षयोपशम से द्रव्य श्रुत के अनुसार विचार रूप से तत्त्वार्थ का परिच्छेदक आत्मपरिणति विशेष ज्ञानरूप हुआ करता है। जैसे किसी ने धर्मद्रव्य का उच्चारण किया, उसको सुनते ही पहले शास्त्र में बांचे हुए अथवा किसी के उपदेश से जाने हुए गतिहेतुक धर्म द्रव्य का बोध हो जाता है, यही मन का विषय है। इसी प्रकार सम्पूर्ण तत्त्वार्थ और द्वादशांग के समस्त विषयों का विचार करना मन का कार्य है या किसी भी विषय का विचार करना ही इसका विषय है। अर्थावग्रह के अनन्तर जो मतिज्ञान होता है उसको भी उपचार से श्रुतज्ञान कहते है; क्योंकि वह मन के बिना नहीं होता अतएव

वह भी मन का ही विषय है। श्रुत का मनन या चिन्तनात्मक जितना भी ज्ञान होता है उसकी गणना श्रुतज्ञान में है। श्रुतज्ञान को मतिज्ञानपूर्वक माना जाता है। इन दोनों का कारण-कार्य सम्बन्ध है मतिज्ञान कारण और श्रुतज्ञान कार्य है।

मतिज्ञान की अपेक्षा श्रुतज्ञान का विषय महान् है; क्योंकि उसमें जिन विषयों का वर्णन किया गया है अथवा उसके द्वारा जिन विषयों का ज्ञान होता है, वे ज्ञेय (प्रमेय) रूप विषय अनन्त हैं, तथा उसका प्रणयन या निरूपण सर्वज्ञ के द्वारा हुआ है, उसका विषय अतिशय महान् है, इसलिए उसके एक-एक अर्थ को लेकर अधिकारों की रचना की गयी है और तत्तत् अधिकारों के प्रकरण की समाप्ति की अपेक्षा से उसके अंग और उपांग रूप में नाना भेद हो गये हैं।

मतिज्ञान केवल वर्तमानकाल सम्बन्धी पदार्थों को जानता है जबकि श्रुतज्ञान भूत, भविष्यत्, वर्तमान काल सम्बन्धी पदार्थों को जानता है।

मतिज्ञान की अपेक्षा श्रुतज्ञान अधिक विशुद्ध है। मतिज्ञान इन्द्रिय निमित्तक हो अथवा अनिन्द्रिय निमित्तक, आत्मा की ज्ञस्वभावता के कारण वह पारिणामिक है, परन्तु श्रुतज्ञान ऐसा नहीं है; क्योंकि वह आप्त के उपदेश से मतिज्ञानपूर्वक हुआ करता है।

जैसे मतिज्ञान की उत्पत्ति में इन्द्रियाँ साक्षात् निमित्त होती हैं वैसे श्रुतज्ञान की उत्पत्ति में साक्षात् निमित्त नहीं होती इसलिए श्रुतज्ञान की उत्पत्ति इन्द्रियों से न मानकर मन से ही मानी गयी है। तथापि स्पर्शन आदि इन्द्रियों के निमित्त से मतिज्ञान होने के बाद जो श्रुतज्ञान होता है उसमें परम्परा से वे स्पर्शन आदि इन्द्रियाँ निमित्त मानी गयी हैं, इसलिए मतिज्ञान के समान श्रुतज्ञान की उत्पत्ति भी पाँच इन्द्रिय और मन के निमित्त से कही जाती है पर यह कथन औपचारिक है।

इस प्रकार श्रुत का मनन या चिन्तनात्मक जितना भी ज्ञान होता है वह तो श्रुतज्ञान है ही, किन्तु उसके साथ उस जाति का जो अन्य ज्ञान होता है उसे भी श्रुतज्ञान मानना चाहिए। श्रुतज्ञान के अक्षरात्मक और अनक्षरात्मक ऐसे जो दो भेद किये गये हैं वे इसी आधार से किये गये हैं। अंगबाह्य और अङ्ग-प्रविष्ट ये भी श्रुत के दो भेद हैं। इनमें अंगबाह्य के अनेक भेद हैं और अङ्ग-प्रविष्ट के आचाराङ्ग आदि बारह भेद हैं।[107] श्रुतज्ञान का विशेष वर्णन धवलादि ग्रन्थों से जानना चाहिए।

पारमार्थिक या मुख्य प्रत्यक्ष[108]

जो ज्ञान आत्मा से ही उत्पन्न होता है उसे पारमार्थिक या मुख्य प्रत्यक्ष कहते हैं।

पारमार्थिक प्रत्यक्ष या मुख्य प्रत्यक्ष सम्पूर्ण रूप से विशद होता है; क्योंकि यह आत्मनैर्मल्य से उत्पन्न होता है। इसमें सांव्यवहारिक प्रत्यक्ष की भाँति इन्द्रिय और मन के व्यापार की आवश्यकता नहीं होती, किन्तु यह आत्मस्वरूप से उत्पन्न होता है। इसी कारण इसे मुख्य प्रत्यक्ष भी कहते हैं। सांव्यवहारिक प्रत्यक्ष इन्द्रियजन्य और मनोजन्य होने के कारण वस्तुतः परोक्ष है, किन्तु लोक में जैनेतरदर्शन उसे प्रत्यक्ष मानते हैं अतः लोक व्यवहार के अनुरोध से जैनदर्शन ने उसे भी प्रत्यक्ष माना है।

पारमार्थिक प्रत्यक्ष-भेद—पारमार्थिक प्रत्यक्ष दो प्रकार का है— 1.विकल प्रत्यक्ष और 2. सकल प्रत्यक्ष।[109]

1. (अ) विकलप्रत्यक्ष—जो वस्तुतः प्रत्यक्ष हो किन्तु विकल अर्थात् अधूरा या अपूर्ण हो उसे विकल प्रत्यक्ष कहते हैं।

(ब) विकलप्रत्यक्ष-भेद—विकलप्रत्यक्ष भी दो प्रकार का है—(1) अवधि ज्ञान और 2. मनःपर्यय ज्ञान।

(1) अवधिज्ञान[110]—द्रव्य, क्षेत्र, काल, भाव की अपेक्षा से जिसके विषय की सीमा हो उसको अवधिज्ञान कहते हैं। इसी कारण से आगम में इसको सीमाज्ञान कहा गया है। इसके दो भेंद हैं— 1. भवप्रत्यय और 2. गुणप्रत्यय। यह ज्ञान इन्द्रियों की सहायता के बिना ही पुद्गलादि रूपी पदार्थों को द्रव्य, क्षेत्र, काल, भाव की मर्यादा लिए हुए एकदेश स्पष्ट जानता है। आत्मा आदि अरूपी द्रव्यों को नहीं जानता है। भवप्रत्यय अवधिज्ञान देव और नरक भव (पर्याय) के कारण उत्पन्न होता है। अतएव यह देव और नारकियों के होता है।[111] तथा तीर्थंकरों के भी होता है और यह सम्पूर्ण अंगों से उत्पन्न होता है। गुणप्रत्यय अवधि-ज्ञान सम्यग्दर्शन तथा तपश्चरण आदि गुणों के कारण उत्पन्न होता है और मनुष्य तथा तिर्यंचों के होता है। इसमें अवधिज्ञानावरण कर्म का क्षयोपशम निमित्त होता है। यह नाभि के ऊपर शंख, पद्म, वज्र, स्वस्तिक, कलश आदि जो शुभ चिह्न होते हैं उस जगह के आत्मप्रदेशों में होता है। भव-प्रत्यय अवधि सम्पूर्ण आत्मप्रदेशों से होता है।[112] गुण-प्रत्यय या क्षयोपशम निमित्तक अवधिज्ञान अनुगामी आदि के भेद से छह प्रकार का होता है।[113] अवधिज्ञान के देशावधि, परमावधि और सर्वावधि ये तीन भेद भी किये गये हैं। भवप्रत्यय अवधि नियम से देशावधि ही होता है और दर्शन-विशुद्धि आदि गुणों के निमित्त से होने वाला गुणप्रत्यय अवधिज्ञान देशावधि, परमावधि और सर्वावधि इस तरह तीनों प्रकार का होता है।[114] देशावधि ज्ञान संयत तथा असंयत दोनों प्रकार के मनुष्य और तिर्यंचों के होता है। उत्कृष्ट देशावधि ज्ञान संयत जीवों के ही होता है किन्तु परमावधि और सर्वावधि चरम शरीरी (उसी भव से मोक्ष जाने

वाले) तथा महाव्रती मुनिराज के ही होता है।[115] देशावधि ज्ञान प्रतिपाती होता है अर्थात् केवलज्ञान उत्पन्न होने के पहले ही छूट जाता है परन्तु सर्वावधि और परमावधि अप्रतिपाती होते हैं। अवधि-ज्ञान सूक्ष्म रूप से एक परमाणु को विषय करता है।

(2) मन:पर्ययज्ञान[116]—जो किसी की सहायता के बिना ही अन्य पुरुष के मन में स्थित रूपी पदार्थों को एक देश स्पष्ट जानता है उसे मन:पर्ययज्ञान कहते हैं। यह ज्ञान भूतकाल में चिन्तवन किये गये अथवा जिसका भविष्यत् काल में चिन्तवन किया जाएगा अथवा वर्तमान में जिसका चिन्तवन किया जा रहा है इत्यादि अनेक भेद-स्वरूप दूसरे के मन में स्थित पदार्थ को एकदेश स्पष्ट जानता है। मन का कार्य चिन्तन करना है अत: मन के चिन्तन की जितनी भी पर्याय या अवस्थाएँ होती हैं उनको मन:पर्ययज्ञानी जान लेता है। इसीलिए इस ज्ञान को मन:पर्यय कहा गया है। मन:पर्ययज्ञान ऋजुमति और विपुलमति के भेद से दो प्रकार का है।[117] ऋजुमति मन:पर्ययज्ञान मन, वचन और काय की सरलता से चिन्तित, दूसरे के मन में स्थित पदार्थ को जान लेता है तथा विपुल-मति मन:पर्ययज्ञान सरल तथा जटिल रूप से पर के मन में स्थित पदार्थ को जानता है। ऋजुमति मन:पर्ययज्ञान वर्तमान में जिसका चिन्तन किया जा रहा है ऐसे पदार्थ को जानता है और विपुलमति ज्ञान भूत, भविष्यत् तथा वर्तमान में चिन्तित पदार्थ को भी जानता है। ऋजुमति की अपेक्षा विपुलमति में आत्मा के भावों की शुद्धता अधिक होती है तथा ऋजुमति होकर छूट भी जाता है पर विपुलमति केवलज्ञान के पहले नहीं छूटता।[118] अवधिज्ञान और मन:पर्ययज्ञान में विशुद्धि, क्षेत्र, स्वामी और विषय की अपेक्षा विशेषता होती है।[119] अर्थात् अवधिज्ञान की अपेक्षा मन:पर्ययज्ञान में अधिक विशुद्धता पाई जाती है, क्षेत्र भी अधिक होता है। स्वामी की अपेक्षा मन:पर्ययज्ञान उत्तम ऋद्धिधारी मुनियों के ही होता है पर अवधिज्ञान चारों गतियों के जीवों के हो सकता है। और मन:पर्ययज्ञान का विषय भी अधिक सूक्ष्म होता है।

सकलप्रत्यक्ष

जो सम्पूर्ण हो अर्थात् जो ज्ञान समस्त पदार्थों और उनकी त्रिकाल-वर्ती समस्त पर्यायों को एक ही समय में एक ही साथ जानता है उसे सकल प्रत्यक्ष कहते हैं। यह सकल प्रत्यक्ष केवलज्ञान रूप है।

केवलज्ञान[120]—जो ज्ञान सब द्रव्यों तथा उनकी सब त्रैकालिक पर्यायों को एक साथ स्पष्ट जानता है वह केवलज्ञान कहलाता है। यह केवलज्ञान सम्पूर्ण, समग्र, केवल, प्रतिपक्षरहित, सर्व-पदार्थ-गत और लोकालोक में अन्धकार रहित होता है।

यह ज्ञान आत्म-मात्र सापेक्ष होता है अर्थात् आत्मा की पूर्ण विशुद्धता होने पर यह ज्ञान प्रकट होता है। इसमें इन्द्रिय आदि की अपेक्षा नहीं होती है। यह पूर्णत: निर्मल और अतीन्द्रिय ज्ञान है। यह कर्मों के क्षय से होता है। इसको प्राप्त करने वाला महापुरुष केवली या सर्वज्ञ कहलाता है। जिस महापुरुष को सर्वज्ञता प्राप्त हो जाती है वह पूर्ण ज्ञाता हो जाता है।

जैनदर्शन में सर्वज्ञता का विशिष्ट स्थान है, किन्तु चार्वाक और मीमांसक ये दो ही दर्शन ऐसे हैं जो सर्वज्ञता को स्वीकार नहीं करते, शेष सभी भारतीय दर्शन सर्वज्ञता को सप्रमाण स्वीकार करते हैं। जैन दार्शनिक और आगम ग्रन्थों में सर्वज्ञता का विस्तृत विवेचन किया गया है। सर्वप्रथम आचार्य कुन्दकुन्द ने प्रवचनसार के ज्ञानतत्त्व-प्रज्ञापनाधिकार में विश्लेषणात्मक ढंग से सर्वज्ञता की सिद्धि की है।[121] इसके पश्चात् इनके उत्तरवर्ती महान् दार्शनिक आचार्य समन्तभद्र, सिद्धसेन, अकलंक, हरिभद्र, विद्यानन्दि आदि ने अनेक पुष्ट प्रमाणों और तर्कों के आधार पर सर्वज्ञसिद्धि की है। मीमांसा दर्शन के लिए तो सर्वज्ञता का विषय बहुत ही विवादास्पद रहा है। इस दर्शन ने सर्वज्ञता के निषेध में अनेक तर्क प्रस्तुत किये हैं; किन्तु जैन दार्शनिकों ने उन तर्कों का खण्डन बड़ी युक्तियों से करते हुए सर्वज्ञता की सिद्धि में अपनी विशेष प्रतिभा का परिचय दिया है।

परोक्ष प्रमाण

अस्पष्ट[121] अथवा अविशद[122] ज्ञान को परोक्ष कहते हैं। जिस ज्ञान में इन्द्रिय, मन, प्रकाशादि पर साधनों की अपेक्षा रहती है वह परोक्ष कहलाता है। वास्तव में जो ज्ञान स्व-पर प्रकाशक या स्व-पर का निश्चायक होते हुए भी अस्पष्ट होता है उसे परोक्ष प्रमाण कहा गया है।

जैनदर्शन में जिस इन्द्रिय-सापेक्ष ज्ञान को परोक्ष कहा गया है उस ज्ञान को जैनेतर दर्शनों में अथवा लोक में प्रत्यक्ष कहा गया है और जिस इन्द्रिय निरपेक्ष या इन्द्रिय व्यापार रहित ज्ञान को जैनदर्शन में प्रत्यक्ष कहा गया है उस ज्ञान को जैनेतर दर्शनों में अथवा लोक में परोक्ष कहा गया है।[124] वस्तुत: 'परोक्ष' शब्द से तो यही अर्थ प्रतीत होता है कि जो ज्ञान इन्द्रियादि पर की अपेक्षा से होता है वह परोक्ष प्रमाण है। इस विषय का समन्वयात्मक विश्लेषण आचार्य अकलंक ने अपने ही ढंग से किया है, जिसका विवेचन ऊपर किया जा चुका है।

परोक्ष प्रमाण के पाँच भेद हैं—स्मृति, प्रत्यभिज्ञान, तर्क, अनुमान और आगम।[125]

(क) स्मृति—संस्कार का उद्‌बोध होने पर स्मृति उत्पन्न होती है अर्थात्

धारणा रूप संस्कार के जागृत होने पर स्मृति-ज्ञान उत्पन्न होता है। यह ज्ञान किसी भी प्रमाण से पहले जाने हुए पदार्थ को ही जानता है और तत् (वह) इस प्रकार से उसका उल्लेख किया जाता है। मतलब यह है कि धारणा नाम के संस्कार से होने वाले और 'तत्' (वह) इस प्रकार से उल्लेखी ज्ञान को स्मृति कहते हैं जैसे—वह देवदत्त।[126] किसी व्यक्ति ने पहले देवदत्त नामक व्यक्ति को देखा और उसने उसके सम्बन्ध में धारणा कर ली। बाद में धारणा रूप संस्कार उद्‌बुद्ध हुआ और उसे स्मरण आया कि वह देवदत्त है। इस प्रकार पहले जानी हुई वस्तु के स्मरण को स्मृति कहते हैं। यद्यपि स्मरण का विषयभूत पदार्थ सामने नहीं है, फिर भी वह हमारे पूर्व अनुभव का विषय तो था ही और उस अनुभव का दृढ़ संस्कार हमें सादृश्य आदि अनेक निमित्तों से उस पदार्थ को मन में अंकित कर देता है। स्मरण के कारण ही समस्त लोक-व्यवहार चलता है।

बौद्ध, मीमांसकादि दर्शन[127] स्मृतिज्ञान को प्रमाण नहीं मानते। उनका कथन है कि गृहीतग्राही और अर्थ से अनुत्पन्न होने के कारण स्मृतिज्ञान प्रमाण नहीं है। पर उनकी यह मान्यता लोक-व्यवहार में बाधक है तथा स्मृति को प्रमाण माने बिना अनुमान प्रमाण भी नहीं बनेगा, क्योंकि वह व्याप्ति के स्मरण से उत्पन्न होता है। लेन-देन आदि के लौकिक व्यवहार भी स्मृति की प्रमाणता के बिना बिगड़ जाएँगे। अतः स्मृति की प्रमाणता स्वतः सिद्ध है।

(ख) प्रत्यभिज्ञान—प्रत्यक्ष और स्मरण की सहायता से जो संकलनात्मक या जोड़रूप ज्ञान होता है उसे प्रत्यभिज्ञान कहते हैं।[128] जैसे—यह वही देवदत्त है, गवय गौ के समान होता है, भैंस गौ से विलक्षण होती है, यह उससे दूर है, इत्यादि जितने भी इस तरह के जोड़ रूप ज्ञान होते हैं वे सब प्रत्यभिज्ञान हैं। इन उदाहरणों का स्पष्टीकरण इस प्रकार है—सामने देवदत्त को देखकर पहले देखे हुए देवदत्त का स्मरण आने से यह ज्ञान होता है कि यह वही देवदत्त है। इस ज्ञान के होने में प्रत्यक्ष और स्मरण दोनों कारण होते हैं। तथा यह ज्ञान पहले देखे हुए देवदत्त में और वर्तमान में सामने विद्यमान देवदत्त में रहने वाले एकत्व को विषय करता है, इसलिए इसे एकत्व-प्रत्यभिज्ञान कहते हैं। किसी मनुष्य ने गवय नाम का पशु देखा, देखते ही उसे पहले देखी हुई गौ का स्मरण हुआ, इसके पश्चात् 'गौ के समान यह गवय है' ऐसा ज्ञान होता है। यह सादृश्य-प्रत्यभिज्ञान है। भैंस को देखकर गौ का स्मरण हो आने पर 'भैंस गौ से विलक्षण होती है' इस प्रकार से होने वाला यह ज्ञान वैसादृश्य-प्रत्यभिज्ञान कहा जाता है। इसी तरह प्रत्यक्ष और स्मरण के विषयभूत पदार्थों में परस्पर की अपेक्षा को लिये हुए जितने भी जोड़रूप ज्ञान होते हैं, जैसे यह उससे दूर है, यह उससे पास है, यह ऊँचा है या यह उससे

नीचा है आदि, ये सब प्रत्यभिज्ञान हैं।

नैयायिक[129] सादृश्य को जानने वाले उपमान नामक प्रमाण को अलग मानते हैं; किन्तु उनकी यह मान्यता ठीक नहीं; क्योंकि ऐसा मानने पर तो एकता, विलक्षणता आदि को जानने वाले प्रमाण भी अलग-अलग मानने पड़ेंगे। कई लोग प्रत्यभिज्ञान को स्वतन्त्र प्रमाण नहीं मानते, पर एकता और सदृशता दूसरे किसी भी प्रमाण से नहीं जानी जाती, अतएव उसे पृथक् प्रमाण मानना ही चाहिए।

(ग) तर्क—व्याप्ति के ज्ञान को तर्क कहते हैं। अर्थात् उपलम्भ और अनुपलम्भ से होने वाला, त्रिकालसम्बन्धी व्याप्ति को जानने वाला, 'यह उसके होने पर ही होता है, इसके अभाव में नहीं होता है' इत्यादि आकार वाला ज्ञान तर्क है। इसके चिन्ता, ऊहा, ऊहापोह आदि नामान्तर भी हैं। जैसे—अग्नि के होने पर धूम होता है अग्नि के अभाव में धूम नहीं होता।[130]

जहाँ-जहाँ धूम होता है वहाँ-वहाँ अग्नि होती है। इस प्रकार के अविनाभाव सम्बन्ध को व्याप्ति कहते हैं। यह अविनाभाव सम्बन्ध त्रैकालिक होता है। जिस ज्ञान से इस सम्बन्ध का निर्णय होता है उसे तर्क कहते हैं। तर्कज्ञान उपलम्भ और अनुपलम्भ से उत्पन्न होता है। धूम और अग्नि को एक साथ देखना उपलम्भ है और अग्नि के अभाव में धूम का अभाव जानना अनुपलम्भ है। बार-बार उपलम्भ और बार-बार अनुपलम्भ होने से व्याप्ति का ज्ञान (तर्क) उत्पन्न हो जाता है।

नैयायिकादि तर्क को भी प्रमाण नहीं मानते, किन्तु यदि तर्क ज्ञान को प्रमाण न माना जाये तो अनुमान प्रमाण की उत्पत्ति नहीं हो सकती। तर्क से धूम और अग्नि का अविनाभाव सम्बन्ध निश्चित हो जाने पर ही धूम से अग्नि का अनुमान किया जा सकता है। अतएव अनुमान को प्रमाण मानने वाले उक्त सभी दार्शनिकों को तर्क को भी प्रमाण मानना चाहिए।

(घ) अनुमान—साधन से होने वाले साध्य के ज्ञान को अनुमान कहते हैं।[132] साधन को लिंग और साध्य को लिंगी भी कहते हैं। अत: ऐसा भी कह सकते हैं कि लिंग से लिंगी के ज्ञान को अनुमान कहते हैं।[133] लिंग अर्थात् चिह्न और लिंगी अर्थात् उस चिह्न वाला। जैसे—धूम से अग्नि को जान लेना अनुमान है। यहाँ धूम साधन अथवा लिंग है और अग्नि साध्य अथवा लिंगी है। अग्नि का चिह्न धूम है। कहीं धुआँ उठता दिखाई दे तो ग्रामीण लोग भी धुएँ को देख कर यह अनुमान कर लेते हैं कि वहाँ आग जल रही है; क्योंकि बिना आग के धुआँ नहीं उठ सकता। अत: ऐसे किसी अविनाभावी चिह्न को देखकर उस चिह्न वाले को जान लेना अनुमान है। लिंगग्रहण और व्याप्तिस्मरण के अनु-पश्चात् या पीछे होने वाला, मान-ज्ञान अनुमान कहलाता है।

साधन ऐसा होना चाहिए जो साध्य का अविनाभावी रूप से सुनिश्चित हो। अर्थात् साध्य के होने पर ही हो और साध्य के न होने पर न हो। ऐसा साधन ही साध्य की ठीक प्रतीति करता है। इसीलिए अकलंक देव ने साधन को 'साध्याविनाभावाभिनिबोधक लक्षण' कहा है। अर्थात् साध्य के साथ सुनिश्चित अविनाभाव ही साधन का प्रधान लक्षण है। इसी को हेतु भी कहते हैं।[134] अन्यथानुपपत्ति भी इसी का नाम है।[135] 'अन्यथा' अर्थात् साध्य के अभाव में साधन की 'अनुपपत्ति' अर्थात् अभाव को अन्यथानुपपत्ति कहते हैं। अविनाभाव भी वही कहलाता है अविनाभाव का पदच्छेद (अ+विना+भाव) पूर्वक इस प्रकार अर्थ किया जा सकता है—अविनाभाव अर्थात् विना/यानि साध्य के अभाव में, अ—यानि साधन का न, भाव यानी होना अर्थात् साध्य के अभाव में साधन का न होना अविनाभाव है। अविनाभाव, अन्यथानुपपत्ति, व्याप्ति—ये सब एकार्थ वाचक शब्द हैं। अविनाभाव सम्बन्ध को व्याप्ति कहते हैं और सहभावनियम तथा क्रमभाव नियम को अविनाभाव कहते हैं।[136] यह अविनाभाव ही अनुमान का मूलाधार है। सहभावी रूप, रसादि तथा वृक्ष और शिंशपा आदि व्याप्य-व्यापक भूत पदार्थों में सहभाव नियम होता है।[137] नियतपूर्ववर्ती और उत्तरवर्ती कृत्तिकोदय और शकटोदय में तथा कार्य-कारण भूत अग्नि और धूम आदि में क्रमभाव नियम होता है।[138] अतः जो साध्य के अभाव में न रहता हो और साध्य के सद्भाव में ही रहता हो वही साधन सच्चा साधन या हेतु है। वही साध्य की सिद्धि करने में समर्थ है। ऐसे साधन से ही साध्य के ज्ञान को अनुमान प्रमाण कहते हैं।

इस प्रकार जैनदर्शन में अनुमान के लक्षण के साथ हेतु का निर्दोष लक्षण किया गया है।

हेतु-लक्षण—जैनदर्शनमान्य हेतु के उक्त लक्षण के विषय में जैनेतर दार्शनिकों के विभिन्न मत उपलब्ध होते हैं। इस विषय में बौद्धों[139] का कहना है कि हेतु का जो 'साध्याविनाभाव' लक्षण किया गया है, वह ठीक नहीं है। हेतु का एक लक्षण नहीं है, किन्तु उसके तीन लक्षण हैं—1. पक्षधर्मत्व, 2. सपक्षसत्व और 3. विपक्षव्यावृत्ति। हेतु को पक्ष का धर्म होना चाहिए, सपक्ष में रहना चाहिए और विपक्ष में नहीं ही रहना चाहिए। जिसमें ये तीनों लक्षण पाये जाते हैं, वही हेतु सम्यक् हेतु है। जैसे इस पर्वत में अग्नि है; क्योंकि यह धूम वाला है। जहाँ-जहाँ धूम होता है वहाँ-वहाँ अग्नि अवश्य होती है, जैसे रसोईघर। और जहाँ अग्नि नहीं होती है वहाँ धूम भी नहीं होता, जैसे तालाब। इस अनुमान में 'पर्वत' पक्ष है। 'अग्नि' साध्य है, 'धूमवाला' हेतु है, रसोईघर सपक्ष है और तालाब विपक्ष है। जहाँ साध्य की सिद्धि की जाती है उसे पक्ष कहते हैं। जैसे ऊपर के अनुमान में पर्वत

में अग्नि सिद्ध करता है अतः पर्वत पक्ष है। जहाँ साधन के सद्भाव से साध्य का सद्भाव दिखाया जाये उसे सपक्ष कहते हैं। जैसे-रसोईघर। जहाँ साध्य के अभाव में साधन का भी अभाव दिखाया जावे उसे विपक्ष कहते हैं, जैसे तालाब। ऊपर के अनुमान में धूमवत्व हेतु पर्वत (पक्ष) में रहता है, सपक्ष रसोईघर में भी रहता है, किन्तु विपक्ष तालाब में नहीं रहता। अतः वह निर्दोष हेतु है। हेतु के पक्ष में रहने से असिद्धता नाम का दोष नहीं रहता, सपक्ष में रहने से विरुद्धता नामका दोष नहीं रहता और विपक्ष में न रहने से अनैकान्तिक नाम का दोष नहीं रहता। यदि हेतु पक्ष में न रहे तो असिद्धता दोष दूर नहीं हो सकता, यदि हेतु सपक्ष में न रहे तो विरुद्धता दोष दूर नहीं हो सकता और यदि हेतु विपक्ष में भी रहता है तो अनैकान्तिक दोष दूर नहीं हो सकता। अतः 'त्रैरूप्य' ही हेतु का लक्षण ठीक है।

किन्तु त्रैरूप्य हेतु के लक्षण का निराकरण करते हुए जैनदर्शन का मत है कि हेतु का लक्षण पक्षधर्मत्व आदि त्रैरूप्य नहीं है; क्योंकि त्रैरूप्य तो सदोष हेतुओं में भी पाया जाता है। जैसे यदि अग्नि का लक्षण 'सत्त्व' किया जाय तो वह ठीक नहीं है; क्योंकि सत् तो प्रत्येक पदार्थ होता है। इसीतरह पक्षधर्मत्व आदि त्रैरूप्य हेत्वाभास (सदोष हेतु) में भी रह जाता है, अतः त्रैरूप्य हेतु का लक्षण ठीक नहीं है, किन्तु 'साध्याविनाभाव' या अन्यथानुपपत्ति ही हेतु का समीचीन लक्षण है, बौद्धकल्पित त्रैरूप्य हेतु का लक्षण समीचीन नहीं है। इसी से आचार्य पात्र-केसरी ने उक्त त्रिलक्षण या त्रैरूप्य का कदर्थन (खण्डन) करने के लिए 'त्रिलक्षणकदर्थन' नाम का ग्रन्थ रचा था और इसी ग्रन्थ में उन्होंने कहा है कि 'जहाँ अन्यथानुपपत्ति या अविनाभाव है वहाँ त्रैरूप्य या त्रिरूपता से क्या प्रयोजन है? अर्थात् त्रैरूप्य मानने से कोई लाभ नहीं और जहाँ अन्यथानुपपत्ति नहीं है वहाँ त्रिरूपता होने से भी क्या प्रयोजन है? अर्थात् उसका होना या न होना दोनों ही बराबर हैं।[140]

नैयायिकों ने[141] बौद्धों के त्रैरूप्य की तरह पाँचरूप्य को हेतु का लक्षण माना है। वे पक्षधर्मत्व, सपक्षसत्व, विपक्षव्यावृत्ति, अवाधित विषयत्व और असत्प्रति-पक्षत्व इस प्रकार पंच रूप वाला हेतु मानते हैं। उनका कहना है कि हेतु का पक्ष में रहना, समस्त सपक्षों में या किसी एक सपक्ष में रहना, किसी भी विपक्ष में नहीं पाया जाना, प्रत्यक्षादि से साध्य का बाधित नहीं होना और तुल्यबल वाले किसी प्रतिपक्षी हेतु का नहीं होना ये पाँच बातें प्रत्येक सद् हेतु के लिए नितान्त आवश्यक हैं। किन्तु जैनदर्शन के अनुसार हेतु का यह पाँचरूप्य लक्षण भी ठीक नहीं है। हेतु के इन पाँच लक्षणों में से पक्षधर्मत्व, सपक्षसत्व और विपक्षव्यावृत्ति इन तीन का तो खण्डन ऊपर किया जा चुका है अब शेष हैं—अवाधितविषयत्व और असत्प्रतिपक्षत्व। इन दोनों का भी जैनदर्शन निराकरण करता है। अन्यथानुपपत्ति अथवा साध्याविनाभाव

नियम के बिना न तो हेतु अबाधित विषय होता है और न असत्प्रतिपक्ष होता है। 'अबाधित' विषय का अर्थ होता है—हेतु का साध्य किसी प्रमाण से बाधित नहीं। जैसे—अग्नि ठण्डी होती है; क्योंकि द्रव्य है, जैसे जल। इस अनुमान में अग्नि का ठण्डापन साध्य है, किन्तु यह साध्य प्रत्यक्ष प्रमाण से बाधित है; क्योंकि प्रत्यक्ष से अग्नि उष्ण सिद्ध है। अत: यह बाधित विषय है; क्योंकि 'जो जो द्रव्य हो वह-वह ठण्डा हो' ऐसा कोई अविनाभाव नियम नहीं है। द्रव्य ठण्डे भी होते हैं और गरम भी होते हैं। अत: अविनाभाव के अभाव के बिना कोई हेतु बाधित विषय नहीं हो सकता। बाधित विषय और अविनाभाव का परस्पर में विरोध है। साध्य के सद्भाव में ही हेतु का पक्ष में रहना अविनाभाव है और साध्य के अभाव में हेतु का रहना बाधित विषय है। असत्प्रतिपक्ष का अर्थ है—जिसका कोई प्रतिपक्ष न हो। जैसे—किसी ने कहा—यह जगत् किसी बुद्धिमान का बनाया हुआ है; क्योंकि कार्य है। दूसरे ने कहा—यह जगत् किसी का बनाया हुआ नहीं हैं; क्योंकि उसका कोई कर्ता नहीं है। यह सत्प्रतिपक्ष है। अब यहाँ यह विचारणीय है कि असत्प्रतिपक्षता से तुल्य बलवाले प्रतिपक्ष का निषेध इष्ट है। अथवा अतुल्य बलवाले प्रतिपक्ष का निषेध इष्ट है? यदि पक्ष और प्रतिपक्ष दोनों समान बलवाले हों तो उनमें बाध्य-बाधक-भाव नहीं हो सकता; क्योंकि जो समान बल-वाले होते हैं उनमें बाध्य-बाधक-भाव नहीं होता, जैसे समान बलशाली दो राजाओं में। यदि पक्ष और प्रतिपक्ष अतुल्य बलवाले हैं तो उनके अतुल्य बल होने का कारण क्या है—एक में पक्षधर्मता वगैरह का होना और एक में उनका न·होना अथवा अनुमानबाधा? प्रथम पक्ष ठीक नहीं है; क्योंकि पक्षधर्मता आदि दोनों अनुमानों में पायी जाती है। जैसे, एक ने कहा—'यह मनुष्य मूर्ख है; क्योंकि अमुक—का पुत्र है।' दूसरे ने कहा—'यह मनुष्य मूर्ख नहीं है; क्योंकि शास्त्र का व्याख्यान करता है।' इन दोनों अनुमानों में पक्षधर्मता आदि पाई जाती है। दूसरा पक्ष भी ठीक नहीं है—क्योंकि जब दोनों अनुमानों में पक्षधर्मता आदि पाई जाती है तो उनमें से एक बाधित और एक बाधक नहीं हो सकता, अन्यथा दोनों में से कोई भी बाध्य और कोई भी बाधक हो जाएगा तथा अन्योन्याश्रय नाम का दोष भी आता है—क्योंकि जब दोनों अनुमान अतुल्य बल सिद्ध हों तो अनुमानबाधा आये और जब अनुमान बाधा हो तो अतुल्यबलत्व सिद्ध हो। अत: हेतु का लक्षण अविनाभाव नियम निश्चय ही मानना चाहिए।

जैनदर्शन में हेतु का एक रूप ही माना है और वह है अविनाभाव नियम। उसका कहना है कि जब तीन अथवा पाँच रूपों के नहीं होने पर भी कुछ हेतु गमक हो सकते हैं तो अविनाभाव नियम को ही हेतु का लक्षण मानना चाहिए, तीन या पाँच रूप तो अविनाभाव का ही विस्तार है।

इस प्रकार हेतु का पाँच रूप वाला लक्षण ठीक नहीं है। अतएव आचार्य विद्यानन्द ने आचार्य पात्रकेसरी के त्रैरूप्य के खण्डन की तरह नैयायिकों के उक्त पाँच रूप्य का खण्डन करते हुए कहा है—'जहाँ (कृतिकोदय आदि हेतुओं में) अन्यथानुपपन्नत्व या अविनाभाव है वहाँ पंच रूपों से क्या लाभ? पंचरूप न भी हों तो भी कोई हानि नहीं और जहाँ (मैत्री-तनयत्व आदि हेतुओं में) पंचरूप है और अन्यथानुपपन्नत्व नहीं है, वहाँ, पंच रूप मानने से क्या लाभ? वे व्यर्थ हैं।[142]

इसी प्रकार इन त्रैरूप्य और पाँचरूप्य हेतु लक्षणों के अतिरिक्त भी कुछ दार्शनिक द्विलक्षण, चतुर्लक्षण और षड्लक्षण आदि हेतु-लक्षणों को स्वीकार करते हैं, तर्क ग्रन्थों में उल्लेख पाया जाता है। किन्तु हेतु-लक्षणों की ये मान्यताएँ ठीक नहीं है, इनका तर्कपूर्ण ढंग से सहज ही में निराकरण किया जा सकता है।

(ङ) आगम प्रमाण—परोक्ष प्रमाण का अन्तिम भेद आगम प्रमाण है। जैन आगमिक परम्परा में इसका प्राचीन नाम 'श्रुत' है। अतः श्रुतज्ञान या शब्द ज्ञान को आगम कहते हैं। आप्तवचन या द्रव्य श्रुत को भी आगम कहा जाता है, किन्तु वास्तव में आगम वह ज्ञान है जो श्रोता या पाठक को आप्त की मौखिक या लिखित वाणी से होता है।

जैनदर्शन के अनुसार आप्त के वचनादि के निमित्त से होने वाले पदार्थ ज्ञान को आगम कहते है।[143] कर्मों के विनाशक, वीतराग, सर्वज्ञ, हितोपदेशी आत्मा के वचनों से तथा हाथ की अँगुली आदि की संज्ञाओं, संकेतों आदि से होने वाले द्रव्य, गुण और पर्यायों के ज्ञान को आगम प्रमाण कहते हैं। व्यवहार में भी 'यो यत्रावंचकः सः तत्राप्तः' अर्थात् जो जहाँ अवंचक है, वह वहाँ आप्त है इस व्याख्यान के अनुसार अविसंवादी, अवंचक और प्रामाणिक पुरुष के वचनों को सुनकर जो अर्थबोध होता है, वह भी आगम की मर्यादा में आता है। इसीलिए आचार्य अकलंकदेव ने आप्त का व्यापक अर्थ करते हुए कहा है कि जो जिस विषय में अविसंवादक है, वह उस विषय में आप्त है, उससे भिन्न अनाप्त है।[144] आप्तता के लिए तद्विषयक ज्ञान और उस विषय में अविसंवादकता या अवचंकता का होना आवश्यक है। इसलिए व्यवहार में अवंचक आप्त या प्रामाणिक पुरुष के द्वारा किये गये कथन का ज्ञान भी आगम प्रमाण ही माना जाएगा। इसी दृष्टि से आप्त के दो भेद किये गये हैं—1. लौकिक आप्त और 2. लोकोत्तर आप्त। लोक व्यवहार में माता-पिता आदि प्रामाणिक पुरुष लौकिक आप्त हैं। और मोक्ष मार्ग के उपदेष्टा सर्वज्ञ तीर्थंकर, गणधर आदि प्रामाणिक होते हैं इसलिए वे लोकोत्तर आप्त हैं।[145] इस प्रकार आप्त वचन को आगम कहा गया है।

मीमांसा दर्शन सर्वज्ञ को नहीं मानता। उसके अनुसार कोई भी पुरुष, कभी

भी सर्वज्ञ नहीं हो सकता। किन्तु उनकी यह मान्यता ठीक नहीं है; क्योंकि आप्तोक्त होने से ही कोई वचन प्रमाण हो सकता है, अन्यथा नहीं।

वैशैषिक और बौद्ध दर्शन आगम ज्ञान या शाब्द-प्रमाण को भी अनुमान का ही रूप मानते हैं। जैनदर्शन को यह बात मान्य नहीं। क्योंकि पूर्व-अभ्यास की स्थिति में शब्द-ज्ञान व्याप्ति निरपेक्ष होता है। एक व्यक्ति खोटे-खरे सिक्के को जानने वाला है, वह उसे देखते ही पहचान लेता है। उसे ऊहापोह की आवश्यकता नहीं होती। यही बात शब्दज्ञान के लिए है। शब्द सुनते ही सुनने वाला समझ जाता है। वह अनुमान नहीं होता। शब्द सुनने पर उसका अर्थबोध न हो, उसके लिए व्याप्ति का सहारा लेना पड़े तो वह अवश्य अनुमान होगा, शाब्द नहीं। प्रत्यक्ष के लिए भी यही बात है। प्रत्येक वस्तु के लिए 'यह अमुक होना चाहिए।' ऐसा विकल्प बने तब यह ज्ञान प्रत्यक्ष नहीं होगा, आगम व्याप्ति-निरपेक्ष होने के कारण अनुमान के अन्तर्गत नहीं आता।

जैनदर्शन के अनुसार आगम स्वतः प्रमाण, पौरुषेय और आप्तप्रणीत होता है।

नय

(1) **नय का स्वरूप**—जैनाचार्यों ने तत्त्वाधिगम के उपायों में प्रमाण के साथ नय का भी उल्लेख किया है; क्योंकि नय के द्वारा वस्तु के यथार्थ स्वरूप का परिज्ञान होता है। नय के स्वरूप को जानने के लिए उसके व्युत्पत्तिपरक लक्षणों को समझना अत्यावश्यक है, अतः सर्वप्रथम उसके व्युत्पत्तिपरक लक्षणों का विवेचन किया जाता है।

'नय' शब्द 'णी' प्रापणे धातु से कृदन्त का 'अच्' प्रत्यय लगाने पर सिद्ध होता है, जिसकी व्युत्पत्ति कर्तृ-वाच्य में 'नयति प्राप्नोति, जानाति वस्तु स्वरूपं यः सः नयः' इस रूप से और कर्म वाच्य में 'नीयते, गम्यते, परिच्छिद्यते, ज्ञायतेऽनेन येन वा अर्थः सः नयः' इस रूप से की जाती है।

आचार्य वीरसेन स्वामी ने 'नय' शब्द का कर्तृवाच्यपरक व्युत्पत्ति का उल्लेख करते हुए उसका विश्लेषण किया है; 'अनेक गुण और पर्यायों सहित अथवा उनके द्वारा एक परिणाम से दूसरे परिणाम में, एक क्षेत्र से दूसरे क्षेत्र में और एक काल से दूसरे काल में अविनाशी स्वभाव रूप से रहने वाले द्रव्य को जो ले जाता है अर्थात् उसका ज्ञान कराता है, उसे नय कहते हैं।[146] नय किसी विवक्षित धर्म द्वारा ही द्रव्य का बोध कराता है। अथवा जो अनेक धर्मात्मक वस्तु के किसी एक धर्म का ज्ञान कराता है, वह नय है।

आचार्य देवसेन स्वामी ने भी 'नय' की व्युत्पत्ति कर्तृवाच्य में की है 'जो नाना स्वभावों से हटाकर एक स्वभाव में वस्तु को ले जाता है, प्राप्त कराता है, उसे स्थापित कराता है या उसका ज्ञान कराता है, उसे नय कहते हैं।' अर्थात् अनेक गुण-पर्यायात्मक द्रव्य का किसी एक धर्म की मुख्यता से निश्चय कराने वाले ज्ञान को नय कहते हैं।[147]

इसी प्रकार अन्य आचार्यों ने भी 'नय' शब्द की कर्तृवाच्यपरक अनेक व्युत्पत्तियाँ की हैं।

आचार्य विद्यानन्द स्वामी ने 'नय' शब्द की कर्मवाच्यपरक व्युत्पत्ति करते हुए कहा है; जो श्रुतप्रमाण द्वारा जाने गये अर्थ के किसी एक अंश या धर्म का कथन करता है, वह नय है।[148]

इसी प्रकार श्री मल्लिषेण सूरि[149] और वादिदेव सूरि[150] ने भी कर्मवाच्य परक व्युत्पत्तियाँ की हैं।

श्रुतज्ञान के द्वारा जाने हुए पदार्थ का एक धर्म, अन्य धर्मों को गौण करके जिस अभिप्राय से जाना जाता है, वक्ता का वह अभिप्राय नय कहलाता है। अर्थात् श्रुतज्ञान रूप प्रमाण अनन्त धर्मवाली वस्तु को ग्रहण करता है। उन अनन्त धर्मों में से किसी एक धर्म को जानने वाला ज्ञान नय कहलाता है। नय जब वस्तु के एक धर्म को जानता है तब वस्तु में रहे हुए शेष धर्मों को गौण कर देता है। इस प्रकार केवल एक धर्म को मुख्य करके उसे जानने वाला ज्ञान नय है।

आचार्य समन्तभद्र ने श्रुतज्ञान का 'स्याद्वाद' शब्द से निर्देश करते हुए स्याद्वाद अर्थात् श्रुतज्ञान द्वारा गृहीत अनेकान्तात्मक पदार्थ के धर्मों का अलग-अलग कथन करने वाले ज्ञान को नय कहा है।[151]

श्रुतप्रमाण के विकल्प, भेद या अंश को भी नय कहा गया है; क्योंकि श्रुतज्ञान में ही नय रूप अंश या भेद होते हैं।[152]

आचार्य अकलंक ने नय-सामान्य का लक्षण करते हुए कहा है—'प्रमाण से गृहीत अस्तित्व, नास्तित्व, नित्यत्व, अनित्यत्व आदि अनन्तधर्मात्मक जीवादि पदार्थों के जो विशेष धर्म हैं, उनका निर्दोष कथन करना नय कहलाता है।'[153]

यह नय प्रमाण-सापेक्ष होता है, इसीलिए आचार्य विद्यानन्द ने प्रमाण के विषयभूत 'स्व' और 'पर' यानि पदार्थ के एक देश या अंश का जिसके द्वारा निर्णय किया जावे उसे नय कहा है। तात्पर्य यह है कि प्रमाण से जानी गयी वस्तु के एक देश में वस्तुत्व की विवक्षा का नाम नय है। प्रमाण से गृहीत वस्तु में जो एकान्त रूप व्यवहार होता है वह नयमूलक है। अतः समस्त व्यवहार नय के आधीन है।

आचार्य पूज्यपाद ने 'अनेकधर्मात्मक वस्तु में विरोध के बिना हेतु की मुख्यता

से साध्य-विशेष की यथार्थता के प्राप्त कराने में समर्थ प्रयोग' को नय कहा है।[155]

आचार्य अमृतचन्द्र ने 'प्रमाण के द्वारा अभिव्यक्त स्वरूप वाली अनन्तधर्मात्मक वस्तु के एक देश को जानने वाले ज्ञान' को नय कहा है।[156]

श्री माइल्ल धवल ने भी 'श्रुतज्ञान का आश्रय लिये हुए ज्ञानी का जो विकल्प वस्तु के एक अंश को ग्रहण करता है उसे नय कहा है।'[157]

यह नय श्रुतज्ञान का भेद है, इसलिए श्रुत के आधार से ही नय की प्रवृत्ति होती है। श्रुत प्रमाण होने से वस्तु के सभी धर्मों को जानने वाला है और नय वस्तु के अंश या धर्म को ग्रहण करने वाला है। इसी से नय विकल्प रूप है। इस प्रकार श्रुत-ज्ञान के द्वारा जाने गये अर्थ का अंश जिसके द्वारा जाना जाता है, उसे नय कहते हैं।

आचार्य प्रभाचन्द्र ने भी 'नित्यानित्य, एकानेक, सदसदादि परस्पर विरोधी अनेक धर्मों वाली वस्तु के विरोधी धर्मों का निराकरण न करते हुए उस वस्तु के किसी एक अंश या धर्म को ग्रहण करने वाले ज्ञाता के अभिप्राय को नय कहा है।'[158]

आचार्य यतिवृषभ ने 'सम्यग्ज्ञान को प्रमाण कहकर ज्ञाता के हृदय के अभिप्राय को नय कहा है।'[159]

इसी प्रकार के अभिप्राय को अभिव्यक्त करते हुए श्री यशोविजयगणी ने भी 'श्रुतप्रमाण के द्वारा गृहीत अनन्त-धर्मात्मक वस्तु के एक देश या धर्म को ग्रहण करने वाले किन्तु उस गृहीत धर्म से इतर धर्मों का निषेध न करने वाले अभिप्राय-विशेष को नय कहा है'।[160]

उक्त सभी आचार्यों की नयविषयक परिभाषाओं के कथन का निष्कर्ष यह है कि जैनदर्शन के अनुसार प्रत्येक वस्तु परस्पर विरोधी प्रतीत होने वाले सत्-असत्, नित्य-अनित्य, एक-अनेक आदि धर्म स्वरूप है, अत: वह अनेकान्तात्मक या अनेक धर्मात्मक कही जाती है और इसीलिए जैनदर्शन को भी अनेकान्तवादी दर्शन कहा जाता है।

वस्तु न सर्वथा सत् ही है, न सर्वथा असत् ही, न सर्वथा नित्य ही है, न सर्वथा अनित्य ही, न सर्वथा एक ही है, न सर्वथा अनेक ही, न सर्वथा भेदरूप ही है, न सर्वथा अभेद रूप ही, न सर्वथा सामान्य रूप ही है, न सर्वथा विशेष रूप ही, किन्तु दृष्टि-भेद से या कथंचित् या किसी अपेक्षा से सत् है तो किसी अपेक्षा से असत्, किसी अपेक्षा से नित्य है तो किसी अपेक्षा से अनित्य, किसी अपेक्षा से सामान्य रूप है तो किसी अपेक्षा से विशेष रूप, किसी अपेक्षा से वाच्य है तो किसी अपेक्षा से अवाच्य।[161] इस प्रकार परस्पर विरोधी प्रतीत होने वाले सत्-असत् आदि धर्मों का तादात्म्यरूप ही वस्तु है। यह अनेकान्तात्मक वस्तु ही प्रमाण का विषय

है। यह प्रमाण अनन्त धर्मवाली वस्तु को समग्रभाव से ग्रहण करता है। इसीलिए प्रमाण को सकलादेशी कहा गया है।[162] किन्तु इस अनन्तधर्मवाली वस्तु के किसी एक धर्म की मुख्यता से वक्ता अपने अभिप्रायानुसार कथन करता है। जैसे, देवदत्त व्यक्ति किसी का पिता और किसी का पुत्र है, किसी का मामा और किसी का भानजा है। इस प्रकार अपने नाना सम्बन्धियों की अपेक्षा से वह नाना सम्बन्ध वाला है, किन्तु उन नाना सम्बन्धों में से पुत्रत्व धर्म की विवक्षा से उसका पिता उसे पुत्र कहता है, पितृत्व धर्म की विवक्षा से उसका पुत्र उसे पिता कहता है, मातुलत्व धर्म की अपेक्षा से उसका भानजा उसे मामा कहता है और भगिनेयत्व धर्म की विवक्षा से उसका मामा उसे भानजा कहता है। इस तरह विवक्षा भेद से जो वस्तु के एक धर्म का कथन किया जाता है, वह नय है। नय वस्तु के किसी एक विवक्षित धर्म का ग्राहक है अर्थात् उसका ज्ञान कराने वाला है। इसीलिए नय को विकलादेशी कहा गया है।[163] समस्त लोकव्यवहार नयाधीन है; क्योंकि ज्ञाता पूर्ण वस्तु को जानकर भी अपने अभिप्राय के अनुसार उसका कथन करता है। इसी से ज्ञाता के अभिप्राय को नय कहते हैं।[164] और प्रमाण से गृहीत वस्तु के एक देश में वस्तु का निश्चय ही अभिप्राय है।[165] नय ज्ञान ज्ञाता के अभिप्राय से सम्बन्ध रखता है। उसमें ज्ञाता के अभिप्रायानुसार वस्तु प्रतिबिम्बित होती है। अतः ज्ञाता का वह अभिप्राय-विशेष नय है, जो प्रमाण के द्वारा जानी गयी वस्तु के एक देश को स्पर्श करता है। जो प्रमाण द्वारा निश्चित किये गये अनेक धर्मात्मक वस्तु के एक-एक अंग का ज्ञान मुख्यता से कराता है, वह नय है। नय वस्तु का सापेक्ष निरूपण करता है। इसी से नय सापेक्ष होने पर ही सम्यक् कहे जाते हैं; क्योंकि प्रत्येक नय दृष्टिभेद से वस्तु के एक धर्म को ग्रहण करता है। अनन्त धर्मात्मक वस्तु के किसी एक धर्म की अपेक्षा से उसके अन्य धर्मों का निषेध न करते हुए, किन्तु उनको गौण करते हुए, उस वस्तु का विवेचन करना नय है। नय किसी वस्तु में अपने अपेक्षित धर्म को सिद्ध करते हुए अन्य धर्मों में उदासीन होकर उस वस्तु का विवेचन करता है। अतः अनेकान्तात्मक वस्तु का जिस धर्म की विवक्षा से वक्ता कथन करता है उसके उसी अभिप्राय को जानने वाले ज्ञान को नय कहा जाता है। वस्तु में अनन्त धर्म हैं, इसलिए उनके अवयव अनन्त तक हो सकते हैं और इसीलिए अवयव के ज्ञान रूप नय भी अनन्त हो सकते हैं। यह नय-व्यवस्था प्रमाण में ही होती है, अप्रमाण में नहीं, दूसरी बात यह है कि नय हमेशा प्रमाण का अंशरूप ही रहता है, पूर्ण रूप नहीं। यदि अप्रमाण में भी नय व्यवस्था मान ली जाये तो किसी भी वस्तु की सिद्धि नहीं हो सकती है और सर्वत्र अव्यवस्था या अनवस्था उपस्थित हो जाएगी।

(2) **प्रमाण और नय में अन्तर**—प्रमाण और नय दोनों ज्ञान ही हैं अर्थात् जितना भी समीचीन ज्ञान है, वह प्रमाण और नय दो भागों में बँटा हुआ है परन्तु उन दोनों में अन्तर यह है कि नय वस्तु के एक अंश का बोध कराता है और प्रमाण सर्व अंशों का। प्रमाण वस्तु के पूर्ण रूप को ग्रहण करता है और नय प्रमाण के द्वारा गृहीत वस्तु के एक अंश या धर्म का ज्ञान कराता है।

आचार्य सिद्धसेन ने कहा है; 'अनेकान्तात्मक या अनेक धर्मात्मक वस्तु प्रमाण स्वरूप ज्ञान का विषय है और उन अनेक धर्मों में से किसी एक धर्म से विशिष्ट वस्तु नय का विषय माना गया है।'[166]

वस्तु में अनेक धर्म होते हैं, उनमें से जब किसी एक धर्म के द्वारा वस्तु का निश्चय किया जाय तब वह नय है। जैसे—नित्यानित्यात्मक वस्तु में नित्यत्व धर्म द्वारा 'आत्मा या प्रदीपादि वस्तुएँ नित्य हैं' ऐसा निश्चय करना नय है और अनेक धर्म द्वारा वस्तु का अनेक रूप से निश्चय किया जाय, जैसे नित्यत्व, अनित्यत्व आदि धर्मों द्वारा 'आत्मा या प्रदीपादि वस्तुएँ नित्यानित्यादि अनेक रूप हैं' ऐसा निश्चय करना प्रमाण है। अथवा दूसरे शब्दों में, यह समझना चाहिए कि 'नय' यह प्रमाण का एक अंशमात्र है और 'प्रमाण' यह अनेक नयों का समूह है; क्योंकि नय वस्तु को एक दृष्टि से ग्रहण करता है और प्रमाण उसे अनेक दृष्टियों से ग्रहण करता है।

अंश-अंशी या धर्म-धर्मी का भेद किये बिना वस्तु का जो अखण्ड-ज्ञान होता है, वह प्रमाण-ज्ञान है तथा धर्म-धर्मी का भेद कर के किसी एक धर्म द्वारा वस्तु का जो ज्ञान होता है, वह नय ज्ञान है।

मतिज्ञान, अवधिज्ञान, मनःपर्ययज्ञान और केवलज्ञान—ये चार ज्ञान मूक हैं, अतः ये धर्म-धर्मी का भेद किये बिना वस्तु को जानते हैं इसलिए ये सब के सब प्रमाण ज्ञान हैं और श्रुतज्ञान अमूक है, अतएव विचारात्मक होने से उसमें कभी धर्म-धर्मी का भेद किये बिना वस्तु प्रतिभासित होती है और कभी धर्म-धर्मी का भेद होकर वस्तु का बोध होता है। जब-जब धर्म-धर्मी का भेद किये बिना वस्तु प्रतिभासित होती है तब-तब वह श्रुतज्ञान प्रमाणज्ञान कहलाता है और जब-जब उसमें धर्म-धर्मी का भेद होकर किसी एक धर्म द्वारा वस्तु का ज्ञान होता है तब-तब वह नय-ज्ञान कहलाता है इसी कारण से नयों को श्रुतज्ञान का भेद कहा गया है।[167] उदाहरणार्थ—'जीव है', ऐसा मन का विकल्प प्रमाण ज्ञान है। यद्यपि जीव का व्युत्पत्त्यर्थ 'जो जीता है, वह जीव है'[168]—इस प्रकार होता है। तथापि जिस समय 'जीव' है, यह विकल्प मन में आया उस समय विकल्प द्वारा 'जो चेतनादि अनन्त गुणों का पिण्ड है' वह पदार्थ समझा गया, इसलिए यह ज्ञान 'प्रमाण-ज्ञान'

ही है; तथा नित्यत्व धर्म द्वारा 'आत्मा नित्य है' ऐसा मन का विकल्प नय ज्ञान है; क्योंकि यहाँ धर्म-धर्मी का भेद होकर एक धर्म द्वारा धर्मी का बोध हुआ। इसी प्रकार इन्द्रिय और मन की सहायता से या इन्द्रिय और मन की सहायता के बिना जो पदार्थ का ज्ञान होता है, वह सबका सब प्रमाण ज्ञान है, किन्तु उसके बाद उस पदार्थ के विषय में उसकी विविध अवस्थाओं की अपेक्षा क्रमशः जो विविध मानसिक विकल्प होते हैं, वे सब नय-ज्ञान हैं। नय-ज्ञान विश्लेषणात्मक होता है। नय से अनन्त धर्मात्मक वस्तु के एक धर्म का बोध होता है और जो बोध होता है वह यथार्थ होता है।

प्रमाण-ज्ञान अनन्त धर्म वाली वस्तु को समग्र भाव से ग्रहण करता है, उसमें अंश-विभाजन करने की ओर उसका लक्ष्य नहीं होता। जैसे—'अयं घटः', 'यह घड़ा है', इस ज्ञान में प्रमाण घड़े को अखण्ड भाव से उसके रूप, रस, गन्ध, स्पर्श तथा कनिष्ठ-ज्येष्ठ आदि अनन्त-गुण-धर्मों का विभाग न करके पूर्ण रूप में जानता है, जबकि कोई भी नय उसका विभाजन करके 'रूपवान् घटः' 'रसवान् घटः' आदि रूप में उसे अपने-अपने अभिप्राय के अनुसार जानता है। प्रमाण और नय ज्ञान की ही वृत्तियाँ हैं। दोनों ज्ञानात्मक पर्याय हैं। जब ज्ञाता की सकल धर्मों को ग्रहण करने की दृष्टि होती है तब उसका ज्ञान 'प्रमाण ज्ञान' कहलाता है और जब उसी प्रमाण से गृहीत वस्तु को खण्डशः ग्रहण करने का अभिप्राय होता है, तब वह अंशग्राही अभिप्राय 'नय' कहलाता है। प्रमाणज्ञान नय की उत्पत्ति के लिए भूमिका तैयार करता है।

जब ज्ञान पूरी वस्तु को ग्रहण करता है तब वह प्रमाण कहा जाता है तथा जब वह उसी वस्तु के एक अंश को जानता है तब नय कहा जाता है। पर्वत के एक भाग द्वारा पूरे पर्वत का अखण्ड भाव से ज्ञान प्रमाण है और उसी अंश का ज्ञान नय है। अखण्ड वस्तुग्राही यथार्थ ज्ञान प्रमाण होता है, इस स्थिति में वस्तु को खण्डशः जानने वाला विचार नय। प्रमाण का चिह्न है 'स्यात्' और नय का चिह्न है 'सत्'। प्रमाणवाक्य को 'स्याद्वाद' कहा जाता है और नय वाक्य को 'सद्वाद'। वास्तविक दृष्टि से प्रमाण स्वार्थ होता है और नय स्वार्थ और परार्थ दोनों। एक साथ अनेक धर्म कहे नहीं जा सकते। इसलिए प्रमाण का वाक्य नहीं बनता। वाक्य बने बिना परार्थ कैसे बने? प्रमाणवाक्य से जो परार्थ बनता है, उसके दो कारण है—

(1) अभेदवृत्ति प्राधान्य।

(2) अभेदोपचार।

द्रव्यार्थिक अर्थात् द्रव्य ही जिसका प्रयोजन है अथवा केवल द्रव्य को विषय

करने वाले नय के अनुसार द्रव्य के धर्मों में अभेद होता है और पर्यायार्थिक अर्थात् पर्याय या अवस्था ही जिसका प्रयोजन है अथवा केवल पर्याय या अवस्था को विषय करने वाले नय की दृष्टि से उनमें भेद होने पर भी अभेदोपचार किया जाता है। इन दो निमित्तों से वस्तु के अनन्त धर्मों को अभिन्न मानकर एक गुण की मुख्यता से जब अखण्ड वस्तु का प्रतिपादन विवक्षित हो, तब प्रमाण-वाक्य बनता है। जैनदर्शन में यह वाक्य सकलादेश कहा जाता है। इसलिए इसमें वस्तु को विभक्त करने वाले अन्य गुणों की विवक्षा नहीं होती।

वस्तु प्रतिपादन के दो प्रकार हैं—क्रम और यौगपद्य। इनके सिवाय तीसरा मार्ग नहीं है। इनका आधार है, भेद और अभेद की विवक्षा।[169] यौगपद्य—पद्धति प्रमाण वाक्य है। भेद की विवक्षा में एक शब्द एक काल में एक धर्म का ही प्रतिपादन कर सकता है। यह अनुपचरित पद्धति है। यह क्रम की मर्यादा में परिवर्तन नहीं ला सकती, इसलिए इसे विकलादेश कहा जाता है, जो नयाधीन है। विकलादेश का अर्थ है, निरंश वस्तु में गुण-भेद से अंश की कल्पना करना।[170] अखण्ड वस्तु में काल आदि की दृष्टि से विभिन्न अंशों की कल्पना करना अस्वाभाविक नहीं है। तात्पर्य यह है कि प्रमाण ज्ञात वस्तु-भाग द्वारा सकल वस्तु को ग्रहण करता है जब कि नय उसके विकल अर्थात् एक अंश को ग्रहण करता है। जैसे—आँख से घट के रूप को देखकर रूप मुखेन पूर्ण घट का ग्रहण करना 'सकलादेश' है और घट में 'रूप' है, इस रूपांश को जानना 'विकलादेश' है।

आचार्य वीरसेन स्वामी ने सकलादेश और विकलादेश का विश्लेषण बड़े सुन्दर ढंग से किया है। उन्होंने सकलादेश का विवेचन करते हुए कहा है—

'कथंचित् घट है, कथंचित् घट नहीं है, कथंचित् घट अवक्तव्य है, कथंचित् घट है और नहीं है, कथंचित् घट है और अवक्तव्य है, कथंचित् घट नहीं है और अवक्तव्य है, कथंचित् घट है, नहीं है और अवक्तव्य है, इस प्रकार ये सातों भंग सकलादेश कहे जाते हैं। क्योंकि ये सातों सुनय-वाक्य किसी एक धर्म को प्रधान करके साकल्यरूप से वस्तु का प्रतिपादन करते हैं, इसलिए ये सकलादेश रूप हैं, क्योंकि साकल्य रूप से जो पदार्थ का कथन करता है, वह सकलादेश कहा जाता है।'[171]

इससे आगे उन्होंने विकलादेश के स्वरूप का कथन किया है—

'घट है ही, घट नहीं ही है, घट अवक्तव्यरूप ही है, घट है ही और नहीं ही है, घट है ही और अवक्तव्य ही है, घट नहीं ही है और अवक्तव्य ही है, घट है ही, नहीं ही है और अवक्तव्य रूप ही है, इस प्रकार यह विकलादेश है। क्योंकि ये सातों वाक्य एक-धर्म विशिष्ट वस्तु का ही प्रतिपादन करते हैं, इसलिए ये

विकलादेश रूप हैं।'[172]

तथा जिसप्रकार सुनय वाक्यों से अर्थात् अनेकान्त के अवबोधक वाक्यों से श्रोता को प्रमाण-ज्ञान ही उत्पन्न होता है, उसीप्रकार दुर्नयवाक्यों से अर्थात् एकान्त के अवबोधक वाक्यों से भी श्रोता को प्रमाण रूप ही ज्ञान होता है, क्योंकि इन सातों दुर्नयवाक्यों से एकान्त को विषय करने वाला बोध नहीं होता है। अर्थात् ये सातों वाक्य अर्थ का कथन एकान्त रूप ही करते हैं, तथापि उनसे जो ज्ञान होता है वह अनेकान्त रूप ही होता है। यह विकलादेश नयाधीन है अर्थात् नय के वशीभूत है या नय से उत्पन्न होता है।

ठीक यही विवेचन आचार्य अकलंक[173], प्रभाचन्द्र[174] आदि ने भी किया है। इन सबने प्रमाण सप्तभंगी को सकलादेश स्वभाववाला और नय-सप्तभंगी को विकलादेश स्वभाववाला कहा है। क्योंकि ये दोनों प्रकार के सप्तभंगी अर्थात् प्रमाण-सप्तभंगी और नय सप्तभंगी क्रम से प्रमाण और नय के अधीन होने के कारण सकलादेश और विकलादेश स्वभाववाले हैं।

सकलादेश और विकलादेश के विषय में आचार्य विद्यानन्द[175] ने भी कहा है—

'अनन्त धर्मात्मक वस्तु को कालादि के द्वारा अभेद की प्रधानता से अथवा अभेद का उपचार करके एक साथ प्रतिपादन करने वाला वचन सकलादेश कहलाता है; क्योंकि वह प्रमाण के अधीन है, और वस्तु स्वरूप को भेद की प्रधानता से अथवा भेद के उपचार से क्रम से प्रतिपादन करने वाला वचन विकलादेश है, क्योंकि वह नय के अधीन है।'

श्री वादिदेव सूरि ने 'प्रमाण से जानी हुई अनन्त धर्मों वाली वस्तु को काल आदि के द्वारा अभेद की प्रधानता से अथवा अभेद के उपचार से एक साथ प्रतिपादन करने वाले वचन को सकलादेश और सकलादेश से विपरीत वाक्य को विकलादेश' कहा है।[176]

'वस्तु में अनन्त धर्म हैं,' यह बात प्रमाण से सिद्ध है। अतएव किसी भी एक वस्तु का पूर्ण रूपेण प्रतिपादन करने के लिए अनन्त शब्दों का प्रयोग करना चाहिए, क्योंकि एक शब्द एक ही धर्म का प्रतिपादन कर सकता है। मगर ऐसा करने से लोक व्यवहार नहीं चल सकता है। अतएव हम एक शब्द का प्रयोग करते हैं। वह एक शब्द मुख्य रूप से एक धर्म का प्रतिपादन करता है और शेष बचे हुए धर्मों को उस एक धर्म से अभिन्न मान लेते हैं। इस प्रकार एक शब्द से एक धर्म का प्रतिपादन हुआ और उससे अभिन्न होने के कारण शेष धर्मों का भी प्रतिपादन हो गया। इस

उपाय से एक ही शब्द एक साथ अनन्त धर्मों का अर्थात् सम्पूर्ण वस्तु का प्रतिपादक हो जाता है। इसी को सकलादेश कहते हैं।

शब्द द्वारा साक्षात् रूप से प्रतिपादित धर्म से शेष धर्मों का अभेद काल आदि द्वारा होता है। काल आदि आठ हैं—1. काल, 2.आत्मरूप, 3. अर्थ, 4.सम्बन्ध, 5.उपकार, 6. गुणी-देश, 7.संसर्ग, 8. शब्द।[177]

जैसे—मान लीजिए, हमें अस्तित्व धर्म से अन्य धर्मों का अभेद करना है तो वह इस प्रकार होगा—जीव में जिस काल में अस्तित्व धर्म है उसी काल में अन्य धर्म भी हैं, अत: काल की अपेक्षा अस्तित्व धर्म से अन्यधर्मों का अभेद है। इसी प्रकार शेष सात की अपेक्षा भी अभेद समझना चाहिए। इसी को अभेद की प्रधानता कहते हैं। द्रव्यार्थिक नय को मुख्य और पर्यायार्थिक नय को गौण करने से अभेद की प्रधानता होती है। जब पर्यायार्थिक नय मुख्य और द्रव्यार्थिक नय गौण होता है तब अनन्तगुण वास्तव में अभिन्न नहीं हो सकते, अतएव उन गुणों में अभेद का उपचार करना पड़ता है। इस प्रकार अभेद की प्रधानता और अभेद के उपचार से एक साथ अनन्त धर्मात्मक वस्तु का प्रतिपादन करने वाला वाक्य सकलादेश कहलाता है। तथा नय के विषयभूत वस्तुधर्म का काल आदि द्वारा भेद की प्रधानता अथवा भेद के उपचार से क्रम से प्रतिपादन करने वाला वाक्य विकलादेश कहलाता है। सकलादेश में द्रव्यार्थिक नय की प्रधानता के कारण वस्तु के अनन्त धर्मों का अभेद किया जाता है और विकलादेश में पर्यायार्थिक नय की प्रधानता के कारण इन धर्मों का भेद किया जाता है। यहाँ भी उक्त काल आदि आठ के आधार पर ही भेद किया जाता है। पर्यायार्थिक नय कहता है—एक ही काल में, एक ही वस्तु में नाना धर्मों की सत्ता स्वीकार की जाएगी तो वस्तु भी नाना रूप ही होगी—एक ही रूप नहीं। इसी प्रकार नानागुणों सम्बन्धी आत्मरूप भिन्न-भिन्न ही हो सकता है—एक नहीं। इसी प्रकार अन्य भेदों को भी समझना चाहिए।

श्री यशोविजय गणी[178] ने जिन काल-आदि के आधार पर एक धर्म का अन्य धर्मों से अभेद या भेद किया जाता है, उनका विश्लेषण बड़े सुन्दर ढंग से किया है—

(1) 'कथंचित् जीवादि वस्तु है ही' यहाँ जिस काल में जीवादि में अस्तित्व है उसी काल में उनमें शेष अनन्त धर्म भी हैं, यह काल से अभेद वृत्ति है।

(2) जीवादि का गुण होना जैसे अस्तित्व का आत्मस्वरूप है, उसीप्रकार अन्य अनन्त गुणों का भी यही आत्मरूप है, यह आत्मरूप से अभेद वृत्ति है।

(3) जो द्रव्यरूप अर्थ अस्तित्व का आधार है वही अन्य धर्मों का भी

आधार है।

(4) जीवादि के साथ अभेद रूप जो सम्बन्ध अस्तित्व का है, वही सम्बन्ध अन्य धर्मों का भी है। यह सम्बन्ध से अभेद वृत्ति है।

(5) अस्तित्व धर्म जीवादि का जो उपकार करता है—अपने से युक्त बनाता है, वही उपकार अन्य धर्म भी करते हैं, यह उपकार से अभेद वृत्ति है।

(6) अस्तित्व धर्म जीवादि में जिस देश में रहता है उसी में अन्य धर्म भी रहते हैं, यह गुणिदेश से अभेद वृत्ति है।

(7) अस्तित्व का जीवादि के साथ एक वस्तु रूप से जो संसर्ग है वही अन्य धर्मों का भी संसर्ग है, यह संसर्ग से अभेद-वृत्ति है।

(8) 'अस्ति' यह शब्द अस्तित्व धर्मात्मक वस्तु का वाचक है वही अन्य अनन्तधर्मात्मक वस्तु का भी वाचक है, यह शब्द से अभेद-वृत्ति है।

यह अभेद वृत्ति पर्यायार्थिक नय को गौण और द्रव्यार्थिक नय को मुख्य करने पर होती है।

किन्तु जब द्रव्यार्थिक नय गौण और पर्यायार्थिक नय मुख्य होता है तब अभेद वृत्ति सम्भव नहीं है। क्योंकि—

(1) एक ही काल में एक वस्तु में नाना गुण सम्भव नहीं है। अगर सम्भव हों तो उससे आधारभूत वस्तु में भी भेद हो जाएगा।

(2) नाना गुणों सम्बन्धी आत्मरूप भिन्न-भिन्न होता है। अगर भिन्न न हो तो गुणों में भेद नहीं हो सकता।

(3) नाना गुणों का आधारभूत पदार्थ भी नाना रूप ही हो सकता है। वह नाना रूप न हो तो नानागुणों का आधार भी नहीं हो सकता।

(4) सम्बन्धियों की भिन्नता से सम्बन्ध में भी भेद देखा जाता है। सम्बन्धी अनेक हों और उनका सम्बन्ध एकत्र और एक हो, यह नहीं हो सकता।

(5) अनेक धर्मों के द्वारा किया जाने वाला उपकार अलग-अलग होने से अनेक रूप ही होता है, क्योंकि अनेक उपकारियों द्वारा किया जाने वाला उपकार एक नहीं हो सकता।

(6) प्रत्येक गुण का गुणि देश पृथक्-पृथक् ही होता है। अगर अनेक गुणों का गुणिदेश अभिन्न माना जाये तो भिन्न-भिन्न पदार्थों के गुणिदेश में भी अभेद मानना पड़ेगा।

(7) संसर्गी के भेद से संसर्ग में भी भेद होता है। संसर्ग में भेद न हो तो संसर्गियों (गुणों) में भी भेद नहीं हो सकता।

(8) विषय के भेद से शब्द में भी भेद होता है। यदि समस्त गुण एक ही

शब्द के वाच्य हों तो संसार के समस्त पदार्थ भी एक ही शब्द के वाच्य हो जायें। इस प्रकार काल आदि से भिन्न गुणों में अभेद का उपचार किया जाता है।

इसी तरह भेद-वृत्ति और भेद का उपचार भी समझ लेना चाहिए।

जो वचन कालादि की अपेक्षा अभेद-वृत्ति की प्रधानता से या अभेदोपचार से प्रमाण के द्वारा स्वीकृत अनन्तधर्मात्मक वस्तु का एक साथ कथन करता है उसे सकलादेश कहते हैं और जो वचन कालादि की अपेक्षा भेद-वृत्ति की प्रधानता से या भेदोपचार से नय के द्वारा स्वीकृत वस्तु धर्म का क्रम से कथन करता है उसे विकलादेश कहते हैं। अत: वचन प्रयोग करते समय वक्ता यदि उस वचन से एक धर्म के कथन द्वारा अखण्ड वस्तु का ज्ञान कराता है तो वह वचन सकलादेश है और यदि वक्ता उस वचन के द्वारा अन्य धर्मों का निराकरण न करके एक धर्म का ज्ञान कराता है वह वचन विकलादेश है। वचन प्रयोग की अपेक्षा सकलादेश और विकलादेश की व्यवस्था वक्ता के अभिप्राय से बहुत कुछ सम्बन्ध रखती है।

सकलादेश और विकलादेश के सम्बन्ध में सबसे बड़ा मौलिक भेद यह है कि कुछ आचार्य सकलादेश के प्रतिपादक वचनों को प्रमाण-वाक्य और कुछ आचार्य सुनयवाक्य कहते हैं तथा विकलादेश के प्रतिपादक वचनों को कुछ आचार्य नय वाक्य और कुछ आचार्य दुर्नय वाक्य कहते हैं। सकलादेश सुनय-वाक्य होते हुए भी प्रमाण-अधीन है, क्योंकि उसके द्वारा अशेष वस्तु कही जाती है और विकलादेश दुर्नय वाक्य होते हुए भी नयाधीन, क्योंकि उसके द्वारा कथंचित् एकान्त रूप वस्तु कही जाती है। विकलादेश के प्रतिपादक वचन को दुर्नय-वाक्य इसलिए कहा है कि उसमें सर्वथा एकान्त का निषेध करने वाला 'स्यात्' शब्द नहीं पाया जाता है और नयाधीन इसलिए कहा है कि उसके द्वारा वक्ता का अभिप्राय सर्वथा एकान्त के कहने का नहीं रहता है।

उक्त प्रमाण और नय के अन्तर का विवेचन जैनदर्शन में प्रकारान्तर से भी किया गया है—वस्तु में सामान्य (द्रव्य) और विशेष (पर्याय) धर्म पाये जाते हैं। अर्थात् वस्तु सामान्य-विशेषात्मक या द्रव्य-पर्यायात्मक है।[179] क्योंकि सामान्य-विशेष या द्रव्य-पर्याय आदि अनेक धर्मों का समूह ही वस्तु है।

अनेक पदार्थों में एक सी प्रतीति उत्पन्न करने वाला और उन्हें एक ही शब्द का वाच्य बनाने वाला अनुवृत्त प्रत्यय धर्म सामान्य कहलाता है। जैसे—अनेक गायों में 'यह गौ है', यह 'गौ' है—इस प्रकार का ज्ञान और शब्द प्रयोग (अनुवृत्त प्रत्यय कराने वाला 'गोत्व' धर्म सामान्य है। इससे विपरीत एक पदार्थ से दूसरे पदार्थ में भेद कराने वाला व्यावृत्त प्रत्यय धर्म विशेष कहलाता है। जैसे—उन्हीं अनेक गायों में यह 'श्यामा' है, यह 'नीली' है, यह 'चितकबरी' है— आदि व्यवहार विशेष

कहलाता है।[180] एक बात यह भी है कि सामान्य और विशेष या द्रव्य और पर्याय जैसे वस्तु के स्वभाव हैं उसी प्रकार और भी अनेक धर्म उसके स्वभाव हैं। प्रमाणज्ञान इस प्रकार भी सामान्य-विशेषात्मक या द्रव्य-पर्यायात्मक पूर्ण वस्तु को ग्रहण करता है जबकि नय केवल सामान्य अंश को या विशेष अंश को अथवा केवल द्रव्य अंश को या किसी पर्याय (अवस्था विशेष रूप) अंश (धर्म) को ग्रहण करता है। यद्यपि केवल सामान्य या केवल विशेष रूप ही वस्तु नहीं है, जैसा कि अद्वैतवादी और सांख्यमतावलम्बी पदार्थ को केवल सामान्यात्मक ही मानते हैं। बौद्ध पदार्थ को केवल विशेष रूप ही मानते हैं। नैयायिक वैशेषिक सामान्य को एक स्वतन्त्र पदार्थ मानते हैं और विशेष को भी एक स्वतन्त्र पदार्थ मानते हैं तथा उनका द्रव्य के साथ समवाय सम्बन्ध मानते हैं,[181] तथापि नय वस्तु को अंश या भेद करके ग्रहण करता है; क्योंकि अनेकधर्मात्मक वस्तु के किसी एक धर्म या अंश को लेकर और उस वस्तु के अन्य धर्मों को गौण करके उसका प्रतिपादन करना नय का काम है।

इस प्रकार प्रमाण और नय में अन्तर या भेद स्पष्ट कर देने पर भी जैन दार्शनिकों के समक्ष एक और बड़ा ही जटिल, साथ ही गम्भीर प्रश्न था कि नय क्या है? नय प्रमाण है अथवा अप्रमाण? यदि वह प्रमाण है, तो प्रमाण से भिन्न क्यों? और यदि वह अप्रमाण है तो वह मिथ्याज्ञान होगा और मिथ्याज्ञान के लिए विचार जगत् में क्या कहीं स्थान होता है?

इन सभी प्रश्नों का मौलिक समाधान जैन दार्शनिकों ने बड़ी गम्भीरता और सतर्कता से किया है। नय के प्रमाण और अप्रमाण-विषयक प्रश्न तथा उनके तर्क सम्मत समाधान आचार्य विद्यानन्द स्वामी ने 'तत्त्वार्थश्लोकवार्तिक' में अपनी अनूठी दार्शनिक शैली द्वारा प्रस्तुत किये हैं, जो उनसे पूर्व की रचनाओं में भी उपलब्ध नहीं होते।

उक्त विषय को लेकर सर्वप्रथम यह प्रश्न उपस्थित होता है कि स्व (अपने) और बाह्य अर्थ के निश्चायक ज्ञान को प्रमाण कहते हैं। नय भी स्व और बाह्य अर्थ का निश्चायक है, वह अपने को तथा बाह्य अर्थ को जानता है, अतः वह प्रमाण ही है। ऐसी स्थिति में प्रमाण और नय में कोई भेद नहीं है, किन्तु इस प्रकार का मन्तव्य ठीक नहीं है; क्योंकि स्व और अर्थ के एक देश को जानना नय का लक्षण है।[182] तात्पर्य यह है कि नय स्व अर्थात् अपने और बाह्य अर्थ के एक देश का निश्चायक है और प्रमाण सर्व देश का। इसीलिए कहा गया है प्रमाण सकल वस्तुग्राही होता है और नय विकलवस्तुग्राही। अतः प्रमाण स्वार्थ-निश्चायक है

और नय स्वार्थ के एक देश का निश्चायक है। यही दोनों में भेद है।

यदि यहाँ पुनः आशंका की जाती है कि स्व और अर्थ का एकदेश वस्तु है या अवस्तु? यदि वस्तु है तो वस्तु का ग्राहक होने से नय प्रमाण ही हुआ और यदि अवस्तु है तो अवस्तु का ग्राहक होने से नय मिथ्याज्ञान कहा जाएगा; क्योंकि अवस्तु को जानने वाला ज्ञान मिथ्याज्ञान होता है। इसका सीधा सा समाधान है कि वस्तु का एकदेश न तो वस्तु है और न अवस्तु। जैसे—समुद्र के एक अंश को न तो समुद्र कहा जाता है और न असमुद्र। यदि समुद्र का एक अंश समुद्र है तो शेष अंश असमुद्र हो जाएगा और यदि समुद्र का प्रत्येक अंश समुद्र है तो बहुत से समुद्र हो जाएँगे और ऐसी स्थिति में समुद्र का ज्ञान कहाँ से हो सकता है?[183]

जैसे समुद्र का एकदेश या बूँद न तो समुद्र ही है और न असमुद्र ही, वैसे ही नय के द्वारा जाना गया वस्तु का अंश न तो वस्तु ही है और न अवस्तु ही। यदि समुद्र के एकदेश या बूँद को ही समुद्र कहा जाएगा तो समुद्र के शेषदेश या बूँदें असमुद्र हो जाएँगे। या फिर एक-एक देश या बूँद को समुद्र मानने से बहुत से समुद्र हो जाएँगे और यदि समुद्र के एकदेश या बूँद को असमुद्र कहा जाएगा तो समुद्र के शेषदेश या बूँदें भी असमुद्र कहलाएँगे और ऐसी स्थिति में कहीं भी समुद्रपन का व्यवहार नहीं बन सकेगा। अतः समुद्र का एकदेश न तो समुद्र है और न असमुद्र, किन्तु समुद्र का अंश है। इसीप्रकार नय के द्वारा जाना गया स्वार्थ का एकदेश न तो वस्तु है, क्योंकि स्वार्थ के एकदेश को वस्तु मानने से उसके अन्य देशों के अवस्तुत्व का प्रसंग आता है या वस्तु के बहुत्व का प्रसंग आता है। नय से जाना गया वस्तु का एक देश अवस्तु भी नहीं है, क्योंकि यदि वस्तु के एकदेश को अवस्तु माना जाएगा तो उसके शेष देश भी अवस्तु कहे जाएँगे और ऐसी स्थिति में कहीं भी वस्तु की व्यवस्था नहीं बन सकेगी। अतः नय के द्वारा जाना गया वस्तु का एकदेश वस्तु का अंश ही है।

इस प्रकार प्रमाण के द्वारा जानी गयी वस्तु के एक अंश को प्रधान करके जो वस्तु का निर्णय किया जाता है, वह प्रमाण नहीं, नय है। यद्यपि प्रमाण भी ज्ञान है और नय भी ज्ञान है, दोनों ही ज्ञान है तथापि नय प्रमाण के द्वारा गृहीत वस्तु के एकअंश में प्रवृत्ति करता है अतः उसे प्रमाण न कहकर नय कहते हैं। यही दोनों में अन्तर है।

यदि पुनः यह कहा जाय कि जैसे अंशी (वस्तु) में प्रवृत्ति करने वाले ज्ञान को प्रमाण माना जाता है वैसे ही वस्तु के अंश में प्रवृत्ति करने वाले अर्थात् जानने वाले नय को प्रमाण क्यों नहीं माना जाता? अतः नय प्रमाण स्वरूप ही है'[184]

उक्त कथन का अभिप्राय यह है कि जैसे वस्तु का एक देश न वस्तु है और

न अवस्तु, किन्तु वस्तु का एक अंश है उसी तरह अंशी न वस्तु है न अवस्तु, वह तो केवल अंशी है, वस्तु तो अंश-अंशी के समूह का नाम है। अतः जैसे अंश को जानने वाला ज्ञान नय है वैसे ही अंशी को जानने वाला ज्ञान भी नय है। यदि ऐसा नहीं है तो जैसे अंशी को जानने वाला ज्ञान प्रमाण है वैसे ही अंश को जानने वाला ज्ञान भी प्रमाण ही कहा जाएगा। ऐसी स्थिति में नय प्रमाण से भिन्न नहीं है, किन्तु उक्त कथन समीचीन नहीं है; क्योंकि जब सम्पूर्ण धर्मों को गौण करके अंशी को ही प्रधान रूप से जानना इष्ट होता है तो उसमें द्रव्यार्थिक नय का ही मुख्यरूप से व्यापार माना गया है, प्रमाण का नहीं, किन्तु जब धर्म-धर्मी के समूह को प्रधान रूप से जानना इष्ट होता है तो उसमें प्रमाण का व्यापार होता है। तात्पर्य यह है कि अंशों को प्रधान और अंशी को गौण रूप से अथवा अंशी को प्रधान और अंशों को गौण रूप से जानने वाला ज्ञान नय है तथा अंश-अंशी दोनों को प्रधान रूप से जानने वाला ज्ञान प्रमाण है। अतः नय प्रमाण से भिन्न है।[185]

धर्म-धर्मी के सूमह का नाम वस्तु है। जो ज्ञान धर्म या केवल धर्मी को ही मुख्य रूप से जानता है, वह ज्ञान नय है और जो दोनों को ही मुख्यरूप से जानता है, वह प्रमाण है। यह पहले कह आये हैं कि प्रमाण 'सकलादेशी' है, उसका विषय पूर्ण वस्तु है और नय 'विकलादेशी' है, उसका विषय या तो मुख्य रूप से मात्र धर्मी होता है या मात्र धर्म होता है। जो धर्मों को गौण करके मात्र धर्मी की मुख्यता से वस्तु को जानता है, वह द्रव्यार्थिक नय है और जो धर्मी को गौण करके मुख्यरूप से धर्म को ही जानता है, वह पर्यायार्थिक नय है तथा जो धर्म और धर्मी दोनों की मुख्यता से सम्पूर्ण वस्तु को जानता है, वह प्रमाण है। अतः नय प्रमाण से भिन्न है।

यदि नय प्रमाण से भिन्न है तो वह अप्रमाण ही हुआ और अप्रमाण होने से मिथ्याज्ञान की तरह नय वस्तु को जानने का साधन कैसे हो सकता है? किन्तु इस प्रकार की विचारधारा ठीक नहीं है; क्योंकि नय न तो अप्रमाण है और न प्रमाण है, किन्तु ज्ञानात्मक है, अतः प्रमाण का एकदेश है। इसमें किसी प्रकार का कोई विरोध नहीं है।[186]

उक्त कथन का आशय है कि यदि नय प्रमाण से भिन्न है तो वह अप्रमाण ही हुआ; क्योंकि प्रमाण से भिन्न अप्रमाण ही होता है। एक ज्ञान प्रमाण भी न हो और अप्रमाण भी न हो ऐसा तो सम्भव नहीं है, क्योंकि किसी को प्रमाण न मानने पर अप्रमाणता अनिवार्य है और अप्रमाण न मानने पर प्रमाणता अनिवार्य है, दूसरी कोई गति ही नहीं है। इसका समाधान करते हुए आचार्य विद्यानन्द कहते है—' प्रमाणता और अप्रमाणता के अतिरिक्त भी एक तृतीय गति है, वह है

प्रमाणैकदेशता। प्रमाण का एकदेश न तो प्रमाण ही है; क्योंकि वह प्रमाण से सर्वथा अभिन्न नहीं है और न अप्रमाण ही है; क्योंकि प्रमाण का एकदेश प्रमाण से सर्वथा भिन्न भी नहीं है। देश और देशी में कथंचित् भेद माना गया है।'

नय न प्रमाण है और न अप्रमाण, किन्तु प्रमाण का एकदेश या अंश है। सिन्धु का बिन्दु न सिन्धु है और न असिन्धु अपितु सिन्धु का एक अंश है। एक सैनिक को सेना नहीं कह सकते, परन्तु उसे असेना भी तो नहीं कह सकते; क्योंकि वह सेना का एक अंश तो है ही। इसप्रकार अखण्ड वस्तु के निश्चय की अपेक्षा नय प्रमाण नहीं है। वह वस्तु खण्ड को यथार्थ रूप से ग्रहण करता है, इसलिए अप्रमाण भी नहीं है। अप्रमाण तो है ही नहीं, पूर्णता की अपेक्षा प्रमाण भी नहीं है। इसलिए इसे प्रमाणांश या प्रमाण का एकदेश कहना चाहिए।

'प्रमाण नय नहीं है और न ही नय प्रमाण है' इस विषय का विवेचन आचार्य वीरसेन स्वामी ने भी किया है—

'प्रमाण ही नय है, ऐसा कितने ही आचार्य कहते हैं, किन्तु उनका यह कथन ठीक नहीं है; क्योंकि ऐसा मानने पर नयों के अभाव का प्रसंग आता है। यदि कहा जाए कि नयों को अभाव हो जाए, सो भी ठीक नहीं है; क्योंकि ऐसा होने पर देखे जाने वाले एकान्त व्यवहार के लोप होने का प्रसंग आ जाएगा।

दूसरे, प्रमाण नय नहीं है; क्योंकि प्रमाण का विषय अनेकान्त या अनेकधर्मात्मक वस्तु है और न नय प्रमाण है; क्योंकि नय का विषय एकान्त है। प्रमाण का विषय एकान्त नहीं है' क्योंकि एकान्त नीरूप होने से अवस्तु है और जो अवस्तु है वह ज्ञान का विषय नहीं होता। इसी तरह नय का विषय अनेकान्त नहीं है; क्योंकि नय दृष्टि में अनेकान्त अवस्तु है और अवस्तु में वस्तु का आरोप हो नहीं सकता।'[187]

प्रमाण और नय के इस भेद का विवेचन 'जयधवला' टीका में भी बड़े तर्क सम्मत ढंग से किया गया है—

'प्रमाण के द्वारा ग्रहण किये गये पदार्थ के एक देश में वस्तु का जो अध्यवसाय होता है वह ज्ञान प्रमाण नहीं है; क्योंकि वस्तु के एक अंश को प्रधान करके वस्तु का जो अध्यवसाय होता है वह वस्तु के एक अंश को अप्रधान करके होता है। इसलिए ऐसे अध्यवसाय को प्रमाण मानने में विरोध आता है। दूसरे, नय भी प्रमाण नहीं है; क्योंकि नय के द्वारा जो वस्तु का अध्यवसाय होता है वह प्रमाण व्यपाश्रय है अर्थात् नय प्रमाण के द्वारा गृहीत वस्तु के एक अंश में ही प्रवृत्ति करता है, अतः उसे प्रमाण मानने में विरोध आता है तथा 'सकलादेश प्रमाण के अधीन है और विकलादेश नय के अधीन है' इस प्रकार दोनों के कार्य भिन्न-भिन्न दिखायी

देते हैं इसलिए भी नय प्रमाण नहीं है।'[188]

प्रमाण ज्ञान धर्मभेद से वस्तु को ग्रहण नहीं करता है, वह तो सभी धर्मों के समुच्चय रूप से ही वस्तु को जानता है और नय-ज्ञान धर्मभेद से ही वस्तु को ग्रहण करता है। वह सभी धर्मों के समुच्चय रूप वस्तु को ग्रहण न करके केवल एक धर्म के द्वारा ही वस्तु को जानता है। यही कारण है कि प्रमाणज्ञान दृष्टि भेद से परे है और नयज्ञान जितने भी होते हैं वे सभी सापेक्ष होकर ही सम्यग्ज्ञान कहलाते है; क्योंकि नयज्ञान में धर्म, दृष्टि या भेद प्रधान है। इसीलिए सापेक्षता के बिना सभी नयज्ञान मिथ्या होते हैं। गुण या धर्म जहाँ किसी वस्तु की विशेषता को व्यक्त करता है वहाँ उस वस्तु को उतना ही समझ लेना मिथ्या है; क्योंकि प्रत्येक वस्तु में व्यक्त या अव्यक्त अनन्तधर्म पाये जाते हैं और उन सबका समुच्चय ही वस्तु है। नय-ज्ञान और प्रमाणज्ञान ये दोनों यद्यपि ज्ञान सामान्य की अपेक्षा एक हैं फिर भी इनमें विशेष की अपेक्षा भेद है। नयज्ञान जहाँ जानने वाले के अभिप्राय से सम्बन्ध रखता है, वहाँ प्रमाणज्ञान जानने वाले का अभिप्राय विशेष न होकर ज्ञेय का प्रतिबिम्ब मात्र है। नयज्ञान में ज्ञाता के अभिप्रायानुसार वस्तु प्रतिबिम्बित होती है पर प्रमाणज्ञान में वस्तु जो कुछ है वह प्रतिबिम्बित होती है। इसीलिए प्रमाण सकलादेशी और नय विकलादेशी कहा जाता है। इस प्रकार नयज्ञान प्रमाण नहीं माना जा सकता है। फिर भी वह सम्यग्ज्ञान तो है ही। इस प्रकार प्रमाण और नय में भेद है।

नय प्रमाण नहीं है इसका विवेचन प्रकारान्तर से आगे भी किया गया है—

नय प्रमाण नहीं है; क्योंकि वह एकान्तरूप होता है और प्रमाण में अनेकान्त रूप के दर्शन होते हैं, इसलिए भी नय प्रमाण नहीं है।[189]

इस विषय में आचार्य समन्तभद्र का कथन है—'प्रमाण और नय से सिद्ध होने वाला अनेकान्त भी अनेकान्त रूप है। प्रमाण की अपेक्षा से वस्तु के सभी धर्मों को एक साथ जानने वाला वह अनेकान्त अर्थात् अनेक धर्म स्वरूप है और विवक्षित या अर्पित नय की अपेक्षा से वह अनेकान्त एकान्त स्वरूप है अर्थात् वस्तु के एक धर्म का ही ज्ञान कराने वाला है।'[190]

प्रमाण और नय से अनेकान्त स्वरूप वस्तु की सिद्धि होती है। प्रमाण वस्तु के सर्वधर्मों को विषय करने वाला है और नय उन धर्मों में से किसी एक धर्म को विषय करने वाला है। प्रमाण की अपेक्षा से अनेकान्त अनेकान्त स्वरूप है अर्थात् अनेक धर्म स्वरूप वस्तु अनेकधर्मस्वरूप ही दिखती है और वही अनेकधर्म स्वरूप वस्तु जब किसी विशेष नय की अपेक्षा से देखी जाती है तब किसी एक धर्म स्वरूप ही दिखती है, उस समय अन्य धर्म गौण होते है, अत: वह एकान्त-स्वरूप कही जाती है। नय वस्तु के अनन्त धर्मों में से किसी एक को मुख्य करके और उसी समय

दूसरे को गौण करके वस्तु स्वरूप का प्रतिपादन करता है जबकि प्रमाण अनन्त धर्मों से विशिष्ट वस्तु का प्रतिपादन करता है।

प्रमाण और नय के भेद को स्पष्ट करते हुए श्री राजमल्ल ने भी कहा है—

'नय भी ज्ञान-विशेष है और प्रमाण भी ज्ञान-विशेष है, किन्तु दोनों में विषय-विशेष की अपेक्षा से भेद है, वस्तुतः ज्ञान की अपेक्षा से दोनों में कोई भेद नहीं है। इस प्रकार प्रमाण और नय में विषय-विशेष का भेद है। द्रव्य के अनन्त गुणों में से कोई सा एक विवक्षित अंश नय का विषय है और वह अंश तथा अन्य सभी अंश अर्थात् अनन्तगुणात्मक समस्त ही वस्तु प्रमाण का विषय है।'[191] जैसे किसी ने कहा—'स्यादस्ति घटः' तो यह नय समर्थन करता है कि अपने स्वरूप चतुष्टय (द्रव्य, क्षेत्र, काल और भाव) की अपेक्षा से घट है और पर स्वरूप चतुष्टय की अपेक्षा से घट नहीं है।

नय के विषय का दृष्टान्त द्वारा समर्थन करते हुए आचार्य समन्तभद्र ने कहा है—'वस्तु अनेक धर्मों से रहित नहीं है, वह अनेक धर्मात्मक है। उन धर्मों में से जो विवक्षित धर्म होता है अर्थात् वक्ता जिसको कहना चाहता है, वह धर्म मुख्य करके नय के द्वारा कहा जाता है तथा जो धर्म अविवक्षित है अर्थात् वक्ता जिसको प्रधान करके नहीं कहना चाहता है उसको गौण या अप्रधान कर दिया जाता है। जैसे—एक व्यक्ति एक ही समय में किसी का शत्रु होने से शत्रुपना व किसी का मित्र होने से मित्रपना व किसी का शत्रु या मित्र कोई न होने से उदासीनपना इत्यादि अनेक धर्मों को रखने वाला है। उनमें से किसी एक धर्म को एक समय में प्रयोजन वश कहा जाएगा—जैसे—अमुक व्यक्ति सोहन का शत्रु है, मोहन का मित्र है और हमारा न तो शत्रु है न मित्र। इस प्रकार जगत् का प्रत्येक पदार्थ दो परस्पर विरोधी धर्मों को एक साथ एक ही काल में रखता है तब ही वह कार्यकारी है, प्रयोजन की सिद्धि कर सकता है।'[192]

इस प्रकार नय विवक्षा-भेद से वस्तु के अनेक धर्मों को मुख्य-गौण करके उसका प्रतिपादन करता है जबकि प्रमाण अनेक धर्मात्मक वस्तु को अखण्ड रूप से एक साथ ग्रहण करता है।

इसके अतिरिक्त प्रमाण केवल विधि (सत्) को नहीं जानता, क्योंकि यदि वह केवल विधि को ही जाने तो एक पदार्थ का दूसरे पदार्थ से भेद ग्रहण न करने पर घट के स्थान पर पट में भी प्रवृत्ति कर सकेगा और ऐसी स्थिति में जानना न जानने के समान ही हो जाएगा तथा प्रमाण केवल प्रतिषेध को भी ग्रहण नहीं करता; क्योंकि विधि को जाने बिना 'यह इससे भिन्न है' ऐसा ग्रहण नहीं किया जा सकता तथा प्रमाण में विधि और प्रतिषेध दोनों परस्पर में अलग-अलग भी प्रतिभासित नहीं

होते; क्योंकि ऐसा होने पर ऊपर केवल विधि-पक्ष में और केवल निषेध-पक्ष में कहे गये दोनों दोषों का प्रसंग आता है। अतः विधि प्रतिषेधात्मक वस्तु प्रमाण का विषय है। इसलिए प्रमाण का विषय एकान्त नहीं है और नय का विषय अनेकान्त नहीं है।

जयधवला टीका में भी कहा गया है—'प्रमाण ज्ञान समग्र वस्तु को विषय करता है और वस्तु विधि-प्रतिषेधात्मक है। वस्तु न केवल विधि रूप है और न केवल प्रतिषेध रूप। अतएव केवल विधि को विषय करने वाला और केवल प्रतिषेध को विषय करने वाला ज्ञान प्रमाण नहीं हो सकता; क्योंकि विषय के अभाव में विषयी का सद्भाव मानने में विरोध आता है। इसी प्रकार विधि-प्रतिषेधात्मक वस्तु को विषय करने वाला ज्ञान भी नय नहीं; क्योंकि विधि प्रतिषेधात्मक वस्तु अनेकान्त रूप होती है, इसलिए वह प्रमाण का विषय है, नय का नहीं और नय अनेकान्त रूप नहीं है।'[193]

इसी विषय को आचार्य समन्तभद्र ने युक्ति-संगत ढंग से कहा है—'प्रतिषेध रूप धर्म के साथ तादात्म्य को प्राप्त हुआ विधि अर्थात् विधि-निषेधात्मक पदार्थ प्रमाण का विषय है, अतः वह प्रमाण है और इन विधि-निषेध रूप धर्मों में से किसी एक को वक्ता के अभिप्राय से मुख्य करके और दूसरे को गौण करके मुख्य धर्म के नियमन करने में जो हेतु है, वह नय है। नय किसी एक धर्म को मुख्य करके और उसी समय अन्य धर्म को गौण करके वस्तु के एक देश या स्वभाव का कथन करता है। वह नय विधि-निषेध रूप दोनों धर्मों में से किसी एक को मुख्य करके बताने के नियम का साधक है। इसके विषय का दृष्टान्त द्वारा समर्थन होता है।'[194]

जगत् का प्रत्येक पदार्थ विधि-निषेध रूप या अस्ति-नास्ति रूप है। कोई भी पदार्थ कभी भी इन दोनों धर्मों से शून्य नहीं हो सकता है। जहाँ स्वचतुष्टय अर्थात् अपने द्रव्य, क्षेत्र, काल, भाव से वस्तु का अस्तित्व है, वहाँ परचतुष्टय अर्थात् पर के द्रव्य, क्षेत्र, काल और भाव से वस्तु का नास्तित्व भी है। इन दोनों विरोधी धर्मों को एक साथ बतलाने वाला प्रमाण है और दोनों को अलग-अलग कभी मुख्य और कभी गौण करके बतलाने वाला नय है। नय जब वस्तु के किसी एक धर्म को मुख्यता से बताता है तब दूसरे को गौण कर देता है। 'सुनने वाला शिष्य वस्तु-स्वरूप को ठीक प्रकार से समझ जाए' इसलिए वक्ता वस्तु के धर्मों को एक-एक करके समझाता है। जैसे वक्ता कहता है—'स्यात् अस्ति' तब शिष्य समझता है कि 'वस्तु में किसी अपेक्षा से अस्तिपना है अर्थात् स्वचतुष्टय (स्वद्रव्य, क्षेत्र, काल और भाव) की अपेक्षा से वस्तु में 'अस्तिपना' है। यहाँ 'स्यात्' पद का अर्थ 'कथंचित्' है, जिसका अर्थ होता है, वस्तु में 'अस्ति' के अतिरिक्त अन्य धर्म भी हैं। जब

वक्ता पुनः कहता है— 'स्यात् नास्ति' तब शिष्य समझता है वस्तु परचतुष्टय (पर द्रव्य, क्षेत्र, काल और भाव) की अपेक्षा से 'नास्तिरूप' है। 'स्यात्' शब्द बताता है कि वस्तु सर्वथा 'नास्ति रूप' नहीं है, उसमें 'अस्तिपना' भी है। शिष्य को दृढ़ करने के लिए वक्ता पुनः कहता है, 'स्यात् अस्ति-नास्ति' अर्थात्—वस्तु में किसी अपेक्षा से दोनों ही धर्म हैं, 'अस्ति' भी है और 'नास्ति' भी है। वस्तु में ये दोनों धर्म एक ही काल में रहते तो अवश्य हैं किन्तु वचन में ऐसी शक्ति नहीं है जिससे वस्तु के ये दोनों धर्म एक ही काल में, एक ही साथ कहे जा सकें। इसलिए वक्ता फिर कहता है—'स्यात् अवक्तव्य' अर्थात् किसी अपेक्षा से वस्तु अवक्तव्य भी है। वक्ता शिष्य को और दृढ़ करने के लिए अवक्तव्य के भी तीन भेद करके समझाता है—'स्यात् अस्ति अवक्तव्य', 'स्यात् नास्ति अवक्तव्य', 'स्यात् अस्ति-नास्ति अवक्तव्य।' यद्यपि एक समय में एक ही साथ इन तीनों धर्मों को कहने की शक्ति वचन में न होने से वस्तु अवक्तव्य है तथापि वस्तु 'अस्तिस्वभाव रूप' अवश्य है या 'नास्ति स्वभाव रूप' अवश्य है या 'अस्ति-नास्तिस्वभाव रूप' अवश्य है। इसी को स्याद्वाद नय या सप्तभंगी नय कहते हैं। इसप्रकार नय वस्तु के एक-एक धर्म का अलग-अलग करके कथन करता है। नय वह ज्ञान प्रकार है जिसके द्वारा वस्तु के एक-एक धर्म को अलग-अलग दृष्टिकोण या अपेक्षा से समझाया जा सके। इस प्रकार नयों के द्वारा जब शिष्य वस्तु-स्वरूप को भलीभाँति समझ जाता है तब उसका ज्ञान प्रमाण रूप हो जाता है। इतना समझने के बाद वह शिष्य पदार्थ में 'अस्तित्व' तथा 'नास्तित्व'—ये दोनों धर्म एक ही साथ, एक ही काल में विद्यमान रहते हैं, ऐसा यथार्थ ज्ञान प्राप्त कर लेता है।

उक्त प्रमाण और नय के भेद विषयक कथन का निष्कर्ष यह है कि प्रमाण नय नहीं है और नय प्रमाण नहीं है, किन्तु प्रमाण से जानी गयी वस्तु के एकदेश में वस्तुत्व की विवक्षा का नाम नय है, दूसरी बात यह भी है कि नय प्रमाण से सर्वथा भिन्न भी नहीं है और अभिन्न भी नहीं है; क्योंकि प्रमाण का अर्थ है, जिस ज्ञान से वस्तु तत्त्व का निश्चय किया जाय अर्थात् सर्वांशग्राही बोध को प्रमाण कहते है और नय का अर्थ है, जिस ज्ञान के द्वारा अनन्त धर्मों में से किसी विवक्षित एक धर्म का निश्चय किया जाय अर्थात् अनेक दृष्टिकोणों से परिष्कृत वस्तु-तत्त्व के एकांशग्राही ज्ञान को नय कहते हैं।

अन्त में संक्षेप करते हुए प्रमाण और नय के पारस्परिक सम्बन्ध और भेद के विषय में यही कहा जा सकता है कि प्रमाण यदि अंग है तो नय उपांग, प्रमाण यदि अंशी है तो नय अंश, प्रमाण यदि समुद्र है तो नय तरंग-निकर, प्रमाण यदि सिन्धु है तो नय उसका बिन्दु, प्रमाण यदि सूर्य है तो नय रश्मि-जाल, प्रमाण यदि वृक्ष

है तो नय शाखा-समूह, प्रमाण यदि व्यापक है तो नय व्याप्य, प्रमाण नय में समाविष्ट नहीं है बल्कि नय ही प्रमाण में समाविष्ट है। प्रमाण का सम्बन्ध पाँचों ज्ञानों से है जबकि नय का सम्बन्ध केवल श्रुतज्ञान से ही है। अर्थात् पाँचों ज्ञानों को प्रमाण कहते हैं जबकि नय श्रुतज्ञान रूप प्रमाण का अंश विशेष है।

ऊपर स्वचतुष्टय (अपने द्रव्य, क्षेत्र, काल और भाव) तथा परचतुष्टय (पर के द्रव्य, क्षेत्र, काल और भाव) का उल्लेख किया गया है अत: उनका समझना उपयोगी होने से यहाँ उनका विवेचन किया जाता है—

प्रत्येक वस्तु का अपना स्वरूप होता है जो अन्य वस्तुओं के स्वरूप से भिन्न होता है। इसी प्रकार उसका अपना क्षेत्र, अपना काल और अपना भाव अर्थात् स्वभाव भी होता है। इन्हीं चारों को स्वरूपादि-चतुष्टय कहते हैं। अपने स्वरूपादि से भिन्न जो पर पदार्थों के स्वरूपादि-चतुष्टय हैं वे पररूपादि-चतुष्टय कहलाते हैं।

द्रव्य का अर्थ होता है, गुण और पर्यायों का समूह अथवा गुण-पर्यायों का अधिष्ठान द्रव्य कहलाता है। अपने गुण और पर्यायों के समूह की अपेक्षा किसी वस्तु का होना ही द्रव्य की अपेक्षा सत् या अस्तित्व कहलाता है। जैसे—'घट' घट रूप से सत् (भाव रूप) है और पट रूप से असत् (अभावरूप) है अर्थात् घड़ा, घड़ा ही है, कपड़ा नहीं है। अत: कहना चाहिए, हर एक वस्तु स्वद्रव्य की अपेक्षा से है और पर द्रव्य की अपेक्षा से नहीं है।

द्रव्य के अंशों को क्षेत्र कहते है अथवा द्रव्य का संस्थान या आकृति उसका स्वक्षेत्र है। घड़े के अंश या अवयव या संस्थान या आकृति ही घड़े का क्षेत्र है। घड़े का क्षेत्र वह नहीं है, जहाँ घड़ा रखा है, वह तो उसका व्यावहारिक क्षेत्र या स्थान है। इस अवयव रूप क्षेत्र की अपेक्षा होना ही घड़े का स्वक्षेत्र की अपेक्षा होना है।

वस्तु के परिणमन को काल कहते हैं अथवा उसकी पर्यायें ही उसका स्वकाल है। प्रत्येक वस्तु का परिणमन पृथक्-पृथक् है। घड़े का अपने परिणमन की अपेक्षा होना ही स्वकाल की अपेक्षा होना कहलाता है; क्योंकि यही उसका स्वकाल है। घंटा, घड़ी, मिनट, सेकेंड आदि वस्तु का स्वकाल नहीं है, वह तो व्यावहारिक काल है।

वस्तु के गुण को भाव कहते हैं। प्रत्येक वस्तु का गुण या स्वभाव अलग-अलग होता है। घड़ा अपने ही स्वभाव की अपेक्षा से है। वह अन्य पदार्थों के स्वभाव की अपेक्षा से कैसे हो सकता है?

इस प्रकार प्रत्येक वस्तु स्वचतुष्टय अर्थात् स्वद्रव्य, स्व-क्षेत्र, स्व-काल और स्व-भाव की अपेक्षा से सत् है और पर-चतुष्टय अर्थात् पर-द्रव्य, पर-क्षेत्र, पर-

काल और पर-भाव की अपेक्षा से असत् है। वस्तु इस चतुष्टय से गुम्फित एक-रस रूप है। कहने मात्र के लिए ही ये चार हैं, वास्तव में एक ही है; क्योंकि तीन काल में भी कभी ये बिखर कर वस्तु से पृथक् नहीं हो सकते या यों कह लीजिए कि इनसे शून्य वस्तु 'असत्' है।

यहाँ यह भी विचारणीय है कि यदि वस्तु को स्वद्रव्य की तरह पर-द्रव्य से भी सत् माना जाय तो द्रव्यों के प्रति नियम में विरोध आता है तथा पर-द्रव्य की तरह यदि स्वद्रव्य से भी वस्तु को असत् माना जाय तो समस्त द्रव्यों के निराश्रय होने का प्रसंग आता है।

वस्तु को स्वक्षेत्र की तरह परक्षेत्र से भी सत् मानने पर किसी वस्तु का कोई प्रतिनियत क्षेत्र व्यवस्थित नहीं हो सकता और पर-क्षेत्र की तरह स्व-क्षेत्र से भी वस्तु को असत् मानने पर वस्तु की निःक्षेत्रता की आपत्ति आती है अर्थात् उसका कोई क्षेत्र ही नहीं रहेगा।

यदि वस्तु को स्वकाल की तरह परकाल में भी सद्रूप माना जाय तो वस्तु का कोई सुनिश्चित काल ही नहीं हो सकेगा तथा परकाल की तरह स्वकाल से भी यदि वस्तु को असत् माना जाय तो समस्त काल में वस्तु के न होने का प्रसंग आएगा और ऐसी स्थिति में किसी वस्तु का कोई सुनिश्चित स्वरूप व्यवस्थित न हो सकने से इष्ट और अनिष्ट तत्त्व की व्यवस्था ही नहीं बन सकेगी।

सामान्य रूप से जीव का स्वरूप उपयोग[195] (आत्मा के चैतन्य गुण से सम्बन्ध रखने वाला परिणाम विशेष जानना-देखना आदि) है। उपयोग से भिन्न अनुपयोग जीव का पर-रूप है। अतः जीव स्वरूप (उपयोग) से सत् है। और पर-रूप (अनुपयोग) से असत् है। इसी तरह प्रत्येक द्रव्य और पर्याय का जो स्वरूप है वह उसी की अपेक्षा सत् है, उससे भिन्न जो पर-रूप है उसकी अपेक्षा वह असत् है।

(3) **सुनय एवं दुर्नय**—नय जब अनेक धर्मात्मक वस्तु के विवक्षित धर्म को ग्रहण करके भी इतर धर्मों का निराकरण नहीं करता है, उनके प्रति तटस्थ रहता है अथवा उन्हें मुख्य या गौण करके वस्तु स्वरूप का प्रतिपादन करता है तब सुनय कहलाता है और जब वही किसी एक धर्म का आग्रह करके दूसरे धर्मों का निराकरण करने लगता है तब वह दुर्नय हो जाता है।

यह पहले कहा जा चुका है कि जैनदर्शन के अनुसार जगत् की प्रत्येक वस्तु अस्तित्व-नास्तित्व, नित्यत्व-अनित्यत्व, एकत्व-अनेकत्व, भेदत्व-अभेदत्व, सामान्य-विशेष आदि अनन्त धर्मात्मक है या यों कहिए कि अनन्त धर्मों का पिण्ड ही वस्तु है; क्योंकि वस्तु में इन अनन्त धर्मों का अस्तित्व माने बिना उसके अस्तित्व की कल्पना ही सम्भव नहीं है। उस अनन्त धर्मात्मक वस्तु के पूर्ण रूप को ग्रहण करने

वाला प्रमाण है और उसके उन अनन्त धर्मों में से किसी एक धर्म का बोधक ज्ञाता का अभिप्राय या ज्ञान-विशेष नय है। यद्यपि अनेकान्तात्मक वस्तु के एक-एक अन्त अर्थात् धर्मों को विषय करने वाले अभिप्राय-विशेष प्रमाण की ही सन्तान हैं, पर इनमें यदि सुमेल, परस्पर प्रीति और सापेक्षता है तो ही ये सुनय हैं अन्यथा दुर्नय हैं। नय सदा सापेक्ष कथन करता है और दुर्नय निरपेक्ष। सुनय अनेकान्तात्मक वस्तु के किसी एक अंश को मुख्य भाव से ग्रहण करके भी अन्य अंशों का निराकरण नहीं करता, किन्तु उनकी ओर तटस्थ भाव रखता है और दुर्नय अन्य अंशों का निराकरण करता है, उनकी उपेक्षा करता है।

प्रमाण वस्तु के अनेक धर्मों का ग्राहक होता है और नय किसी एक धर्म का; किन्तु एक धर्म को ग्रहण करता हुआ भी नय दूसरे धर्मों का न निषेध करता है और न विधान ही। निषेध करने पर वह दुर्नय हो जाता है और विधान करने पर प्रमाण कोटि में परिगणित हो जाता है। वह धर्मान्तर सापेक्ष एक धर्म का ज्ञान कराता है और इतर धर्म निरपेक्ष एक ही धर्म का ज्ञान कराने पर वह दुर्नय कहा जाता है।

जैन न्याय के प्रतिष्ठापक, महान् दार्शनिक विद्वान् अकलंकदेव ने एक श्लोक[196] उद्धृत करते हुए प्रमाण, नय और दुर्नय का तर्क सम्मत विवेचन किया है। श्लोक का अर्थ है—

'अनेक धर्मात्मक पदार्थ के ज्ञान को प्रमाण और उसके एक अंश से धर्मान्तर सापेक्ष ज्ञान को नय कहते हैं तथा धर्मान्तर का निराकरण करने वाला एक अंश का ज्ञान दुर्नय है।'

नय सापेक्ष होता है और दुर्नय निरपेक्ष। अर्थात्—वस्तु का सापेक्ष कथन करना सुनय और निरपेक्ष कथन करना दुर्नय है तथा वस्तु के पूर्ण धर्मों को ग्रहण करना प्रमाण है।

इसी का विश्लेषण करते हुए आचार्य विद्यानन्द ने कहा है—

'प्रमाण तत् और अतत् सभी अंशों से परिपूर्ण वस्तु को जानता है, नय से केवल तत् (विवक्षित) अंश की प्रतिपत्ति या ज्ञान होता है और दुर्नय अपने अविषय अंशों का निराकरण करता है। प्रमाण वस्तु के सभी धर्मों को ग्रहण करता है, नय धर्मान्तरों की उपेक्षा करता है जब कि दुर्नय धर्मान्तरों की हानि अर्थात् निराकरण करने की दुष्टता करता है।'[197]

निरपेक्ष नय मिथ्या होते हैं और वे ही दुर्नय कहलाते हैं। सापेक्ष नय सम्यक् होते हैं और वे ही कार्यकारी होते हैं।[198]

महान् तार्किक आचार्य सिद्धसेन[199] का कथन है—'वे सभी नय मिथ्यादृष्टि हैं जो अपने ही पक्ष का आग्रह करते हैं, पर का निषेध करते हैं, किन्तु जब वे ही परस्पर-सापेक्ष और अन्योन्याश्रित होते हैं तब सम्यक्त्व के सद्भाव वाले होते हैं, सम्यग्दृष्टि होते हैं।'

जिस तरह अनेक लक्षण और गुणवाली वैडूर्य आदि मणियाँ बहुमूल्य होने पर भी अलग-अलग बिखरी हुई हों, एक सूत्र में पिरोई हुई न हों तो 'रत्नावली' या 'हार' का नाम नहीं पा सकतीं, उसी तरह सभी नय अपने-अपने पक्ष में अधिक निश्चित होने पर भी आपस में एक दूसरे के साथ निरपेक्ष होने से 'सम्यग्दर्शन' या सम्यक्त्वपने के व्यवहार को नहीं पा सकते और जिस प्रकार वे ही मणियाँ एक डोरे में पिरोई जाएँ तो 'रत्नावली' या 'रत्नहार' कहलाती हैं और अपना भिन्न-भिन्न नाम छोड़ देती हैं उसी तरह सभी नय यथोचित रूप से सुसंकलित होकर या परस्पर-सापेक्ष होकर सम्यक्पने को प्राप्त हो जाते हैं और वे सुनय कहलाते हैं।[200]

वे अन्त में कहते हैं—'जो वचन-विकल्प रूपी नय परस्पर सम्बद्ध होकर स्वविषय का प्रतिपादन करते हैं, वह उनकी स्वसमय प्रज्ञापना है अर्थात् जैन दृष्टि की देशना है तथा अन्य निरपेक्ष वृत्ति तीर्थंकर की आसादना है।'[201]

तात्पर्य यह है—निरपेक्ष नयों की देशना वस्तु का सम्पूर्ण स्वरूप प्रकाशित नहीं करती, अतः वह अधूरी और मिथ्या है। इससे विपरीत एक दूसरे की मर्यादा को स्वीकार करके प्रवृत्त होने वाले नयों की सापेक्ष दृष्टि वस्तु का सम्पूर्ण स्वरूप प्रकट करती है, अतः वह पूर्ण और यथार्थ है। ऐसी दृष्टि में से जो विचार या वाक्य फलित होते हैं वे ही जैन देशना हैं। जैसे—आत्मा के नित्यत्व के विषय में विचार किया जाय तो वह अपेक्षा विशेष से नित्य भी है और अनित्य भी है; मूर्तत्व के विषय में वह कथंचित् मूर्त है और कथंचित् अमूर्त है; शुद्धत्व के विषय में वह कथंचित् शुद्ध और कथंचित् अशुद्ध है; परिमाण के विषय में वह कथंचित् व्यापक और कथंचित् अव्यापक है; संख्या के विषय में वह कथंचित् एक और कथंचित् अनेक है—ऐसे अनेक मुद्दों के विषय में वाक्य और विचार सुनय है।

आचार्य कुन्दकुन्द ने इसी तत्त्व को बड़े मार्मिक ढंग से समझाया है—'स्वसमयी व्यक्ति दोनों नयों के वक्तव्य को जानता तो है, पर किसी एक नय का तिरस्कार करके दूसरे नय के पक्ष को ग्रहण नहीं करता, वह एक नय को द्वितीय सापेक्ष रूप से ही ग्रहण करता है।'[202]

आचार्य हेमचन्द्र ने प्रमाण, नय और दुर्नय के विषय का विवेचन करते हुए

कहा है—प्रमाण 'सत्' अर्थात् वस्तु सत् स्वरूप है इस प्रकार से वस्तु-स्वरूप का विवेचन करता है और नय 'स्यात् सत्' 'वस्तु कथंचित् अर्थात् किसी अपेक्षा से सत् है' इस प्रकार सापेक्ष रूप से वस्तु-स्वरूप का निरूपण करता है जबकि दुर्नय 'सत् एव' 'पदार्थ सत् ही है' ऐसा 'एवकार' (ही) द्वारा अवधारण कर उसके अन्य धर्मों का निराकरण या निषेध करता है।[203]

प्रमाण वस्तु को समग्र रूप से ग्रहण करता है और नय किसी वस्तु में अपने इष्ट-धर्म को सिद्ध करते हुए उसके अन्य धर्मों में उदासीन होकर उसका विवेचन करता है जबकि दुर्नय किसी वस्तु में अन्य धर्मों का निषेध करके अपने अभीष्ट एकान्त अस्तित्व को सिद्ध करने की चेष्टा करता है। जैसे—'अस्ति एव घटः' 'यह घट ही है'। यहाँ 'एवकार' अन्य नास्तित्व आदि धर्मों का निषेध करता है। वस्तु में अभीष्ट धर्म की प्रधानता से अन्य धर्मों का निषेध या निराकरण करने के कारण दुर्नय को मिथ्या कहा गया है। नय में दुर्नय की तरह एक धर्म के अतिरिक्त अन्य धर्मों का निषेध या निराकरण नहीं किया जाता है, इसलिए नय को दुर्नय न कहकर सम्यक् ही कहा जाता है। नय का सम्यक्पना यही है कि वह वस्तु के सभी सापेक्षिक धर्मों को लेकर ही वस्तु का विवेचन करता है। इसीलिए जैनदर्शन में नय को महत्त्वपूर्ण स्थान दिया गया है; क्योंकि वह समस्त विवादों को दूर कर निर्विवाद वस्तु-स्वरूप को सामने रखता है। नय को समझे बिना दुर्नय का परिज्ञान नहीं हो सकता है और न ही नय से दुर्नय का भेद किया जा सकता है।

आचार्य वादिदेव सूरि ने नय और दुर्नय का प्रतिपादन किया है—श्रुतज्ञान प्रमाण से जाने हुए पदार्थ का एक अंश अन्य अंशों को गौण करके जिस अभिप्राय से जाना जाता है, वक्ता का वह अभिप्राय-विशेष नय कहलाता है और अपने अभीष्ट अंश (धर्म) के अतिरिक्त वस्तु के अन्य अंशों (धर्मों) का अपलाप या निषेध करने वाला नयाभास अर्थात् दुर्नय कहलाता है।[204]

श्रुतज्ञान रूप प्रमाण अनन्त धर्मवाली वस्तु को ग्रहण करता है और नय उन अनन्त धर्मों में से किसी एक धर्म को जानता है। नय जब वस्तु के एक धर्म को जानता है तब शेष रहे हुए धर्म भी वस्तु में विद्यमान तो रहते ही हैं किन्तु उन्हें गौण कर दिया जाता है। इसप्रकार केवल एक धर्म को मुख्य करके उसे जानने वाला ज्ञान नय है। जबकि वस्तु के अनन्त अंशों (धर्मों) में से एक अंश को ग्रहण करके शेष समस्त अंशों का अभाव मानने वाला अथवा उनका निराकरण करने वाला नय ही नयाभास या दुर्नय है। नय एक अंश को ग्रहण करता है पर उस अंश के सहचर

अन्य अंशों पर उपेक्षा भाव रखता है और नयाभास या दुर्नय उन अंशों का निषेध करता है। यही नय और दुर्नय में अन्तर है।

सुनय और दुर्नय की सापेक्षता एवं निरपेक्षता का विवेचन करते हुए स्वामि कुमार ने कहा है—'जो वस्तु अनेकान्त रूप है वही सापेक्ष दृष्टि से एकान्त रूप भी है। श्रुतज्ञान की अपेक्षा वस्तु अनेकान्त रूप है और नयों की अपेक्षा एकान्त रूप है। बिना अपेक्षा के वस्तु का स्वरूप देखा ही नहीं जा सकता है।'[205]

श्रुतज्ञान-रूप प्रमाण से जानी हुई वस्तु में अपेक्षा भेद से किसी एक धर्म को ग्रहण करने वाले ज्ञान को नय कहते हैं। प्रमाण से अनेक धर्मात्मक वस्तु को जानकर ऐसा जानना कि वस्तु स्वचतुष्टय अर्थात् अपने द्रव्य, क्षेत्र, काल और भाव की अपेक्षा सत् स्वरूप है तथा परचतुष्टय अर्थात् परद्रव्य, क्षेत्र, काल और भाव की अपेक्षा से असत् स्वरूप है, यही नय है। इसी से प्रमाण को सकलग्राही और नय को विकलग्राही कहा है। यदि एक नय दूसरे नय की अपेक्षा को गौण रखकर वस्तु को जाने तभी वह नय सुनय कहलाएगा और तभी वस्तु धर्म की ठीक प्रतीति होगी। किन्तु यदि कोई नय वस्तु को केवल सत् स्वरूप ही सिद्ध करना चाहता है और उसके असत् स्वरूप का निराकरण करता है तो यह नय सुनय न होकर दुर्नय कहा जाएगा। अतः वस्तु के इतर धर्मों का निषेध न करके उसके किसी एक धर्म की मुख्यता से और उसी समय उसके अन्य धर्मों की गौणता से उसके स्वरूप को जानने से ही उसकी ठीक प्रतीति होती है।

आचार्य देवसेन स्वामी ने भी एक उद्धरण द्वारा नय की उपयोगिता सिद्ध करते हुए कहा है—'प्रमाण से नाना-स्वभाव वाले द्रव्य को जानकर सापेक्ष-सिद्धि के लिए उसको कथंचित् नयों से मिश्रित अर्थात् युक्त करना चाहिए।'[206]

जगत् के पदार्थों का जैसा स्वरूप है वैसा ही ज्ञान से जाना जाता है और वैसा ही लोक में माना जाता है। नय भी उसे वैसा ही जानते हैं। अन्तर केवल इतना है कि प्रमाण से वस्तु के सब धर्मों को ग्रहण करके ज्ञाता पुरुष अपने अभिप्राय के अनुसार उनमें से किसी एक धर्म की मुख्यता से वस्तु का कथन करता है, यही नय है। इसी से ज्ञाता के अभिप्राय को भी नय कहा है। जो नाना स्वभावों को छोड़कर वस्तु के एक स्वभाव का कथन करता है वह नय है और जो वस्तु का प्रतिपक्षी धर्म से निरपेक्ष एकान्त रूप से कथन करता है वह दुर्नय है। दुर्नय से वस्तु स्वरूप की सिद्धि नहीं हो सकती; क्योंकि वस्तु सर्वथा एक रूप ही नहीं है। अतः जो प्रतिपक्षी धर्मों की अपेक्षा रखते हुए वस्तु के एक धर्म का कथन करता है वही सुनय

है और इसी से वस्तु-स्वरूप की सिद्धि होती है।

इसप्रकार नय की उपयोगिता न केवल सैद्धान्तिक और आध्यात्मिक दृष्टि से है, किन्तु जीवन-जगत् के लौकिक व्यवहारों में भी प्रतिक्षण इसकी उपयोगिता सिद्ध होती है। यह समस्त प्रकार के विवादों, मतभेदों और संघर्षों को समाप्त कर जीवन को प्रशस्त बनाता है।

यही जैनदर्शन का नय-निरूपण है।

निक्षेप

(1) **निक्षेप की उपयोगिता और उसका स्वरूप**—निक्षेप का सिद्धान्त जैनदर्शन की एक मौलिक देन है। जैनदर्शनकारों ने तत्त्वाधिगम के उपायों में निक्षेप-पद्धति को भी अपनाया है; क्योंकि समस्त तत्त्वों या पदार्थों का ज्ञान निक्षेप विधि पर ही आधारित है। संसारी जीवों का समस्त व्यवहार पदार्थाश्रित है। पदार्थ अनेक और अनन्तधर्मात्मक हैं। उन सबका व्यवहार एक साथ नहीं हो सकता। वे अपनी-अपनी पर्याय में पृथक्-पृथक् होते हैं। उनकी पहचान भी पृथक्-पृथक् होती है। इन्हीं अनन्त धर्मात्मक पदार्थों को व्यवहार में लाने के लिए किये जाने वाले प्रयत्नों में निक्षेप का महत्त्वपूर्ण स्थान है। जगत् में शब्द, ज्ञान और अर्थ, तीन प्रकार से व्यवहार चलते हैं। कहीं शब्दात्मक व्यवहार से काम चलता है तो कहीं ज्ञानात्मक व्यवहार से और कहीं अर्थात्मक व्यवहार से। अनन्त धर्मात्मक वस्तु को संव्यवहार के लिए इन तीन प्रकार के व्यवहारों में बाँटना 'निक्षेप' है।

'निक्षेप' शब्द 'नि' उपसर्ग पूर्वक 'क्षिप्' धातु से बना है, जिसका अर्थ है, 'रखना'। 'न्यास' शब्द का भी यही अर्थ है। अर्थात् वस्तु का विश्लेषण कर उसकी स्थिति की जितने प्रकार की सम्भावनाएँ हो सकती हैं उनको सामने रखना 'निक्षेप' है। आशय यह है कि विवेच्य पदार्थ जितने प्रकार का हो सकता है उतने सब सम्भावित प्रकार सामने रखकर अप्रस्तुत का निराकरण करके विवक्षित पदार्थ को ग्रहण करना 'निक्षेप' है।

प्रमाण और नय के अनुसार प्रचलित लोक-व्यवहार को भी 'निक्षेप' कहते हैं। लोक और शास्त्रों में एक-एक शब्द का अनेक अर्थों में प्रयोग किया जाता है। यह प्रयोग कहाँ और किस अर्थ में किया गया है? इस विषय को बतलाना ही निक्षेप-विधि का काम है।

वक्ता के मुख से निकले हुए शब्द के अपेक्षा को लेकर भिन्न-भिन्न अर्थ होते हैं, उन अर्थों में दोष न आए और वास्तविक अर्थ का ठीक-ठीक परिज्ञान हो जाए, यह बतलाने के लिए ही शास्त्रों में निक्षेप का उपक्रम किया गया है। निक्षेप

के इस उपक्रम से अप्रकृत अर्थ का निराकरण होकर प्रकृत अर्थ का ग्रहण हो जाता है जिससे व्यवहार करने में किसी भी प्रकार की असुविधा नहीं होती है और इससे वक्ता और श्रोता दोनों ही एक दूसरे के आशय को भली प्रकार समझ लेते हैं। जैनाचार्यों ने जैनागम साहित्य में व्याख्या की परिपाटी में इस निक्षेप विधि का अधिक विश्लेषण किया है।

आचार्य उमास्वाति ने कहा है—'लक्षण और भेदों के द्वारा पदार्थों का ज्ञान जितने विस्तार के साथ हो सके ऐसे व्यवहार-रूप उपाय को 'न्यास' अथवा 'निक्षेप' कहते हैं।'[207]

आचार्य वीरसेन स्वामी ने निक्षेप शब्द की व्युत्पत्ति करते हुए कहा है—'जो किसी एक निश्चय या निर्णय में क्षेपण करे अर्थात् अनिर्णीत वस्तु का उसके नामादि द्वारा निर्णय कराता है, उसे निक्षेप कहते हैं।'[208]

श्री जिनभद्रगणि ने भी 'निक्षेप' शब्द की व्युत्पत्ति करते हुए लिखा है, 'जिससे वस्तु या पदार्थ का उसके नाम, स्थापना आदि भेदों के द्वारा व्यवस्थापन, क्षेपण, न्यास, निश्चय या निर्णय किया जाता है, उसे निक्षेप कहते हैं।'[209]

श्री यशोविजयगणि ने 'शब्द और अर्थ की ऐसी विशेष रचना को निक्षेप कहा है, जिससे प्रकरण आदि के अनुसार अप्रतिपत्ति आदि का निवारण होकर यथास्थान विनियोग होता है।'[210]

आचार्य अकलंकदेव ने निक्षेपों का अनेक प्रकार से विवेचन करते हुए लिखा है—'आत्मा आदि पदार्थों का जो ज्ञान है वही प्रमाण है और उनको जानने का जो उपाय है वह 'न्यास' अथवा 'निक्षेप' है।[211] निक्षेप पदार्थों के विश्लेषण के उपायभूत हैं। उन्हें नयों द्वारा ठीक-ठीक समझकर शब्दात्मक, अर्थात्मक और ज्ञानात्मक भेदों की रचना करनी चाहिए।[212] इससे अप्रस्तुत अर्थ का निषेध और प्रस्तुत अर्थ का निरूपण हो जाता है।[213]

उन्होंने अपने 'सिद्धि-विनिश्चय' ग्रन्थ में भी लिखा है, 'किसी धर्मी (वस्तु) में नय के द्वारा जाने गये धर्मों की योजना करने को निक्षेप कहते हैं। निक्षेप के अनन्त भेद हैं। किन्तु उसके संक्षेप में चार भेद हैं। अप्रस्तुत का निराकरण करके प्रस्तुत का निरूपण करना उसका प्रयोजन है। यह निक्षेप द्रव्यार्थिक एवं पर्यायार्थिक नय के द्वारा जीवादि तत्त्वों के जानने में कारण है। निक्षेप से केवल तत्त्वार्थ का ज्ञान ही नहीं होता, संशय विपर्यय आदि भी दूर हो जाते हैं। शब्द से अर्थ का ज्ञान होने में निक्षेप निमित्त है, क्योंकि वह शब्दों में यथाशक्ति उनके वाच्यों के भेद की रचना करता है। इसलिए ज्ञाता के श्रुत-विषयक विकल्पों की उपलब्धि के उपयोग का

नाम 'निक्षेप' है।'[214]

आचार्य देवसेन ने 'प्रमाण और नय के निक्षेपण या आरोपण को 'निक्षेप' कहा है। 'निक्षेप' शब्द का अर्थ है 'रखना'। अतएव प्रयोजनवश नाम, स्थापना द्रव्य और भाव में पदार्थ के निक्षेपण, स्थापन या आरोपण को निक्षेप कहा है।'[215]

श्री माइल्ल धवल ने भी 'युक्ति के द्वारा सुयुक्त मार्ग में कार्यवश से नाम, स्थापना, द्रव्य और भाव में पदार्थ की स्थापना को निक्षेप कहा है।'[216]

उक्त कथन का निष्कर्ष यह है कि जिस पदार्थ का प्रत्यक्षादि प्रमाणों के द्वारा, नैगमादि नयों के द्वारा तथा नामादि निक्षेपों के द्वारा सूक्ष्म दृष्टि से विचार नहीं किया जाता, वह पदार्थ कभी युक्त (संगत) होते हुए अयुक्त (असंगत) सा प्रतीत होता है और कभी अयुक्त होते हुए भी युक्त सा प्रतीत होता है। अत: प्रमाण, नय और निक्षेप के द्वारा पदार्थ का निर्णय करना चाहिए। जो विद्वान निक्षेप, नय और प्रमाण को जानकर तत्त्वमीमांसा करते है वे ही वास्तविक तत्त्व का ज्ञान प्राप्त कर सकते हैं। इसी प्रकार जो गुण, पर्याय, लक्षण, स्वभाव, निक्षेप, नय और प्रमाण को भेद-प्रभेद सहित जानते हैं, वे ही द्रव्य स्वभाव को समझ सकते है। अत: द्रव्य स्वभाव या द्रव्य स्वरूप को समझने के लिए निक्षेप आदि का जानना आवश्यक है।

आचार्य पूज्यपाद ने निक्षेप की उपयोगिता और प्रयोजन बतलाते हुए कहा है, 'अप्रकृत का निराकरण करने के लिए और प्रकृत का निरूपण करने के लिए निक्षेप का कथन किया जाता है। अर्थात् किस शब्द का क्या अर्थ है? यह निक्षेप विधि के द्वारा विस्तार से बतलाया जाता है।'[217]

इसी प्रकार आचार्य यतिवृषभ तथा जिनभद्रगणि आदि सभी आचार्यों ने निक्षेप के विषय में ये ही भाव अभिव्यक्त किये हैं।

निक्षेप के प्रयोजन का विवेचन करते हुए आचार्य वीरसेन स्वामी ने लिखा है—श्रोता तीन प्रकार के होते हैं—पहला अव्युत्पन्न अर्थात् वस्तु-स्वरूप से अनभिज्ञ, दूसरा सम्पूर्ण रूप से विवक्षित पदार्थ को जानने वाला, तीसरा विवक्षित पदार्थ को एकदेश से जानने वाला। इनमें से पहला श्रोता तो अव्युत्पन्न होने के कारण विवक्षित पद के अर्थ को कुछ भी नहीं समझता। दूसरा श्रोता वस्तु के यथार्थ का सम्यक् ज्ञान कर लेता है। तीसरा यहाँ पर इस पद का कौन सा अर्थ अधिकृत है? इस प्रकार विवक्षित पद के अर्थ में सन्देह करता है, अथवा प्रकरण प्राप्त अर्थ को छोड़कर और दूसरे अर्थ को ग्रहण करके विपरीत समझता है। यह प्रकृत पद के अर्थ में या तो सन्देह करता है या विपरीत निश्चय कर लेता है।

इनमें से यदि अव्युत्पन्न श्रोता पर्याय का अर्थी अर्थात् पर्यायार्थिक नय की अपेक्षा वस्तु की किसी विवक्षित पर्याय को जानना चाहता है तो उस अव्युत्पन्न

श्रोता को प्रकृत विषय की व्युत्पत्ति के द्वारा अप्रकृत विषय का निराकरण करने के लिए भाव निक्षेप का कथन करना चाहिए। यदि वह अव्युत्पन्न श्रोता द्रव्यार्थिक दृष्टि वाला है अर्थात् सामान्य रूप से किसी वस्तु का स्वरूप जानना चाहता है तो उसके लिए निक्षेपों द्वारा प्रकृत पदार्थ का निरूपण करने के लिए सब निक्षेपों का कथन करना चाहिए। क्योंकि विशेष धर्मों का निर्णय हुए बिना सामान्य धर्म का निर्णय नहीं हो सकता। तीसरी जाति के श्रोताओं को यदि सन्देह हो तो उनके सन्देह को दूर करने के लिए सब निक्षेपों का कथन करना चाहिए और यदि उन्हें विपरीत ज्ञान हो गया हो तो प्रकृत अर्थात् विवक्षित वस्तु के निर्णय के लिए सम्पूर्ण निक्षेपों का कथन करना चाहिए। कहा भी है—अप्रकृत विषय के निवारण करने के लिए, प्रकृत विषय के निरूपण करने के लिए, संशय का विनाश करने के लिए और तत्त्वार्थ का निश्चय करने के लिए निक्षेपों का कथन करना चाहिए। क्योंकि निक्षेपों के बिना वर्णन किया गया सिद्धान्त वक्ता और श्रोता दोनों को कुमार्ग में ले जा सकता है। इसलिए भी निक्षेपों का कथन आवश्यक है।'[218]

(2) **निक्षेप के भेद**—यदि विस्तार से विचार किया जाय तो वस्तु-विन्यास के जितने क्रम हैं, उतने ही निक्षेप हैं। कितने ही ग्रन्थकारों ने निक्षेपों के सम्भाव्य अनेक भेदों का उल्लेख भी किया है।

श्री वीरसेन स्वामी ने निक्षेप के छह भेद किये हैं—नाम, स्थापना, द्रव्य, क्षेत्र, काल और भाव।[219]

इससे आगे इसी धवला टीका में निक्षेपों के कथन का प्रयोजन बतलाने के लिए एक प्राचीन गाथा उद्धृत है, जिसमें कहा गया है—'जहाँ जीवादि पदार्थों के विषय में बहुत जाने, वहाँ पर नियम से सभी निक्षेपों के द्वारा उन पदार्थों का विचार करना चाहिए और जहाँ बहुत न जाने, वहाँ चार निक्षेपों के द्वारा पदार्थों का विचार अवश्य करना चाहिए।'[220]

इस प्राचीन गाथा के उल्लेख से प्रतीत होता है कि प्राचीन आचार्यों ने भी निक्षेप के विस्तार से अनेक भेद किये हैं और संक्षेप में कम से कम चार भेद किये हैं।

आचार्य यतिवृषभ ने 'निक्षेप के नाम, स्थापना, द्रव्य, क्षेत्र, काल और भाव ये छह भेद किये हैं।'[221]

आचार्य अकलंकदेव ने निक्षेप को अनन्त प्रकार का बतलाकर भी उसके नाम, स्थापना, द्रव्य और भाव के ये चार भेद किये हैं।

संक्षेप में निक्षेप के ये ही चार भेद हैं, किन्तु विस्तार से वह निक्षेप अंगप्रविष्ट और अंगबहि आदि अनेक भेदों वाला है।[222]

आचार्य उमास्वामी ने निक्षेप की विस्तार शैली को न अपना कर संक्षेप में ही निक्षेप के केवल चार भेद किये है—नाम, स्थापना, द्रव्य और भाव से उन सम्यग्दर्शन आदि तथा जीव आदि तत्त्वों का न्यास अर्थात् निक्षेप होता है।[223]

इस प्रकार सामान्यतः निक्षेप के नाम, स्थापना, द्रव्य और भाव—ये चार भेद ही सर्वमान्य हैं।

1. नाम निक्षेप—द्रव्य, जाति, गुण, क्रिया आदि शब्द प्रवृत्ति के निमित्त होते हैं। इनमें से किसी भी निमित्त की अपेक्षा किये बिना ही केवल व्यवहार की सिद्धि के लिए अपनी इच्छानुसार किसी की कोई संज्ञा या नाम रख लेना नाम निक्षेप हैं। जैसे—किसी मूर्ख व्यक्ति का भी नाम विद्याधर या वाचस्पति रख दिया जाता है। अथवा किसी निर्धन व्यक्ति को भी लक्ष्मीधर या करोड़ीमल कहा जा सकता है। अथवा किसी में माणिक और लाल, रत्न के गुण न रहने पर भी उसका नाम माणिकलाल, रतनचन्द्र आदि रख दिया जाता है।'[224]

यह नाम निक्षेप शब्दात्मक व्यवहार का प्रयोजक होता है। इसकी प्रक्रिया केवल लोक-व्यवहार को चलाने के लिए ही होती है। इसमें व्यक्ति के अन्दर उस प्रकार गुण, जाति तथा क्रिया आदि का होना आवश्यक नहीं है, जैसा उसे नाम दिया गया है।

2. स्थापना निक्षेप—धातु, काष्ठ, पाषाण आदि की प्रतिमा तथा अन्य पदार्थों में 'यह वह है' इस प्रकार किसी की कल्पना करना स्थापना निक्षेप है।[225]

स्थापना निक्षेप के भी दो भेद हैं—1. तदाकार या सद्भाव स्थापना और 2. अतदाकार या असद्भाव स्थापना।[226]

तदाकार स्थापना—एक व्यक्ति अपने गुरु के चित्र को गुरु मानता है यह तदाकार या सद्भाव स्थापना है। अथवा जिस पदार्थ का जैसा आकार है उसमें उसी आकार वाले की कल्पना या आरोप करना तदाकार या सद्भाव स्थापना है। जैसे—भगवान महावीर या भगवान राम की मूर्ति में भगवान महावीर या भगवान राम की कल्पना करना।

अतदाकार या असद्भाव स्थापना—कोई व्यक्ति शंख या पाषाण में अपने गुरु का आरोप या कल्पना कर लेता है, यह अतदाकार स्थापना है अथवा भिन्न आकार वाले पदार्थों में किसी भिन्न आकार वाले की कल्पना करना अतदाकार स्थापना है। जैसे—शतरंज की मुहरों में बादशाह, वजीर, घोड़े आदि की स्थापना या कल्पना करना।

स्थापना निक्षेप में जो अर्थ तद्रूप नहीं है उसे तद्रूप भी मान लिया जाता है। यह निक्षेप ज्ञानात्मक व्यवहार का प्रयोजक है। इस निक्षेप में ज्ञान के द्वारा

तदाकार या अतदाकार में विवक्षित वस्तु की कल्पना कर ली जाती है और संकेत द्वारा उसका बोध करा दिया जाता है।

नाम और स्थापना निक्षेप में अन्तर—नाम-निक्षेप में पहचान और स्थापना में आकार की भावना होती है। नाम निक्षेप में जिस प्रकार गुण की अपेक्षा का सर्वथा अभाव है उसप्रकार स्थापना-निक्षेप में नहीं है। नाम निक्षेप में आदर और अनुग्रह अथवा पूज्य और अपूज्य का व्यवहार नहीं होता है। किन्तु स्थापना-निक्षेप में यह व्यवहार होता है। जैसे—भगवान महावीर या भगवान राम की मूर्ति में भगवान महावीर या भगवान राम के समान ही आदर या पूज्यता का भाव होता है किन्तु किसी नाम वाले व्यक्ति में यह भाव नहीं होता है।

3. द्रव्य निक्षेप—किसी वस्तु की जो पर्याय आगे होने वाली है उसे पहले से ही उस पर्याय रूप कहना अथवा जो पर्याय हो चुकी है उसका व्यवहार वर्तमान में करना द्रव्य निक्षेप है। द्रव्य मूल वस्तु की पूर्वोत्तर दशा या उससे सम्बन्ध रखने वाली अन्य वस्तु होती है।[227] जैसे—राजपुत्र या युवराज को भी राजा कहना। यद्यपि यह वर्तमान में राजा नहीं है, किन्तु भविष्य में होने वाला है फिर भी उसको वर्तमान में राजा कहने लगना अथवा जो पहले कभी राजा था, किन्तु उसने अब राजपद का त्याग कर दिया है फिर भी उसे राजा कहते रहना। यह सब द्रव्य निक्षेप का विषय है अथवा भूत, भविष्यत् पर्याय की मुख्यता लेकर वर्तमान में कहना द्रव्य निक्षेप है। यह द्रव्य निक्षेप अर्थात्मक व्यवहार का प्रयोजक है।

द्रव्य निक्षेप के दो भेद हैं—1. आगम द्रव्य निक्षेप, 2. नोआगम द्रव्य निक्षेप।[228]

आगम द्रव्य निक्षेप—निक्षेप्य पदार्थ के प्ररूपक शास्त्र के उपयोग रहित ज्ञाता को आगम द्रव्य-निक्षेप कहते हैं। अथवा जो जीव विषयक शास्त्र को जानता है, किन्तु वर्तमान में उसके उपयोग से रहित है। जैसे—सुदर्शन मेरू का स्वरूप-निरूपण करने वाला 'त्रिलोकसार' ग्रन्थ का जानने वाला पुरुष जिस काल में सुदर्शन मेरू के कथन में उपयोग सहित नहीं है उस काल में उस जीव को सुदर्शन मेरू का आगम-द्रव्य-निक्षेप कहते है।

नोआगम द्रव्य निक्षेप तीन प्रकार का है—[229] 1. ज्ञायक शरीर, 2. भावि, 3. तद्व्यतिरिक्त।

(1) ज्ञायक शरीर नोआगम द्रव्य निक्षेप—निक्षेप्य पदार्थनिरूपक शास्त्र के अनुपयुक्त ज्ञाता के शरीर को ज्ञायक शरीर नोआगम द्रव्य निक्षेप कहते हैं। जैसे—जीव-पदार्थ का निरूपक जो शास्त्र है उस शास्त्र के अनुपयुक्त ज्ञाता के शरीर को

जीव का ज्ञायक शरीर नोआगम द्रव्य निक्षेप कहते हैं। इस शरीर के भी तीन भेद हैं—1. भूत, 2. भविष्यत्, 3. वर्तमान।

जिस शरीर को छोड़कर ज्ञाता आया है उसको भूत शरीर कहते हैं।

जिस शरीर को ज्ञाता आगामी काल में धारण करेगा उसे भविष्यत् शरीर कहते है।

ज्ञाता के वर्तमान शरीर को वर्तमान कहते हैं।

भूत शरीर के भी तीन भेद हैं—1. च्युत, 2. च्यावित, 3. त्यक्त।

जो शरीर अपनी आयु को पूर्ण करके छूटता है उसको च्युत शरीर कहते हैं।

विषभक्षण आदि निमित्तों से अकाल मृत्यु द्वारा जो शरीर छूटता है उसे च्यावित शरीर कहते हैं।

जो शरीर संन्यासमरण में छूटता है उसे त्यक्त शरीर कहते हैं।

(2) भावि नो आगम द्रव्य निक्षेप—भावि पर्याय को भावि नो आगम-द्रव्य निक्षेप कहते हैं। जैसे—भविष्य में राजा होने वाले को राजा कहना।

(3) तद्व्यतिरिक्त के दो भेद हैं—1. कर्म और 2. नोकर्म।

कर्म के ज्ञानावरण आदि अनेक भेद हैं। जिस कर्म की जो अवस्था निक्षेप्य-पदार्थ की उत्पत्ति के निमित्तभूत है उस ही अवस्था को प्राप्त वह कर्म निक्षेप्य पदार्थ का कर्म तद्व्यतिरिक्त नोआगम द्रव्य निक्षेप है।

शरीर आदि के पोषक आहारादि रूप पुद्गल द्रव्य नो-कर्म तद्व्यतिरिक्त नोआगम द्रव्य निक्षेप है।[230]

4. भाव निक्षेप—केवल वर्तमान पर्याय की मुख्यता से जो पदार्थ जैसा है उसको उसी रूप में कहना भाव निक्षेप है।[231] जैसे—राज्य करते हुए व्यक्ति को राजा कहना अथवा मनुष्य-पर्याय युक्त जीव को मनुष्य कहना अथवा सम्यग्दर्शन से युक्त जीव को सम्यग्दृष्टि कहना। यह भाव-निक्षेप भी अर्थात्मक व्यवहार का प्रयोजक है।

भाव निक्षेप के दो भेद हैं—1. आगम भाव निक्षेप, 2. नो आगम भाव निक्षेप।[232]

आगम भाव निक्षेप—निक्षेप्य पदार्थ-स्वरूप-निरूपक शास्त्र के उपयोग विशिष्ट ज्ञाता जीव को आगम भाव निक्षेप कहते हैं।

नोआगम भाव-निक्षेप—तत्पर्याययुक्त वस्तु का नोआगम भाव निक्षेप है। जैसे—मनुष्य पर्याय संयुक्त जीव मनुष्य का नोआगम भाव निक्षेप है।[233]

(3) **नय और निक्षेप**—निक्षेप भाषा और भाव की संगति है। इसे समझे

बिना भाषा के प्रास्ताविक अर्थ को नहीं समझा जा सकता। ज्ञेय पदार्थ अखण्ड है तथापि उसे जानने पर ज्ञेयपदार्थ के जो भेद (अंश) किये जाते हैं उसे निक्षेप कहते हैं और उस अंश को जानने वाले ज्ञान को नय कहते हैं। निक्षेप नय का विषय या ज्ञेय है और नय निक्षेप का विषयी या विषय करने वाला या ज्ञायक है। दोनों में विषय-विषयी या ज्ञेय-ज्ञायक सम्बन्ध है। वाच्य और वाचक का सम्बन्ध तथा उसकी क्रिया नय से जानी जाती है। नय गुण-सापेक्ष और सविपक्ष होता है, किन्तु निक्षेप उपचार से केवल गुणों का आक्षेप करने वाला होता है। तात्पर्य यह है कि जहाँ कोई पदार्थ सामने हो उसमें गुण-पर्याय आदि देखकर उनकी अपेक्षा रखते हुए उसका प्रतिपादन किया जा रहा हो वहाँ तो नय का व्यापार समझना चाहिए और जहाँ कोई पदार्थ ही सामने न हो केवल कल्पनाओं द्वारा वस्तुभूत गुणों की अपेक्षा न करके उसका प्रतिपादन किया जा रहा हो वहाँ निक्षेप का व्यापार समझना चाहिए। जैसे—कल्पना मात्र से ही किसी को इन्द्र कह देना, भले ही वह भूखा मरता हो। लोक में जितना ही शब्द व्यवहार होता है उसका विभाग द्वारा वर्गीकरण कर देना ही निक्षेप का काम है। नय विषयी है, किन्तु निक्षेप शाब्दिक विषय-विभाग का प्रयोजक है। निक्षेप केवल यह बतलाता है कि हमने जिस शब्द या वाक्य का प्रयोग किया है वह किस विभाग में सम्मिलित किया जा सकता है; किन्तु नय उस शब्द प्रयोग में जो आन्तरिक मानस परिणाम कार्य कर रहा है उसका उद्घाटन करता है। वह बतलाता है कि उस शब्द का प्रयोग किस दृष्टिकोण से समीचीन है। इस प्रकार नय और निक्षेप में यही मौलिक अन्तर है।

(4) **निक्षेपों में नय योजना**—उक्त चारों निक्षेपों में से नाम, स्थापना और द्रव्य—ये तीन निक्षेप द्रव्यार्थिक नय के विषय हैं और भाव निक्षेप पर्यायार्थिक नय का विषय है। तात्पर्य यह है कि द्रव्यार्थिक नय का विषय द्रव्य-अन्वय होता है और नाम, स्थापना तथा द्रव्य ये तीनों निक्षेप सामान्य-द्रव्य रूप हैं, इनका सम्बन्ध तीन काल से होता है इसलिए ये द्रव्यार्थिक नय के विषय हैं। भाव में अन्वय नहीं होता है, वह विशेष (पर्याय) रूप है, उसका सम्बन्ध केवल वर्तमान पर्याय से होता है, इसलिए वह पर्यायार्थिक नय का विषय है। इतनी विशेषता है कि नाम को सादृश्य सामान्यात्मक माने बिना शब्द-व्यवहार की प्रवृत्ति नहीं हो सकती है, इसलिए नाम निक्षेप द्रव्यार्थिक नय का विषय है और जिसकी जिसमें स्थापना की जाती है उसमें एकत्व का अध्यवसाय किये बिना स्थापना नहीं बन सकती है इसलिए स्थापना भी द्रव्यार्थिक नय का विषय है।

आचार्य सिद्धसेन दिवाकर,[234] विद्यानन्द स्वामी,[235] पूज्यपाद,[236] अकलंकदेव[237]

तथा जिनभद्रगणि क्षमाश्रमण[238] आदि ने भी सामान्य रूप से यही कहा है कि—नाम, स्थापना और द्रव्य—ये तीनों द्रव्यार्थिक नय के निक्षेप हैं और भाव पर्यायार्थिक नय का निक्षेप है।

आचार्य सिद्धसेन[239] के मतानुसार द्रव्यार्थिक नय के दो भेद हैं—संग्रह और व्यवहार; क्योंकि सामान्यग्राही नैगम नय का संग्रह नय में और विशेषग्राही नैगम नय का व्यवहार नय में अन्तर्भाव हो जाता है। पर्यायार्थिक नय के चार भेद हैं—ऋजु-सूत्र, शब्द, समभिरूढ और एवंभूत नय। इस प्रकार इन के मत से नयों के छह भेद हैं। इनके इस मत के अनुसार, जिनभद्रगणि क्षमाश्रमण ने भी कहा है—संग्रह और व्यवहार नय द्रव्यार्थिक के भेद हैं और ऋजुसूत्रादि शेष चार नय पर्यायार्थिक के भेद हैं।[240]

आचार्य पूज्यपाद नैगम नय को स्वतन्त्र मानते हैं अतः इनके मत से नैगम, संग्रह और व्यवहार—ये तीनों द्रव्यार्थिक नय हैं और ऋजुसूत्र, शब्द, समभिरूढ तथा एवंभूत नय पर्यायार्थिक हैं।[241] इस प्रकार आचार्य सिद्धसेन, जिनभद्रगणि और पूज्यपाद—इन तीनों के मत से ऋजुसूत्रादि चारों नय पर्यायार्थिक हैं, अतः ये केवल भाव-निक्षेप को ही विषय करते हैं और नैगम, संग्रह और व्यवहार नाम, स्थापना और द्रव्य का विषय करते हैं; किन्तु जिनभद्रगणि ने अपने निज के मतानुसार निक्षेपों का विचार करते हुए कहा है—'शब्द, समभिरूढ और एवंभूत नय भाव-निक्षेप को ही स्वीकार करते हैं और शेष नय सभी चारों निक्षेपों को स्वीकार करते हैं।[242]' तीनों शब्द नय शुद्ध होने के कारण भाव को ही विषय करते हैं और ऋजुसूत्रादि अशुद्ध होने के कारण चारों निक्षेपों को विषय करते हैं। आगे वे ऋजुसूत्र नय को द्रव्यार्थिक मानकर द्रव्यार्थिक नय में चारों निक्षेप घटा लेते हैं। इन्होंने एक ऐसे मत का भी उल्लेख किया है, जिसके अनुसार ऋजुसूत्र नय नाम और भाव-निक्षेपों को ही विषय करता है। एक मत ऐसा भी है कि संग्रह और व्यवहार नय-स्थापना को छोड़कर शेष तीन निक्षेपों को विषय करते हैं।[243]

आचार्य पुष्पदन्त-भूतबलि ने षट्खण्डागम के प्रकृति अनुयोगद्वार में तथा आचार्य यतिवृषभ ने कषायपाहुड के चूर्णि सूत्रों में तथा आचार्य वीरसेन स्वामी ने षट्खण्डागम की धवला टीका में निक्षेपों में इस नय-योजना का शंका-समाधान-पूर्वक विस्तार से विवेचन किया है।

इस प्रकार वस्तु स्वरूप के परिज्ञान के लिए निक्षेप विधि का विवेचन किया गया।

अनेकान्त और स्याद्वाद

अनेकान्तवाद की अवधारणा

अनेकान्तवाद जैनदर्शन का मौलिक व विशिष्ट सिद्धान्त है। जैनतत्त्वज्ञान की सारी इमारत अनेकान्तवाद के सिद्धान्त पर अवलम्बित है। वास्तव में इसे जैनदर्शन की मूलभित्ति समझना चाहिए। इसीलिए जैनदर्शन को अनेकान्तवादी दर्शन कहा जाता है। यह जैन परम्परा की एक विलक्षण सूझ है जो वास्तविक सत्य का साक्षात्कार करने में परम सहायक है। दार्शनिक जगत् को जैनदर्शन की यह एक मौलिक एवं असाधारण देन है।

अनेकान्त की व्युत्पत्ति करते हुए कहा गया है कि 'जिसमें अनेक अन्त अर्थात् धर्म—सामान्य, विशेष, पर्याय, गुण, स्वभाव और अंश पाये जाते हैं उसे अनेकान्त कहते हैं।[244] 'अनेकान्त' शब्द अनेक और अन्त, इन दो शब्दों से मिलकर बना है। 'अनेक' का अर्थ स्पष्ट है और 'अन्त' का अर्थ है अंश अथवा धर्म। अत: परस्पर विरोधी प्रतीत होने वाले धर्मों का एक ही वस्तु में होने का नाम अनेकान्त है।

आचार्य अमृतचन्द्र ने भी अनेकान्त का यही स्वरूप बताया है—'जो वस्तु तत्स्वरूप है वही अतत्स्वरूप भी है, जो एक है वही अनेक भी है, जो सत् है वही असत् भी है, जो नित्य है वही अनित्य भी है।' इस प्रकार एक वस्तु में वस्तुत्व की उपजाने वाली परस्पर विरुद्ध दो शक्तियों का प्रकाशित होना अनेकान्त है।[245] अनेकान्त एक ही वस्तु में वस्तुत्व के कारणभूत परस्पर विरोधी अनेक धर्म-युगलों को प्रकाशित करता है।

इसी प्रकार आचार्य विद्यानन्द ने भी कहा है—'वस्तु सर्वथा सत् ही है अथवा असत् ही है, नित्य ही है अथवा अनित्य ही है इत्यादि सर्वथा एकान्तों का निरसन करके वस्तु का कथंचित् सत्, कथंचित् असत्, कथंचित् नित्य, कथंचित् अनित्य आदि रूप होना ही अनेकान्त है।'[246]

'अनेकान्त' शब्द एकान्तत्व, सर्वथात्व आदि एकान्त निश्चयों का निषेधक और विविधता का विधायक है। सर्वथा एक ही दृष्टि से पदार्थ के अवलोकन करने की पद्धति को अपूर्ण समझ कर ही जैनदर्शन में अनेकान्तवाद को मुख्य स्थान दिया गया है। अनेकान्त का अर्थ है वस्तु-स्वरूप का भिन्न-भिन्न दृष्टियों या अपेक्षाओं से पर्यालोचन करना। अर्थात् एक ही वस्तु में भिन्न-भिन्न वास्तविक धर्मों को सापेक्षतया स्वीकार करने का नाम अनेकान्त है अथवा जो वस्तु के अनन्त धर्मात्मक स्वरूप का प्रतिपादन मुख्य-गौणभाव से करता है वह अनेकान्तवाद है। जैसे एक ही पुरुष अपने विभिन्न सम्बन्धियों की अपेक्षा से पिता, पुत्र, भ्राता आदि संज्ञाओं

से सम्बोधित किया जाता है, उसी प्रकार अपेक्षा भेद से एक ही वस्तु में अनेक धर्मों की सत्ता प्रमाणित होती है। स्याद्वाद, नयवाद और अपेक्षावाद और कथंचित्‌वाद ये अनेकान्तवाद के ही पर्यायवाची शब्द हैं।

वास्तव में विचार के क्षेत्र में अनेकान्त इतना व्यापक है कि विश्व के समग्र दर्शनों का इसमें समावेश हो जाता है; क्योंकि 'जितने वचन-व्यवहार हैं उतने ही नय हैं'[247]। वस्तुत: सम्यक् नयों का समूह ही अनेकान्त है। नय को एकान्त भी कहते हैं, अत: एकान्तों के समूह का नाम भी अनेकान्त है; क्योंकि एकान्त के बिना अनेकान्त सम्भव नहीं है। यदि एकान्त न हो तो जैसे एक के बिना अनेक नहीं, वैसे ही एकान्त के बिना अनेकान्त नहीं। अत: जब सभी अनेकान्त रूप हैं तो अनेकान्त एकान्त रूप कैसे हो सकता है? अनेकान्त में अनेकान्त को घटित करते हुए आचार्य समन्तभद्र[248] ने कहा है—'प्रमाण और नय के द्वारा सिद्ध होने वाला अनेकान्त भी अनेकान्त रूप है। प्रमाण की अपेक्षा अनेकान्त है और विवक्षित नय की अपेक्षा एकान्त है।

अनेकान्त दो प्रकार का है।[249] सम्यग् अनेकान्त और मिथ्या अनेकान्त। एकान्त भी दो प्रकार का है—सम्यग् एकान्त और मिथ्या एकान्त। एक वस्तु में युक्ति और आगम से अविरुद्ध प्रतिपक्षी अनेक धर्मों का निरूपण करने वाला सम्यक् अनेकान्त है तथा तत् और अतत् स्वभाववाली वस्तु से शून्य काल्पनिक अनेक धर्मात्मक जो कोरा वाग्जाल है, वह मिथ्या अनेकान्त है। प्रमाण के द्वारा निरूपित वस्तु के एकदेश को हेतु-विशेष की सामर्थ्य की अपेक्षा से ग्रहण करने वाला सम्यग् एकान्त है और एक धर्म का सर्वथा अवधारण करके अन्य सब धर्मों का निराकरण करने वाला मिथ्या एकान्त है। सम्यग् अनेकान्त को प्रमाण कहते हैं और सम्यग् एकान्त को नय। प्रमाण की अपेक्षा से अनेकान्त होता है; क्योंकि वह अनेक निश्चयों का आधार है और नय की अपेक्षा से एकान्त होता है; क्योंकि एक ही धर्म का निश्चय करने की ओर उसका झुकाव रहता है। यदि अनेकान्त को अनेकान्त रूप ही माना जाय और एकान्त को सर्वथा न माना जाय तो एकान्त का अभाव होने से एकान्तों के समूह-रूप अनेकान्त का भी अभाव हो जाएगा। जैसे—शाखा, पत्र, पुष्प आदि के अभाव में वृक्ष का अभाव अनिवार्य है तथा यदि एकान्त को ही माना जाय तो अविनाभावी इतर सब धर्मों का निरूपण करने के कारण प्रकृत धर्म का भी लोप हो जाने से सर्वलोप का प्रसंग आता है।

यथार्थत: अनेकान्त वह विचारधारा है जिसमें किसी एक 'अन्त' का, धर्म विशेष का अथवा एक पक्ष विशेष का आग्रह न हो। सामान्य भाषा में विचारों के अनाग्रह को ही वास्तव में अनेकान्त कहा जाता है। जीवन के प्रत्येक क्षेत्र में

अनेकान्त सिद्धान्त की बड़ी उपयोगिता है। जीवन और जगत् के जितने भी व्यवहार हैं वे सब अनेकान्तमूलक हैं। अनेकान्त के बिना जीवन जगत् का व्यवहार नहीं चल सकता। जीवन के प्रत्येक पहलू को समझने के लिए अनेकान्त की महती आवश्यकता है। इसकी उपयोगिता मात्र दार्शनिक क्षेत्र में ही हो ऐसी बात नहीं है, इसके बिना हमारा लोक-व्यवहार भी नहीं सधता। पद पद पर इसके अभाव में विसंवाद, युद्ध, संघर्ष की सम्भावना है। अतएव आचार्य सिद्धसेन ने ठीक ही कहा है—'जिसके बिना लोक-व्यवहार भी सर्वथा नहीं चल सकता, तीनों लोकों के उस अद्वितीय गुरु अनेकान्तवाद को नमस्कार हो।'[250]

अनेकान्तवाद परमागम अर्थात् जैन सिद्धान्त का जीवन है। यदि वह परमागम में न रहे तो सारा परमागम पाखण्ड हो जाय। इसे हम परमागम का बीज भी कह सकते हैं; क्योंकि इसी से सारे परमागम की शाखा-प्रशाखाएँ ओतप्रोत हैं। अनेकान्त जगत् के समस्त विरोधों को दूर करने वाला है। वह सम्पूर्ण नयों (सम्यग् एकान्तों) से विलसित है और जन्मान्ध पुरुषों के हस्ति-विधान (एकान्त दृष्टि) का निषेध करने वाला है। इन्हीं सब विशेषताओं के कारण उस अनेकान्त को आचार्य अमृतचन्द्र ने भी नमस्कार किया है।[251] यहाँ जन्मान्ध पुरुषों के हस्ति-विधान के उल्लेख से यह स्पष्ट किया गया है कि किसी वस्तु या बात को ठीक-ठीक न समझकर उसके विषय में अपने हठपूर्ण विचार या एकान्त अभिनिवेश बनाने से बड़े-बड़े अनर्थों की सम्भावना रहती है। अनेकान्तवाद इन अनर्थों से बचने के लिए ही एकान्त अभिनिवेशों में समन्वय स्थापित कर तज्जन्य समस्त विरोधों को दूर करता है और वस्तु के यथार्थ स्वरूप का परिज्ञान कराता है। अत: अनेकान्तवाद को स्पष्ट समझने के लिए ही जन्मान्ध पुरुषों का उदाहरण दिया गया है—एक गाँव में छह जन्मान्ध पुरुष रहते थे। उन्होंने हाथी का नाम तो सुना था किन्तु जन्मान्ध होने के कारण उसे देखा नहीं था अत: उसके विषय में उन्हें जिज्ञासा हुई। जैसे ही गाँव में अचानक एक हाथी आया और उसके आने का शोर मचा तो वे सभी अन्धे भी उसके नजदीक पहुँचे और सभी ने अलग-अलग रूप से उसके अंगों का स्पर्श किया। पश्चात् वे एक साथ बैठ कर हाथी का वर्णन करते हुए झगड़ने लगे। उनमें से जिसने हाथी के पैर का स्पर्श किया था, वह कहने लगा—अरे भाई! हमने हाथी को ठीक समझ लिया, वह तो खम्भे जैसा होता है। जिसने उसके पेट को टटोला था वह एकदम बोला—नहीं। तुम झूठ बोलते हो, तुम्हें कुछ भी ज्ञान नहीं। हाथी खम्भे जैसा नहीं होता वह तो अनाज भरने के कुठीले जैसा होता है। जिसने कान पकड़ा था, वह छूटकर आवेश में बोला—हटो! तुम दोनों ही मूर्ख हो। हाथी न खम्भे जैसा होता है और न कुठीले जैसा होता है वह तो सूप जैसा होता है।

जिसने सूँड पकड़ी थी वह भी दर्प से गरज कर बोला—अरे मूर्खो! क्यों वृथा बकवास करते हो? हाथी तो उलटे मूसल जैसा होता है। पूँछ पकड़ने वाले सूरदास ने सब को डाँटते हुए कहा—अरे, क्यों नाहक झूठ बोलते हो? हाथी तो मोटे रस्से जैसा होता है। दाँत टटोलने वाला छठा अन्ध पुरुष चिल्लाते हुए बोला—अरे धूर्तो! क्यों दूसरों को गुमराह करते हो? जैसा तुम लोग कहते हो हाथी वैसा नहीं होता; वह तो कुदाल या कुश जैसा होता है।

इस प्रकार वे छहों जन्मान्ध पुरुष हाथी के स्वरूप को लेकर लगे लड़ने-झगड़ने और गाली-गलौच करने। इतने में ही सौभाग्य से अचानक एक समझदार व्यक्ति, जिसे हाथी का पूर्ण ज्ञान था, वहाँ से निकला और उन छहों अन्धों के वाद-विवाद तथा रोषपूर्ण झगड़े को देखकर और गाली-गलौच को सुनकर वहाँ रुक गया और उसने उनके लड़ने-झगड़ने का कारण पूछा। वे सब एक दूसरे को झूठा कह कर केवल अपनी-अपनी ही हाँकने लगे। उनकी इस प्रकार की सर्वथा एकान्त और हठाग्रह पूर्ण मान्यताओं को सुनकर उस ज्ञानी पुरुष को उनकी अज्ञानता पर खेद हुआ कि किस प्रकार व्यक्ति अपनी ही बात को पूर्ण सत्य मानकर दूसरे की विचारधारा की उपेक्षा करता है। वास्तव में यह एकान्तदृष्टि ही पारस्परिक संघर्ष, विवाद और वैमनस्य की जड़ है। उस ज्ञानी पुरुष ने उनको समझाया कि तुम सभी भ्रान्ति में हो। तुम में से किसी ने भी पूर्ण हाथी को नहीं जाना है। उसके एक-एक अंग को टटोलकर अपनी-अपनी समझ की पूर्णता का दावा कर रहे हो और उसके एक-एक अंग को ही पूर्ण हाथी समझकर आपस में लड़ रहे हो। जरा, समझने की कोशिश करो। एक दूसरे को झूठा मत कहो, बल्कि सबके दृष्टिकोण को समझने का प्रयत्न करो। पैर की दृष्टि से हाथी खम्भे जैसा, पेट की दृष्टि से कुठीले जैसा, कान की दृष्टि से सूप जैसा, सूँड की दृष्टि से मूसल जैसा, पूँछ की दृष्टि से रस्से जैसा और दाँत की दृष्टि से हाथी कुदाल जैसा होता है। हाथी का स्वरूप केवल पैर, पेट, कान आदि रूप ही नहीं है, किन्तु पैर, पेट आदि समस्त अवयवों को मिला देने पर ही हाथी का पूर्ण रूप बनता है। इस प्रकार ये बात सब की समझ में आ गयी और अपनी सर्वथा एकान्त हठाग्रहपूर्ण दृष्टि अनेकान्त के रूप में परिवर्तित हो गयी। उनको अपनी एकान्त दृष्टि पर पश्चाताप हुआ और हाथी के विषय में पूर्ण ज्ञान प्राप्त कर वे सभी प्रसन्न हुए।

इसी प्रकार संसार के जितने भी एकान्तवादी दुराग्रहशील दर्शन और सम्प्रदाय हैं वे वस्तु के एक-एक अंश अर्थात् एक-एक धर्म को ही पूर्ण वस्तु समझते हैं और दूसरे दर्शनों या सम्प्रदायों में मतभेद रखते हैं। पर वास्तव में वह वस्तु नहीं, वस्तु का एक अंश मात्र हैं। यथार्थ में अनेकान्त वस्तु के पूर्ण स्वरूप को ग्रहण करने वाला

है और एकान्त अपूर्ण स्वरूप को। एकान्त मिथ्या अभिनिवेश के कारण वस्तु के एक अंश को ही पूर्ण वस्तु मान बैठता है और कहता है कि वस्तु इतनी ही है, ऐसी ही है। इसी से विभिन्न प्रकार के मतभेद और झगड़े उत्पन्न होते हैं। एक दर्शन या मान्यता का दूसरे दर्शन या मान्यता से विरोध हो जाता है, किन्तु अनेकान्त उस विरोध का परिहार करके उनमें समन्वय स्थापित करता है। अनेकान्त एकान्तवादी दर्शनों की भूल बतलाकर वस्तु के सत्य स्वरूप को उनके समक्ष प्रस्तुत करता है। वह साम्प्रदायिक मतभेद और कलह को शान्त करता है। केवल साम्प्रदायिक मतभेद और कलह को ही नहीं अपितु जीवन के हर क्षेत्र में—क्या तो पारिवारिक, क्या सामाजिक और क्या राष्ट्रीय, सभी समस्याओं का समाधान कर उनमें, प्रेम एवं सद्भावना के सुखद वातावरण का निर्माण करता है। कलह और संघर्ष एक दूसरे के दृष्टिकोण को न समझने के कारण ही होता है। अनेकान्त दूसरे के दृष्टिकोण को समझने में सहायक होता है। **वास्तव में सारा झगड़ा 'ही' और 'भी' के प्रयोग का है। एकान्तवादी दर्शन कहते हैं कि वस्तुस्वरूप 'ऐसा ही' है और अनेकान्तवादी जैनदर्शन कहता है कि वस्तुस्वरूप 'ऐसा भी है'। ये कथन निरपेक्षता और सापेक्षता को बतलाते हैं। कथन व ज्ञान में निरपेक्षता एकान्त-दृष्टि है, जो विवादों और संघर्षों की जननी है जबकि सापेक्षता अनेकान्त-दृष्टि है जो उन विवादों को दूर करने वाली है।**

कितने ही दर्शन वस्तु को सर्वथा सत् ही कहते हैं तो इनसे भिन्न अन्य दर्शन उसी वस्तु को सर्वथा असत् ही कहते हैं। इसप्रकार के कथन सर्वथा विवादास्पद हैं, किन्तु अनेकान्तवादी जैनदर्शन वस्तु को एक साथ सद्-असदात्मक सिद्ध करके उनके विरोधों और विवादों को शान्त कर देता है। वह कहता है कि प्रत्येक वस्तु सत् भी है और असत् भी है। अपने निजस्वरूप की अपेक्षा से वस्तु सत् है और पर-स्वरूप की अपेक्षा से असत् है। अपने पुत्र की अपेक्षा पिता सत् है और पर पुत्र की अपेक्षा से पिता पितारूप से असत् है। यदि वह परपुत्र की अपेक्षा से भी पिता ही है तो सारे संसार का भी पिता हो जाएगा जो सर्वथा असम्भव ही है।

बात यह है कि जगत् की प्रत्येक वस्तु अनन्त धर्मात्मक है, उसमें परस्पर में विरुद्ध प्रतीत होने वाले अस्ति-नास्ति या सत्-असत्, नित्य-अनित्य आदि अनन्त धर्म-युगल विभिन्न विवक्षाओं से विद्यमान हैं। इन विरोधी अनेक धर्मों का तादात्म्यरूप ही तो वस्तु है। वस्तु में प्रत्येक धर्म का विरोधी धर्म भी दृष्टिभेद से सम्भव है। जिस प्रकार 'स्यादस्ति घट:' इसमें 'घट' अपने द्रव्य,[252] क्षेत्र, काल और भाव की मर्यादा से है अर्थात् 'घट' में अपने स्वचतुष्टय[253] की अपेक्षा से 'अस्तित्व धर्म' है। उसी तरह घट व्यतिरिक्त पटादि पदार्थों का 'नास्तित्व धर्म' भी घट में

है। यदि घट-भिन्न पटादि पदार्थों का नास्तित्व धर्म घट में न माना जाय तो घट और पटादि अन्य पदार्थ मिलकर एक हो जाएँगे, उनमें कोई अन्तर ही नहीं रहेगा।

वस्तु के 'अस्तित्व' धर्म को प्रधान मानने पर सद्भाव-सूचक दृष्टि समक्ष आती है और जब निषेध किये जाने वाले धर्म मुख्य होते हैं तब 'नास्ति' नामक द्वितीय दृष्टि उदित होती है। वस्तु अपने द्रव्य, क्षेत्र, काल और भाव की अपेक्षा से 'सत्' स्वरूप है और वही वस्तु अन्य पदार्थों की अपेक्षा से 'असत्' स्वरूप है। आम अपने स्वरूप की अपेक्षा सद्भाव रूप है, लेकिन आम से भिन्न अमरूद, नींबू आदि पदार्थों की अपेक्षा असद्भाव रूप है। यदि स्वरूप की अपेक्षा आम के सद्भाव के समान पररूप की अपेक्षा भी आम का सद्भाव हो तो आम, अमरूद, नींबू आदि में कोई अन्तर ही नहीं रहेगा। इसी प्रकार यदि अमरूद आदि आम से भिन्न पदार्थों की अपेक्षा जैसे आम को असद्भावरूप या नास्तिरूप कहते हैं उसी प्रकार स्वरूप की अपेक्षा भी यदि आम नास्तिरूप हो जाय तो आम का सद्भाव ही नहीं रहेगा।

इसी बात को स्पष्ट करते हुए आचार्य समन्तभद्र[254] ने कहा है—**ऐसा कौन है जो समस्त चेतन, अचेतन, द्रव्य और पर्याय आदि को[255] स्वरूपादि चतुष्टय (स्वद्रव्य, स्वक्षेत्र, स्वकाल और स्वभाव) की अपेक्षा से सत् स्वरूप ही और परचतुष्टय[256]** (पर-द्रव्य, पर-क्षेत्र, पर-काल और पर-भाव) **की अपेक्षा से असत् स्वरूप ही न माने? कोई भी, चाहे वह लौकिक जन हो या परीक्षक, स्याद्वादी हो या सर्वथा एकान्तवादी; यदि वह सचेतन है तो उसे ऐसा मानना ही होगा; क्योंकि यदि वस्तु को स्वद्रव्यादि की अपेक्षा सत् स्वरूप और पर द्रव्यादि की अपेक्षा असत् स्वरूप न माना जाय तो किसी भी वस्तु-स्वरूप की व्यवस्था नहीं हो सकती है।**

आचार्य अकलंक देव[258] ने भी इसी को स्पष्ट किया है—**अपनी सत्ता का स्वीकार और पर-सत्ता का अस्वीकार ही वस्तु का वस्तुत्व है। अर्थात् वस्तु का वस्तुत्व इसी व्यवस्था पर निर्भर है कि वह अपने स्वरूप का उपादान (ग्रहण) करे और पर-स्वरूप का अपोहन (परिहार या परित्याग) करे अर्थात् वस्तु स्वरूप की अपेक्षा सद्भाव रूप हो और पररूप की अपेक्षा अभाव रूप हो। यदि वस्तु में 'स्व' की सत्ता की भाँति पर की असत्ता नहीं हो तो उसका स्वरूप ही नहीं बन सकता।**

आचार्य हेमचन्द्र[258] भी एक उद्धरण देते हुए कहते हैं—**प्रत्येक वस्तु स्वरूप से सत् (विद्यमान) है और पररूप से असत् (अविद्यमान) है। यदि वस्तु को**

पररूप से भी सत् रूप (भावरूप) स्वीकार किया जाय, असत् रूप (अभावरूप) न माना जाय तो एक वस्तु के सद्भाव में सम्पूर्ण वस्तुओं का सद्भाव माना जाना चाहिए और यदि वस्तु को स्वरूप में भी असत् रूप (अभाव रूप) माना जाय, सत् रूप न माना जाय तो वस्तु को सर्वथा स्वभाव रहित मानना होगा। ऐसी स्थिति में वस्तु का कोई स्वरूप ही नहीं रह जाएगा, जो वस्तुस्वरूप से सर्वथा विपरीत है।

स्वरूप के ग्रहण और पररूप के त्याग की व्यवस्था से ही वस्तु में वस्तुत्व की व्यवस्था सुघटित होती है, अन्यथा नहीं। अतः प्रत्येक वस्तु स्वरूप की अपेक्षा सद्रूप है और पररूप की अपेक्षा असद्रूप है। यदि स्वरूप की तरह पररूप से भी वस्तु को सत् माना जाय तो चेतन के अचेतन रूप होने का प्रसंग आता है और यदि पररूप की तरह स्वरूप से भी असत् माना जाय तो सर्वथा शून्यता की आपत्ति खड़ी होती है अथवा जिस रूप से सत्त्व है उसी रूप से असत्त्व को और जिस रूप से असत्त्व है उसी रूप से सत्त्व को माना जाय तो कुछ भी घटित नहीं होता। अतः वस्तु स्वरूप को अन्यथा मानने में तत्त्व या वस्तु की कोई व्यवस्था ही नहीं बनती है। इसी प्रकार वस्तु को सर्वथा नित्य रूप मानने पर, जैसा कि न्यायवैशेषिक आदि मानते हैं, वस्तु में अर्थक्रिया नहीं बनेगी और अर्थक्रिया के अभाव में वस्तु का ही अभाव हो जाएगा। सर्वथा अनित्य मानने पर जैसा कि बौद्धदर्शन मानता है, वस्तु का निरन्वय विनाश हो जाने से उसमें भी अर्थ-क्रिया नहीं बनेगी और अर्थ-क्रिया के अभाव में वस्तु का भी अभाव हो जाएगा। वस्तु को सर्वथा एक रूप मानने पर उसमें विशेष धर्मों का अभाव हो जाएगा और विशेष के अभाव में सामान्य का भी अभाव हो जाएगा; क्योंकि बिना विशेष के सामान्य और बिना सामान्य के विशेष गधे के सींग की तरह सम्भव नहीं है अर्थात् सामान्य विशेष के बिना नहीं रहता और विशेष सामान्य के बिना नहीं रहता। अतः दोनों का अभाव हो जाएगा।[259]

तात्पर्य यह है कि यदि किसी पुरुष की सामान्य की दृष्टि विशेष की अपेक्षा से रहित है तो सामान्य सिद्ध नहीं हो पाएगा। 'वस्तु द्रव्य-दृष्टि से नित्य है' यह कथन तभी सम्भव हो सकता है जब वस्तु पर्याय की दृष्टि से अनित्य मानी जाए तथा 'वस्तु पर्याय की दृष्टि से अनित्य है' यह कथन भी तभी सम्भव है जब वस्तु को द्रव्य-दृष्टि से नित्य माना जाए। अतः वस्तु की नित्यता और अनित्यता परस्पर की सापेक्षता पर आधारित है। इस प्रकार एक-अनेक, सत्-असत्, भिन्न-अभिन्न, नित्य-अनित्य आदि अनेक विरोधी धर्म-युगल एक ही वस्तु में सापेक्ष दृष्टि से

सन्निहित हैं। निरपेक्ष दृष्टि से इनका समन्वय नहीं बन सकता और न ही वस्तुस्वरूप तथा लोक-व्यवहार की सिद्धि हो सकती है। अत: वस्तुस्वरूप तथा लोक-व्यवहार की सिद्धि के लिए अनेकान्तवाद की उपयोगिता पूर्णतया सिद्ध होती है।

अनेकान्त का प्रतिपादक स्याद्वाद

जैनदर्शन के अनुसार प्रत्येक वस्तु अनेकान्तात्मक या अनेक धर्मात्मक है अर्थात् वस्तु परस्पर में विरुद्ध प्रतीत होने वाले सापेक्ष अनेक धर्मों का समूह है। न वह सर्वथा सत् ही है, न सर्वथा असत् ही, न सर्वथा नित्य ही है और न सर्वथा अनित्य ही है; किन्तु किसी अपेक्षा से वस्तु सत् है तो किसी अपेक्षा से असत्, किसी अपेक्षा से नित्य है तो किसी अपेक्षा से अनित्य है। इस प्रकार वस्तु अनेकान्तात्मक है। इस अनेकान्तात्मक वस्तु के कथन करने का नाम स्याद्वाद है।[260] स्याद्वाद के बिना अनेकान्तात्मक वस्तु का कथन नहीं किया जा सकता अर्थात् श्रोता को वस्तु के अनेक धर्मों का ज्ञान नहीं कराया जा सकता।

आचार्य समन्तभद्र[261] ने तत्त्वज्ञान को प्रमाण बतलाकर उसे स्याद्वाद तथा नय (अंशात्मक नैगमादि) से सुसंस्कृत बतलाया है। तत्त्वज्ञान से मतलब है यथार्थ रूप से पदार्थों को जानने वाला ज्ञान, जो प्रमाण कहलाता है और वह दो प्रकार का होता है—एक अक्रमभावि और दूसरा क्रमभावि। जो एक साथ समस्त पदार्थों का प्रकाशक है, वह अक्रमभावि है, जिसे केवलज्ञान कहते हैं। और जो क्रम-क्रम से पदार्थों का प्रकाशन करता है वह क्रमभावि है, जो स्याद्वाद और नय दोनों रूप होता है। स्याद्वाद से सम्पूर्ण पदार्थों और उन पदार्थों की भूत, भविष्यत्, वर्तमानकालीन अनन्त पर्यायों का एक साथ ज्ञान होता है। उन्होंने स्याद्वाद का स्वरूप बतलाते हुए कहा है—जो सर्वथा एकान्त का परित्याग कर अर्थात् एकान्त के अभाव में अनेकान्त को स्वीकार करके सात भंग और नयों की अपेक्षा से वस्तु-तत्त्व का प्रतिपादन करता है, 'किं' शब्द निष्पन्न 'चित्' प्रकार के रूप में किंचित्, कथंचित्, कथंचन आदि का वाचक है और हेयोपादेय का विशेषक (भेदक) होता है, अर्थात् जो हेय और उपादेय की विशेष रूप से व्यवस्था करता है, उसे स्याद्वाद कहते हैं।[262]

इससे आगे उन्होंने श्रुत के लिए स्याद्वाद शब्द का प्रयोग करते हुए कहा है कि स्याद्वाद (श्रुत) और केवलज्ञान ये दोनों समस्त तत्त्वों के प्रकाशक हैं। इस दृष्टि से इन दोनों में कोई अन्तर नहीं है; क्योंकि केवलज्ञान समस्त तत्त्वों को जानता है और स्याद्वाद भी समस्त तत्त्वों को जानता है, किन्तु दोनों में केवल यही भेद

है कि केवलज्ञान समस्त तत्त्वों को साक्षात् या प्रत्यक्षरूप से युगपत् जानता है और स्याद्वाद-रूप श्रुतज्ञान असाक्षात् या परोक्षरूप से समस्त तत्त्वों को क्रमश: जानता है और इन दोनों ज्ञानों का जो अविषय है वह अवस्तु ही है।[263] स्याद्वाद अनेकान्तात्मक वस्तु का प्रकाशक होने के कारण पूर्णदर्शी है।

इनके उत्तरवर्ती आचार्य सिद्धसेन ने भी स्याद्वाद श्रुत का निर्देश करते हुए उसको सम्पूर्ण अर्थ का निश्चय करने वाला कहा है।[264]

उक्त सभी मन्तव्यों को हृदयंगम करते हुए आचार्य अकलंक ने भी श्रुत के दो उपयोग बतलाये हैं, एक स्याद्वाद और दूसरा नय। स्याद्वाद सम्पूर्ण वस्तु का कथन करने वाला है और नय वस्तु के एकदेश या धर्म का कथन करने वाला है।[265]

इस प्रकार समन्तभद्र, सिद्धसेन, अकलंक आदि आचार्यों ने स्याद्वाद को सम्पूर्ण वस्तु अर्थात् अनेकान्तात्मक वस्तु का प्रतिपादक कहा है। वास्तव में स्याद्वाद का उद्गमस्थान है अनेकान्तात्मक वस्तु और अनेकान्त स्वरूप वस्तु के यथार्थ ग्रहण के लिए है अनेकान्त दृष्टि। स्याद्वाद उस दृष्टि को वाणी द्वारा व्यक्त करने की पद्धति है। वह निमित्त भेद या अपेक्षा भेद से निश्चित विरोधी धर्म युगलों का विरोध मिटाने वाला है। जो वस्तु सत् है, वही असत् भी है, किन्तु जिस रूप से सत् है उसी रूप से असत् नहीं है। स्वरूप की दृष्टि से सत् है और पररूप की दृष्टि से असत्। अनेकान्त-दृष्टि को जिस भाषा के माध्यम से अभिव्यक्त किया जाता है वही स्याद्वाद है। स्याद्वाद अनेकान्त के प्रतिपादन करने का साधन या उपाय है। अनेकान्त और स्याद्वाद में प्रतिपाद्य-प्रतिपादक, साध्य-साधक, वाच्य-वाचक और द्योत्य-द्योतक सम्बन्ध है। अनेकान्त-दृष्टि ज्ञान-रूप है और स्याद्वाद वचन-रूप है। अनेकान्त दृष्टि है और स्याद्वाद है उस दृष्टि की अभिव्यक्ति की पद्धति। **जैनदर्शन के चिन्तन की शैली का नाम अनेकान्त है और प्रतिपादन की शैली का नाम है स्याद्वाद।** अनेकान्त और स्याद्वाद एक ही सिद्धान्त के दो पहलू हैं, जैसे एक सिक्के के दो बाजू। अनेकान्त यदि वस्तु दर्शन की विचारपद्धति है तो स्याद्वाद उसकी भाषा पद्धति। अनेकान्त-दृष्टि को भाषा में उतारना स्याद्वाद है। संक्षेप में स्याद्वाद उस अनेकान्त को अभिव्यक्त करने का वाचिक विधान है। स्याद्वाद अनेक धर्मात्मक पदार्थों में अनेक धर्मों की सापेक्ष दृष्टिकोण से निश्चित स्थिति बताता है। इस प्रकार स्याद्वाद एक निर्णायक विकल्प भी है।

स्याद्वाद का व्युत्पत्तिपरक लक्षण

'स्याद्वाद' शब्द स्यात् और वाद इन दो पदों के मेल से बना है। 'स्यात्' शब्द तिङन्त पद जैसा प्रतीत होता है, किन्तु यह तिङन्त प्रतिरूपक अव्यय है। इसके

प्रशंसा, अस्तित्व, विवाद, अनेकान्त, संशय, विधि, विचार, प्रश्नादि अनेक अर्थ होते हैं, परन्तु जैनदर्शन में इसका प्रयोग अनेकान्त के अर्थ में किया गया है, जो 'कथंचित्', 'किसी अपेक्षा से' या 'किसी दृष्टि से' इस अर्थ का द्योतक है।[266] 'वाद' का अर्थ है सिद्धान्त, मत, कथन या प्रतिपादन। इस प्रकार 'स्याद्वाद' का अर्थ हुआ किसी अपेक्षा या दृष्टिकोण से कथन या प्रतिपादन करना। इसी व्युत्पत्ति के आधार पर स्याद्वाद को सापेक्ष सिद्धान्त, अपेक्षावाद या कथंचित्वाद भी कहा जाता है।

यद्यपि संस्कृत व्याकरण[267] के अनुसार विधिलिङ्-लकार में अदादि गणी 'अस्' भुवि धातु से 'स्यात्' यह क्रिया रूप पद भी सिद्ध होता है, जिसका अर्थ होता है—'होना चाहिए।' परन्तु स्याद्वाद में जो 'स्यात्' पद है वह क्रिया रूप नहीं है, किन्तु संस्कृत के 'एव', 'च' आदि शब्दों की तरह निपातरूप अव्यय है। निपात रूप 'स्यात्' शब्द के भी अनेक अर्थ होते हैं जैसे कि ऊपर बताये गये हैं, उनमें से एक अर्थ संशय भी है। जैसे 'स्यात् अस्ति' शायद है। किन्तु स्याद्वाद में प्रयुक्त स्यात् शब्द संशयवाची नहीं है, उसका अर्थ शायद नहीं है। वह तो अनेकान्त का द्योतक अथवा सूचक है।[268] वाक्य के साथ उसे सम्बद्ध कर देने से वह प्रकृत अर्थ का पूरी तरह से सूचन करता है; क्योंकि प्राय: निपातों का यही स्वभाव होता है तथा निपात द्योतक भी होते हैं और वाचक भी। अत: 'स्यात्' शब्द अनेकान्त का द्योतक है।[269] इस प्रकार अनेकान्त के द्योतन के लिए सभी वाक्यों के साथ 'स्यात्' शब्द का प्रयोग आवश्यक है। उसके बिना अनेकान्त का प्रकाशन सम्भव नहीं है। जैसे—'स्यात् अस्ति' इस वाक्य में 'अस्ति' पद अस्तित्व धर्म का वाचक है और 'स्यात्' शब्द अनेकान्त का।

आचार्य समन्तभद्र भी अर्हद्-भक्ति के माध्यम से 'स्यात्' शब्द के विषय में कहते हैं—

'हे अर्हन्! आपके तथा केवलियों के भी वाक्यों में प्रयुक्त होने वाला 'स्यात्' निपात (अव्यय) शब्द अर्थ के साथ सम्बद्ध होने से अनेकान्त का द्योतक और गम्य यानी बोध्य का बोधक माना गया है। अन्यथा अनेकान्त अर्थ की प्रतिपत्ति नहीं बनती।[270] इस प्रकार आचार्य समन्तभद्र 'स्यात्' शब्द को अनेकान्त का बोधक निपात रूप शब्द मानते हैं।

'स्यात्' शब्द के अर्थ को और अधिक स्पष्ट करते हुए आचार्य अमृतचन्द्र भी कहते हैं—'स्यात्' पद विधिलिङ् में बना हुआ तिङन्त प्रतिरूपक निपात है। यह सर्वथापने का निषेधक अनेकान्त का द्योतक और कथंचित् अर्थ का बोधक है।[271]

कुछ लोग[272] 'स्यात्' शब्द की निष्पत्ति अदादिगणी 'अस्' धातु के विधिलिङ्

के रूप का तिङन्त-प्रतिरूपक अव्यय मानकर इसका अर्थ शायद, सम्भव, संशय, कदाचित्, अनिश्चय, आदि करते हैं; किन्तु जैनदर्शन इस 'स्यात्' शब्द को अनेकान्त को द्योतित करने वाला निपात रूप शब्द मानता है। उसके अनुसार यह एक सुनिश्चित दृष्टिकोण का वाचक है। यह विधिलिङ् में बना तिङन्त प्रतिरूप निपात है। यह 'कथंचित्' के अर्थ में विशेष रूप से उपयुक्त बैठता है। कथंचित् अर्थात् अमुक निश्चित अपेक्षा से वस्तु अमुक धर्म वाली है। जिस प्रकार 'शब्दानामनेकार्थत्वात्' अर्थात् 'शब्दों के अनेक अर्थ होते हैं' इस वाक्य के अनुसार सैन्धव का नमक रूप अर्थ के साथ घोड़ा भी अर्थ होता है, किन्तु प्रकरण के अनुसार वक्ता की दृष्टि को ध्यान में रखकर उचित अर्थ किया जाता है। इसी प्रकार 'स्यात्' शब्द का जैनदर्शन के प्रकरण में अनेकान्त द्योतक 'कथंचित्' किसी अपेक्षा से अर्थ मानना उचित है। अत: 'स्यात्' शब्द का अर्थ शायद, सम्भव, संशय, कदाचित्, अनिश्चय आदि नहीं है, जैसा कि कुछ लोग मानते हैं, किन्तु एक सुनिश्चित दृष्टिकोण है।

आश्चर्य की बात है कि डा. राधाकृष्णन् जैसे आलोचक विद्वान् जिस प्रकार स्याद्वाद की अनेक विरोधी धर्मग्राहक स्थिति को देखते हैं, वैसे उसकी निश्चित अपेक्षा को नहीं देखते हैं। यदि दोनों पहलू समदृष्टि से देखे जाते तो स्याद्वाद को संशयवाद कहने का मौका ही नहीं मिलता। वैसे इसमें कोई सन्देह नहीं 'स्यात्' का अर्थ संशय भी होता है और कदाचित् भी, किन्तु स्याद्वाद, जो अनेकान्त दृष्टि का प्रतिनिधि है, उसमें 'स्यात्' शब्द को कथंचित् या अपेक्षा के अर्थ में प्रयुक्त किया गया है। स्याद्वाद का अर्थ है 'कथंचित्वाद या अपेक्षावाद। आलोचकों की दृष्टि स्याद्वाद में प्रयुक्त 'स्यात्' का संशय और कदाचित् अर्थ करने की ओर दौड़ती है तो 'कथंचित्' और अपेक्षा की ओर क्यों नहीं दौड़ती है? यदि उनकी दृष्टि कथंचित् और अपेक्षा की ओर जाती तो वे 'स्यात्' का संशय अर्थ न करते। अत: सुनिश्चित दृष्टिकोण, कथंचित् या किसी अपेक्षा अर्थ वाले 'स्यात्' शब्द का प्रत्येक वाक्य के साथ प्रयोग करने से एक वस्तु में एक साथ अस्तित्व-नास्तित्व, नित्यत्व-अनित्यत्व आदि परस्पर विरोधी धर्मों की स्थिति में कोई बाधा नहीं आती और इस प्रकार एकान्त का परिहार होकर अनेकान्तात्मक वस्तु की निर्बाध सिद्धि होती है; क्योंकि वस्तु सर्वथा सत् है, या सर्वथा असत् है या सर्वथा नित्य है अथवा सर्वथा अनित्य है। इस प्रकार के एकान्तवादों का निराकरण करने वाला अनेकान्त है। यथा- वस्तु स्यात् सत् है, स्यात् असत् है, स्यात् नित्य है, स्यात् अनित्य है। इन वाक्यों में प्रयुक्त 'स्यात्' शब्द वस्तु के सत्त्व धर्म के साथ असत्त्व धर्म का और नित्यत्व धर्म के साथ अनित्यत्व धर्म का भी द्योतन करता है। इससे प्रकट होता है कि वस्तु

केवल सत् या केवल असत् नहीं है किन्तु कथंचित् या किसी अपेक्षा से सत् है और किसी अपेक्षा से असत् है। कथंचित् शब्द स्याद्वाद का पर्याय है, उसका अर्थ हिन्दी में 'किसी अपेक्षा से' होता है। जैसे केवलज्ञान समस्त द्रव्यों को एक साथ ग्रहण कर लेता है उस तरह कोई वाक्य पूर्ण वस्तु को एक साथ नहीं कह सकता। इसीलिए वाक्य के साथ उसके वाच्यार्थ का सूचक 'स्यात्' शब्द प्रयुक्त किया जाता है। उसके बिना अनेकान्त रूप अर्थ का बोध नहीं हो सकता। यदि वाक्य के साथ 'स्यात्' शब्द का प्रयोग न हो तब भी जानकारों से वह छिपा नहीं रहता; अर्थ से उसकी प्रतीति हो ही जाती है; क्योंकि किसी पद या वाक्य का अर्थ सर्वथा एकान्त रूप नहीं है। चाहे वह प्रमाण रूप वाक्य हो या नय रूप वाक्य हो।[273] प्रमाण और नय की तरह वाक्य भी प्रमाण रूप और नय रूप होता है। प्रमाण की तरह प्रमाणवाक्य सकलादेशी होता है और नय की तरह नयवाक्य विकलादेशी होता है। इन दोनों प्रकार के वाक्यों में केवल दृष्टिभेद का ही अन्तर है। नय-वाक्य में एकधर्म की मुख्यता होती है और प्रमाण वाक्य में एकधर्म मुखेन सभी धर्मों का ग्रहण होने से सभी की मुख्यता रहती है। कहा भी है—

यह 'स्यात्' शब्द तीन संज्ञा वाला है अर्थात् किंचित्, कथंचित्, कथंचन। ये तीन स्याद्वाद के पर्याय शब्द हैं, जिनका अर्थ 'किसी अपेक्षा से' होता है, अतः वह 'स्यात्' शब्द अनेकान्त का साधक होता है। उसके बिना अनेकान्त की सिद्धि नहीं हो सकती। निपात से इस 'स्यात्' शब्द की निष्पत्ति हुई है। यह विरोध का नाश करने वाला है अर्थात् एक ही वस्तु को सर्वथा नित्य और सर्वथा अनित्य मानने में तो विरोध पैदा होता है; क्योंकि जो सर्वथा नित्य है वह अनित्य किस प्रकार हो सकती है और जो सर्वथा अनित्य है वह नित्य किस प्रकार हो सकती है; किन्तु एक ही वस्तु को स्यात् नित्य, स्यात् अनित्य कहने में कोई विरोध नहीं आता। जो किसी अपेक्षा से नित्य है वही अन्य अपेक्षा से अनित्य भी हो सकती है। अतः स्याद्वाद विरोध का नाशक है। जैसे सिद्ध किया गया एक मन्त्र अनेक अभीष्ट फलों को प्रदान करता है वैसे ही एक 'स्यात्' शब्द को भी अनेक अर्थ का अर्थात् अनेक धर्मात्मक पदार्थ का साधक जानना चाहिए।[274]

समन्वय का सिद्धान्त

संसार में अनेक वाद हैं, उनमें स्याद्वाद भी एक है, पर वह अपनी अद्भुत विशेषता लिये हुए है। संसार के अन्य वाद जब विवादों को उत्पन्न कर संघर्ष की वृद्धि के कारण बन जाते हैं तब स्याद्वाद जगत् के सारे विवादों को समाप्त कर संघर्षों को

विनष्ट करने में ही अपना गौरव प्रकट करता है। स्याद्वाद को छोड़कर संसार के सभी वादों में आग्रह है, इसीलिए उनमें से विग्रह फूट पड़ते हैं; किन्तु स्याद्वाद तो निराग्रह वाद है, उसमें कहीं भी आग्रह का नाम नहीं है। यही कारण है कि इसमें किसी भी प्रकार के विग्रह का अवकाश नहीं है।

स्याद्वाद सर्वांगीण दृष्टिकोण है। उसमें सभी वादों की स्वीकृति है, पर उस स्वीकृति में आग्रह नहीं है। आग्रह तो वहीं है जहाँ से ये विवाद आये हुए हैं। टुकड़ों में विभक्त सत्य को स्याद्वाद ही संकलित कर सकता है। जो वाद भिन्न रहकर पाखण्ड बनते हैं वे ही स्याद्वाद द्वारा समन्वित होकर पदार्थ की सम्पूर्ण अभिव्यक्ति करने लगते हैं।

स्याद्वाद सहानुभूतिमय है, इसलिए उसमें समन्वय की क्षमता है। उसकी मौलिकता यही है कि वह पड़ोसी वादों को उदारता के साथ स्वीकार करता है पर वह उनको ज्यों-का-त्यों नहीं लेता। उनके साथ रहने वाले आग्रह के मैल को छोड़कर ही वह उन्हें अपना अंग बनाता है। मनुष्य की कोई भी स्वीकृति, जिसमें किसी भी तरह का आग्रह या हठ न हो, स्याद्वाद के मन्दिर में अपना गौरव-पूर्ण स्थान पा सकती है। तीन सौ त्रेसठ प्रकार के पाखण्ड तभी तक मिथ्या हैं जब तक उनमें अपना ही दुराग्रह है, नहीं तो वे सभी सम्यग्ज्ञान के प्रमेय हैं। उनमें स्याद्वाद के द्वारा समन्वय करने पर, उन्हें सापेक्ष दृष्टिकोण से देखने पर वे कार्यकारी हो सकते हैं। सापेक्षता के अभाव में ही अर्थात् केवल अपने विचारों और मन्तव्यों को ही पूर्ण सत्य मानने तथा दूसरे के विचारों और मन्तव्यों की उपेक्षा करने पर ही जगत् में अनेक विवाद और संघर्ष पैदा होते हैं, चाहे वे धर्म और दर्शन को लेकर हों या लौकिक जीवन-व्यवहार को लेकर हों, पर वे होते और पनपते अवश्य हैं। स्याद्वाद इसीलिए है कि जगत् के उन सारे विरोधों को दूर कर दे। यह विरोध को बर्दाश्त नहीं करता, इसी से हम कह सकते हैं कि जैन धर्म की अहिंसा स्याद्वाद के रग-रग में भरी पड़ी है। अहिंसा का उच्चतम शिखर ही अनेकान्तवाद या स्याद्वाद है। केवल रक्तपात करना, किसी को मौत के घाट उतारना, कटुवचन कहना अथवा दूसरों का अनिष्ट सोचना ही हिंसा नहीं है, प्रत्युत जब हम यह आग्रह कर बैठते हैं कि जो कुछ हम कह रहे हैं, 'वही सत्य है' और दूसरे जो कुछ कहते हैं 'वह सर्वथा असत्य है' तब भी हम हिंसा ही करते हैं। इससे विपरीत प्रवृत्ति ही अहिंसा है, इसलिए अनेकान्तवादियों ने यह धर्म निकाला कि सत्य के पहलू अनेक हैं। जिसे जो पहलू दिखाई देता है, वह उसी पहलू की बात कहता है और जो पहलू दूसरों को दिखाई देते हैं उनकी बातें दूसरे लोग कहते हैं। इसलिए यह कहना हिंसा है कि 'केवल यही ठीक है'। सच्चा अहिंसक मनुष्य इतना ही

कह सकता है कि 'एक दृष्टि से वह भी ठीक है, जो दूसरा कह रहा है; क्योंकि सत्य के सभी पक्ष सभी मनुष्यों को एक साथ दिखाई नहीं देते। जो वाद बिना दृष्टिकोण के हैं, स्याद्वाद उन्हें दृष्टि देता है कि तुम इस दृष्टिकोण को लेकर अपने वाद को सुरक्षित रखो, पर जो यह कहने के आदी हैं कि सभी प्रकार से केवल हमारा ही कहना यथार्थ है, स्याद्वाद उनके विरुद्ध खड़ा होता है और उनका निरसन किये बिना उसे चैन नहीं पड़ती है, इसलिए कि वे ठीक राह पर आ जाएँ और अपने आग्रह द्वारा जगत् में विभिन्न संघर्षों को उत्पन्न करने के कारण न बनें। इस विषय में एक लौकिक दृष्टान्त उपयोगी समझकर यहाँ दिया जाता है—

दो बुद्धिजीवी व्यक्ति नगर की पूर्व और पश्चिम दिशा से आ रहे थे। संयोगवश दोनों एक कुम्हार की दुकान पर रुके, एक मिट्टी के घड़े को खरीदने के विचार से। उनमें से एक ने सामने रखे हुए घड़े को देख कर कहा, ' क्या ही सुन्दर गोल घड़ा है!' तभी दूसरे ने भी कहा, 'अरे हाँ! बड़ा ही सुन्दर घड़ा है किन्तु थोड़ा चपटा है। 'पहले ने उसे फटकार कर कहा, 'शायद कम दिखता है तुम्हें; रे मूर्ख! यह घड़ा चपटा नहीं गोल है।' तभी दूसरे ने क्रोध के आवेश में आँखें लाल करके कहा, 'अरे! मूर्ख तू है या मैं? देख, घड़ा चपटा है, गोल नहीं।'

दोनों अपने-अपने कथन पर अड़े रहे और लगे लात-घूँसों का प्रहार करने एक दूसरे पर तथा लड़ते-लड़ते घायल से होकर दोनों जमीन पर गिर पड़े। तभी एक समझदार व्यक्ति कुछ इकट्ठी हुई भीड़ को देखकर वहाँ पहुँचा और लगा पूछने उन दोनों से कुछ हमदर्दी के साथ, 'क्या बताएँगे कि आप दोनों लड़े क्यों?'

तभी पहले ने कहा—'देखो। यह घड़ा गोल है और यह मूर्ख इसे चपटा बताता है।'

दूसरे ने भी सम्हल कर कहा, 'झूठ। इधर देखो, यह घड़ा चपटा है और यह झूठा इसे गोल बताता है।'

तभी उस समझदार व्यक्ति ने उस घड़े को पूरी तरह देखा और कहा— 'ओह! तो आप दोनों इसलिए लड़ रहे थे, किन्तु आप दोनों ने इस घड़े को केवल अपनी-अपनी ओर से ही देखा है, यदि दोनों ओर से देखते तो शायद इतना लड़ने और विवाद करने की आवश्यकता ही नहीं पड़ती!'

दोनों ने पूछा, 'आपके कहने का तात्पर्य?'

'क्योंकि घड़ा एक ओर से गोल है और दूसरी ओर से चपटा है।'

तब दोनों नागरिकों ने उस घड़े को पूरी तरह सावधानी से देखा तो वे अपनी हठता और शठता पर पश्चाताप करने लगे।

झगड़े और विवाद की जड़ है किसी भी बात को केवल अपने दृष्टिकोण

से सोचना, कहना तथा करना और दूसरे के विचारों और कथन की उपेक्षा करना।

वास्तव में जब-जब विवाद, संघर्ष, कलह और बड़े-बड़े युद्ध हुए, वे सब एकांगी दृष्टिकोण या विचारधाराओं से ही हुए। आज विश्व की अशान्ति और बर्बरता का एक मात्र कारण है तो यही है कि दूसरों के विचारों के प्रति असहिष्णुता और उनके मन्तव्यों का अनादर या उपेक्षा करना। अत: जैनदर्शन का अनेकान्त और स्याद्वाद सिद्धान्त यही बतलाता है कि केवल अपने विचारों और सिद्धान्तों को महत्त्व न देकर दूसरों के विचारों के प्रति सहिष्णुता रखना और दूसरों के सिद्धान्तों का अनादर न करना, जब हम स्वीकार कर लेते हैं तो सहज ही संघर्ष, वैमनस्य, कलह और युद्ध कम हो जाते हैं या बिल्कुल ही समाप्त हो जाते हैं।

सहिष्णुता, उदारता, सामाजिक संस्कृति, अनेकान्तवाद, स्याद्वाद और अहिंसा—ये एक ही सत्य के अलग-अलग नाम हैं। असल में यह भारतवर्ष की सबसे बड़ी विलक्षणता का नाम है, जिसके अधीन यह देश एक हुआ है और जिसे अपनाकर सारा संसार एक हो सकता है। अनेकान्तवाद वह है जो दुराग्रह नहीं करता। अनेकान्तवाद वह है, जो दूसरों के मतों को भी आदर से देखना और समझना चाहता है। अनेकान्तवाद वह है, जो समझौतों को अपमान की वस्तु नहीं मानता।

भारत में अहिंसा के सबसे बड़े प्रयोक्ता जैनाचार्य हुए हैं, जिन्होंने मनुष्य को केवल वाणी और कार्य से ही नहीं, प्रत्युत विचारों से भी अहिंसक बनाने का प्रयत्न किया। किसी भी बात पर यह मानकर अड़ जाना कि 'यही सत्य है तथा बाकी लोग जो कुछ कहते हैं, वह सबका सब झूठ और निराधार है,' विचारों की सबसे भयानक हिंसा है। मनुष्य को इस हिंसा के पाप से बचाने के लिए ही जैन चिन्तकों ने अनेकान्तवाद का सिद्धान्त निकाला, जिसके अनुसार प्रत्येक सत्य के अनेक पक्ष माने गये हैं तथा यह सही भी है कि हम जब जिस पक्ष को देखते हैं तब हमें वही एक पक्ष सत्य जान पड़ता है। अनेकान्तवादी दर्शन की उपादेयता यह है कि वह मनुष्य को दुराग्रही होने से बचाता है। उसे यह शिक्षा देता है कि केवल तुम्हीं ठीक हो, ऐसी बात नहीं है; किन्तु वे लोग भी अपनी दृष्टि से सत्य कह रहे हैं जो तुम्हारा विरोध करते हैं। भाषा की दृष्टि से अनेकान्तवादी मनुष्य स्याद्वादी है; क्योंकि वह यह नहीं कहता कि 'यही सत्य है।' सदैव यह कहना चाहता है कि 'किसी अपेक्षा से वह भी सत्य है।' भारतीय साधकों की अहिंसा भावना स्याद्वाद में अपने चरम उत्कर्ष पर पहुँची; क्योंकि यह दर्शन मनुष्य के भीतर बौद्धिक अहिंसा को प्रतिष्ठित करता है। संसार में जो अनेक मतवाद फैले हुए हैं, उनके भीतर सामंजस्य को जन्म देता है तथा वैचारिक भूमि पर जो कोलाहल और कटुता उत्पन्न होती है, उससे

विचारकों के मस्तिष्क को मुक्त रखता है।

अनेकान्तवाद से परस्पर विरोधी बातों के बीच सामंजस्य आता है तथा विरोधियों के प्रति भी आदर की बुद्धि होती है। यह एक सार्वजनीन सिद्धान्त है। इसके द्वारा आध्यात्मिक और लौकिक विचारधाराओं में समन्वय स्थापित किया जा सकता है; क्योंकि सिद्धान्त में जहाँ विभिन्न दार्शनिक विचारधाराओं में सामंजस्य स्थापित करने की क्षमता है, वहाँ यह लौकिक या व्यावहारिक जीवन की समस्याओं का भी समाधान प्रस्तुत करता है। वस्तु-स्वरूप को लेकर जितनी दार्शनिक गुत्थियाँ हैं वे केवल एक समन्वयवादी या सापेक्ष दृष्टिकोण के आधार पर एक दम ही सुलझ जाती हैं और वस्तु का यथार्थ स्वरूप सिद्ध हो जाता है।

प्रत्येक वस्तु में बहुत से आपेक्षिक धर्म रहते हैं, उन आपेक्षिक धर्मों अथवा गुणों का यथार्थ ज्ञान स्याद्वाद के सापेक्ष सिद्धान्त को सामने रखे बिना नहीं हो सकता। दर्शनशास्त्र में प्रयुक्त नित्य-अनित्य, भिन्न-अभिन्न, सत्-असत्, एक-अनेक आदि सभी आपेक्षिक धर्म हैं। लोकव्यवहार में भी छोटा-बड़ा, स्थूल-सूक्ष्म, ऊँचा-नीचा, दूर-नजदीक, मूर्ख-विद्वान् आदि सभी आपेक्षिक हैं। इन सभी के साथ कोई-न- कोई अपेक्षा लगी रहती है। एक ही समय में पदार्थ नित्य और अनित्य दोनों हैं, किन्तु जिस अपेक्षा से नित्य है उस अपेक्षा से अनित्य नहीं है और जिस अपेक्षा से अनित्य है उस अपेक्षा से नित्य नहीं है। कोई भी वस्तु अपने वस्तुत्व की अपेक्षा से नित्य और बदलती रहने वाली अपनी अवस्थाओं की अपेक्षा अनित्य है। किन्तु बौद्ध, सांख्य आदि दर्शनों की मान्यताएँ एकान्त को लिये हुए हैं; क्योंकि वे वस्तु को केवल अनित्य अथवा केवल नित्य ही मानते हैं। इसी तरह सत् और असत् आदि में भी समझना। छोटे-बड़े आदि में भी यही बात है। आम का फल कटहल के फल की अपेक्षा छोटा किन्तु बेर की अपेक्षा बड़ा होता है। इसलिए आम एक साथ एक ही समय में छोटा और बड़ा दोनों है। इसमें कोई विरोध नहीं है, किन्तु अपेक्षा का भेद है। ऐसी अवस्था में केवल उसके छोटे होने अथवा बड़े होने के विवाद में अपनी शक्ति क्षीण करने वाला मनुष्य कभी समझदार नहीं कहलाएगा। यहाँ यह बात हमेशा ध्यान रखने की है, यह अपेक्षावाद केवल अपेक्षिक धर्मों में ही प्रयुक्त होगा।

जैनाचार्यों ने स्याद्वाद को ही अपने चिन्तन का आधार बनाया है। चिन्तन की यह पद्धति हमें एकांगी विचार और एकान्त निश्चय से बचाकर सर्वांगीण विचार के लिए प्रेरित करती है और इसका परिणाम यह होता है कि हम सत्य के प्रत्येक पहलू से परिचित हो जाते हैं। वस्तुतः समग्र सत्य को समझने के लिए स्याद्वाद

दृष्टि ही एक मात्र साधन है; क्योंकि 'स्यात्' शब्द सत्य का प्रतीक है, इसलिए स्याद्वाद पद्धति को अपनाये बिना विराट् सत्य का साक्षात्कार होना सम्भव नहीं। जो विचारक वस्तु के अनेक धर्मों को अपनी दृष्टि से ओझल करके किसी एक ही धर्म को पकड़ कर अटक जाता है वह सत्य को नहीं पा सकता।

अनेकान्त का प्रतिपादक स्याद्वाद सिद्धान्त विभिन्न अपेक्षाओं से एक ही वस्तु में नित्यत्व, अनित्यत्व आदि परस्पर-विरोधी प्रतीत होने वाले धर्मों का अविरोध प्रतिपादन करके उनका सुन्दर एवं बुद्धि संगत समन्वय प्रस्तुत करता है। यह विचारक को एक ऐसी विचारधारा की ओर ले जाता है, जहाँ सभी प्रकार के विरोधों का परिहार हो जाता है। यह समस्त दार्शनिक एवं लौकिक समस्याओं, उलझनों और भ्रान्तियों के निराकरण का समाधान प्रस्तुत करता है। एक अपेक्षा विशेष से पिता को पुत्र, पुत्र को भी पिता, छोटे को भी बड़ा और बड़े को भी छोटा यदि कहा जा सकता है तो इसका आश्रय लेकर ही युगप्रधान आचार्य समन्तभद्र, सिद्धसेन आदि दार्शनिकों ने अनेकान्त और स्याद्वाद का खूब विश्लेषण किया और इनके समर्थन द्वारा ही सत्-असत् आदि विभिन्न धर्मों में सामंजस्य स्थापित किया। इसी प्रकार इनके उत्तरवर्ती आचार्य अकलंक, हरिभद्र, विद्यानन्द आदि तार्किकों ने भी अनेकान्त की परिपुष्टि करते हुए उसके विविध प्रकार से उपयोग या निर्वाह के लिए स्याद्वाद, नयवाद या सापेक्षवाद, सप्तभंगीवाद आदि का निरूपण किया और इनके द्वारा वस्तु के यथार्थ स्वरूप का विवेचन किया।

एक निश्चित अपेक्षा से अनेकान्तात्मक वस्तु का कथन करना स्याद्वाद है। स्याद्वाद के फलितार्थ हैं नयवाद और सप्तभंगीवाद। अनन्त धर्मात्मक वस्तु के विभिन्न धर्मों का समन्वय करने के लिए उन धर्मों में से किसी एक धर्म को मुख्य कर और शेष धर्मों को गौण करके उस एक धर्म का कथन करना नयवाद है और एक धर्म के विषय में सम्बन्धित विविध मन्तव्यों के समन्वय के लिए जो विवेचन किया जाता है वह सप्तभंगीवाद है। इस प्रकार ये सभी सिद्धान्त दार्शनिक, सैद्धान्तिक तथा दैनिक जीवन-व्यवहार में होने वाले मतवादों या मत-विभिन्नताओं में सामंजस्य स्थापित करते हैं। वक्ता के जो अभिप्राय या वचन हैं वे सब जैनदर्शन की भाषा में नय कहलाते हैं। अतः जिस समय वक्ता वस्तु के जिस धर्म का कथन करना चाहता है, उस समय वह धर्म मुख्य हो जाता है और शेष धर्म अविवक्षित या गौण हो जाते हैं। जैसे, वक्ता यदि द्रव्यार्थिक नय या द्रव्यदृष्टि से वस्तु का प्रतिपादन करता है तो नित्यत्व धर्म विवक्षित या मुख्य रहता है और उसी समय अनित्यत्व धर्म अविवक्षित या गौण रहता है तथा यदि पर्यायार्थिक नय या पर्यायदृष्टि

से प्रतिपादन करता है तो वस्तु का अनित्यत्व धर्म विवक्षित या मुख्य होता है और नित्यत्व धर्म अविवक्षित अर्थात् गौण हो जाता है। इस विषय को दधिमन्थन करने वाली ग्वालिन के दृष्टान्त द्वारा स्पष्ट किया गया है। जैसे, दधिमन्थन करने वाली ग्वालिन मथानी की रस्सी के दोनों छोरों में से जब एक छोर को खींचती है तो दूसरे छोर को उसी समय ढीला कर देती है और जब दूसरे छोर को खींचती है तो उसी समय पहले छोर को ढीला कर देती है, किन्तु एक छोर के खींचने पर दूसरे को सर्वथा छोड़ नहीं देती है। इस प्रकार वह रस्सी के आकर्षण और शिथिलीकरण के द्वारा दधिमन्थन कर इष्टतत्त्व (मक्खन) की प्राप्ति कर लेती है। उसी प्रकार स्याद्वाद-नीति भी वस्तु के एक विवक्षित धर्म की मुख्तया और उसी समय शेष अविवक्षित धर्मों की गौणता के कथन द्वारा अनेकान्तात्मक वस्तुतत्त्व की सिद्धि करती है।[275] इस प्रकार स्याद्वाद के इस विवक्षित-अविवक्षित अथवा मुख्यता-गौणता के सिद्धान्त द्वारा अनेक धर्मात्मक वस्तु का यथार्थ कथन किया जाता है। जैनदर्शन की यह वस्तु-विवेचक प्रक्रिया अपने ही ढंग की है। इसके द्वारा एक ही वस्तु में परस्पर विरोधी प्रतीत होने वाले धर्मों की स्थिति में कोई बाधा नहीं आती और वस्तु का यथार्थ स्वरूप निर्बाधरूप से सिद्ध हो जाता है। इसी प्रकार स्याद्वाद के सापेक्षता या समन्वयवादी सिद्धान्त द्वारा जहाँ दार्शनिक क्षेत्र की समस्याएँ या विवाद सुलझते हैं वहाँ लौकिक जीवन क्षेत्र की समस्याएँ, पारस्परिक मतभेद तथा बड़े-बड़े संघर्ष भी समाप्त हो जाते हैं।

उक्त कथन का निष्कर्ष यही है कि जैनदर्शन अपने मूल सिद्धान्त अनेकान्तवाद और उसके प्रतिपादक स्याद्वाद, नयवाद या सापेक्षवाद आदि के द्वारा समस्त दर्शनों और जीवन व्यवहारों का समन्वय करता है। जिस प्रकार परस्पर में विवाद और संघर्ष करने वाले लोग किसी निष्पक्ष व्यक्ति के समझाये जाने पर वे अपनी त्रुटियों पर पश्चाताप कर आपस में गले मिल जाते हैं। अथवा जिस प्रकार भिन्न-भिन्न बिखरे हुए मणियों को एक धागे में पिरोये जाने पर एक सुन्दर रत्नों का हार बन जाता है और वह गले की शोभा बढ़ाता है, ठीक उसी प्रकार परस्पर-निरपेक्ष दर्शनों के सापेक्ष होकर जैनदर्शन में समन्वित हो जाने पर वे कल्याणकारी बन जाते हैं। अनेकान्तवादी जैनदर्शन का मुख्य ध्येय यही है कि विश्व के समस्त दर्शनों में सामंजस्य स्थापित हो। जिस प्रकार कोई पिता अपने पुत्रों पर समभाव रखता है। उसी प्रकार स्याद्वादी जैनदर्शन भी सभी दर्शनों पर समन्वय दृष्टि रखता है। जैनदर्शन विश्व को यह बतलाता है कि जगत् के सभी धर्म और दर्शन किसी-न-किसी अपेक्षा से सत्य के अंश है। हमें उनमें सत्य के दर्शन हो सकते हैं। अत:

यदि आज समस्त विश्व अनेकान्त और स्याद्वाद सिद्धान्त को अपना कर चले तो सर्वत्र सुख और शान्ति की उपलब्धि हो सकती है।

सप्तभंगी वाद

सप्तभंगी की उपयोगिता और उसका स्वरूप

जैनदर्शन में 'सप्तभंगी वाद' या 'सप्तस्वरूपी विधान' का सिद्धान्त एक अपने ही ढंग का सिद्धान्त है। भारतीय दर्शनों में इसका अपना एक विशिष्ट स्थान है। यह विश्व की दार्शनिक समस्याओं एवं गुत्थियों को समन्वयवादी दृष्टिकोण से सुलझाता है, परस्पर विरोधी विचारधाराओं का सापेक्षता के आश्रय से समाधान करता है। इस प्रकार 'सप्तभंगी वाद' के इस सिद्धान्त से विश्व के दर्शनों को बहुत बड़ा योगदान मिला है।

अनुभव और विवेक के प्रकाश में यथार्थ वस्तुस्वरूप का अन्वेषण किया जाय तो मालूम होगा कि एक ही सत्य एवं वास्तविकता के अनेक स्वरूप व गुण होते हैं, जिनका एक साथ सम्पूर्ण विवेचन अवक्तव्य या अकथनीय है।

जैनदर्शन की मान्यता है कि किसी भी पूर्णसत्य को केवल एक ही दृष्टिकोण से देखना न्याय-संगत नहीं है। अतएव जैनदर्शन जहाँ एक ओर अद्वैतवाद के स्थिरता या नित्यता के सिद्धान्त को मानता है वहाँ दूसरी ओर बौद्धमत के अस्थिरता या अनित्यता अथवा क्षणभंगता के सिद्धान्त का पक्ष स्वीकार करता है। इन दोनों दृष्टिकोणों में प्रत्येक एकान्त है। इनमें से कोई एक उस वास्तविक सत्य को बताने में असमर्थ है। जैनदर्शन इस बात की ओर गहराई में जाता है कि वस्तु को यदि हम एक दृष्टिकोण से सत् मानते हैं तो दूसरे दृष्टिकोण से वही असत् भी मानी जा सकती है। वस्तु-स्वरूप की यह मान्यता उन परिस्थितियों, अवस्थाओं या मर्यादाओं पर निर्भर करती है, जिनका निर्देश जैनदर्शन ने चार रूपों में किया है, वे हैं—द्रव्य, क्षेत्र, काल और भाव। इस प्रकार जैनदर्शन वस्तु-सत्य को जहाँ एक दृष्टिकोण से अस्तिरूप या सत्‌रूप या नित्य-स्वरूप मानता है, वहाँ उसी सत्य को दूसरे दृष्टिकोण से नास्तिरूप या असत्‌रूप या अनित्य रूप भी स्वीकार करता है अथवा एक स्थिति में जहाँ वह सामान्य है, दूसरी स्थिति में वही विशेष हो जाता है।

जैनदर्शन सत्य को केवल एक ही दृष्टिकोण से नहीं देखता, क्योंकि सत्य स्वयं अनेक धर्मात्मक या अनेक-स्वरूप वाला है। वह आधुनिक यथार्थवादी के समान यही मानता है कि हमारा निर्णय सापेक्ष है। जबकि वेदान्ती, सांख्य,

नैयायिक, वैशेषिक तथा बौद्धों ने सम्पूर्ण सत्य की मीमांसा केवल एक ही दृष्टिकोण को लेकर की है और इन सब ने यही माना है कि वस्तु-स्वरूप ऐसा ही है कोई दूसरा नहीं है; किन्तु वास्तविकता इन की मान्यताओं से बिल्कुल भिन्न ही है। अनुभव और विचार करने पर प्रत्येक वस्तु (तत्त्व) विपरीत गुणों का समूह मालूम होती है जबकि वास्तव में वे गुण एक दूसरे के विपरीत न होकर केवल विभिन्न अपेक्षाओं या दृष्टिकोणों के परिचायक हैं और ये ही सब विभिन्न दृष्टिकोण या अपेक्षाएँ सम्मिलित रूप से उस वस्तु (तत्त्व) के सम्पूर्ण सत्य को प्रकट करती हैं। मतलब यह है कि वास्तविक सत्य या सम्पूर्ण सत्य का परिज्ञान करने के लिए उसके किसी एक स्वरूप को लेकर उसकी 'सप्तभंग न्याय' से मीमांसा करना आवश्यक है। वस्तु स्वरूप को समझने के लिए हमें इसी 'सप्तभंग वाद' के सिद्धान्त को अपनाना होगा।

जैनाचार्यों ने इस 'सप्तभंगी वाद' की सृष्टि या सहज कल्पना ही भिन्न-भिन्न अपेक्षाओं, दृष्टिकोणों या मनोवृत्तियों से एक ही तत्त्व के नाना दर्शन कराने के लिए की है। जिन दो दर्शनों के विषय ठीक एक दूसरे के बिलकुल विरोधी पड़ते हों ऐसे दर्शनों का समन्वय बतलाने की दृष्टि से उनके विषयभूत अस्ति-नास्त्यात्मक, भाव-अभावात्मक या सत्-असदात्मक दोनों अंशों को लेकर उन पर जो सम्भावित वाक्य या भंग बनाये जाते हैं वही 'सप्तभंगी' है। सप्तभंगी का आधार ही अनेकान्तवाद, स्याद्वाद और नयवाद है या यों कहिए कि 'सप्तभंगी वाद' इन सभी वादों या सिद्धान्तों का विश्लेषणात्मक रूपान्तर ही है। इसका ध्येय तो समन्वय अर्थात् अनेकान्त कोटि का व्यापक दर्शन कराना है। जैसे किसी भी प्रमाण से जाने गये पदार्थ का बोध दूसरे को कराने के लिए परार्थ अनुमान वाक्य की रचना की जाती है वैसे ही विरुद्ध अंशों का समन्वय श्रोता को समझाने की दृष्टि से भंग या वाक्य की रचना की जाती है। इन सप्तभंगों या वाक्यप्रकारों में से कोई भी एक भंग वस्तु (तत्त्व) के केवल एक स्वरूप अर्थात् सापेक्ष स्वरूप को ही बतलाता है। अतः वस्तु (तत्त्व) के सम्पूर्ण स्वरूप या अनेकान्तात्मक स्वरूप का सम्पूर्ण ज्ञान प्राप्त करने के लिए 'सप्त भंग न्याय' का प्रयोग ही आवश्यक है।

किसी भी प्रश्न के उत्तर में या तो हम 'हाँ' कहते है या 'नहीं', हमारा उत्तर या तो 'विधि रूप' होता है या निषेध रूप। इन 'विधि' और 'निषेध' रूप दृष्टियों को जैन दर्शन में 'अस्ति' और 'नास्ति' नामक दो भिन्न-भिन्न धर्मों द्वारा बताया गया है और इस 'विधि' और 'निषेध' के विकल्प से ही अर्थ में शब्द की प्रवृत्ति सात प्रकार से होती है, इसे ही 'सप्तभंगी' कहते हैं। 'सप्तभंगी वाद' की रचना

ही इसी 'हाँ' और 'नहीं' या 'विधि' और 'निषेध' के औचित्य को लेकर हुई है।

'सप्तभंगी' का व्युत्पत्तिपरक सामान्य अर्थ है—'वचन के सात प्रकारों का एक समुदाय'।[276] जैसे—'तीन लोकों के समूह को त्रिलोकी'[277] और आठ सहस्रों-हजारों के समूह को 'अष्टसहस्री'[278] कहते हैं इसी प्रकार सात भंगों या वचन प्रकारों के समूह को 'सप्तभंगी' कहते हैं।

'भंग' शब्द के भाग, लहर, प्रकार, विघ्न आदि अनेक अर्थ होते हैं, इनमें से यहाँ दार्शनिक विषय होने के कारण 'प्रकार' वाचक 'भंग' शब्द लिया गया है। इसके अनुसार वचन के सात भंगों या प्रकारों के समूह को 'सप्तभंगी' कहते हैं। जैन दर्शन में 'सप्तभंगी की परिभाषा इस प्रकार है—किसी वस्तु का उसके एक धर्म को लेकर सत् या असत्, भाव या अभाव रूप से जो वास्तविक कथन किया जाता है उसे भंग कहते हैं। ऐसे 'भंग' मूल में दो और ज्यादा हुआ तो तीन हैं, परन्तु इस भंग रूप वाक्यों के एक-दूसरे के संयोग से सात वाक्य बनते हैं। यही सात प्रकार की वाक्य रचना 'सप्तभंगी' कहलाती है अथवा प्रश्न के वश से एक वस्तु में प्रत्यक्ष और अनुमान प्रमाण के अविरोध रूप से विधि-निषेध या अस्ति-नास्ति की कल्पना को 'सप्तभंगी' कहते हैं।[279]

इसी प्रकार एक ही वस्तु में किसी एक धर्म या गुण सम्बन्धी प्रश्न के अनुरोध से सात प्रकार के वचन-प्रयोग को 'सप्तभंगी' कहते हैं। वह वचन 'स्यात्' पद से युक्त होता है और उसमें कहीं 'विधि की विवक्षा होती है, कहीं निषेध की और कहीं विधि-निषेध दोनों की।[280]

जगत् की प्रत्येक वस्तु में सत्-असत्, अस्ति-नास्ति आदि अनन्त धर्म पाये जाते हैं। इन अनन्त धर्मों का पिण्ड ही तो वस्तु है। इन अनन्त धर्मों में से किसी एक धर्म को लेकर जब विचार किया जाय कि अमुक धर्म सत् रूप है या असत् रूप? या सत्-असत् उभय रूप? या अनुभय (अवक्तव्य) रूप? तब प्रश्नों के अनुसार उस एक धर्म के विषय में सात प्रकार के उत्तर हो सकते हैं। प्रत्येक उत्तर के साथ 'स्यात्' (कथंचित् या किसी अपेक्षा से) पद जुड़ा होगा। कोई उत्तर विधिरूप—(हाँ) में होगा और कोई उत्तर 'निषेधरूप' (नहीं) में होगा। इस तरह सात प्रकार के उत्तर या वचन प्रयोग को 'सप्तभंगी' कहते हैं। इस सप्तभंगी से हमें यह ज्ञात हो जाता है कि पदार्थ या वस्तु में धर्म किस प्रकार रहते हैं। इसके स्वरूप में यह भी बताया गया है कि एक ही धर्म के विषय में सात प्रकार के वचन प्रयोग को 'सप्तभंगी' कहते हैं। जैसे—घट पदार्थ के एक 'अस्तित्व' धर्म को लेकर सात भंग इस प्रकार होते हैं—(1) स्यादस्ति घटः, (2) स्यान्नास्ति घटः, (3) स्यादस्ति-नास्ति घटः, (4) स्यादवक्तव्यो घटः, (5) स्यादस्ति अवक्तव्यो घटः,

(6) स्यान्नास्ति अवक्तव्यो घटः, (7) स्यादस्ति-नास्ति अवक्तव्यो घटः। ये सात भंग हैं। वक्तव्य में गौण, मुख्य भाव नियत करने वाली यह सप्तभंग विधि है।[281]

यहाँ अस्तित्व धर्म को लेकर कहीं विधि, कहीं निषेध और कहीं विधि-निषेध-दोनों क्रम से और कहीं दोनों एक साथ घट में बताये गये हैं। यहाँ यह प्रश्न हो सकता है कि 'घट' यदि 'है' तो 'नहीं' कैसे? घट 'नहीं' है तो 'है' कैसे? इस विरोध को दूर करने के लिए ही प्रत्येक भंग के साथ 'स्यात्' (कथंचित् या किसी अपेक्षा से) पद जोड़ा गया है, जिसका अर्थ है कि समस्त चेतन-अचेतन पदार्थ स्वद्रव्य, स्वक्षेत्र, स्वकाल और स्वभाव की अपेक्षा से सत् स्वरूप (अस्तिरूप) हैं और परद्रव्य, परक्षेत्र, परकाल और परभाव की अपेक्षा से असत्स्वरूप (नास्ति रूप) हैं। यदि ऐसा अपेक्षया स्वीकार न किया जाय तो किसी इष्ट तत्त्व की व्यवस्था ही नहीं बन सकती है। जैसे—

(1) स्यात् अस्ति घटः--घड़ा कथंचित् है, घड़ा स्वचतुष्टय की अपेक्षा से है।

(2) स्यात् नास्ति घटः—घड़ा परचतुष्टय की अपेक्षा से नहीं है।

(3) स्यात् अस्ति-नास्ति घटः—घड़ा कथंचित् है और कथंचित् नहीं है, घड़े में स्वचतुष्टय अर्थात् स्वद्रव्यादि की अपेक्षा से अस्तित्व और परचतुष्टय अर्थात् पर-द्रव्यादि की अपेक्षा से नास्तित्व धर्म है। यहाँ क्रम से विधि-निषेध की विवक्षा की गयी है।

(4) स्यात् अवक्तव्यो घटः—घड़ा कथंचित् अवक्तव्य है। जब विधि और निषेध दोनों की एक साथ विवक्षा होती है तब दोनों को एक साथ कहने वाला कोई शब्द न होने से घड़े को कथंचित् अवक्तव्य कहा जाता है।

(5) स्यात् अस्ति अवक्तव्यो घटः—केवल विधि और एक साथ विधि-निषेध की विवक्षा करने से 'घड़ा' है और अवक्तव्य है।

(6) स्यात् नास्ति अवक्तव्यो घटः—केवल निषेध और एक साथ विधि-निषेध दोनों की विवक्षा होने से घड़ा नहीं है और अवक्तव्य है।

(7) स्यात् अस्ति-नास्ति अवक्तव्यो घटः—क्रम से विधि-निषेध दोनों की और एक साथ विधि-निषेध दोनों की विवक्षा होने से 'घड़ा है', 'घड़ा नहीं है' और अवक्तव्य है।

इस प्रकार ये सात भंग हैं। इन सातों भंगों या वचन प्रकारों के समूह को 'सप्तभंगी कहते हैं। इन सात वाक्यों का मूल विधि और निषेध है। इसलिए आधुनिक विद्वान् इसे विधि-प्रतिषेधमूलक पद्धति के नाम से भी पुकारते हैं। यहाँ घट पदार्थ के एक अस्तित्व धर्म को लेकर उक्त सात भंग बनाये गये हैं। इसका कारण यह है कि जब हम वस्तु के अस्तित्व धर्म का विचार करते हैं तो अस्तित्व

विषयक 'सात भंग बनते हैं और जब वस्तु के नित्यत्व धर्म की विवक्षा करते हैं तो नित्यत्व धर्म को लेकर 'सात भंग' बन जाते हैं'। जैसे—(1) स्यात् नित्य एव घट:। (2) 'स्यात् अनित्य एव घट: अर्थात् (1) कथचित् घड़ा नित्य ही है। (2) कथंचित् घड़ा अनित्य ही है। द्रव्य-दृष्टि से घड़ा नित्य है और पर्याय-दृष्टि से अनित्य है। इसी प्रकार अन्य अवशिष्ट भंग भी बनाये जा सकते हैं। इस तरह वस्तु के प्रत्येक धर्म की विवक्षा से वस्तु में सात-सात भंग सम्भव हैं। वस्तु में अनन्त धर्म हैं। अत: ऐसी-ऐसी अनन्त सप्तभंगियाँ उसमें बन सकती हैं। इसलिए वस्तु को सप्तधर्मा न कहकर अनन्त धर्मा या अनेकान्तात्मक कहा गया है।

वस्तुत: शब्द की प्रवृत्ति वक्ता के भावों पर आधारित होती है। अत: प्रत्येक वस्तु में दोनों धर्मों के रहने पर भी वक्ता अपने-अपने दृष्टिकोण से उन धर्मों का उल्लेख करते हैं। मान लीजिए। दो व्यक्ति हैं—एक नगर के एक भाग से आता है और दूसरा, दूसरे भाग से। दोनों किसी एक दुकान पर पहुँचते हैं और अनेक वस्तुओं को देखते हैं, उनमें से अपनी-अपनी रुचि के अनुसार पहला व्यक्ति किसी वस्तु को अच्छी बतलाता है और दूसरा उसी वस्तु को बुरी बतलाता है। दोनों में विवाद खड़ा हो जाता है। इतने में ही एक तीसरा व्यक्ति आता है, जो दोनों को झगड़ते हुए देखता है और पूछता है—भाई तुम दोनों में आपस में झगड़ा क्यों हो रहा है? दोनों ही अपनी-अपनी बात कहते हैं। वह समझदार था, दोनों की दृष्टियों को समझकर बोला—देखो भाई। विवादास्पद वस्तु अच्छी भी है और बुरी भी है। जो वस्तु तुम्हारी दृष्टि में अच्छी है, वही इनकी दृष्टि में बुरी हो सकती है और इनकी दृष्टि में जो अच्छी है वही तुम्हारी दृष्टि में बुरी हो सकती है। यह तो अपनी-अपनी दृष्टि है, अपना-अपना विचार है। इसमें लड़ने-झगड़ने जैसी तो कोई बात ही नहीं है। इस प्रकार यहाँ तीनों व्यक्ति अपनी-अपनी विचारधारा के अनुसार तीन तरह का वचन प्रयोग करते हैं—पहला विधिरूप, दूसरा निषेध रूप और तीसरा विधि-निषेधरूप। जब हम किसी वस्तु को अच्छी कहते हैं तो इसका मतलब यही हुआ कि वह वस्तु हमारी दृष्टि से सुन्दर है किन्तु वही वस्तु दूसरे की दृष्टि से असुन्दर या बुरी भी हो सकती है।

वस्तु के उक्त दोनों धर्मों को यदि कोई एक साथ कहने का प्रयत्न करे तो वह कभी भी नहीं कह सकता; क्योंकि एक शब्द एक समय में विधि और निषेध—इन दोनों धर्मों में से किसी एक का ही कथन कर सकता है। ऐसी अवस्था में वस्तु अवाच्य (अवक्तव्य) कही जाती है अर्थात् उसे शब्द के द्वारा नहीं कहा जा सकता है। उक्त चार वचन व्यवहारों (विधि, निषेध, विधि-निषेध और अवक्तव्य) को हम दार्शनिक भाषा में स्यात् सत्, स्यात् असत्, स्यात् सद्-असत् और स्यात्

अवक्तव्य कहते हैं। सप्तभंगी के मूल ये ही चार भंग हैं। इन्हीं के संयोग से सात भंग बनते हैं। अर्थात् चतुर्थ भंग, 'स्यात् अवक्तव्य' के साथ प्रथम भंग 'स्यात् अस्ति' मिलाने से पाँचवाँ भंग 'स्याद् अस्ति अवक्तव्य', द्वितीय भंग 'स्यात् नास्ति' मिलाने से छठा भंग 'स्यात् नास्ति अवक्तव्य' और तृतीय भंग 'स्याद् अस्ति-नास्ति' मिलाने से सातवाँ भंग 'स्याद् अस्ति-नास्ति अवक्तव्य' बनता है। इस प्रकार उक्त क्रम से ये सात भंग बनते हैं किन्तु भंगों के क्रम के विषय में अनेक आचार्यों में भिन्नता भी पाई जाती है—

सर्वप्रथम आचार्य कुन्दकुन्द,[282] उमास्वामी,[283] समन्तभद्र,[284] सिद्धसेन,[285] जिन भद्रगणि क्षमाश्रमण,[286] अकलंकदेव[287] ने अपने आगम ग्रन्थों में 'अवक्तव्य भंग' को तीसरे और 'अस्ति-नास्ति भंग' को चौथे स्थान पर रखा है जबकि उन्हीं आचार्यों कुन्दकुन्द,[288] समन्तभद्र,[289] अकलंकदेव[290] और विद्यानन्द,[291] प्रभाचन्द्र,[292] वादिराज सूरि[293] वादिदेव सूरि,[294] मल्लिषेण सूरि[295] तथा विमलदास[296] आदि ने 'अस्ति-नास्ति' भंग को तीसरा और 'अवक्तव्य' भंग को चौथा स्थान दिया है। जैसा उल्लेख किया गया है इनमें से आचार्य कुन्दकुन्द, समन्तभद्र और अकलंकदेव ने भंगों के दोनों ही क्रमों को अपनाया है। आचार्य कुन्दकुन्द ने अपने 'प्रवचनसार' (गाथा 115) में सप्तभंगी का उल्लेख करते हुए 'अवक्तव्य' को तृतीय और 'अस्ति-नास्ति' को चतुर्थ भंग माना है, किन्तु अपने ही पंचास्तिकाय (गाथा 14) में 'अस्ति-नास्ति' को तीसरा और 'अवक्तव्य' को चौथा भंग कहा है। आचार्य समन्तभद्र ने भी अपने 'युक्त्यनुशासन' (श्लोक 45) में 'अवक्तव्य' को तीसरे और 'अस्ति नास्ति' को चौथे स्थान पर रखा है जबकि अपनी 'आप्तमीमांसा' (कारिका 14) में 'अस्ति नास्ति' भंग को तीसरा और 'अवक्तव्य' भंग को चौथा स्थान दिया है। अकलंकदेव ने अपने 'राजवार्तिक' में दो स्थलों पर सप्तभंगी का कथन किया है। इनमें से एक स्थल पर 'अवक्तव्य' को तीसरी और 'अस्ति-नास्ति' को चौथी संख्या दी है, किन्तु इसके 1/6 वा. 5 की विवृति में 'अस्ति-नास्ति' को तीसरे और 'अवक्तव्य' को चौथे स्थान पर रखा है। इसी तरह इन्होंने अपने 'प्रमाण संग्रह', श्लोक 73, 74, पृ. 122 में तो 'अवक्तव्य' को तीसरा और 'अस्ति-नास्ति' को चौथा भंग कहा है किन्तु अपने 'न्याय विनिश्चय' श्लोक 66 'अस्ति-नास्ति' को तीसरा और 'अवक्तव्य को चौथा भंग निरूपित किया है। इस प्रकार अनेक आगम-ग्रन्थों में भंगों का यह क्रम-भेद होने पर भी सप्तभंगी के अर्थ में कोई अन्तर नहीं पड़ता।

सूक्ष्मदृष्टि से विचार करने पर 'स्यादस्ति', स्यात् नास्ति' और 'स्याद् अवक्तव्य' यह क्रम ही ठीक प्रतीत होता है और ये तीन ही मूल भंग प्रमाणित

होते हैं।

जिस प्रकार स्वरूपचतुष्टय[297] (स्वद्रव्य, स्वक्षेत्र, स्वकाल और स्वभाव) की अपेक्षा से वस्तु 'अस्तिरूप है और परचतुष्टय[298] (पर-द्रव्य, पर-क्षेत्र, पर-काल और पर-भाव) की अपेक्षा से 'नास्ति रूप' है उसी प्रकार वस्तु उपर्युक्त 'अस्ति' और 'नास्ति' धर्मों का एक साथ कथन करने की वाणी की असमर्थता वश 'अवक्तव्य' (अवाच्य या अनिर्वचनीय) रूप भी कही गयी है; क्योंकि सत्त्व और असत्त्व, भाव और अभाव, विधि और प्रतिषेध तथा एक और अनेक रूप तत्त्व का एक समय में प्रतिपादन शब्दों की शक्ति के परे होने से 'कथंचित् अनिर्वचनीय' या 'अवक्तव्य' धर्म का सद्भाव स्वीकार करना पड़ता है। इस प्रकार मूल भंग तीन ही सिद्ध होते हैं। इन तीनों भंगों के संयोग से चार और भंगों या दृष्टियों का उदय होता है—(1) अस्ति-नास्ति, (2) अस्ति अवक्तव्य, (3) नास्ति अवक्तव्य, (4) अस्ति-नास्ति अवक्तव्य। इस तरह कुल—(1) स्यादस्ति, (2) स्यान्नास्ति, (3) स्याद् अवक्तव्य, (4) स्यादस्ति-नास्ति, (5) स्यादस्ति अवक्तव्य, (6) स्यान्नास्ति अवक्तव्य, (7) स्यादस्ति-नास्ति अवक्तव्य—ये सात ही भंग बनते हैं। इन सात भंगों को वस्तु-स्वरूप का ठीक-ठीक निर्णायक होने के कारण सप्तभंगी न्याय भी कहते हैं।

जिस प्रकार गणित शास्त्र के संचय-नियम के अनुसार 1, 2, 3, या 8, 9, 10 इन शुद्ध या मूल तीन संख्याओं की तीन द्विसंयोगी 8-9, 8-10, 9-10 और एक त्रिसंयोगी—8-9-10 इस तरह अपुनरुक्त संख्याएँ सात ही होती हैं, अधिक नहीं। जैसे—

(1) 8
(2) 9
(3) 10
(4) 8-9
(5) 8-10
(6) 9-10
(7) 8-9-10

और जिस प्रकार 'खटाई, मिश्री, मिर्च, इन तीन पदार्थों के तीन शुद्ध या असंयुक्त स्वाद, तीन द्विसंयोगी स्वाद खटाई-मिश्री, खटाई-मिर्च, मिश्री-मिर्च और एक त्रिसंयोगी स्वाद खटाई-मिश्री-मिर्च, इस तरह कुल सात ही स्वाद होते हैं, अधिक नहीं। जैसे—

(1) खटाई

(2) मिश्री

(3) मिर्च

(4) खटाई-मिश्री

(5) खटाई-मिर्च

(6) मिश्री-मिर्च

(7) खटाई-मिश्री-मिर्च

इसी प्रकार स्याद् अस्ति, स्यान्नास्ति और स्याद् अवक्तव्य इन तीन मूल भंगों के तीन द्विसंयोगी भंग, स्याद् अस्ति-नास्ति, स्याद अस्ति-अवक्तव्य, स्यान्नास्ति-अवक्तव्य और एक त्रिसंयोगी भंग, स्याद् अस्ति-नास्ति-अवक्तव्य। इस तरह कुल सात ही भंग होते है।[299]

(1) स्यादस्त्येव

(2) स्यान्नास्त्येव

(3) स्यादवक्तव्यमेव

(4) स्यादस्ति-नास्त्येव

(5) स्यादस्त्यवक्तव्यमेव

(6) स्यान्नास्त्यवक्तव्यमेव

(7) स्यादस्तिनास्त्यवक्तव्यमेव

इसी प्रकार वस्तु के प्रत्येक धर्म की विवक्षा के सात-सात भंग बनकर वस्तु के अनन्त धर्मों की अनन्त सप्तभंगियाँ बन सकती हैं।

किसी भी वस्तु, पदार्थ या तत्त्व के लिए अपेक्षा के महत्त्व को ध्यान में रखते हुए सात प्रकार से वचनों का प्रयोग किया जा सकता है। सात प्रकार से अधिक और कम वचन प्रयोग सम्भव नहीं हैं; क्योंकि आठवें तरह का कोई-भंग ही नहीं बन सकता और सात से कम मानने में कोई-न-कोई वचन-भंग छूट जाएगा जिससे वस्तु-स्वरूप की सिद्धि में बाधा उपस्थित होगी। अत: वे वचन भंग सात प्रकार के ही हो सकते हैं। न कम और न अधिक; क्योंकि हीनाधिक भंग की प्रवृत्ति के निमित्त का अभाव है। एक धर्म के विधि-निषेध की विवक्षा से सात ही भंग होते हैं। इसका दूसरा समाधान यह भी है कि प्रतिपाद्य प्रश्न सात प्रकार के ही होते हैं और प्रश्नों के वश से ही सप्तभंगी होती है—प्रश्न सात प्रकार के इसलिए होते हैं कि जिज्ञासा सात प्रकार की ही होती हैं। जिज्ञासा सात प्रकार की इसलिए होती हैं कि सन्देह सात प्रकार के ही होते हैं और सन्देह सात प्रकार के इसलिए होते हैं कि सन्देह की विषयभूत वस्तु के धर्म ही सात प्रकार के होते हैं। इस तरह भंग सात ही होते हैं, न्यूनाधिक नहीं।[309] संगीत के स्वर भी स, रे, ग, म, प, ध, नी,

सात ही होते हैं। सप्ताह के दिन रवि, सोम, मंगल, आदि भी सात ही होते हैं, विभक्तियाँ प्रथमा, द्वितीया आदि भी सात ही होती हैं, जीवादि तत्त्व भी सात ही होते हैं। नैगमादि नय भी सात ही होते हैं। व्यसन और उनके परित्याग के उपाय भी सात ही होते हैं। इहलोकभय, परलोक भय आदि भय भी सात ही होते हैं। वर-वधू के पाणिग्रहण संस्कार के समय के फेरे और सप्तपदी वचन भी सात ही होते हैं, इस प्रकार यह 'सप्त' संख्या बहुत ही महत्त्वपूर्ण है।

कुछ जैनेतर विद्वानों, विशेषकर आचार्य वादरायण और उनके ब्रह्मसूत्र[310] के भाष्यकार आचार्य शंकर जैसे उद्भट दार्शनिकों ने जैनदर्शन के अनेकान्त, स्याद्वाद और सप्तभंगी वाद पर अनेक दोषारोपण किये हैं। इन सभी ने 'स्यात्' पद के अर्थ को ठीक तरह न समझने के कारण या ठीक तरह समझने का प्रयास ही न करने के कारण इन सिद्धान्तों में अनेक दूषण उपस्थित कर इन्हें सर्वथा असंगत बतलाया है। आचार्य शंकर अपने भाष्य में लिखते हैं—'दिगम्बर आम्नाय के सप्तभंगी आदि विषयों पर हमारा कथन है कि ऐसा मानना उचित नहीं है; क्योंकि एक वस्तु में सप्तधर्मों का सद्भाव असम्भव है। एक धर्मी (वस्तु) में एक साथ सत्त्व-असत्त्व आदि परस्पर-विरोधी धर्मों का समावेश शीत और उष्ण के समान सम्भव नहीं है। जो यह सप्त पदार्थों का निर्धारण किया गया है वे उतने और उस रूप में वैसे ही हैं अथवा नहीं हैं? अन्यथा इस रूप भी होंगे, अन्य रूप भी होंगे। इस प्रकार अनिश्चित रूप-ज्ञान संशयज्ञान के समान अप्रमाण होगा।[302] इस तरह वे संशय और अनिश्चितता का दूषण देते हैं। इसी प्रकार वे सप्तभंगी न्याय के 'स्याद् अस्ति' और 'स्यान्नास्ति' इन प्रथम और द्वितीय भंगों पर अनिश्चितता का दोषारोपण करते हुए लिखते हैं—'स्याद् अस्ति', 'स्यान्नास्ति' इत्यादि विकल्पों का उपनिपात तो अनिर्धारणात्मकता को ही व्यक्त करेगा। इस प्रकार निर्धारणकर्ता और निर्धारणफल की स्याद् अस्तिता हुआ करेगी, स्यान्नास्तिता हुआ करेगी। ऐसा होने पर प्रमाणभूत तीर्थंकर प्रमाण, प्रमेय, प्रमाता और प्रमितियों के स्वरूप में निश्चयात्मकता न होने से किस प्रकार उपदेश देंगे और तीर्थंकर के अभिप्राय का अनुसरण करने वाले उस उपदेश में, जिसका स्वरूप ही निश्चित नहीं है, कैसे प्रवृत्ति करेंगे?'[303] वे तृतीय भंग—'स्यादवक्तव्य' पर भी आपत्ति करते हुए लिखते हैं 'इन पदार्थों की 'अवक्तव्यता' भी सम्भव नहीं है अर्थात् ये पदार्थ अवक्तव्य भी नहीं हो सकते। यदि वे अवक्तव्य हैं तो उनका कथन नहीं किया जा सकता। कथन भी किया जाय और अवक्तव्य भी कहा जाय—ये दोनों बातें परस्पर में विरुद्ध हैं।'[304]

इसप्रकार आचार्य शंकर ने 'उन्मत्तप्रलापवत्' जैसे दूषित शब्दों का प्रयोग करते हुए जैनदर्शन के उक्त अनेकान्त, स्याद्वाद और सप्तभंगी सिद्धान्तों पर संशय,

अनिश्चितता, असंगतता आदि दूषणों का उद्भावन कर इनकी बुरी तरह छीछालेदर की है। आचार्य शंकर की दृष्टि में तो उक्त सिद्धान्तों के विवेचन में 'पद्संख्यातोऽपि भूयसी दोषाणां संख्या' जितने पद प्रयुक्त हुए हैं उनसे भी अधिक दोष इन में हैं। शांकरभाष्य में विवेचित आर्हत मत के निराकरण को पढ़ने से तो ऐसा प्रतीत होता है कि आचार्य शंकर के दृष्टि में जैनाचार्य महामूर्ख थे। वे दर्शन की बारह खड़ी भी नहीं जानते थे; किन्तु आचार्य शंकर तथा अन्य दार्शनिक विद्वानों द्वारा उक्त सिद्धान्तों पर किये गये दोषारोपण बिलकुल ही असंगत, पक्षपात तथा दुरभिनिवेश-पूर्ण प्रतीत होते हैं; क्योंकि इन सिद्धान्तों पर ये दोषारोपण तभी संगत और उचित हो सकते हैं जब जैनदर्शनकार वस्तु में सत्-असत्, एक-अनेक, नित्य-अनित्य आदि परस्पर-विरोधी धर्मों को सर्वथा या किसी एक ही दृष्टि से स्वीकार करते। इसी प्रकार वस्तु को सर्वथा या एकान्ततः अथवा एक ही दृष्टि से अवक्तव्य मानते; किन्तु वे तो अपेक्षा भेद या दृष्टि भेद से ही एक धर्मी (वस्तु) में सत्-असत्, आस्ति-नास्ति आदि परस्पर विरोधी धर्मों को मानते हैं और अपेक्षा भेद से ही वस्तु को अवक्तव्य कहते हैं। इसी अपेक्षा या दृष्टिकोण को सूचित करने के लिए वस्तु के प्रत्येक धर्म वाचक भंग (वचन) के साथ 'स्यात्' (कथंचित् किसी अपेक्षा से) पद का प्रयोग करते हैं। जिसका मतलब होता है कि वस्तु न तो सर्वथा सत्-स्वरूप ही है और न असत् स्वरूप ही और न अवक्तव्य रूप ही; किन्तु किसी एक दृष्टि या अपेक्षा से वस्तु सत् स्वरूप है तो किसी दूसरे दृष्टि या अपेक्षा से वही वस्तु असत् रूप भी है। इसी प्रकार किसी एक दृष्टि या दृष्टिकोण से वस्तु अवक्तव्य भी है। इस प्रकार एक ही वस्तु में सत्त्व-असत्त्व, अस्तित्व-नास्तित्व आदि परस्पर विरोधी धर्मों को भिन्न-भिन्न अपेक्षाओं से मानने में कोई विरोध नहीं आता। एक ही व्यक्ति अपने पिता की अपेक्षा पुत्र है और भाई आदि भी अपेक्षा पुत्र नहीं है। इसप्रकार एक ही व्यक्ति में पुत्रपने का सद्भाव और असद्भाव दोनों धर्म पाये जाते हैं। वस्तु का स्वरूप स्वचतुष्टय की अपेक्षा 'अस्तिरूप' ही है और परचतुष्टय की अपेक्षा 'नास्तिरूप' ही है तथा वस्तु के 'अस्ति-नास्ति' या 'सत्-असत्' धर्मों का एक साथ कथन करने की वचनों की असमर्थता वश 'अवक्तव्य' या 'अनिर्वचनीय' रूप भी कहा गया है।

जैनदर्शन के अनुसार वस्तु में प्रत्येक धर्म का विरोधी धर्म भी दृष्टि-भेद से सम्भव है। जैनदर्शन के इस तथ्य को उदाहरणों द्वारा स्पष्ट किया जा सकता है। जैसे—1.'स्यादस्ति घटः', 'घड़ा कथंचित् है' अर्थात् स्वचतुष्टय की अपेक्षा से 'घड़ा है।

2.'स्यान्नास्ति घटः', 'घड़ा कथंचित् नहीं है' अर्थात् परचतुष्टय की अपेक्षा

से 'घड़ा नहीं है।' जिस प्रकार घड़े में स्वचतुष्टय की अपेक्षा 'अस्तित्व' धर्म है उसी तरह घट व्यतिरिक्त पटादि पदार्थों का 'नास्तित्व' धर्म घड़े में न माना जाय तो घट और पटादि पदार्थ मिलकर एक हो जाएँगे। अतः घट 'स्यादस्ति' और 'स्यान्नास्ति' रूप है। इसी तरह वस्तु में द्रव्यदृष्टि से 'नित्यत्व' धर्म और पर्याय दृष्टि से 'अनित्यत्व' आदि अनेकों विरोधी धर्म-युगल रहते हैं।

3. 'स्यादवक्तव्यो घटः', 'घड़ा कथंचित् अवक्तव्य है'। जब विधि और निषेध दोनों की एक साथ विवक्षा होती है तब दोनों को एक साथ कहने वाला कोई शब्द न होने से घड़े को 'कथंचित् अवक्तव्य' कहा जाता है। जैसा ऊपर कहा जा चुका है इन तीन मूल भंगों के मिलाने पर ही अधिक-से-अधिक सात अपुनरुक्त भंग हो सकते हैं। जब हम घड़े के अस्तित्व धर्म का विचार करते हैं तो अस्तित्व-विषयक सात भंग हो सकते हैं। इनमें से पहला अस्तित्व, दूसरा तद्विरोधी नास्तित्व धर्म और तीसरा धर्म होगा अवक्तव्य, जो वस्तु के पूर्ण रूप की सूचना देता है कि वस्तु पूर्ण-रूप से वचन के अगोचर या वचनातीत है। अवक्तव्य धर्म इस अपेक्षा से है कि दोनों धर्मों को युगपत् कहने वाला शब्द संसार में नहीं है। यतः वस्तु यथार्थतः वचनातीत (अवक्तव्य) है। अवक्तव्य के साथ 'स्यात्' पद के लगाने का भी अर्थ है कि वस्तु युगपत पूर्ण रूप में यदि अवक्तव्य है तो क्रमशः अपने पूर्ण रूप में वक्तव्य भी है। वह अस्ति-नास्ति आदि रूप में वचनों का विषय भी होती है। अतः वस्तु 'स्यादवक्तव्य' है। इन तीन भंगों से ही अपुनरुक्त भंग सात बनते हैं इसी प्रकार वस्तु के अनन्त धर्मों की अपेक्षा अनन्त सप्त भंगियाँ बन सकती हैं। उनमें कोई विरोध नहीं आता क्योंकि विरोध का परिहारक 'स्यात्' पद प्रत्येक भंग के साथ जुड़ा हुआ होगा। इन स्पष्ट उदाहरणों से अनेकान्त विरोधियों के समस्त विरोध निर्मूल और निरस्त हो जाते हैं।

यदि ये अनेकान्त-विरोधी दार्शनिक जैनदर्शन की तत्त्व-समीक्षा निष्पक्ष और जिज्ञासु दृष्टि से करते तो सम्भवतः इन्हें जैनदर्शन के इन सिद्धान्तों पर इस प्रकार दूषित प्रहारों के करने की आवश्यकता ही नहीं पड़ती। 'स्यात् पद का सापेक्ष दृष्टिकोण अर्थ करने पर ये सिद्धान्त पूर्णतः समीचीन और समन्वयवादी दृष्टिकोण वाले सिद्ध होते हैं।

यह तो सभी भारतीय तथा पाश्चात्य दार्शनिक और वैज्ञानिक स्वीकार करते हैं कि जगत् का प्रत्येक पदार्थ, चाहे जड़ हो या चेतन—सजीव हो या निर्जीव, अपने-अपने स्वरूप को लिये हुए है। जो जैसा है, वैसा है। कोई भी पदार्थ अपने स्वरूप को छोड़कर पर रूप नहीं होता किन्तु जब इसका कथन किसी दूसरे रूप में करना पड़ता है तो वहाँ हमें किसी-न-किसी अपेक्षा या दृष्टिकोण को मानना

पड़ेगा अन्यथा उसका वह स्वरूप-कथन नहीं किया जा सकता है।

वैदिक और बौद्ध दर्शनों से ऐसे अनेक उदाहरण प्रस्तुत किये जा सकते हैं जो सापेक्ष दृष्टिकोणपरक हैं। उपनिषद् ग्रन्थों में आत्मा के विषय में कहा गया है—'आत्मा चलती भी है नहीं भी चलती है, दूर भी है समीप भी है, वह सबके अन्तर्गत भी है, बाहर भी है।' उसको अणु से भी अणीयान् और महत् से भी महीयान् कहा गया है अर्थात् सूक्ष्मता की दृष्टि से वह अणु से भी बहुत छोटा और महत्ता की दृष्टि से महान् से भी महान् है।[305] वह अपने हृदय में स्थित अत: छोटे-से-भी छोटा या सर्षप (सरसों) आदि से भी छोटा तथा सम्पूर्ण संसार का भी अभिव्यापक अत: बड़े-से-भी बड़ा अर्थात् पृथ्वी और आकाश से भी महान् है।[306]

एक बार स्वामी दयानन्द सरस्वती से किसी ने प्रश्न किया था कि 'आप विद्वान् हैं या अविद्वान्? तो स्वामी जी ने उत्तर दिया—दार्शनिक क्षेत्र में विद्वान् हूँ और व्यापारिक क्षेत्र में अविद्वान्। स्वामी जी के कहने का अभिप्राय यह है कि दार्शनिक की अपेक्षा विद्वान और व्यापारी की अपेक्षा अविद्वान् हैं।'

सांख्य दर्शन में एक ही प्रकृति को सतोगुणी, रजोगुणी और तमोगुणी कहा गया है अर्थात् वह सतोगुणी भी है, रजोगुणी भी है और तमोगुणी भी है।[307]

वेदान्त में स्वयं आचार्य शंकर ने माया को त्रिगुणात्मिका कहा है। भावात्मक भी कहा है और अभावात्मक भी। तमोरूपा आवरण शक्ति की अपेक्षा अभावात्मक और रजोरूपा विक्षेप शक्ति की अपेक्षा भावात्मक कहा है। यह माया अप्रतीतिरूप भी है और विपरीत प्रतीतिरूप भी है।[308]

इस प्रकार इन सब कथनों का आशय क्या सापेक्ष दृष्टिकोणपरक नहीं है? यदि है, तो जहाँ सापेक्ष दृष्टिकोण है वहीं सापेक्षवाद, स्याद्वाद या सप्तभंगीवाद है। विज्ञ पाठक स्वयं सोच सकते हैं कि इतना स्पष्ट कथन होने पर भी आचार्य शंकर जैसे उद्भट दार्शनिक विद्वान् जैनदर्शन के स्याद्वादरूप और सप्तभंगवाद को समीचीन रूप में नहीं समझ सके, यह बात समझ में नहीं आती।

प्रत्येक भंग (वचन-प्रकार) के साथ 'स्यात्' और 'एव' पदों का प्रयोग होने पर उक्त संशय अनिश्चितता, अप्रामाणिकता आदि दोषारोपणों का कोई अवसर ही नहीं आ पाता; क्योंकि 'स्यात् पद 'कथंचित्' किसी अपेक्षा से अर्थ का अवबोधक है और 'एवकार' अवधारणार्थक (निश्चयार्थक) है। यद्यपि 'स्यात्' पद के विधिलिङ् में विधि, विचार आदि अनेक धर्म होते हैं, तथापि यहाँ दार्शनिक क्षेत्र में 'स्यात्' पद कथंचित्, कथंचन, निश्चित अपेक्षा से, किसी दृष्टि या सुनिश्चित दृष्टिकोण से, विवक्षा या वक्ता की इच्छा से तथा अनेकान्त अर्थ का बोधक है। इसका अर्थ है कि वस्तु किसी दृष्टि से इस प्रकार ही है और किसी दृष्टि से दूसरी

प्रकार भी है। प्रत्येक उत्तर या कथन के साथ 'स्यात्' शब्द का प्रयोग करने से सर्वथा एकान्त दृष्टि का परिहार हो जाता है।[309]

वास्तव में 'स्यात्' के साथ 'एव' शब्द इस बात को द्योतित करता है कि उस विशेष दृष्टि से पदार्थ का वही रूप है और वह निश्चित है, उस दृष्टि से वह अन्यथा नहीं हो सकता। वस्तु स्वरूप की अपेक्षा अस्तिरूप ही है, कभी भी स्वरूप की अपेक्षा वह नास्ति रूप नहीं कही जा सकती। जैसे—'स्यादस्त्येव जीव:' यहाँ 'स्यात्' पद के साथ 'एवकार' का प्रयोग किया गया है। ऐसे प्रयोग स्थलों पर 'स्यात्' पद के साथ 'एवकार' के प्रयोग की सार्थकता सिद्ध करते हुए आचार्य समन्तभद्र ने कहा है जो पद 'एवकार (अवधारणार्थक 'एव' निपात) से विशिष्ट होता है, जैसे—'जीव एव' वह अस्वार्थ (अजीवत्व) से स्वार्थ (जीवत्व) को अलग करता है और जो पद 'एवकार' से रहित होता है, वह न कहे हुए के समान है; क्योंकि उससे नियमद्वय के इष्ट होने पर भी व्यावृत्ति का अभाव होता है अर्थात् निश्चयपूर्वक कोई एक बात न कहे जाने से प्रतिपक्ष की निवृत्ति नहीं बन सकती और प्रतिपक्ष की निवृत्ति न हो सकने से पदों में परस्पर पर्यायभाव ठहरता है, पर्याय भाव के होने पर परस्पर प्रतियोगी पदों में से भी चाहे जिस पद का कोई प्रयोग कर सकता है और चाहे जिस पद का प्रयोग होने पर सम्पूर्ण अभिधेयभूत वस्तुजात अन्य से च्युत (प्रतियोगी से रहित) हो जाता है और जो प्रतियोगी से रहित होता है वह आत्महीन होता है अर्थात् अपने स्वरूप का प्रतिष्ठापक नहीं हो सकता। इस तरह पदार्थ की हानि ठहरती है। जैसे—'अस्ति जीव:' इस वाक्य में 'अस्ति' और 'जीव' ये दोनों पद 'एवकार' से रहित हैं। 'अस्ति' पद के साथ अवधारणार्थक 'एव' शब्द के न होने से नास्तित्व का व्यवच्छेद (निराकरण) नहीं बनता और नास्तित्व का व्यवच्छेद न बन सकने से 'अस्ति' पद के द्वारा नास्तित्व का भी कथन होता है और इसलिए 'अस्ति' पद के प्रयोग में कोई विशेषता न रहने से वह अनुक्त तुल्य हो जाता है। इसी तरह 'जीव' पद के साथ 'एव' शब्द का प्रयोग न होने से अजीवत्व' का व्यवच्छेद (निराकारण) नहीं बनता और 'अजीवत्व' का व्यवच्छेद न बन सकने से 'जीव' पद के द्वारा 'अजीवत्व' का भी प्रतिपादन होता है, इसलिए 'जीव' पद के प्रयोग में कोई विशेषता न रहने से वह अनुक्ततुल्य हो जाता है। इस तरह 'अस्ति' पद के द्वारा 'नास्तित्व' का भी और 'नास्ति' पद के द्वारा 'अस्तित्व' का भी कथन होने से तथा 'जीव' पद के द्वारा 'अजीव' अर्थ का भी और 'अजीव' पद के द्वारा 'जीव' अर्थ का भी कथन होने से 'अस्ति-नास्ति' पदों में तथा 'जीव-अजीव' पदों में 'घट' और 'कुम्भ' शब्दों की तरह एकार्थकता सिद्ध होती है और एकार्थक होने से घट और कलश शब्दों की तरह 'अस्ति' और

'नास्ति' में से तथा जीव और अजीव शब्दों में से चाहे जिस किसी एक शब्द का प्रयोग किया जा सकता है और चाहे जिसका प्रयोग होने पर सम्पूर्ण अभिधेय (वस्तु-जात) अपने प्रतियोगी से रहित हो जाता है अर्थात् 'अस्तित्व-नास्तित्व' से सर्वथा रहित हो जाता है और इससे सत्ताद्वैत का प्रसंग आता है तथा नास्तित्व का सर्वथा अभाव होने से सत्ताद्वैत आत्महीन हो जाता है; क्योंकि पर-रूप के त्याग के अभाव में स्वरूप का ग्रहण नहीं बनता। जैसे—घट में अघट रूप के त्याग बिना अपने स्वरूप की प्रतिष्ठा नहीं बन सकती। इसी तरह अभाव भी भाव के बिना नहीं बनता;[310] क्योंकि वस्तु का वस्तुत्व स्वरूप के ग्रहण और पर-रूप के त्याग पर ही निर्भर है।[311] 'वस्तु ही पर द्रव्य, क्षेत्र, काल और भाव की अपेक्षा अवस्तु हो जाती है।[312] समस्त स्वरूप से शून्य कोई पृथक् अवस्तु सम्भव ही नहीं है।

इस तरह आचार्य समन्तभद्र 'एवकार' के प्रयोग को प्रत्येक पद या वाक्य के साथ आवश्यक मानते हैं।

विद्यानन्द स्वामी ने भी इसी बात को कहा है—'अनिष्ट अर्थ की निवृत्ति के लिए वाक्य में अवधारण अवश्य करना चाहिए। अन्यथा वाक्य अनुक्त के समान ही होगा।'[313] इसलिए 'अस्ति जीव' अर्थात् 'जीव अस्तित्ववान् है' इस वाक्य में 'एव' अवधारण अवश्य होना चाहिए अर्थात्—अवधारण या निश्चय वाचक 'एव' शब्द का प्रयोग जीव पद के साथ करना चाहिए। इस प्रकार जीव पद के साथ 'स्यात्' और 'एव' पद का प्रयोग करने से वाक्य का आकार होगा 'स्यादस्त्येव जीवः' अर्थात् कथंचित् या किसी अपेक्षा से जीव अस्तित्ववान् ही है। इसका मतलब यह हुआ कि किसी अपेक्षा से जीव अस्तित्ववान् ही है और किसी दूसरी अपेक्षा से नास्तित्व आदि धर्म संयुक्त भी है और ऐसा होने से पदार्थ का स्वरूप निर्दोष सिद्ध होता है। यही सापेक्ष कथन सप्तभंगी का फलितार्थ है। जो वस्तु-स्वरूप की सिद्धि करने में समर्थ है।

सप्तभंगी के भेद—सप्तभंगी के दो भेद हैं—(1) प्रमाणसप्तभंगी और (2) नयसप्तभंगी।

प्रमाण सकलवस्तु ग्राही होता है और नय एकदेश-ग्राही। जहाँ वक्ता एक धर्म के द्वारा पूर्णवस्तु का बोध कराना चाहता है , वहाँ उसका वाक्य प्रमाणवाक्य कहा जाता है। यदि वह एक ही धर्म का बोध कराना चाहता है और वस्तु के वर्तमान शेष धर्मों के प्रति उसकी दृष्टि उदासीन है, तो उसका वाक्य नयवाक्य कहा जाता है। साधारणतः जितना भी वचनव्यवहार है वह नय के अन्तर्गत है। अतः नयसप्तभंगी की प्रमुखता है। यों तो अनेक धर्मात्मक वस्तु का बोध कराने के हेतु प्रवर्तमान शब्द की प्रवृत्ति दो रूप से होती है—(1) क्रमशः और (2) यौगपद्य।

तीसरा वचनमार्ग नहीं है। जब वस्तु में वर्तमान अस्तित्वादि धर्मों की काल आदि के द्वारा भेद विवक्षा होती है, तब एक शब्द में अनेक अर्थों का ज्ञान कराने की शक्ति का अभाव होने से क्रमशः कथन होता है और जब उन्हीं धर्मों में काल आदि के द्वारा अभेदविवक्षा होती है तब एक शब्द को एक धर्म का बोध कराने की मुख्यता से तादात्म्यरूप से एकत्व को प्राप्त सभी धर्मों का अखण्ड रूप से युगपत् कथन हो जाता है। यह युगपत् कथन सकलादेश होने से प्रमाण कहलाता है और क्रमशः कथन विकलादेश होने से नय कहलाता है। सकलादेश और विकलादेश दोनों में ही सप्तभंगी होती है। सकलादेश में होने वाली सप्तभंगी प्रमाण सप्तभंगी है और विकलादेश में होने वाली सप्तभंगी नय सप्तभंगी है।

इस प्रमाण सप्तभंगी और नय सप्तभंगी के प्रयोग में वक्ता की विवक्षा के अतिरिक्त और कोई मौलिक भेद नहीं है। दोनों ही सप्तभंगी में 'स्यादस्त्येव जीवः' यह उदाहरण प्राप्त होता है। मतान्तर से 'स्यात् जीवः' 'स्यात् जीव एव 'यह प्रमाण वाक्य का और 'स्यादस्त्येव जीवः' यह नयवाक्य का उदाहरण है।

इस प्रकार वस्तु स्वरूप के परिज्ञान के लिए 'सप्तभंगीवाद' की पूर्ण उपयोगिता सिद्ध होती है।

सन्दर्भ

1. प्रमाणनयैरधिगमः। त. सू. 1/6
2. ज्ञानं प्रमाणमात्मादेरुपायो न्यास इष्यते।
   नयो ज्ञातुरभिप्रायो युक्तितोऽर्थपरिग्रहः॥ लघी., श्लोक 52
3. णाणं होदि पमाणं णओवि णादुस्स हिदय भावत्थो।
   णिक्खो ओवि उपाओ जुत्तीए अत्थ पडिगहणं।—ति. प. 1/83
4. प्रमाण-नय-निक्षेपैर्योऽर्थो नाभिसमीक्ष्यते।
   युक्तचायुक्तवद्भाति तस्यायुक्तं च युक्तवत्।।—ध. टी. पु. 1, पृ. 16 पर उद्धृत।
5. जो ण पमाण णएहिं णिक्खेवेण णिरिक्खदे अत्थं।
   तस्साजुत्तं जुत्तं जुतमजुत्तं व पडिहाई॥ ति. प., 1—82
6. अत्थं जो न समिक्खइ निक्खेवणयप्पमाण ओ विहिणा।
   तस्साजुत्तं जुत्तं जुतमजुत्तं व पडिहाई।—वि. भा., गा. 2764
7. णिक्खेव णय पमाणं णादूणं भावयंति जे तच्चं।
   ते तत्थ तच्चमग्गे लहंति लग्गाहु तत्थयं तच्चं।।
   गुण पज्जाया लक्खण सहावणिक्खेवणयपमाणं च।
   जाणदि जदि सवियप्पं दव्वसहावं खु वुज्झेदि।।—न. च. गा. 282-283
8. प्रमीयते येन तत्प्रमाणम्। न्या. मं.,—पृ. 257
9. प्रकर्षेण संशयादिव्यवच्छेदेन मीयते परिच्छिद्यते ज्ञायते वस्तु-तत्त्वं येन तत्प्रमाणम्।
   प्र. र., 1/1, पृ. 14

10. प्रमा करणं प्रमाणम्।—त. भा., पृ. 13
11. यथार्थानुभवः प्रमा।—वही, पृ. 14
12. साधकतमं करणम्।—वही, पृ. 16
13. तस्याः करणं त्रिविधम्। कदाचिदिन्द्रियम्, कदाचिदिन्द्रियार्थ-सन्निकर्षः कदाचिज्ज्ञानम्।—वही, पृ. 46
14. स्वपरावभासकं यथा प्रमाणं भुवि बुद्धिलक्षणम्।—वृ. स्व. स्तो., श्लोक 63
15. प्रमाणं स्वपरावभासि ज्ञानं बाधविवर्जितम्।—न्या. का. 1
16. प्रमिणोति प्रमीयतेऽ नेन प्रमिति मात्रं वा प्रमाणम् किमनेन प्रमीयते? जीवादिरर्थः। यदि - - - व्यवहारलोपः स्यात्।—स. सि., 1/10
17. व्यवसायात्मकं ज्ञानामात्मार्थग्राहकं मतम्।—लघी. का. 60
18. प्रमाणमविसंवादिज्ञानमनधिगतार्थाधिगमलक्षणत्वात्।—अ. स., पृ. 174
19. स्वापूर्वार्थ व्यवसायात्मकं ज्ञानं प्रमाणम्।—प. मु. 1/1
20. स्वपरव्यवसायि ज्ञानं प्रमाणम्।—प्र. न. त., 1/2
21. सम्यग्ज्ञानं प्रमाणम्।—प्र. प., पृ. 51
22. किं पुनः सम्यग्ज्ञानम्? अभिधीयते स्वार्थव्यवसायात्मकं सम्यग्ज्ञानं सम्यग्ज्ञानत्वात्।—प्र. प, पृ. 53
23. तत्स्वार्थव्यवसायात्मकं ज्ञानं मानमितीयता।
लक्षणेन गतार्थत्वाद् व्यर्थमन्यद्विशेषणम्।।
गृहीतमगृहीतं वा यदि स्वार्थ व्यवस्यति।
तन्न लोके न शास्त्रेषु विजहाति प्रमाणताम्।।—त. श्लो. वा., 1/10 वा. 77-78
24. प्रमाणं स्वार्थनिर्णीति स्वभावं ज्ञानम्।—स. टी., पृ. 518
25. सम्यगर्थनिर्णयः प्रमाणम्।—प्र. मी., 1/2
26. ज्ञानग्राहकातिरिक्तानपेक्षत्वं स्वतस्त्वम्।—त. भा., पृ. 131
27. स्वतः सर्व प्रमाणानां प्रामाण्यमितिगम्यताम्।
नहि स्वतो सती शक्तिः कर्तुमन्येन पार्यते।।—मी. श्लो. वा. सू. 2, श्लो. 47
28. ज्ञानग्राहकातिरिक्तापेक्षत्वं परतस्त्वम्।—तर्क भाषा, पृ. 131
29. प्रमाणत्वाप्रमाणत्वे स्वतः सांख्याः समाश्रिताः।—स. द. सं, पृ. 232
30. सौगताश्चरमं स्वतः।—वही, पृ. 232
31. उभयमपि एतत् किंचित् स्वतः किंचित् परतः इति----।—त. स. का. 3123
32. तत्प्रामाण्यं स्वतः परतश्च।—प. मु., 1/13
33. त. भा., पृ. 114 पर उद्धृत दर्शन मीमांसा।—आ. विश्वेश्वर
34. तत्प्रमाणे। आद्ये परोक्षम्। प्रत्यक्षमन्यत्।—त. सू.। 1/10, 11, 12
35. तत्त्वज्ञानं प्रमाणं ते युगपत् सर्वभासनम्। क्रम-भावि च यज्ज्ञानम् स्याद्वादनयसंस्कृतम्।—आ. मी., का. 101
36. त. भा., पृ. 46
37. सा. का., 5
38. न्या. वि., पृ. 11

39. त. भा., पृ. 46 पर उद्धृत
40. वही, पृ. 61 पर उद्धृत
41. वही, पृ. 51 पर उद्धृत
42. उपयोगो लक्षणम्।—त. सू., 2/8
43. स द्विविधोऽष्टचतुर्भेदाः वही,—2/9
44. जं सामण्णं गहणं भावाणं णेव कट्टुमायारं।
    अविसेसदूण अट्ठे दंसणमिदि भण्णए समये।।—गो. जी., 481
45. भावाणं सामण्णं विसेसयाणं सरूवमेत्तं जं।
    वण्णणहीणग्गहणं जीवेण य दंसणं होदि।।—वही, गा. 482
46. त. भा., पृ. 52
47. अक्षस्य अक्षस्य प्रतिविषयं वृतिः प्रत्यक्षम्।—स. सि., 1/12 टिप्पण
48. किं परोक्षं नाम? परमक्ष्णः परोक्षम्। वही, 1/12—टिप्पण
49. पुट्ठं सुणेदि सद्दं अपुट्ठं चेव पस्सदे रूवं।
    गंधं रसं च फासं पुट्ठमपुट्ठं वियाणादि।।—वही, 1/19, पर उद्धृत
50. अक्षमक्षं प्रति यद् वर्तते तत्प्रत्यक्ष्म्। स. सि., 1/12, पृ. 104
51. जं पर दो विण्णाणं तं तु परोक्खं ति भणिदमट्ठेसु।
    जदि केवलेण णादं हवदि हि जीवेण पच्चक्खं।।—प्र. सार, गा. 58
52. तत्वार्थसार, अध्याय 1, श्लोक।—16-17
53. अक्षम्- आत्मानमेव केवलं प्रतिनियत प्रत्यक्षम्।—त. वा., 1/12 वा. 2
54. अक्ष्णोति व्याप्नोति जानातीत्यक्ष आत्मा।
    तमेव प्राप्तक्षयोपशमं प्रक्षीणावरणं वा प्रतिनियतं प्रत्यक्षम्।।—स. सि., 1/12
55. त. वृत्ति, 1/11, पृ. 59
56. अपरोक्षतयार्थस्य ग्राहकं ज्ञानमीदृशम्।
    प्रत्यक्षमितरज्ज्ञेयं परोक्षं ग्रहणेक्षया।।—न्या. तार., श्लोक 4
57. त. भा., पृ. 46
58. प्रत्यक्षलक्षणं प्राहुः स्पष्टं साकारमंजसा।
    द्रव्यपर्यायसामान्य विशेषार्थात्मवेदनम्।।—न्या. वि., का. 3
59. प्रत्यक्षं विशदं ज्ञानम्।—लघीय. का. 3
60. अनुमानाद्यतिरेकेण विशेष-प्रतिभासनम्।
    तद्वैशद्यं मतं बुद्धेरवैशद्यमतः परम्।।—वही, का. 4
61. प्रतीत्यन्तराव्यवधानेन विशेषवत्तया वा प्रतिभासनं वैशद्यम्।—प्र. र., सू. 2/4
62. प्रत्यक्षं विशदं ज्ञानं मुख्यसंव्यवहारतः।—लघीय., का. 3
63. लघीय., का. 3
64. इन्द्रियानिन्द्रियनिमित्तं देशतः सांव्यवहारिकम्।—प्र. र., सू. 2/5
65. सम् समीचीनः प्रवृत्तिनिवृत्तिरूपो व्यवहारः तत्र भवं सांव्यवहारिकम्।—प्र. र., सू. 2। 5 वृत्ति
66. तदिन्द्रियानिन्द्रियनिमित्तम्।—त. सू. 1/14

67. अवग्रहेहावायधारणाः।—त. सू., सू. 1/15
68. त. रा. वा., सू. 1/15, वा. 1
69. अवग्रहो ग्रहणमालोचनमवधारणमित्यनर्थान्तरम्।—स. त. अ. सू. 1। 15 की वृत्ति, पृ. 38
70. गो. जी., गा. 306
71. स. सि., सू. 1/18 की वृत्ति, पृ. 117
72. न चक्षुरनिन्द्रियाभ्याम्।—त. सू., 1/19
73. पुट्ठं सुणेदि सद्दं अपुट्ठं चेव पस्सदे रूअं।
गधं रसं च फासं पुट्ठमपुट्ठं वियाणादि।।—स. सि., सू. 1/19, उद्धृत
74. स. सि., सू. 1/15 की वृत्ति
75. अक्षार्थयोगे सत्तालोकोऽर्थाकारविकल्पधीः।—लघी., का. 5
76. त. वा., पृ. 61
77. अस्ति ह्यालोचनज्ञानं प्रथमं निर्विकल्पकं बालमूकादि विज्ञान सदृशं शुद्धवस्तुजम्।—मी. श्लो. 111
78. स. सि., सू. 1/15 की वृत्ति
79. ईहा ऊहा तर्कः परीक्षा विचारणा जिज्ञासेत्यनर्थान्तरम्।—स. त. अ. सू., 1/15 की वृत्ति
80. विशेष निर्ज्ञानाद्याथात्म्यावगमनमवायः।—स. सि., सू. 1/15 की वृत्ति
81. अपायोऽपगमः अपनोदः अपव्याधः अपेतमपगतमपविद्धमपनुत्तमित्यनर्थान्तरम्।—स. त. अ. सूत्र, 1/15 की वृत्ति।
82. त. रा. वा., सू.—1/15 की वृत्ति
83. अवेतस्य कालान्तरेऽविस्मरणकारणं धारणा।—स. सि., सू. 1/15 की वृत्ति
84. धारणा प्रतिपत्तिसधारणमवस्थानां निश्चयो ऽवगमः अवबोध इत्यनर्थान्तरम्।—स. त. अ. सू. 1/15 की वृत्ति।
85. वि. भा., गा. 194
86. त. सू., सू., 1/16
87. अर्थस्य। त. सू., 1/17
88. त. रा. वा., सू. 1/17, वा. 2
89. त. वा., सू. 1/16
90. ध., पु. 9, पृ. 152
91. वही, पु. 6, पृ. 20
92. त. वा., सू. 1/16
93. वही, सू. 1/16
94. गो. जी., गा. 313
95. ध., पृ. 9, पृ. 152-53
96. वही, पु. 6, पृ. 20
97. वही, पृ. 20
98. धवल पु. 9, पृ. 153-54

99. वही, पु. 6, पृ. 20
100. त. सू., 1/9
101. वही, सू. 1/11
102. वही, सू. 1/12
103. गो. जी., गा. 314
104. त., सू. 1/20
105. जयधवल, पु. 1, पृ. 310
106. श्रुतमाप्तवचनमागम उपदेश ऐतिह्यमाम्नाय: प्रवचनं जिनवचनमित्यनर्थान्तरम्।
स. त. अ., सूत्र 1/20 का भाष्य।
107. श्रुतं मतिपूर्वं द्व्यनेकद्वादशभेदम्।—त. सू., 1/20
108. पारमार्थिकं पुनरुत्पत्तावात्ममात्रापेक्षम्।—प्र. न. त., 2/18
109. तद् विकलं सकलं च।—वही, 2/19
110. अवहीयदित्ति ओही सीमाणाणेत्ति वण्णियं समये।
भवगुणपच्चयविहियं जमोहिणाणेत्ति णं वेंति।—गो. जी., गा. 370
111. भवप्रत्ययोऽवधिर्देवनारकाणाम्।—त. सू., 1/21
112. गो. जी., गा. 370
113. क्षयोपशमनिमित्त: षड्विकल्प: शेषाणाम्।—त. सू. 1/22
114. गो. जी., गा. 372
115. वही, गा. 373
116. वही, गा 437
117. ऋजुविपुलमति मन:पर्यय:।—त. सू., 1/23
118. विशुद्ध्यप्रतिपाताभ्यां तद्विशेष:।—त. सूत्र, सू. 1/24
119. विशुद्धिक्षेत्रस्वामिविषयेभ्योऽवधिमन: पर्ययो:।—वही, सूत्र 1/25
120. गो. जी., गा. 459
121. प्र. सार, गाथा 47-49
122. अस्पष्टं परोक्षम्।—प्र. न. त. 3/1
123. परोक्षमितरत्।—परीक्षा. 3/1
124. अक्ष्णं परम् परोक्षम्।—स. सि., 1/12 टिप्पण
125. स्मरणप्रत्यभिज्ञानतर्कानुमानागमभेदतस्तत् पंचप्रकारम्।—प्र. न. त., 3/2
126. संस्कारोद्बोधनिबन्धना तदित्याकारा स्मृति:। स देवदत्तो यथा।—परीक्षा. 3/3,4
127. प्र. क. मा. सू.।—3/4 की व्याख्या, पृ. 336
128. दर्शनस्मरणकारणकं संकलन-प्रत्यभिज्ञानम्। तदेवेदं, तत्सदृशं, तद्विलक्षणं, तत्प्रतियोगीत्यादि।—वही, 3/5
129. प. र., सू.। 3/5 की व्याख्या, पृ. 136
130. प्र. र., सू.। 3/11, 12, 13
131. वही, सू.। 3/7, 8 की व्याख्या, पृ. 139

132. साधनात्साध्यविज्ञानमनुमानम्।—वही, 3/14
133. लिङ्गगत् साध्याविनाभावाभिनिबोधैकलक्षणात्। लिङ्गिधीरनुमानं.... ।—लघी. 3/12
134. प. मु. 3/15
135. न्याया. का. 22
136. प. मु., 3/16
137. वही, 3/17
138. पूर्वोत्तरचारिणोः कार्यकारणयोश्च क्रमभावः।—वही, 3/18
139. न्या. कु. च., पृ. 438
140. अन्यथानुपन्नत्वं यत्र तत्र त्रयेण किम्?
नान्याथानुपपन्नत्वं यत्र तत्र त्रयेण किम्? न्या. कु. च. के प्रथम भाग की प्रस्तावना, पृ. 73 में उद्धृत
141. न्या. कु. च., पृ. 442
142. अन्यथानुपपन्नत्वं यत्र किं तत्र पंचभिः?
नान्यथानुपपन्नत्वं यत्र किं तत्र पंचभिः?—प्र. प., पृ. 72, जैनदर्शन, पृ. 322 पर उद्धृत
143. प. मु. 3/99
144. यो यत्राविसंवादकः स तत्राप्तः, ततः परो नाप्तः। अ. स., पृ. 236
145. स च द्वेधा—लौकिको लोकोत्तरश्च।
लौकिको जनकादिः, लोकोत्तरस्तु तीर्थंकरादिः।—प्र. न. त. सू. 4/6-7
146. णयदित्तिणओ भणिओ बहहि गुणज्जएहि जं दव्वं।
परिणाम खेत कालन्तरेसु अविणट्ठ सब्भावं।।—ध. पु. 1, पृ.11 पर उद्धृत
147. नाना स्वभावेभ्यो व्यावृत्य एकस्मिन् स्वभावे वस्तुं नयति प्राप्नोति इति वा नयः।—आ. प., सू. 181
148. नीयते गम्यते येन श्रुतार्थांशो नयो हि सः।—त. श्लो. वा. 1/6
149. नीयते परिच्छिद्यते एकदेशविशिष्टोऽर्थोऽनेनेति नयः।—स्या. मं., पृ. 307
150. नीयते येन श्रुताख्यप्रमाणविषयीकृतस्यार्थस्यांशस्तदितरांशौदासीन्यतः स प्रतिपत्तुरभिप्रायविशेषो नयः।—प्र. न. त., 7/1
151. स्याद्वादप्रविभक्तार्थविशेषव्यंजको नयः।—आ. मी., का. 106
152. श्रुतविकल्पो नयः।—आ. प., सू. 181
153. प्रमाणप्रकाशितार्थविशेषप्ररूपको नयः। त. रा. वा.।—1/33, पृ. 94
154. स्वार्थैकदेश निर्णीतिलक्षणो हि नयः स्मृतः।—त. श्लो. वा. 1/6, वा. 4
155. वस्तुन्यनेकान्तात्मन्यविरोधेनहेत्वर्पणात्साध्य विशेषस्य याथात्म्यप्रापणप्रवण प्रयोगो नयः।—स. सि. 1/33
156. वस्तुनोऽनन्तधर्मस्यप्रमाण व्यंजितात्मनः।
एकदेशस्यनेता यः स नयो नेकधा मतः।।—त. सा. 1/37
157. जं णाणीण वियप्पं सुबासयं वत्थु अंससंगहणं।
तं इह णयं पउत्तं णाणी पुण तेण णाणेण।।—न. च., गा. 173

158. अनिराकृतप्रतिपक्षो वस्त्वंशग्राही ज्ञातुरभिप्रायो नयः।—प्र. क. मा., पृ. 676
159. णाणं होदि पमाणं ण ओवि णादुस्स हिदयभावत्थो।—ति. प. 1/38, पृ. 10
160. प्रमाणपरिच्छन्नस्यानन्तधर्मात्मकस्य वस्तुन देशग्राहिणस्तदितरांशप्रतिक्षेपिणोऽध्यवसाय विशेषा नयाः।—जैनतर्क., पृ. 59
161. स्यान्नाशिनित्यं सदृशं विरूपं वाच्यं नवाच्यं सदसत्तदेव।—अ. प. व्य., का. 25
162. सकलादेश प्रमाणाधीनः।—स. सि. 1/6
163. विकलादेशो नयाधीनः।—स. सि. 1/6
164. नयो ज्ञातुरभिप्रायः।—लघी., श्लो 52
165. ज्ञातृणामभिसन्धयः खलु नयाः।—सि. वि. टीका, पृ. 517
166. अनेकान्तात्मकं वस्तु गोचरः सर्व संविदाम्।
एकदेशविशिष्टोऽर्थी नयस्य विषयो मतः।।—न्याया., का. 29
167. तद्विकल्पाः नयाः। स. सि.।—1/6 की वृत्ति
168. जीवति इति जीवः। त. रा. वा.।—1/4
169. त. रा. वा., 4/42, वा.।—12, 13
170. निरंशस्यापि गुणभेदादंशकल्पना विकलादेश।—त. रा. वा., 4/42, वा. 16
171. कः सकलादेश? स्यादस्ति.... सप्तापि सकलादेशः।—ज. ध., पृ. 185
172. को विकलादेशः? अस्त्येव नास्तयेव....इति विकलादेशः.....प्रतिपादनात्।—ज. ध., पृ. 186
173. त. रा. वा. 4/42
174. प्र. क. मा.।—पृ. 682
175. त. श्लो. वा.।—पृ. 451
176. प्र. न. स.।—4/44, 45
177. त. रा. वा.।—4/42
178. जैन तर्क।—पृ. 56
179. सामान्यविशेषात्मा तदर्थो विषयः।—प. मु. 4/1
180. वही, सूत्र 4/1 की व्याख्या
181. एके तीर्थंकराः सामान्यरूपमेव वाच्यतयाभ्युपगच्छन्ति।....केचिच्च विशेषरूपमेव वाच्यनिर्वचन्ति।.....अपरेच परस्पर निरपेक्षपदार्थ.....निश्चिन्वते।—स्या. म., पृ. 165
182. स्वार्थनिश्चायकत्वेन प्रमाणं नय इत्यसत्।
स्वार्थैकदेशनिर्णीतिलक्षणो हि नयः स्मृतः।—त. श्लो. वा., 1/6 का. 4
183. नायं वस्तु न चावस्तु वस्त्वंशः कथ्यते यतः।
नासमुद्रः समुद्रो वा समुद्रांशो यथोच्यते।।
तन्मात्रस्य समुद्रत्वे शेषांशस्यासमुद्रता।
समुद्रबहुता वा स्यात्तत्वे क्वाऽस्तु समुद्रवित्।।—त. श्लो. वा., 1/6, का. 5-6
184. यथांशिंनिप्रवृत्तस्य ज्ञानस्येष्टाप्रमाणता।
तथांशेष्वपि किन्नस्यादिति मानात्मको नयः।—त. श्लो. वा. 1/6, का. 7

185. तन्नांशिन्यपिनिःशेषधर्माणां गुणतागतौ।
द्रव्याधिकनयस्यैव व्यापारान्मुख्यरूपतः
धर्मधर्मिसमूहस्य प्राधान्यार्पणया विदः।
प्रमाणत्वेन निर्णीतेः प्रमाणादपरो नयः।—त. श्लो. वा. 1/6, का. 8-9
186. नाप्रमाणं प्रमाणं वा नयो ज्ञानात्मको मतः। स्यात्प्रमाणैकदेशस्तु सर्वथाप्यविरोधितः।—त. श्लो. वा. 1/6, का. 10
187. प्रमाणमेव नयः इति केचिदाचक्षते, तन्न घटते, नयानामभावप्रसंगात्।....किं च न प्रमाणं नयः....अवस्तुनि वस्त्वर्पणाभावात्।—ध. पु. 9, पृ. 163
188. प्रमाणपरिगृहीतार्थैकदेशेवस्त्वध्यवसायो न ज्ञानम्,....। किंच न नयः प्रमाणम्; प्रमाणव्यपक्षियस्य.....प्रति भिन्नकार्यदृष्टेर्वा न नयः प्रमाणम्।—ज. ध., पु. 1, पृ. 184
189. किंच्, न नयः प्रमाणम्, एकान्तरूपत्वात् प्रमाणं चानेकान्त रूपसन्दर्शनात्। —ज. ध. पु. 1, पृ. 207
190. अनेकान्तोऽप्यनेकान्तः प्रमाणनयसाधनः।
अनेकान्तः प्रमाणात्ते तदेकान्तोऽर्पितान्नयात्।।—वृ. स्व. स्तो., श्लोक 103
191. ज्ञान विशेषो नय इति, ज्ञान विशेषः प्रमाणमिति नियमात्
उभयोरन्तर्भेदो विषयविशेषान्न वस्तुतो भेदः।।
सयथा विषय विशेषो द्रव्यैकांशो नयस्य योऽन्यतमः।
सोऽप्यपरस्तदपर इह निखिलं विषयं प्रमाणजातस्य।—पंचा., श्लो. 679-80
192. विवक्षितो मुख्य इतीष्यतेऽन्योगुणोऽविवक्षो न निरात्मकस्ते।
तथारिमित्रानुभयादिशक्ति द्वयावधेः कार्यकरं हि वस्तु।।—वृ. स्व. स्तो., श्लो. 53
193. '....न विषयी कृत.....न च नयोऽनेकान्तः।'—ज. ध., पु. 1, पृ. 190
194. विधिर्विषक्तप्रतिषेधरूपः प्रमाणमत्रान्यतरत्प्रधानम्।
गुणोऽपरोमुख्यनियामकहेतुर्नयः स दृष्टान्तसमर्थनस्ते।।—वृ. स्व. स्तोत्र, श्लो, 52।
195. उपयोगो लक्षणम्।—त. सू., 2/8
196. अर्थस्यानेकरूपस्य धीः प्रमाणं तदंशधीः।
नयो धर्मान्तरापेक्षी दुर्नयस्तन्निराकृतिः।।—अ. श., पृ. 290।
197. धर्मान्तरादानोपेक्षाहानिलक्षणत्वात् प्रमाणनयदुर्नयानां प्रकारान्तरासम्भवाच्च, प्रमाणात् तदतत्स्वभावप्रतिपत्तेः तत्प्रतिपत्तेः तदन्य निराकृतेश्च।—अ. स., पृ. 290
198. निरपेक्षा नया मिथ्या सापेक्षा वस्तु तेऽर्थकृत।।—आ. मी., का 108
199. तम्हा सव्वेवि णया मिच्छादिट्ठी सपक्खपडिबद्धा।
अण्णोण्णणिस्सिया उण हवंति सम्मत्तसब्भावा।।—स. प्र., 1/21
200. वही, गा.। 1/22-25
201. जे वयणिज्जवियप्पा संजज्जन्तेसु होन्ति एएसु।
सा ससमयपण्णवणा तित्थयराऽऽसायणा अण्णा।।—वही, गा. 1/53
202. दोण्ह वि णयाणभणियं जाणइ णवरं तु समयपडिबद्धो।
ण दु णयपक्खं गिण्हदि किंचि वि णयपक्खपरिहीणो।।—स. सा., गा. 143
203. सदेव सत् स्यात् सदिति त्रिधार्थो मीयेत दुर्नीति नयप्रमाणैः।।—अन्य. व्य. का. 28

204. प्र. न. त.।—पृ. 134

205. जं वत्थु अणेयन्तं एयंतं तंपि होदि सविपेक्खं।
सुयणाणेण णएहि य णिखेक्खं दीसदे णेव।।—का. अ., गा. 261

206. नाना स्वभावसंयुक्तं द्रव्यं ज्ञात्वा प्रमाणतः।
तच्च सापेक्षसिद्ध्यर्थं स्यान्नयमिश्रितं कुरू।।—आ. प., पृ. 168 पर उद्धृत

207. विस्तरेणलक्षणतो विधानतश्चाधिगमार्थ न्यासो निक्षेपः।—स. त. अ., सू. 1/5 का भा.

208. णिच्छएणिण्णए खिवदित्ति णिक्खेवो।—ध. पु. 1, पृ. 10

209. निक्खिप्पइ तेण तहिं ओव निक्खेवणं व णिक्खेवो।
नियओ व निच्छओ व खेवो नासोत्ति जं भणियं।।—वि. भा., गा. 912

210. प्रकरणादिवशेनाप्रतिपत्यादिव्यच्छेदकयथास्थानविनियोगाय शब्दरचना विशेषा निक्षेपाः।—जैनतर्क, पृ. 68

211. ज्ञानं प्रमाणमात्मादेरुपायो न्यास इष्यते।—लघी. का. 52

212. नयानुगतनिक्षेपे रूपायैभेदवेदने।
विरचय्यार्थ वाक् प्रत्ययात्मभेदान् श्रुतार्पितान्।।—वही, का. 74।

213. अप्रस्तुतार्थाऽपाकरणात् प्रस्तुतार्थव्याकरणाच्च निक्षेपः फलवान्।—लघी. वि., पृ. 26

214. सि. वि., श्लो.1, पृ. 738

215. प्रमाणनययोर्निक्षेपणम् आरोपणं निक्षेपः।—आ. प. सू. 183., पृ. 28

216. जुत्तीसु जुत्तमग्गे जं चउभेएण होइ खलु ठवणं।
कज्जे सदि णामादिसु तंणिक्खेवं हवे समये।।—न. च., गा. 270

217. स किमर्थः ? अप्रकृतनिराकरणाय प्रकृतनिरूपणाय च निक्षेप विधिना शब्दार्थः प्रस्तीर्यते।—स. सि. 1/5, वृत्ति

218. अथ स्यात् किमित निक्षेपः क्रियत इति ?.....कुर्यादिति वा।—ध. टी. पु. 1, पृ. 30-31

219. सो वि छव्विहो णाम-ट्ठवणा-दव्वं-खेत्त-काल-भाव-मंगलमिदि।—वही, पृ. 10

220. जत्थ बहुं जाणिज्जा अवरिमिदं तत्थ णिक्खिवे णियमा।
जत्थ बहुं व ण जाणदि चउट्ठयं णिक्खिवे तत्थ।—वही, पृ. 30

221. णामणिट्ठावणा दव्वचखेत्तणि कालभावाय।
इय छव्भेयं भणियं मंगलमाणंद संजणणं।।—ति. प., गा. 1/18

222. सि. वि., श्लो।—12/1-2, पृ. 738-39

223. नामस्थापनाद्रव्यभावतस्तन्न्यासः।—त. सू. 1/5

224. अतद्गुणेवस्तुनि संव्यवहारार्थं पुरुषकारान्नियुज्यमानं संज्ञाकर्म नाम।—स. सि. 1/5 की वृत्ति

225. साकारे वा निराकारे काष्ठादौ यन्निवेशनम्।
सोऽयमित्यवधानेन स्थापना सा निगद्यते।।—स. त. सू., 1/5 का टिप्पण पृ 24

226. त. सू.।—1।5 की टीका, पृ. 4

227. स.त. अ. सू.।—1।5 का टिप्पण, पृ. 24

228. जैन सि. द.।—पृ. 36

229. जैन सि. द.।—पृ. 37

230. जैन सि. द.।—पृ. 38

231. वर्तमानतत्पर्यायोपलक्षितं द्रव्यं भावः।—त. रा. वा., 1/5 वा. 8

232. जैन सि. द.।—पृ. 38

233. वही,।—पृ. 38

234. णामं ठवणा दविए त्ति एस दव्वट्ठियस्य णिक्खेवो।
भावो उ पज्जवट्ठि अस्सपरूवणा एस परमट्ठो।—सन्मति. 1/6

235. नामोक्तं स्थापना द्रव्यं द्रव्यार्थिक नयार्पणात्।
पर्यायार्थार्पणाद् भावतस्तैर्न्यासः सम्यगीरितः।।—त. श्लो. वा. 1।5/69

236. पर्यायार्थिकनयेन भावतत्त्वमधिगन्तव्यम्। इतरेषां त्रयाणां नामस्थापनाद्रव्याणां द्रव्यार्थिकनयेन, सामान्यात्मकत्वात्।—स. सि. 1/6

237. भावः पर्यायार्थिकस्य शेषा द्रव्यार्थिकास्त्रयः।
प्रस्तुतव्याक्रियार्थः क्रियन्ते तत्त्वदर्शिभिः।।—सि. वि. 12/3

238. नामाइतियं दव्वट्ठियस्य भावो य पज्जवनयस्स।—वि. भा., गा. 75

239. स. प्र.।—गा. 1/4

240. संगह ववहारा पढम गस्स सेसा उ इयरस्स।—वि. भा., गा. 75

241. स. सि. 1/33 की वृत्ति

242. भावं चिय सद्दणया सेसा इच्छन्ति सव्व णिक्खेवे।—वि. भा., गा. 2847

243. वही, गा।—2847-53

244. अनेके अन्ताः धर्माः सामान्य विशेष पर्यायगुणाः यस्येति सिद्धोऽनेकान्तः। न्या. दी. 3 प्र., पृ. 117

245. स. सा., अ. च. टी.।—पृ. 564

246. सदसन्नित्यानित्यादिसर्वथैकान्तप्रतिक्षेपलक्षणोऽनेकान्तः।—अ. स., पृ. 286

247. (अ) जावदिया वयणवहा तावइया चेव होंति णयवाया।—सन्मति प्र. 3/47
(ब) जावदिया वयणवहा तावदिया चेव होंति णयवादा।—गो. क., गो. 894

248. अनेकान्तोऽप्यनेकान्तः प्रमाणनयसाधनः।
अनेकान्तः प्रमाणात्ते तदेकान्तोऽर्पितान्नयात्।।—वृ. स्व. स्तो., श्लो, 103

त. रा. वा.।—1/6/7

250. जेण विणा लोगस्स ववहारो सव्वथा ण णिव्वइए।
तस्स भुवणैकगुरुणो णमोऽणेगंतवायस्य।।—स. प्र., 3/68

251. परमागमस्य बीजं निषिद्धजात्यन्धसिन्धुरविधानम्।
सकलनयविलसितानां विरोधमथनं नमाम्यनेकान्तम्।।—पु. सि., श्लो. 2

252. इन द्रव्यादि का स्वरूप देखिए इसी-प्रबन्ध के नय प्रकरण में।—पृ. 126

253. वही, पृ. 126

254. आ. मी., का. 15

255. देखिए इसी प्रबन्ध का नय प्रकरण, पृ. 126

256. इसी प्रबन्ध का नय प्रकरण, पृ. 126

257. स्वपरात्मोपादानापोहनव्यवस्थापाद्यं हि वस्तुनोवस्तुत्वम्।—त. रा. वा. पृ. 1/6 वा 5

258. प्र. मी., पृ. 29

259. निर्विशेषं हि सामान्यं भवेत् खरविषाणवत्।
सामान्यरहितत्वाच्च विशेषस्तद्वदेव हि।।—आ. प., पृ. 160

260. अनेकान्तात्मकार्थकथनं स्याद्वादः।—लघी. वि., न्या. कु. च., पृ. 686

261. तत्त्वज्ञानं प्रमाणं ते युगपत्सर्वभासनम्।
क्रमभावि च यज्ज्ञानं स्याद्वादनयसंस्कृतम्।।—आ. मी., का. 101

262. स्याद्वादः सर्वथैकान्तत्यागात् किंवृत चिद्विधिः।
सप्तभङ्गनयापेक्षो हेयादेय विशेषकः।।—आ. मी., का, 104

263. वही, का. 105

264. सम्पूर्णार्थ-विनिश्चायि स्याद्वादश्रुतमुच्यते।—न्या., का. 30

265. लघी., का. 62

266. स्यादिति शब्दो अनेकान्तद्योती प्रतिपत्तव्यो न पुनर्विधिविचारप्रश्नादिद्योती तथा विवक्षापायात्।—अ. स., पृ. 296

267. सि. को., पृ. 396, धातु सं. 1065

268. स च तिङन्तप्रतिरूपको निपातः। तस्यानेकान्तविधिविचारादिषु बहुष्वर्थेषु संभावत्सु इह विवक्षावशात् अनेकान्तार्थो गृह्यते।—त. रा. वा. 4/42, वा. 15

269. अ. स., पृ. 286

270. वाक्येस्वनेकान्तद्योती गम्यं प्रति विशेषणम्।
स्यान्निपातोऽर्थयोगित्वात्तवकेवलिनामपि।।—आ. मी., का. 103

271. सर्वथात्वनिषेधकोऽनेकान्तद्योतकः कथंचिदर्थे स्याच्छब्दो निपातः।—पंचास्ति. गा. 14 की टीका

272. भारतीय दर्शन, भाग 1-डा. राधाकृष्णन्।—पृ. 277 तथा
भारतीय दर्शन, डॉ. बल्देव उपाध्याय।—पृ. 103

273. सोऽप्रयुक्तोऽपि सर्वत्र स्यात्कारोऽर्थात् प्रतीयते।—लघी., का. 63

274. त्रिसंज्ञिकोऽयं स्याच्छब्दो युक्तोऽनेकान्तसाधकः।
निपातनात्समुद्भूतो विरोधध्वंसको मतः।।1।।
सिद्धमन्त्रो यथा लोके एकोऽनेकार्थदायकः।
स्याच्छब्दोऽपि तथा ज्ञेय एकोऽनेकार्थसाधकः।।2।।—न. च., पृ. 127-128 पर उद्धृत

275. एकेनाकर्षन्ती श्लथयन्ती वस्तुतत्त्वमितरेण।
अन्तेन जयति जैनीनीतिर्मन्थाननेत्रमिव गोपी।।—पु. सि., श्लोक 225

276. सप्तानां भंगानां वाक्यानां समाहारः समूहः सप्तभंगी।—स. भ. त., पृ. 2

277. त्रयाणां लोकानां समाहारः समूहः त्रिलोकी।—वही, पृ. 2।

278. अष्टानां सहस्राणां समाहारः समूहः अष्टसहस्री।—वही, पृ. 2

279. प्रश्नवशादेकत्र वस्तुन्यविरोधेन विधिप्रतिषेधकल्पना सप्तभंगी।—त. रा. वा, 1/6, वा. 5

280. एकत्र वस्तुन्येकैकधर्मपर्यनुयोगवशादविरोधेन व्यस्तयोः समस्तयोश्च विधिनिषेधयोः कल्पनया स्यात्काराङ्कितः सप्तधा वाक्प्रयोगः सप्तभंगी।—प्र. न. त., 4/14
281. श्री. पा. स्तो.।—श्लो. 10
282. प्र. सार।—गा. 115
283. स. त. अ. सू. 5—31, पृ. 282, 286
284. यु. अ.।—श्लो. 46
285. सन्मति प्र. गा.।—1/36-40
286. वि. भा., गा.।—2232
287. प्र. स.।—पृ. 122
288. पंचास्ति.।—गा, 14
289. आ. मी. का.।—14
290. त. रा. वा., 1/6, वार्तिक 5
291. त. श्लो. वा., वा. 50, 51, पृ. 403
292. प्र. क. मा.।—पृ. 682
293. न्या. वि. विवरण।—पृ. 350
294. प्र. न. त.।—4/17, 18
295. स्या. मं.।—का. 23, पृ. 278
296. स. तरं।—पृ. 2
299. द्रष्टव्य, इसी प्रबन्ध का नय प्रकरण—पृ. 126
298. वही, पृ. 126
299. विधिर्निषेधोऽनभिलाप्यता च,
त्रिरेकशस्त्रिर्दिश एक एव।
त्रयोविकल्पास्तव सप्तधाऽमी,
स्याच्छव्दनेयाः सकलेऽर्थभेदे।।—यु. अ., श्लो, 45
300. प्र. क. मा., पृ. 682
301. नैकस्मिन्नसम्भवात्। ब्रह्मसूत्र 2/2/33/।—पृ. 511
302. ......अत्राचक्ष्महे-नायमभ्युपगमो युक्तः। कुतः? एकस्मिन्नसम्भवात् नह्येकस्मिन् धर्मिणि....स्यात्। ब्र. सू. शां. भा., 2/2/33।।—पृ. 511
303. 'स्यादस्ति स्यान्नास्ति इत्यादि विकल्पोपनिपातादनिर्धारणात्मकतैव स्यात्। एवं निर्धारयितु निर्धारण फलस्य च स्यात्पक्षेऽस्तिता स्याच्च पक्षे। 'नास्तितेति।
एवं सति कथं प्रमाणभूतः संस्तीर्थंकरः प्रमाणप्रमेयप्रमातृप्रमितिष्वनिर्धारितासूपदेष्टुं शक्नुयात्? कथं वा तदभिप्रायानुसारिणस्तदुपदिष्टेऽर्थेऽनिर्धारितरूपे प्रवर्तेरन्?' ब्र. सू., शां. भा।—पृ. 512
304. 'न चैषां पदार्थानामवक्तव्यत्वं सम्भवति। अवक्तव्याश्चेन्नोच्येरन्।
उच्यन्तेचावक्तव्याश्चेति विप्रतिषिद्धम्।—वही, पृ. 512

305. अणोरणीयान् महतो महीयान् आत्मास्य जन्तोर्निहितो गुहायाम्।—वे. सा. भू., पृ. 22 पर उद्धृत

306. छान्दोग्योपनिषद्, अ।—3/14/3

307. सां. का.।—का. 11

308. वे. सा. भू.।—पृ. 11-12

309. स्याद्वादः सर्वथैकान्तत्यागात् किंवृत्तचिद्विधिः।—आ. मी., का. 104

310. यु. अ., श्लो. 41-42।

311. स्वपरात्मोपादानापोहनव्यवस्थापाद्यंहिवस्तुनो वस्तुत्वम्।—त. रा., 1/6 वा. 5

312. वस्त्वेवाऽवस्तुतां याति प्रक्रियाया विपर्ययात्।—आ. मी., का. 48

313. वाक्येऽवधारणं तावदनिष्टार्थनिवृत्तये। कर्तव्यमन्यथानुक्त समत्त्वातस्य कुत्रचित्।—त. श्लो. वा. 1/6, का. 53, पृ. 436

3

नयों का समन्वयवादी दृष्टिकोण

जैनदर्शन के अनुसार जगत् की प्रत्येक वस्तु अनेक धर्मात्मक है। वस्तु के अनेक धर्मों में ऐसे धर्म हैं, जो परस्पर विरोधी प्रतीत होते हैं। जैसे—सत्त्व-असत्त्व, एकत्व-अनेकत्व, नित्यत्व-अनित्यत्व आदि। इन परस्पर-विरोधी प्रतीत होने वाले धर्मों को लेकर ही नाना दार्शनिक पंथ खड़े हुए हैं। कोई वस्तु को सत् स्वरूप ही मानता है तो कोई असत्स्वरूप ही, कोई नित्य ही मानता है तो कोई अनित्य ही, कोई एक रूप ही मानता है तो कोई अनेक रूप ही। इसप्रकार केवल एक-एक धर्म को मानने वाले एकान्तवादियों का समन्वय करने के लिए नय-मीमांसा का उपक्रम भगवान् महावीर ने किया था। उन्होंने प्रत्येक एकान्त को नय का विषय बतला कर और नयों की सापेक्षता स्वीकार करके अनेकान्तवाद की प्रतिष्ठा की थी। जैसा ऊपर कहा जा चुका है—एकान्तों के समूह का नाम ही अनेकान्त है। यदि एकान्त न हों तो उनका समूह रूप अनेकान्त भी नहीं बन सकता। अत: एकान्तों की निरपेक्षता विसंवाद की जड़ है और एकान्तों की सापेक्षता संवाद या समन्वय की जड़ है। अत: पर्यायार्थिक नय की अपेक्षा पदार्थ नियम से उत्पन्न होते और नाश को प्राप्त होते हैं; किन्तु द्रव्यदृष्टि से न तो कभी पदार्थों का नाश होता है और न उत्पाद ही होता है, वे ध्रुव (नित्य) हैं। ये उत्पाद, व्यय और ध्रौव्य—तीनों मिलकर ही द्रव्य का लक्षण है। केवल द्रव्यार्थिक या केवल पर्यायार्थिक नय का जो विषय है वह द्रव्य का लक्षण नहीं है। क्योंकि वस्तु न केवल उत्पाद, व्यय (अनित्य) रूप ही है, जैसा बौद्ध लोग मानते हैं और न केवल ध्रौव्य (नित्य) रूप ही है, जैसा सांख्य मानते हैं। अत: अलग-अलग दोनों नय मिथ्या हैं। इस तरह वस्तु के एक-एक अंश को ही पूर्ण सत्य मानने वाले एकान्तवादी दर्शनों का समन्वय करने के लिए जैनदर्शन में नय की मीमांसा की गयी है। सभी दर्शन अपनी-अपनी मान्यताओं का प्रतिपादन अपने-अपने अभिप्रायों के अनुसार करते हैं। अत: जितने अभिप्राय हैं उतने ही नयवाद हैं। आचार्य सिद्धसेन ने कहा है—'जितने वचन मार्ग हैं अर्थात् अभिप्राय

हैं, उतने ही नयवाद हैं और जितने नयवाद है, उतने ही परसमय (मत) हैं।[1] इन सभी मतों का समन्वय सापेक्ष नय योजना से ही सम्भव है। यदि प्रत्येक अभिप्राय को दूसरे अभिप्रायों से सापेक्ष रूप से जोड़ दिया जाय तो विसंवाद समाप्त हो जाता है। झगड़ा 'ही' का है। निरपेक्ष 'ऐसा ही है' यह कहना मिथ्या है अपेक्षा सहित 'ऐसा भी है' यह कहना सम्यक् है। इसप्रकार जैनदर्शन में प्रतिपादित वस्तु स्वरूप को ठीक-ठीक समझने के लिए, इसका सापेक्ष निरूपण करने के लिए नयों का सम्यक् परिज्ञान आवश्यक है।

वस्तु न सर्वथा सत् ही है और न सर्वथा असत् ही, न सर्वथा नित्य ही है और न सर्वथा अनित्य ही; किन्तु किसी अपेक्षा से वस्तु सत् है तो किसी अपेक्षा से असत्, किसी अपेक्षा से नित्य है तो किसी अपेक्षा से अनित्य। इस प्रकार वस्तु अनेकान्तात्मक है और अनेकान्तात्मक वस्तु के कथन करने का नाम स्याद्वाद है तथा उस अनेकान्तात्मक वस्तु के विवक्षित किसी एक धर्म के सापेक्ष कथन का नाम नय है। स्याद्वाद और नय इन दोनों का कथन जैनेतर दर्शनों में नहीं है, अत: स्याद्वाद और नयवाद भारतीय दर्शनों के क्षेत्र में जैनदर्शन की एक मौलिक देन है।

किसी भी विषय पर विचार करने के अनेक प्रकार या दृष्टिकोण होते हैं। यदि उनका ठीक प्रकार से समन्वय किया जाय, उनको सापेक्षता का रूप दिया जाय तो हम उस विषय में किसी एक सही निर्णय पर पहुँच सकते हैं। जैसे—किसी उद्यान में जाने के अनेक मार्ग होते हैं, कोई मार्ग पूर्व से जाता है तो कोई उत्तर से, कोई पश्चिम से जाता है तो कोई दक्षिण से, किन्तु अन्दर जाकर वे सब मार्ग परस्पर मिल जाते हैं। इसी प्रकार एक ही वस्तु के सम्बन्ध में विभिन्न दृष्टिकोण हो सकते हैं; किन्तु उनका समन्वय होना भी जरूरी है। इस समन्वय के सिद्धान्त को ही स्याद्वाद, कथंचित्वाद, सापेक्षवाद या नयवाद कहा जाता है। इसी को नय मार्ग भी कह सकते हैं। इस नय मार्ग से ही विभिन्न मतों तथा विभिन्न विचारों का समन्वय किया जा सकता है। जो नय एक दूसरे के पूरक हैं, सहयोगी हैं वे ही सुनय कहे जाते हैं और वे ही कार्यकारी होते हैं और जो परस्पर एक दूसरे का विरोध करते हैं, निराकरण या निषेध करते हैं वे प्रतिद्वन्दी होने से दुर्नय हैं अतएव हानिकारक हैं। जो सुनय हैं उनका समन्वय वादी दृष्टिकोण रहता है और जो दुर्नय हैं उनसे समन्वय नहीं हो सकता और समन्वय न होने से वस्तु स्वरूप की सिद्धि नहीं हो सकती है।

इस विषय में आचार्य समन्तभद्र ने, 'जो ये नित्य-अनित्य, सत्-असत् आदि एकान्त रूप नय हैं, वे परस्पर में एक दूसरे की अपेक्षा न रखने के कारण अपने व दूसरे का विनाश अर्थात् अहित करने वाले हैं। वे न तो कहने वाले का भला करते

हैं और न ही समझने वाले का भला करते हैं, किन्तु वे ही नय परस्पर एक दूसरे की अपेक्षा रखने के कारण अपना व दूसरों का उपकार करते हैं। वे ठीक प्रकार से वस्तु स्वरूप का प्रतिपादन करते हैं और उस यथार्थ वस्तु स्वरूप को सुनने वाले भी आत्मकल्याण के मार्ग पर लग जाते हैं इसीलिए वे तत्त्व स्वरूप अथवा सुनय कहे जाते हैं।'[2]

इसी का विश्लेषण करते हुए उन्होंने पुनः कहा है—'वस्तु का स्वरूप यदि सर्वथा एकान्त रूप से सत् या असत्, एक रूप या अनेक रूप, नित्य या अनित्य, वक्तव्य या अवक्तव्य माना जाय तो वस्तु के स्वरूप की सिद्धि ही नहीं हो सकती है और यदि वही वस्तु का स्वरूप किसी अपेक्षा से सत् तो दूसरी अपेक्षा से असत्, किसी अपेक्षा से एक रूप तो दूसरी अपेक्षा से अनेक रूप, किसी अपेक्षा से नित्य तो दूसरी अपेक्षा से अनित्य, किसी अपेक्षा से वक्तव्य तो दूसरी अपेक्षा से अवक्तव्य माना जाय तो सब कथन बाधा रहित सिद्ध हो जाएगा।'[3]

तात्पर्य यह है कि वस्तु का स्वरूप यदि स्यात् (कथंचित् या किसी अपेक्षा से) सत्, स्यात् असत्, स्याद् एक, स्याद् अनेक, स्यात् नित्य, स्यात् अनित्य, स्याद् वक्तव्य, स्याद् अवक्तव्य, इस तरह स्याद्वाद सिद्धान्त के द्वारा कहा जावे तो सब नय सत्य हैं और सर्वथा एकान्त रूप से केवल सत् या असत् आदि रूप से कहा जाय तो वे ही नय मिथ्या हो जाते हैं।

इसी को उन्होंने और स्पष्ट किया है—'प्रत्येक वस्तु अपने द्रव्यादि चतुष्टय अर्थात् द्रव्य, क्षेत्र, काल, भाव की अपेक्षा से सत् (भाव रूप) है और पर द्रव्यादि चतुष्टय की अपेक्षा से असत् (अभाव रूप) है। वह वस्तु 'अखण्ड गुण समुदाय रूप है' इस दृष्टि से एक है और वही 'अनेक गुणों को रखने वाली है' इस दृष्टि से अनेक है। वह 'अपने स्वरूप से कभी भी नष्ट नहीं होती है' इस दृष्टि से नित्य है और वही 'पर्यायों या अवस्थाओं के परिवर्तित होते रहने के कारण नाशवान् है; इस दृष्टि से अनित्य है। 'वस्तु धर्मों को क्रम से कहे जा सकने की अपेक्षा से' वह वक्तव्य है और 'उन्हीं अनेक धर्मों को एक ही समय में एक ही साथ वचनों द्वारा नहीं कहा जा सकता है' इस दृष्टि से अवक्तव्य है। यह सब कथन नयों के योग से सिद्ध होता है और यदि वही वस्तु स्वरूप सर्वथा सत् (भाव रूप) या सर्वथा असत् (अभाव रूप) आदि माना जावे तो यह सब मान्यता मिथ्या है और इसे ही दुर्नय कहा जाता है।'[4]

उक्त कथन पर विचार कर फलितार्थ यह निकलता है कि नय-दृष्टि को छोड़कर सर्वथा एकान्त रूप में वस्तु-व्यवस्था नहीं बन सकती। वस्तु के स्वरूप को जानने व देखने के विभिन्न व्यक्तियों के विभिन्न दृष्टिकोण होते हैं। वे अपने

सीमित ज्ञान और बुद्धि के अनुसार वस्तु के विभिन्न गुणों का कथन करते हैं। जितने गुणों का वे कथन करते हैं वे सब गुण वस्तु में विद्यमान रहते हैं। उन गुणों को व्यक्ति अपनी इच्छा से वस्तु पर आरोपित नहीं करता। वस्तु के अनेक धर्मात्मक या गुणात्मक होने से उसमें किसी प्रकार का विरोध नहीं है। एक ही वस्तु सत्-असत्, नित्य-अनित्य, एक-अनेक, सामान्य-विशेष आदि विरोधी गुणों से युक्त होती है। ये परस्पर विरोधी गुण वस्तु के सम्पूर्ण स्वरूप को समझाने में सफल होते हैं। इनमें से किसी भी गुण का निषेध नहीं किया जा सकता। जो दर्शन वस्तु के किसी एक गुण का ही विधान करते हैं और उसी समय वस्तु के दुसरे गुण का निषेध या निराकरण करते हैं, वे एकान्तवादी दर्शन हैं। ये एकान्तवादी दर्शन एक ही नय को अपने विचार का आधार बनाते हैं। उनका दृष्टिकोण एकांगी होता है। वे भूल जाते हैं कि दूसरे दृष्टिकोण से विरोधी प्रतीत होने वाला विचार भी संगत हो सकता है। इसी कारण वे एकांगी दृष्टिकोण को प्रस्तुत करते हैं और वस्तु के समग्र स्वरूप को स्पर्श नहीं कर पाते। वे सम्पूर्ण सत्य के ज्ञान से वंचित रह जाते हैं। अत: नयवाद अनेक दृष्टिकोणों से समन्वय करता हुआ वस्तु-परीक्षण की कला सिखलाता है।

बौद्ध दर्शन के अनुसार जगत् की प्रत्येक वस्तु क्षणभंगुर, अस्थायी और अनित्य है। यह अपने दृष्टिकोण को पूर्ण रूपेण सत्य मानता है, यह वस्तु के अनित्यत्व धर्म को स्वीकार करके द्रव्य की अपेक्षा पाये जाने वाले नित्यत्व धर्म का निषेध करता है।

दूसरी और वेदान्त, सांख्य, नैयायिक आदि दर्शनों की मान्यता है कि प्रत्येक वस्तु स्थिर, स्थायी और नित्य है। ये भी अपने दृष्टिकोण को पूर्णत: सत्य मानते हैं और बौद्ध दर्शन की विचारधारा का खण्डन करते हैं। वस्तु के नित्यत्व धर्म को अंगीकार करके पर्याय की दृष्टि से उसमें विद्यमान अनित्यत्व धर्म का अपलाप करते हैं। इस प्रकार विश्व के ये सभी एकान्तवादी दर्शन अपने-अपने एकान्त पक्ष के प्रति आग्रहशील हो कर एक दूसरे को मिथ्या कहते हैं। वे नहीं जानते हैं कि दूसरे को मिथ्यावादी कहने के कारण वे स्वयं ही मिथ्यावादी बन जाते हैं। अगर उन्होंने दूसरे को भी सच्चा माना होता तो वे स्वयं सच्चे हो जाते; किन्तु एकान्तवादिता का दुराग्रह उन्हें ऐसा होने से रोकता है।

अब प्रश्न उठता है कि क्या उक्त सभी दर्शन या विचारधाराएँ पूर्ण सत्य हैं? यदि पूर्ण सत्य हैं तो फिर उनमें विरोध क्यों? अत: ये विचारधाराएँ न तो पूर्ण रूपेण सत्य हो सकती हैं और न पूर्ण रूपेण मिथ्या। तब फिर वस्तु का वास्तविक स्वरूप क्या माना जाए? जैनदर्शन ऐसे सभी प्रश्नों का समाधान अनेकान्त दृष्टि और उसके

फलितवाद स्याद्वाद तथा नयवाद से करता है। नयवाद सापेक्ष या समन्वयवादी दृष्टिकोण को उपस्थित करके समस्त एकान्तवादों के एकांगी दृष्टिकोणों को समाप्त कर देता है। वह परस्पर विरुद्ध प्रतिभासित होने वाले सभी वादों का निर्दोष समन्वय करता है। क्योंकि विभिन्न दृष्टिकोणों से विचार करने पर ही वस्तु का वास्तविक स्वरूप जाना जा सकता है।

बौद्धादि अनित्यत्व वादी दर्शन यदि अनित्यत्व धर्म को सर्वथा एकान्त दृष्टि से स्वीकार न करके उसे सापेक्ष दृष्टि से अर्थात् पर्याय दृष्टि से स्वीकार करें और सांख्यादि नित्यत्व-वादी दर्शन नित्यत्व धर्म को सर्वथा स्वीकार न करके उसे द्रव्य-दृष्टि से स्वीकार करें तो कोई विवाद ही उपस्थित न होगा और इस प्रकार दोनों ही दृष्टिकोण सापेक्ष रूप से सत्य सिद्ध होंगे। नय-वाद एक दृष्टिकोण को मान कर दूसरे दृष्टिकोण का निराकरण नहीं करता, बल्कि सभी दृष्टिकोणों का समन्वय करके सत्य को ग्रहण करता है।

जैनदर्शन में वस्तु के परस्पर-विरोधी अनेक धर्मों का कथन करने के लिए 'स्यात्' शब्द का प्रयोग किया जाता है। 'स्यात्' शब्द का अर्थ 'शायद' नहीं है, जैसा कि साधारण बोलचाल की भाषा में इसका अर्थ लिया जाता है। इसका गूढ़ अर्थ है 'कथंचित्' या 'अपेक्षा' या 'दृष्टिकोण'। इस 'स्यात्' शब्द का प्रयोग नयों के साथ करने पर वे नय अभीष्ट अर्थ के साधक होते हैं। वे दुराग्रह को दूर करके दृष्टि को विशाल और हृदय को उदार बनाते हैं। वे वस्तु के विविध रूपों का विश्लेषण हमारे समक्ष प्रस्तुत करते हैं। क्योंकि 'स्यात्' पद से लांछित नयों के द्वारा अपेक्षा पूर्वक वस्तु के किसी एक धर्म का कथन करने पर उसके दूसरे धर्मों का लोप नहीं होता।

आचार्य समन्तभद्र ने भगवान विमलनाथ की स्तुति के परिप्रेक्ष में कहा है—हे भगवन्। जिस प्रकार सिद्ध अर्थात् सुसंस्कृत पारद आदि रसों के संयोग से लौह आदि धातुएँ स्वर्ण बनकर अभीष्ट फल प्रदान करने वाली बन जाती हैं, उसी प्रकार आपके द्वारा उपदिष्ट द्रव्यार्थिक आदि नय 'स्यात्' पद से चिह्नित होकर मनोवांछित फल देने वाले हैं, वस्तु के यथार्थ स्वरूप के सापेक्ष निरूपण द्वारा मुमुक्षुजनों को मिथ्या अथवा एकान्तमार्ग से हटाकर सम्यग्ज्ञान की प्राप्ति कराते हैं। इसीलिए आत्महित चाहने वाले गणधरादि देव आपको नमस्कार करते हैं।[5]

इस प्रकार 'स्यात्' पद अंकित इन सापेक्ष नयों से विभिन्न दृष्टियों का समन्वय होता है। एकान्त का निरसन होकर अनेकान्त का समर्थन होता है। एकान्त दृष्टि कहती है कि तत्त्व 'ऐसा ही है' और अनेकान्तदृष्टि कहती है कि 'तत्त्व ऐसा भी है।' इसप्रकार के समन्वयवादी दृष्टिकोण से तत्त्व की सिद्धि होती है। यह

दृष्टिकोण 'भी' और 'ही' के समुचित प्रयोग का निर्देश करता है, जिससे वस्तु के यथार्थ स्वरूप का परिज्ञान होता है।

वस्तु का स्वरूप अनेकान्तात्मक या अनेक-धर्मात्मक है। उसको द्योतित करने वाला यह 'स्यात्' पद है। नयों के साथ इसका प्रयोग किये बिना वस्तु एक धर्म रूप ही सिद्ध होती है, जो वस्तु का स्वरूप नहीं है। जैसे—वस्तु 'स्यात् नित्यम्', 'स्यात् अनित्यम्' इन दो नय रूप वाक्यों ने यह सिद्ध कर दिया कि वस्तु द्रव्यार्थिक नय से नित्य है और वही वस्तु पर्यायार्थिक नय से अनित्य है या सामान्य की अपेक्षा से नित्य है तो विशेष की अपेक्षा से अनित्य है। यही वस्तु का स्वरूप है। यदि 'स्यात्' पद का प्रयोग न किया जाय तो वस्तु सर्वथा नित्य ही या सर्वथा अनित्य ही सिद्ध होगी, जो सर्वथा एकान्त रूप ही है, अत: वह वस्तु का स्वरूप नहीं है। वस्तु सदा अपने स्वरूप (ध्रौव्यत्व) से रहकर भी परिणमन किया करती है। इसलिए वह कथंचित् नित्य और कथंचित् अनित्य, उभय स्वरूप है। यही उसका निर्बाध लक्षण है, जो नयों के समन्वयवादी दृष्टिकोण से सिद्ध होता है।

जैसा कि विवेचन किया गया है, सत् या वस्तु-स्वरूप के विषय में प्राय: सभी जैनेतर दर्शनों में बड़ा भारी मतभेद है। जैनदर्शन ने इन सभी मतों की समीक्षा करते हुए उनमें नयों के समन्वयवादी दृष्टिकोण से समन्वय स्थापित किया है।

वेदान्त (औपनिषद् शाङ्कर मत) दर्शन सम्पूर्ण सत् पदार्थ (ब्रह्म) को केवल नित्य (ध्रुव) ही मानता है तो बौद्धदर्शन 'सर्व क्षणिकं सत्वात्' कहकर सत् को निरन्वय क्षणिक अर्थात् मात्र उत्पाद-विनाशशील मानता है।

सांख्यदर्शन चेतन तत्त्व रूप सत् को तो केवल ध्रुव अर्थात् कूटस्थ नित्य और प्रकृति तत्त्व रूप सत् को परिणामि नित्य मानता है।

न्याय-वैशेषिक दर्शन अनेक सत् पदार्थों में से परमाणु, काल, आकाश, आत्मा आदि कुछ सत् तत्त्वों को कूटस्थ नित्य और घट-पट, दीपक आदि कुछ सत् पदार्थों को मात्र उत्पाद, व्ययशील अर्थात् अनित्य मानता है, परन्तु जैनदर्शन का सत् (वस्तु) के स्वरूप से सम्बन्ध रखने वाला मन्तव्य उक्त सभी मतों से भिन्न है। वह सत् या पदार्थ के सम्बन्ध में प्रचलित उक्त मान्यताओं या धारणाओं की समीक्षा करते हुए पदार्थ या सत् को न तो सर्वथा नित्य ही कहता है और न सर्वथा अनित्य ही। कारण द्रव्य को सर्वथा नित्य मानने से अर्थ क्रियाकारित्व का विरोध आएगा और वस्तु निष्क्रिय सिद्ध हो जाएगी। कार्य द्रव्य की अपेक्षा सर्वथा अनित्य मानने से भी वस्तु-उच्छेद का प्रसंग आएगा। अपनी जाति का त्याग किये बिना नवीन पर्याय की प्राप्ति उत्पाद है, पूर्व पर्याय का त्याग व्यय है और अनादि पारिणामिक स्वभाव रूप से अन्वय बना रहना ध्रौव्य है। ये उत्पाद, व्यय और ध्रौव्य सत् या द्रव्य के निज

रूप हैं।

प्रत्येक वस्तु परिवर्तनशील है और उसमें वह परिवर्तन प्रति समय होता रहता है। उदाहरणार्थ—एक नन्हे शिशु को लिया जा सकता है। इस शिशु में प्रति क्षण परिवर्तन हो रहा है, अत: कुछ समय बाद वह युवा होता है और तदनन्तर वृद्ध। शैशव से युवकत्व और युवकत्व से वृद्धत्व की प्राप्ति तत्क्षण ही नहीं हो जाती है। ये दोनों अवस्थाएँ प्रतिक्षण होने वाले सूक्ष्म परिवर्तन का ही परिणाम हैं। यहाँ यह ज्ञातव्य है कि प्रतिक्षण होने वाला यह परिवर्तन इतना सूक्ष्म होता है कि हम उसे देखने में असमर्थ हैं, पर इस परिवर्तन के होने पर भी उस शिशु में एकरूपता बनी रहती है, जिसके फलस्वरूप वह अपनी युवा और वृद्ध अवस्था में भी पहचाना जाता है। यदि द्रव्य को त्रिलक्षणात्मक न मानकर केवल नित्य मानें तो उसमें कूटस्थ नित्यता आ जाएगी और किसी भी प्रकार का परिणमन नहीं हो सकेगा तथा यदि अनित्य मान लिया जाय तो आत्मा के सर्वथा क्षणिक होने से पूर्व में ज्ञात किये गये पदार्थों का स्मरण आदि व्यापार भी नहीं बन सकेगा।

इस प्रकार जैनदर्शन के अनुसार सत् (वस्तु) पूर्ण रूप से केवल कूटस्थ नित्य या केवल निरन्वय विनाशी या उसका अमुक भाग कूटस्थ नित्य और अमुक भाग परिणामि नित्य अथवा उसका कोई भाग तो मात्र नित्य और कोई भाग मात्र अनित्य नहीं हो सकता। इसके अनुसार चाहे चेतन हो या जड़, मूर्त हो या अमूर्त, सूक्ष्म हो या स्थूल, सभी सत् कहलाने वाली वस्तुएँ उत्पाद, व्यय और ध्रौव्य रूप से त्रिरूप हैं, नित्यानित्य स्वभाव वाली हैं।

जैनदर्शन में वस्तु के एकान्तरूप नित्यत्व और अनित्यत्व की समीक्षा की गयी है। विश्व में न कोई वस्तु सर्वथा नित्य है और न कोई सर्वथा अनित्य, दोनों सम स्वभाव हैं। पुद्गल से लेकर आकाश पर्यन्त सभी वस्तुओं का स्वरूप एकसा है। अर्थात् वे नित्यानित्य स्वभाव वाली हैं। ऐसा नहीं है कि आकाश और आत्मा आदि पदार्थ सर्वथा नित्य हों और पुद्गल आदि पदार्थ सर्वथा अनित्य। जैसा कि न्यायवैशेषिक आदि मानते हैं। द्रव्यदृष्टि से प्रत्येक वस्तु नित्य है और पर्यायदृष्टि से अनित्य। जिस प्रकार आकाश द्रव्यरूप से नित्य है उसी प्रकार पुद्गल भी नित्य है। और जिस प्रकार पुद्गल पर्याय रूप से अनित्य है उसी प्रकार आकाश भी अनित्य है। चूँकि प्रत्येक सत् उत्पाद-व्यय-ध्रौव्यात्मक है, अतएव पुद्गल, आकाश और आत्मा आदि पदार्थ भी उत्पाद, व्यय और ध्रौव्य रूप हैं, उनमें भी प्रतिक्षण उत्पाद, व्यय की धारा चल रही है। पर इस धारा के चलने पर भी उनका स्वभाव कभी नष्ट नहीं होता। जिस समय दीपक के तेज परमाणु तम-रूप पर्याय में परिवर्तित होते हैं, उस समय तेज परमाणुओं का व्यय होता है और तम-रूप पर्याय

का उत्पाद होता है तथा दोनों अवस्थाओं में द्रव्य रूप दीपक विद्यमान रहता हैं। इसलिए द्रव्य या स्वस्वरूप की अपेक्षा दीपक नित्य है और पर्याय या परिवर्तित अवस्थाओं की अपेक्षा अनित्य है। इसी प्रकार आकाश भी नित्यानित्य स्वरूप है; क्योंकि जिस समय आकाश में रहने वाले जीव-पुद्गल आकाश के एक प्रदेश को छोड़कर दूसरे प्रदेश के साथ संयुक्त होते हैं उस समय आकाश में पूर्व प्रदेशों से जीव-पुद्गलों के विभाग या अलग होने की अपेक्षा से आकाश में व्यय और उत्तर प्रदेशों के साथ संयोग होने से उत्पाद तथा पूर्वोत्तर दोनों पर्यायों में आकाश द्रव्य के विद्यमान रहने से ध्रौव्य अवस्था पाई जाती है। इसलिए द्रव्य या स्व स्वरूप की अपेक्षा से आकाश नित्य है और पर्याय या परिवर्तित अवस्थाओं की अपेक्षा से अनित्य है। इसी प्रकार आत्मा भी नित्यानित्यात्मक है। यदि आत्मा को सर्वथा नित्य माना जाय, वह सदा एकरस रहे, उसमें किसी भी प्रकार का परिवर्तन न माना जाय तो पुण्य-पाप, बन्ध-मोक्ष, शुभाशुभ कर्मों की फल-प्राप्ति आदि सब निरर्थक हो जाएँगे। ये शिक्षालय, ये देवालय आदि आत्मा पर कोई भी शिक्षा या पवित्रता का संस्कार नहीं डाल सकेंगे। एक आदमी की गाली से दूसरे का मुँह लाल हो जाता है, उसे क्रोध आ जाता है, साधु की संगति से शान्ति-लाभ होता है इत्यादि सभी परिवर्तन असम्भव हो जाएँगे। नर से नारायण बनने की बात कल्पना मात्र ही रह जाएगी और यदि आत्मा को सर्वथा अनित्य या परिवर्तनशील ही माना जाय अर्थात् जो प्रथम क्षण में है वह द्वितीयादि क्षणों में नहीं रहता, सर्वथा क्षणिक है, इस प्रकार आत्मा का स्वरूप माना जाय तो जगत् का लेन-देन, गुरु-शिष्य, पिता-पुत्र आदि का प्रसिद्ध व्यवहार ही नहीं बन सकेगा। सब यही कहेंगे, किसको दिया? किसने दिया? जिसको दिया वह तो गया, जिसने दिया वह भी नहीं है, कहने वाला भी नया ही होगा; क्योंकि आत्मा को सर्वथा क्षणिक और सदा परिवर्तनशील जो माना गया है। अतः तर्क और अनुभव हमें यही बताता है कि अवस्थाओं में परिवर्तन होने पर भी उन सभी अवस्थाओं का सूत्रधार एक द्रव्य स्थिर अवश्य है, जिसमें ये सभी रंग-बिरंगे परिवर्तन होते रहते हैं। 'मैं वही हूँ', 'मैं बचपन में स्कूल में पढ़ता था' आदि ज्ञान इस बात के साक्षी हैं कि अनेक अवस्थाओं में 'मैं' का वाच्य एक धारा प्रवाही द्रव्य अवश्य है और वह है 'आत्मा'। इसी प्रकार अचेतन जगत् में परिवर्तन होकर भी परिर्वतन का आधार परमाणु स्थिर बना रहता है। वस्तुतः परमाणु ही एक द्रव्य है। परमाणुओं के समुदाय से बने हुए स्कन्ध कितने ही परिवर्तित हो जाएँ पर वे परमाणुत्व को नष्ट नहीं कर सकते। एक कपड़ा है, उसमें आग लगा दीजिए, राख हो जाएगा। राख को पानी में डाल दीजिए, घुलकर पानी बन जाएगी, पानी सूखकर भाप बन जाएगा, फिर खेत में पहुँचकर गेहूँ बन जाएगा, पर उसका एक

भी अणु जगत् से नष्ट नहीं हो सकता, भले ही वह एक स्कन्ध के हटकर दूसरे में जा मिले। इस प्रकार यह उत्पाद-व्यय-ध्रौव्यवाद या परिणामवाद जगत् के कण-कण में व्याप्त है। प्रतिक्षण इस परिणाम या परिणमन या परिवर्तन के होते हुए भी वस्तु में एकरूपता प्रवाहित रहती है। कोई भी वस्तु इस त्रिलक्षण स्वभाव का अतिक्रमण नहीं करती; क्योंकि सब पर स्याद्वाद, अनेकान्तवाद या नयवाद की छाप लगी हुई है। कोई भी वस्तु स्याद्वाद की मर्यादा का उल्लंघन नहीं करती, किन्तु जैनदर्शन की इस मान्यता को स्वीकार न करने वाले न्यायवैशेषिक आकाश आदि पदार्थों को केवल नित्य और दीपक आदि को केवल अनित्य ही स्वीकार करते हैं।[6]

जैनदर्शन के अनसुार प्रत्येक वस्तु का स्वभाव द्रव्य-पर्यायरूप है। उसमें प्रतिक्षण उत्पाद-व्यय-ध्रौव्य यह त्रिरूप पाया जाता है। जो उत्पाद-व्यय-ध्रौव्य इस त्रिरूप से युक्त या तदात्मक है, वह सत् है[7] और जो सत् है वही द्रव्य या वस्तु का लक्षण है।[8]

प्रत्येक वस्तु में दो अंश हैं, एक अंश ऐसा है जो तीनों कालों में शाश्वत है और दूसरा अंश सदा अशाश्वत है। शाश्वत अंश के कारण हर एक वस्तु ध्रौव्यात्मक (नित्य) है और अशाश्वत अंश के कारण उत्पाद-व्ययात्मक (अनित्य) है। इन दोनों में से किसी एक की ओर ही दृष्टि जाने से और दूसरे की ओर न जाने से वस्तु केवल नित्य या केवल अनित्य ही मालूम होती है; किन्तु दोनों अंशों की ओर दृष्टि देने से वस्तु का पूर्णरूप या यथार्थ स्वरूप मालूम किया जा सकता है।

उत्पाद-व्यय-ध्रौव्यात्मक होना ही वस्तु मात्र का स्वरूप है, यही स्वरूप सत् कहलाता है। सत् स्वरूप नित्य है अर्थात् वह तीनों कालों में एक सा अवस्थित रहता है। ऐसा नहीं है कि किसी वस्तु मात्र में उत्पाद, व्यय तथा ध्रौव्य कभी हों और कभी न हों। प्रत्येक समय में उत्पादादि तीनों अंश अवश्य होते हैं। यही सत् का नित्यत्व है।

जैसा ऊपर भी कहा गया है, सत् का कभी विनाश नहीं होता और असत् की कभी उत्पत्ति नहीं होती। यह जैनदर्शन की द्रव्य या तत्त्व-व्यवस्था का मूल सिद्धान्त है।

आचार्य कुन्दकुन्द ने स्पष्ट कहा है—किसी भाव (सत्) का विनाश नहीं होता और अभाव (असत्) का उत्पाद नहीं होता। सभी भाव (सत्) अपने गुण और पर्यायों में उपजते और विनशते रहते हैं।[9]

गीता में भी यही भाव अभिव्यक्त है—

असत् का कभी भाव (उत्पाद या उत्पत्ति) नहीं होता है और सत् का कभी

अभाव (व्यय या विनाश) नहीं होता है।[10]

लोक में जितने सत् हैं, वे मौलिक सत् हैं उनकी संख्या में कभी भी हेरफेर नहीं होता, न कोई नया सत् कभी उत्पन्न हुआ था, न होता है और न होगा। इसी तरह किसी विद्यमान सत् का न कभी नाश हुआ था, न होता है और न होगा। समस्त सत् गिने हुए हैं। प्रत्येक सत् अपने परिपूर्ण, स्वतन्त्र और मौलिक है।

प्रत्येक सत् प्रतिक्षण अपनी वर्तमान पर्याय को छोड़कर नवीन पर्याय को धारण करता हुआ वर्तमान को भूत तथा भविष्यत् को वर्तमान बनाता हुआ आगे चला जा रहा है। चेतन हो या अचेतन, प्रत्येक सत् इस परिणाम-चक्र पर चढ़ा हुआ है। यह उसका निज स्वभाव है कि वह प्रति समय पूर्व को छोड़कर अपूर्व को ग्रहण करे। यह पर्याय परम्परा अनादि काल से चल रही है। कभी भी यह न रुकी थी और न रुकेगी। जिस प्रकार आधुनिक भौतिकवादियों ने पदार्थ को सतत गतिशील माना है और उसमें दो विरोधी धर्मों का समागम मानकर उसे अविराम गतिमय कहा है, ठीक यही बात जैनदर्शन के उत्पाद, व्यय, ध्रौव्य से ध्वनित होती है। पदार्थ में उत्पाद और व्यय इन दो विरोधी शक्तियों का समागम है जिसके कारण पदार्थ निरन्तर उत्पाद और व्यय के चक्र पर घूम रहा है। उत्पाद शक्ति जैसे ही नवीन पर्याय को उत्पन्न करती है तो व्यय-शक्ति उसी समय पूर्व का नाश कर देती है। इस अनिवार्य परिवर्तन के होते हुए भी कभी द्रव्य का अत्यन्त विनाश नहीं होता। वह ध्रौव्यत्वेन विद्यमान रहता है। चेतन या अचेतन द्रव्य में अपनी जाति को न छोड़ते हुए जो पर्यायान्तर या किसी नवीन पर्याय की उत्पत्ति होती है, वह उत्पाद है। जैसे—मिट्टी के पिण्ड का घट पर्याय रूप से उत्पन्न होना उत्पाद है। पूर्व पिण्ड रूप पर्याय का नाश होना व्यय है। अर्थात् घट की उत्पत्ति होने पर पिण्ड रूप आकृति का नाश होना व्यय है। अनादि काल से चले आ रहे अपने पारिणामिक स्वभाव रूप से न व्यय होता है और न उत्पाद होता है; किन्तु वह स्थिर रहता है, इसी का नाम ध्रुव है। जैसे—पिण्ड और घट दोनों अवस्थाओं में मिट्टीपना ध्रुव है। पिण्ड और घटादि अवस्थाओं में मिट्टी का अन्वय बना रहता है। इसलिए एक मिट्टी उत्पाद, व्यय और ध्रौव्य स्वभाव है। इन उत्पाद, व्यय और ध्रौव्य से युक्त 'सत्' है और सत् ही द्रव्य का लक्षण है। उत्पाद, व्यय और ध्रौव्य को स्पष्ट करने के लिए एक और उदाहरण दिया जा सकता है। जैसे—कोयला जलकर राख हो जाता है। इसमें कोयला-रूप पर्याय का व्यय होता है और क्षार रूप पर्याय का उत्पाद होता है; किन्तु दोनों अवस्थाओं में पुद्गल द्रव्य का अस्तित्व अचल रहता है। उसके पुद्गल तत्त्व का कभी भी विनाश नहीं होता, यही उसकी ध्रौव्यता है। इसी प्रकार सोने के कड़े को तोड़कर जंजीर बनाई गयी तो इसमें कड़े रूप पर्याय का विनाश और उसी क्षण

जंजीर रूप पर्याय का उत्पाद हुआ; किन्तु स्वर्ण द्रव्य कड़े और जंजीर—दोनों अवस्थाओं में बना रहा, वह कहीं भी नहीं चला गया, उसकी सत्ता दोनों अवस्थाओं में है यही ध्रौव्यता है।

तात्पर्य यह है कि प्रत्येक पदार्थ परिवर्तनशील है और उसमें यह परिवर्तन प्रति समय होता रहता है। विशेषता यह है कि द्रव्य में इस प्रकार का परिवर्तन होने पर भी वह सदा अपने स्वरूप की अपेक्षा से बराबर विद्यमान रहता है। जैसे—दूध कुछ समय बाद दही रूप में परिणम जाता है और फिर दही का मट्ठा बना लिया जाता है। यहाँ यद्यपि दूध से दही और दही से मट्ठा ये तीन भिन्न-भिन्न अवस्थाएँ दिखाई देती हैं पर हैं ये तीनों एक गोरस की ही। इस प्रकार प्रत्येक द्रव्य में अवस्था भेद के होने पर भी उसका अन्वय पाया जाता है। इसलिए वह उत्पाद, व्यय और ध्रौव्य रूप सिद्ध होता है। प्रत्येक द्रव्य उत्पाद-व्यय-ध्रौव्य की त्रिपुटी में वर्तमान हो रहा है। यह उसका सामान्य स्वभाव है। यहाँ यह प्रश्न होता है कि एक ही द्रव्य उत्पाद, व्यय और ध्रौव्य रूप कैसे हो सकता है? कदाचित् काल भेद से उसे उत्पाद, व्यय रूप मान भी लिया जाए; क्योंकि जिसका उत्पाद होता है उसका कालान्तर में नाश अवश्य होता है तथापि ऐसी अवस्था में वह ध्रौव्य रूप नहीं हो सकता है; क्योंकि जिसका उत्पाद और व्यय होता है उसे ध्रौव्य स्वभाव मानने में विरोध आता है?

इसका समाधान है कि अवस्था-भेद से द्रव्य में ये तीनों उत्पाद, व्यय, ध्रौव्य माने गये हैं। जिस काल द्रव्य में पूर्व अवस्था नाश को प्राप्त होती है। उसी समय उसकी नयी अवस्था उत्पन्न होती है। फिर भी उसका त्रैकालिक अन्वय स्वभाव बराबर बना रहता है। इसलिए प्रत्येक द्रव्य उक्त त्रिपदी युक्त है, त्रयात्मक है। द्रव्य की इस त्रयात्मकता को एक उदाहरण द्वारा बड़े सुन्दर ढंग से स्पष्ट किया जा सकता है—एक राजा के पास एक स्वर्ण घट है। राजकुमार उसे तुड़वाकर मुकुट बनवाना चाहता है और राजकुमारी को वह स्वर्ण कलश ही अत्यधिक प्रिय है; क्योंकि वह उसमें पानी भरकर उससे खेलती है; किन्तु राजा को स्वर्ण ही प्रिय है, चाहे वह कलश रूप में हो चाहे मुकुट रूप में। इस प्रकार एक कलश को लेकर तीनों व्यक्तियों के तीन प्रकार के मनोभाव हैं, जो निर्बाध हैं।

घट की इच्छुक राजकुमारी स्वर्ण की घट पर्याय का नाश होने पर दु:खी होती है, मुकुट का इच्छुक राजकुमार स्वर्ण की मुकुट पर्याय की उत्पत्ति होने पर हर्षित होता है और मात्र स्वर्ण का इच्छुक राजा घट-पर्याय का नाश और मुकुट पर्याय की उत्पत्ति होने पर न तो दुखी होता है और न हर्षित ही होता है; किन्तु मध्यस्थ रहता

है। इन तीनों व्यक्तियों का एक स्वर्ण घट के आश्रय से होने वाला यह कार्य अहेतुक नहीं हो सकता। इससे सिद्ध होता है कि स्वर्ण की घट-पर्याय का नाश और मुकुट पर्याय की उत्पत्ति होने पर भी स्वर्ण का न तो नाश होता है और न उत्पाद ही। स्वर्ण तो घट, मुकुट आदि प्रत्येक अवस्था में स्वर्ण ही बना रहता है। इस प्रकार प्रत्येक वस्तु त्रयात्मक ही है।[11]

एक दूसरे उदाहरण द्वारा भी इसी विषय को स्पष्ट किया गया है—जिसने दूध पीने का व्रत लिया है, वह दही नहीं खाता, जिसने दही खाने का व्रत लिया है, वह दूध नहीं पीता और जिसने गोरस के सेवन नहीं करने का व्रत लिया है, वह दूध और दही दोनों का उपयोग नहीं करता। इससे सिद्ध है कि वस्तु त्रयात्मक है, युगपत् उत्पाद, व्यय और ध्रौव्य इन तीनों रूपों से युक्त है।[12]

एक ही वस्तु में प्रतीति का नानापन उस वस्तु के विनाश, उत्पाद और स्थिति (ध्रौव्य) का साधक जान पड़ता है। जो दूध रूप से नाश को प्राप्त हो रहा है वही दधिरूप से उत्पद्यमान और गोरस रूप से विद्यमान (ध्रौव्य) है; क्योंकि दूध और दही दोनों ही गोरस रूप हैं। गोरस की एकता होते हुए भी जो दधिरूप है वह दुग्ध रूप नहीं, जो दुग्ध रूप है वह दधिरूप नहीं; ऐसा व्रतियों के द्वारा द्रव्य-पर्याय की विभिन्न प्रतीतिवश भेद किया जाता है। यदि प्रतीति में त्रिरूपता न हो तो एक के ग्रहण में दूसरे का त्याग नहीं बनता।

इस तरह वस्तु तत्त्व के त्रयात्मक साधन द्वारा उसका प्रस्तुत नित्य-अनित्य और उभय साधन भी विरोध को प्राप्त नहीं होता; क्योंकि एक ही वस्तु में स्थिरता के व्यवस्थापन द्वारा कथंचित् नित्यत्व और नाशोत्पाद के प्रतिष्ठापन द्वारा कथंचित् अनित्यत्व सिद्ध होता है और इसलिए यह ठीक ही कहा जाता है कि सम्पूर्ण वस्तु समूह कथंचित् नित्य और कथंचित् अनित्य है।

वस्तु के उत्पाद-व्यय-ध्रौव्यत्व अथवा नित्यत्व अनित्यत्व का कथन महर्षि पतंजलि ने भी किया है। उन्होंने लिखा है—

'द्रव्य नित्य है और आकृति अर्थात् अवस्था अनित्य है। स्वर्ण का एक आकार पिण्ड है, उसका विनाश कर माला बनाई जाती है, माला का विनाश कर कड़े बनाये जाते हैं, कड़ों को तोड़कर स्वस्तिक बनाये जाते है। फिर घूम-फिर कर स्वर्ण पिण्ड हो जाता है। फिर उसके विवक्षित आकार खदिर के अंगार के समान दो कुण्डल हो जाते हैं। इस प्रकार एक के बाद दूसरा आकार होता रहता है; परन्तु द्रव्य वही रहता है। आकार का नाश करने से एक मात्र द्रव्य ही शेष रहता है।'[13]

कुमारिल भट्ट मीमांसक ने भी जैन दर्शन की उक्त त्रयात्मकता का उल्लेख

करते हुए कहा है—

'जब सोने के एक प्याले को तोड़कर माला बनाई जाती है तब प्याला चाहने वाले को शोक होता है, माला चाहने वाले को हर्ष होता है और सोने का इच्छुक मध्यस्थ रहता है। इससे वस्तु के त्रयात्मक होने की सूचना मिलती है। उत्पाद, स्थिति और व्यय के अभाव में तीन प्रकार की बुद्धि नहीं हो सकती; क्योंकि प्याले का नाश हुए बिना शोक नहीं हो सकता, माला की उत्पत्ति हुए बिना हर्ष नहीं हो सकता और सोने के स्थायित्व के बिना माध्यस्थ भाव नहीं हो सकता। अतः वस्तु सामान्य से नित्य है।[14]

ये दोनों उल्लेख यद्यपि सामान्यतः जैनदर्शन के अनुकूल प्रतीत होते हैं, पर इनमें जैनदर्शन से मौलिक अन्तर है। ये मुख्यतः नैयायिक दर्शन के दृष्टिकोण को ही स्पष्ट करते हैं। नैयायिक दर्शन का मन्तव्य है कि कारण द्रव्य सर्वथा नित्य है और कार्य द्रव्य सर्वथा अनित्य। इन दोनों उल्लेखों का भी यही भाव प्रतीत होता है। महर्षि पतंजलि तो द्रव्य की नित्यता और पर्याय की अनित्यता स्पष्ट रूप से स्वीकार करते हैं; किन्तु जैनदर्शन का दृष्टिकोण किसी एक को सर्वथा नित्य या सर्वथा अनित्य मानने का नहीं है। दृष्टि भेद से वही द्रव्य नित्य है और वही अनित्य है।

उत्पाद, व्यय और ध्रौव्य ये द्रव्य की अवस्था में हैं। द्रव्य इनमें व्याप्त कर स्थित है। इसलिए द्रव्य कथंचित् नित्य और कथंचित् अनित्य है। दृष्टि या अपेक्षा भेद से द्रव्य में एक साथ ही एक ही समय में नित्यानित्यात्मकता पाई जाती है। इसमें कोई विरोध नहीं आता है।

जैनेतर दार्शनिकों को यह शंका बराबर बनी रहती है कि जैनदर्शन की नित्यानित्यात्मकता एक ही समय में कैसे बन सकती है? ये दोनों परस्पर-विरोधी धर्म एक ही द्रव्य में एक ही साथ, एक ही समय में कैसे रह सकते हैं?

इसका बहुत ही सुन्दर सयुक्तिक समाधान आचार्य उमास्वामी ने किया है—

अर्पित (विवक्षित) या मुख्यता और अनर्पित (अविवक्षित) या गौणता की अपेक्षा से एक वस्तु में एक ही साथ, एक ही समय में परस्पर विरोधी प्रतीत होने वाले दो धर्मों की सिद्धि बराबर हो जाती है। इसमें कोई विरोध नहीं आता है।[15]

उक्त कथन का निष्कर्ष यह है कि मुख्य और गौण की विवक्षा भेद से एक ही वस्तु में नित्यत्व, अनित्यत्व आदि अनेक धर्म रहते हैं। वस्तु अनेक धर्मात्मक है, अतः उसमें मुख्य और गौण रूप से नाना धर्म एक साथ रह सकते हैं, उनमें एक साथ रहने में कोई विरोध नहीं आता है और वस्तु स्वरूप की सिद्धि हो जाती

है। जिस समय जिस धर्म की विवक्षा होती है उस समय वह धर्म मुख्य या प्रधान हो जाता है और अन्य धर्म गौण हो जाते हैं। वक्ता यदि द्रव्यार्थिक नय या द्रव्यदृष्टि से वस्तु का प्रतिपादन करता है तो नित्यता विवक्षित या मुख्य रहती है और अनित्यता अविवक्षित या गौण हो जाती है तथा यदि पर्यायार्थिक नय या पर्याय दृष्टि से प्रतिपादन करता है तो अनित्यता विवक्षित या मुख्य रहती है और नित्यता अविवक्षित या गौण हो जाती है। जिस समय किसी पदार्थ को द्रव्य या स्वरूप की अपेक्षा से नित्य कहा जा रहा है उसी समय वह पदार्थ पर्याय की अपेक्षा से अनित्य भी है। इसप्रकार एक ही वस्तु में परस्पर विरुद्ध प्रतीत होने वाले नित्यत्व अनित्यत्व आदि धर्मों की सत्ता स्वीकार करने में कोई विरोध नहीं आता है। जो वस्तु एक दृष्टि से अस्तिरूप, एकरूप और नित्य रूप है वही वस्तु दूसरी दृष्टि से नास्ति रूप, अनेक रूप और अनित्य रूप भी है।

इस विषय को स्पष्ट करने के लिए एक और उदाहरण प्रस्तुत किया जा सकता है—

एक बहुत बड़ा दार्शनिक विद्वान् था, जो निरन्तर चिन्तन, मनन और अध्ययन में संलग्न रहा करता था। उसे बाहर की, यहाँ तक कि अपनी गृहस्थी और अपने खाने पीने की भी कोई चिन्ता नहीं रहती थी। एक कमरे में बन्द रहा करता था, किसी से मिलता-जुलता भी नहीं था। एक दिन उसकी पत्नी ने झुँझलाकर पूछा—क्या मामला है? इतना एकान्तवास और ज्ञानार्जन करके क्या किया? और क्या करोगे? दार्शनिक ने सौम्यभाव से कहा—अच्छा प्रिये! आओ। चलो। आज घूमने चलें, वहीं तुम्हारे इस गम्भीर प्रश्न का उत्तर देंगे। दोनों चल दिये घूमने। घूमते-घूमते पहुँचे गंगा-किनारे। गंगा-किनारे खड़े होकर दार्शनिक ने पूछा—प्रिये बताओ—हम दोनों इस पार हैं या उस पार? वह बोली—इस पार। उसने फिर पूछा—प्रिये! जरा सोचो और बताओ कि हम दोनों इस पार हैं या उस पार? वह बोली—इसमें सोचना-विचारना क्या है? यह तो स्पष्ट ही दिख रहा है कि हम लोग इस पार हैं। वह बोला अच्छा। आओ, बैठो इस नौका में, चलो चलें उस पार। पहुँचे उस पार। दार्शनिक ने फिर वही पूछा—प्रिये। अच्छा। अब बताओ? हम दोनों इस पार हैं या उस पार? उसने फिर वही उत्तर दिया—इस पार। तब वह बोला—अरे! जब हम दोनों वहाँ थे, तब कह रहीं थीं कि 'इस पार' और जब हम दोनों यहाँ हैं, तब भी वही कह रही हो, 'इस पार'। क्या बात है? समझी कुछ। वास्तव में यह न 'इस पार' है, न 'उस पार', किन्तु विचार करने पर उस पार की अपेक्षा यह पार 'इस पार' है और इस पार की अपेक्षा वह पार भी 'इस पार' है।

इस प्रकार 'यह पार' इस पार भी है और उस पार भी है तथा वह पार भी इस पार भी है और उस पार भी है। एक ही व्यक्ति, एक ही साथ, एक ही समय में पिता भी है, पुत्र भी है, भाई भी है, भतीजा भी है, मामा भी है, भानजा भी है, श्वसुर भी है, जामाता भी है, छोटा भी है, बड़ा भी है। अपने पुत्र की अपेक्षा पिता है और अपने पिता की अपेक्षा पुत्र है। अपने भाई की अपेक्षा भाई है और अपने पिता के भाई की अपेक्षा भतीजा है। अपने भानजे की अपेक्षा मामा है और अपने मामा की अपेक्षा भानजा है। अपने जामाता की अपेक्षा श्वसुर है तो अपने श्वसुर की अपेक्षा जामाता है। अपने से बड़े की अपेक्षा छोटा है तो अपने से छोटे की अपेक्षा बड़ा है।

इस तरह ये सब विरोधी प्रतीत होने वाले सम्बन्ध एक ही व्यक्ति में सम्बन्धी भेद से रहते हैं, इनमें कोई विरोध नहीं आता है। इसी तरह वस्तुधर्मों की भी व्यवस्था है। न कोई वस्तु सर्वथा सत् है और न सर्वथा असत्, न सर्वथा नित्य है और न सर्वथा अनित्य, न सर्वथा एक है और न सर्वथा अनेक। किन्तु विवक्षा या अपेक्षा भेद से सत् भी है और असत् भी है, नित्य भी है और अनित्य भी है, एक भी है और अनेक भी। इस तरह अनेकान्तात्मक या अनेक धर्मात्मक वस्तु की निर्विरोध सिद्धि होती है। वस्तु के अनेक धर्मात्मक होने पर भी ज्ञाता किसी एक धर्म की मुख्यता से ही वस्तु को ग्रहण करता है। जैसे—व्यक्ति में अनेक सम्बन्धों के होते हुए भी प्रत्येक सम्बन्धी अपनी दृष्टि से ही उसे पुकारता है। उसका पिता उसे पुत्र कहकर पुकारता है तो उसका पुत्र उसे पिता कहकर पुकारता है। किन्तु व्यक्ति न केवल पिता ही है और न केवल पुत्र ही। यदि वह केवल पिता ही हो तो अपने पुत्र की तरह अपने पिता का भी पिता कहलाएगा या यदि वह केवल पुत्र ही हो तो अपने पिता की तरह अपने पुत्र का भी पुत्र कहलाएगा। अतः व्यक्ति पिता भी है और पुत्र भी है इसमें कोई विरोध नहीं। इसप्रकार पिता-पुत्र, मामा-भानजा, चाचा-भतीजा, श्वसुर-जामाता, छोटा-बड़ा आदि आपेक्षिक धर्मों की तरह एक ही द्रव्य में नित्यत्व-अनित्यत्व आदि परस्पर विरोधी धर्मों के एक साथ रहने में कोई विरोध नहीं आता है। वस्तु जिस प्रकार नित्य है उसी प्रकार अनित्य भी है। एक दृष्टि से नित्य है तो दूसरी दृष्टि से अनित्य।

वस्तु का वस्तुत्व दो बातों पर कायम है। प्रत्येक वस्तु अपने स्वरूप को अपनाये हुए है और अपने से भिन्न अनन्त वस्तुओं के स्वरूप को नहीं अपनाये हुए है। तभी उसका वस्तुत्व कायम है। यदि ऐसा नहीं माना जाएगा तो वह वस्तु ही नहीं रहेगी। जैसे यदि घट अपने स्वरूप को न अपनाये तो वह गधे के सींग की

तरह अवस्तु कहलाएगा। अपने स्वरूप को अपनाकर भी यदि वह अपने से भिन्न पट आदि वस्तुओं के स्वरूप को भी अपनाये तो घट-पट में कोई भेद ही नहीं रहेगा। अत: घट घट ही है, घट पट नहीं है। इन दो बातों पर ही घट का अस्तित्व बनता है। इसे ही कहते हैं, घट है भी और नहीं भी है। अपने स्वरूप से है और अपने से भिन्न स्वरूप से नहीं है। इसी तरह घट नित्य भी है और अनित्य भी है। घट मिट्टी से बना है। घट फूटने पर भी मिट्टी तो रहेगी ही। अत: अपने मूल कारण मिट्टी द्रव्य के नित्य होने से घट नित्य है और घट पर्याय तो नित्य नहीं है, घट के फूटते की वह मिट जाती है। अत: घट पर्याय की अपेक्षा अनित्य है। इसी तरह प्रत्येक वस्तु द्रव्य रूप से नित्य है और पर्याय रूप से अनित्य है। त्रैकालिक अन्वयरूप परिणाम की अपेक्षा नित्य है और प्रति समय होने वाली पर्याय की अपेक्षा अनित्य है। इससे वस्तु की परिणामी नित्यता सिद्ध होती है। किन्तु इन दोनों धर्मों का वस्तु में एक साथ कथन नहीं किया जा सकता है, उनका क्रम से कथन करना पड़ता है। इसलिए जिस समय जिस धर्म का कथन किया जाता है उस समय उसको स्वीकार करने वाली दृष्टि मुख्य हो जाती है। और इससे विरोधी धर्म को स्वीकार करने वाली दृष्टि गौण हो जाती है। इसप्रकार मुख्यता और गौणता के विवक्षा भेद से एक ही वस्तु में, एक ही साथ और एक ही समय में परस्पर विरोधी मालूम पड़ने वाले धर्मों के अस्तित्व की सिद्धि भली-भाँति हो जाती है। जैनदर्शन के अनुसार यही सत् या वस्तु का यथार्थ स्वरूप है, जो नयों की सापेक्षता या समन्वयवादी दृष्टिकोण से सिद्ध होता है।

नयों के समन्वयवादी दृष्टिकोण द्वारा यह तो विभिन्न दार्शनिक पक्षों का समन्वय है। इसी प्रकार नयों के इस समन्वयवादी दृष्टिकोण का प्रयोग यदि लौकिक जीवन-जगत् के व्यवहारों में भी किया जाय तो हमारे दैनिक जीवन-व्यवहारों में पद-पद पर पैदा होने वाले विवाद, मतभेद, संघर्ष और गृहकलह समाप्त होकर हमारा वर्तमान जीवन सुखी और शान्त हो सकता है। और तो क्या, यदि आज के विश्व की वर्तमान समस्याओं के समाधान के लिए भी इस समन्वयवादिता का प्रयोग किया जाय तो विश्व के सभी राष्ट्रों की तनावपूर्ण समस्याओं का समाधान सहज ही हो सकता है।

सन्दर्भ

1. जावइया वयणवहा तावइया चेव होंति णयवाया।
   जावइया णयवाया तावइया चेव परसमया।।—स. प्र. का, 3/47

2. य एव नित्य-क्षणिकादयो नया मिथोऽनपेक्षाः स्वपरप्रणाशिनः।
त एव तत्त्वं विमलस्य ते मुनेः परस्परेक्षाः स्वपरोपकारिणः।।—वृ. स्व., श्लो. 61
3. सदेकनित्यवक्तव्यास्तद्विपक्षाश्च ये नयाः।
सर्वथेति प्रदुष्यन्ति पुष्यन्ति स्यादितीह ते।।—वही, श्लो. 101
4. कथंचित्ते सदेवेष्टं कथंचिदसदेव तत्।
तथोभयमवाच्यं च नययोगान्न सर्वथा।।—आ. मी., श्लो, 14
5. नयास्तव स्यात्पदसत्यलांछिता रसोपविद्धा इव लोहधातवः।
भवन्त्यभिप्रेतगुणा यतस्ततो भवन्तमार्याः प्रणता हितैषिणः॥—वृ. स्व. स्तो., श्लो, 65
6. आदीपमाव्योमसमस्वभावं स्याद्वादमुद्रानतिभेदिवस्तु।
तन्नित्यमेवैकमनित्यमन्यदिति त्वदाज्ञाद्विषतां प्रलापाः।।—अ. यो. व्य., श्लो, 5
7. उत्पादव्ययध्रौव्ययुक्तं सत्।—त. सू. 5/30
8. सद्द्रव्यलक्षणम्।—वही, सू. 5/29
9. भावस्स णत्थि णासो णत्थि अभावस्स चेव उप्पादो।
गुणपज्जएसु भावा उप्पादवये पकुव्वंति।—पंचा. गाथा 15
10. नासतो विद्यते भावः नाभावो विद्यते सतः।—भ. गीता। 2/16
11. घटमौलिसुवर्णार्थी नाशोत्पादस्थितिष्वयम्।
शोकप्रमोदमाध्यस्थ्यं जनो याति सहेतुकम्।।—आ. मी, श्लोक 59
12. पयोव्रतो न दध्यत्ति न पयोदत्ति दधिव्रतः।
अगोरसव्रतो नोभे तस्मात्तत्त्वं त्रयात्मकम्।।—आ. मी, श्लोक 60
13. द्रव्यंनित्यं, आकृतिरनित्या। सुवर्ण कयाचिदाकृत्या युक्तं पिण्डो भवति। पिण्डाकृतिमुपमृद्य रुचकाः क्रियन्ते, रुचकाकृतिमुपमृद्य कटकाः क्रियन्ते, कटकाकृतिमुपमृद्य स्वस्तिकाः क्रियन्ते। पुनरावृत्तिः सुवर्णपिण्डः। पुनरपरया कृत्या युक्तः खदिराङ्गारसदृशे कुण्डले भवतः। आकृतिरन्या चान्या च भवति, द्रव्यं पुनस्तदेव, आकृत्युपमदने द्रव्यमेवावशिष्यते।—म. भा., प. प. आ. 1/1/1। पृ. 14
14. वर्धमानकभङ्गे च रुचकः क्रियते यदा।
तथा पूर्वार्थिनः शोकः प्रीतिश्चाप्युत्तरार्थिनः।।
हेमार्थिनस्तु माध्यस्थं तस्माद्वस्तु त्रयात्मकम्।
नोत्पादस्थितिभङ्गानामभावे स्यान्मतित्रयम्।
न नाशेन विना शोको नोत्पादेन विना सुखम्।
स्थित्या विना न माध्यस्थं तेन सामान्य-नित्यता।।—मी. श्लो. वा., श्लो, 21-23, पृ. 619
15. अर्पितानर्पितसिद्धेः।—त. सू., 5/32

4

नयों का सैद्धान्तिक दृष्टिकोण तथा उनके भेद-प्रभेद

नयों का सैद्धान्तिक दृष्टिकोण

जैनागम ग्रन्थों में नयों का विवेचन दो दृष्टियों से किया गया है—एक सैद्धान्तिक दृष्टि से और दूसरा आध्यात्मिक दृष्टि से।

सैद्धान्तिक दृष्टि से जीव, अजीव आदि समस्त पदार्थों का सामान्य कथन अर्थात् द्रव्य सामान्य सम्बन्धी सिद्धान्त का विवेचन किया गया है। इस दृष्टि में जीव द्रव्य की कुछ प्रधानता या मुख्यता और अन्य द्रव्यों की अप्रधानता या गौणता सम्भव नहीं। यहाँ सभी पदार्थ एक ही कोटि में हैं। उनको जानना मात्र या उनका ठीक-ठीक परिज्ञान करना मात्र अपेक्षित है। उनमें कौन पदार्थ हेय है और कौन उपादेय है यह बताना इसका प्रयोजन नहीं है। इसीलिए इस पद्धति में नयों के नाम भी वस्तु के स्वभाव का आश्रय करके रखे गये हैं। जैसे द्रव्यार्थिक, पर्यायार्थिक, भेद-ग्राहक, अभेद-ग्राहक आदि।

आध्यात्मिक दृष्टि में केवल आत्मा अर्थात् जीव द्रव्य का ही कथन करना प्रमुख है। यहाँ केवल नयों का सैद्धान्तिक दृष्टिकोण विवेचनीय है अर्थात् सैद्धान्तिक दृष्टिकोण से नयों के द्वारा किस प्रकार वस्तुतत्त्व का प्रतिपादन किया गया है? हम किस प्रकार उसके स्वरूप को समझ सकते हैं? यह सब विवेचन करना सैद्धान्तिक दृष्टि का काम है। क्योंकि नयों का सैद्धान्तिक दृष्टिकोण बताये बिना या उसे समझे बिना द्रव्य-सामान्य-सम्बन्धी परिचय प्राप्त नहीं कर सकते और द्रव्य-सामान्य-सम्बन्धी परिचय का ज्ञान प्राप्त किये बिना द्रव्य-विशेष अर्थात् आत्म पदार्थ का तथा उसके लिए हेय व उपादेय का निर्णय नहीं कर सकते। आत्मा का स्वरूप क्या है? उसका भला किस बात में है? यह सब परिज्ञान प्राप्त नहीं कर सकते। अत: सैद्धान्तिक दृष्टि को समझना आवश्यक है।

सैद्धान्तिक दृष्टि से विचार करने पर द्रव्यार्थिक और पर्यायार्थिक ये दो ही मूल नय हैं और उनके नैगमादि सात भेद किये गये हैं। जब वस्तु द्रव्य पर्यायात्मक

है और वस्तु के एक अंश को ग्रहण करने वाले अभिप्राय को नय कहते हैं तो द्रव्यांश का ग्राहक द्रव्यार्थिक और पर्यायांश का ग्राहक पर्यायार्थिक नय ही मूल नय होने चाहिए; क्योंकि द्रव्य और पर्याय से भिन्न तो कोई वस्तु है नहीं। इन्हीं दोनों मूल नयों में शेष सब नयों का अन्तर्भाव हो जाता है। जितने भी वचन मार्ग हैं उतने ही नय हैं अत: नयों की संख्या असंख्यात है। वे असंख्यात नय द्रव्यार्थिक और पर्यायार्थिक के ही भेद हैं; क्योंकि उन सब का विषय या तो द्रव्य है या पर्याय।

सैद्धान्तिक दृष्टि का लक्ष्य वस्तु-स्वरूप की विवेचना करना है इसलिए वह वस्तु का विश्लेषण करके उसकी तह तक पहुँचने की चेष्टा करती है। इस दृष्टि में वस्तु-विवेचना का आधार है द्रव्यार्थिक और पर्यायार्थिक नय; क्योंकि ये दोनों वस्तु-मात्र के विवेचन के लिए उपयोगी हैं, इनका मुख्य उद्देश्य वस्तु स्वरूप का विश्लेषण करना है। इसी से सिद्धान्त ग्रन्थों में सर्वत्र इन्हीं का कथन मिलता है; क्योंकि इनके तथा इनके भेद-प्रभेदों के द्वारा ही वस्तु का यथार्थ विवेचन किया जाता है।

आशय यह है कि जैनदर्शन के अनुसार वस्तु अनेकान्तात्मक है। वह नित्य भी है, अनित्य भी है, एक भी है अनेक भी है, सत् रूप भी है, असत् रूप भी है, तद्रूप भी है, अतद्रूप भी है। द्रव्य रूप से नित्य है, एक है, सत्रूप है और तद्रूप है। पर्याय रूप से वही वस्तु अनित्य है, अनेक है, असत् रूप है और अतद्रूप है। द्रव्यरूप को जानने वाली दृष्टि का नाम द्रव्यार्थिक है और पर्याय रूप को जानने वाली दृष्टि का नाम पर्यायार्थिक नय है। तथा द्रव्य-पर्यायात्मक वस्तु को जानने वाला ज्ञान प्रमाण है, प्रमाण के ही भेद नय हैं। प्रमाण अनेकान्तात्मक वस्तु को पूर्ण रूप से जानता है, तो नय उस वस्तु के किसी एक धर्म को लेकर तथा उसके अन्य धर्मों को गौण करके उसका विवेचन करता है।

इस तरह सैद्धान्तिक दृष्टि से द्रव्यार्थिक और पर्यायार्थिक ही मूल नय हैं तथा नैगमादि सात नय उनके भेद हैं, जो सामान्य-विशेषात्मक या द्रव्य-पर्यायात्मक वस्तु के एक-एक अंश का यथार्थ विवेचन करते हैं। यही नयों का सैद्धान्तिक दृष्टिकोण है।

नयों के भेद-प्रभेद

नयों के भेद-प्रभेदों की कोई संख्या निश्चित नहीं है; क्योंकि ज्ञाता के अभिप्राय विशेष को नय कहा गया है और अभिप्राय के अनुसार ही वक्ता वचन प्रयोग करता है, अत: अभिप्रायमूलक वचनों के बराबर तो नय होने ही चाहिए[1] क्योंकि नयों की संख्या भी वक्ता अपने अभिप्राय से ही निश्चित करता है और अभिप्राय अनेक

होते हैं। अतः शास्त्रों में अनेक प्रकार से नय के भेद-प्रभेद दृष्टिगोचर होते हैं।

आचार्य सिद्धसेन[2] तथा नेमिचन्द्र सिद्धान्तचक्रवर्ती[3] ने इस तरह के विवक्षा भेदों को दृष्टि में रखकर नयों के भेदों का वर्णन करते हुए लिखा है—संसार में जितने प्रकार के वचनमार्ग हैं उतने ही प्रकार के नयवाद हैं।

नयों की अनेक-भेदता का एक कारण यह भी है कि वस्तु अनन्त धर्मात्मक है[4] और वस्तु के एक-एक धर्म का ग्राही नय है, अतः जितने वस्तु के धर्म हैं उतने ही नय हैं। इस प्रकार नयों की कोई निश्चित संख्या नहीं कही जा सकती है।

वैसे दिगम्बर परम्परा सम्मत आचार्य कुन्दकुन्द आदि के ग्रन्थों[5] में द्रव्यार्थिक और पर्यायार्थिक—इन दो मूलनयों की दृष्टि से वस्तु विवेचन किया गया है। आचार्य कुन्दकुन्द के समयसार में निश्चय और व्यवहार नयों का प्रयोग भी इन्हीं दो मूलनयों के अर्थ में हुआ है।

इसी प्रकार सिद्धसेन दिवाकर आदि सभी आचार्यों ने भी द्रव्यार्थिक और पर्यायार्थिक को मूल नय स्वीकार किया है। क्योंकि समस्त नयों के मूल आधार ये ही दो नय माने गये है। नैगमादि सात नय इन्हीं की शाखा-प्रशाखाएँ हैं।[6] यही बात श्री माइल्ल धवल ने भी कही है—मूलनय दो ही हैं : द्रव्यार्थिक और पर्यायार्थिक। अन्य असंख्यात और संख्यात नय इन्हीं दोनों नयों के भेद जानने चाहिए।[7]

अनेकान्त का स्पष्टीकरण नयों के निरूपण से ही हो सकता है, नय अनेक हैं, परन्तु उन सबका समावेश संक्षेप में दो नयों में हो जाता है। वे मुख्य दो नय हैं—द्रव्यार्थिक और पर्यायार्थिक।

आचार्य देवसेन ने द्रव्यार्थिक नय के दस भेद[8] और पर्यायार्थिक नय के छह[9] भेद किये है। इसी प्रकार इन्होंने नैगमादि सात नयों के साथ द्रव्यार्थिक और पर्यायार्थिक को मिलाकर कुल नौ नय माने हैं।[10] इन्होंने उपनयों का भी निर्देश किया है।

श्वेताम्बर परम्परा मान्य आचार्य उमास्वाति ने नय के पाँच भेद किये हैं—नैगम, संग्रह, व्यवहार, ऋजुसूत्र और शब्द।[11] इन्होंने आगे नैगम नय के दो भेद किये हैं—एकदेश परिक्षेपी और दूसरा सर्वपरिक्षेपी। इसी प्रकार शब्द नय के भी तीन भेद किये हैं—साम्प्रत, समभिरूढ़ और एवंभूत।[12]

दिगम्बर परम्परामान्य आचार्य उमास्वामी ने नैगम, संग्रह, व्यवहार, ऋजुसूत्र शब्द, समभिरूढ़ और एवंभूत—इसप्रकार सात नय माने हैं।[13] इसी प्रकार अन्य समस्त दिगम्बर आचार्यों ने नय के सात भेद स्वीकार किये हैं।

आचार्य सिद्धसेन अभेद संकल्पी नैगम का संग्रह नय में और भेद संकल्पी नैगम का व्यवहार नय में अन्तर्भाव करके छह ही मूल नय मानते हैं।

आचार्य यशोविजय गणी ने नय के मूल भेद द्रव्यार्थिक और पर्यायार्थिक मानकर द्रव्यार्थिक के नैगम, संग्रह और व्यवहार ये तीन भेद तथा पर्यायार्थिक के ऋजुसूत्र, शब्द, समभिरूढ़ और एवंभूत ये चार भेद माने हैं।[14]

यही बात आचार्य विद्यानन्द ने कही है।[15] अन्य दिगम्बर आचार्यों की भी यही मान्यता है।

भट्ट अकलंकदेव[16] तथा जिनभद्रगणि क्षमाश्रमण[17] ने नैगमनय को अर्थनय मानकर ऋजुसूत्र पर्यन्त चार नयों का अर्थनय रूप से तथा शब्द आदि तीन नयों का शब्दनय रूप से विभाग किया है।

आचार्य वीरसेन स्वामी ने शब्द नय के स्थान पर व्यंजन नय नाम दिया है।[18]

जिनभद्रगणि क्षमाश्रमण[19] ने एक-एक नय के सौ-सौ भेद करके विवक्षा-भेद से नयों की पाँच सौ और सात सौ संख्या बतायी है। इन्होंने इसी गाथा नं. 2264 की टीका में विवक्षा भेद से छह सौ, चार सौ तथा दो सौ संख्या भी नयों की निश्चित की है।

आचार्य वीरसेन स्वामी ने भी आग्रायणी पूर्व के वर्णन में सात सौ नयों का उल्लेख किया है।[20]

इस प्रकार नयों के अनेक भेद-प्रभेद किये गये हैं। इन समस्त नय भेदों का मुख्य रूप से निम्नलिखित प्रकारों में विभक्त कर उनका अध्ययन किया जा सकता है—

प्रथम प्रकार

जैनागम-ग्रन्थों में यद्यपि नयों के अनेक भेदों का कथन किया गया है तथापि विचार व्यवहार की दृष्टि से प्रारम्भ में नय के तीन भेद किये गये हैं[21]—ज्ञाननय, शब्दनय, और अर्थनय।

वस्तु को जानना ज्ञान का लक्षण है, इसलिए जितने प्रकार की वस्तु होती है, उतने ही प्रकार का ज्ञान भी होना चाहिए। जगत् में वस्तु तीन प्रकार की उपलब्ध होती है—ज्ञानात्मक, शब्दात्मक और अर्थात्मक।

ज्ञान-ज्ञेय सम्बन्ध द्वारा वस्तु का ज्ञान में जो प्रतिबिम्ब या प्रतिभास पड़ता है उसे ज्ञानात्मक वस्तु कहते हैं।

वाच्य-वाचक सम्बन्ध द्वारा वस्तु का शब्द में जो प्रतिभास पड़ता है उसे शब्दात्मक वस्तु कहते हैं।

अर्थ क्रिया रूप से वस्तु की जो अर्थ में सत्ता रहती है उसे अर्थात्मक वस्तु कहते हैं। जैसे—ज्ञान में प्रतिबिम्बित 'गाय' ज्ञानात्मक गाय है। ब्लैक बोर्ड (श्याम पट) पर लिखा हुआ 'गाय' शब्द या मुख से बोला हुआ 'गाय' शब्द शब्दात्मक गाय है और दूध देने रूप अर्थ क्रिया करने वाली असली 'गाय' अर्थात्मक गाय है। इन तीनों में से ज्ञानात्मक वस्तु स्वयं जानी जा सकती है; परन्तु न दूसरे को दिखाई जा सकती है और न किसी प्रयोग में लाई जा सकती है। जैसे—ज्ञानात्मक 'गाय' स्वयं जानी जा सकती है; परन्तु न किसी को दिखाई जा सकती है और न उससे दूध दुह कर पेट भरा जा सकता है।

शब्दात्मक वस्तु स्वयं भी पढ़ी व सुनी जा सकती है, दूसरे को भी पढ़ाई व सुनाई जा सकती है; परन्तु उसे किसी प्रयोग में नहीं लाई जा सकती। जैसे—शब्दात्मक 'गाय' या 'गाय' नाम का शब्द स्वयं भी पढ़ा व सुना जा सकता है, दूसरे को भी पढ़ाया या सुनाया जा सकता है; परन्तु उससे दूध दुहकर पेट नहीं भरा जा सकता है।

अर्थात्मक वस्तु स्वयं भी जानी व देखी जा सकती है, दूसरे को भी सुनाई व दिखाई जा सकती है और उसको प्रयोग में भी लाया जा सकता है। जैसे—दूध देने वाली गाय स्वयं भी जानी व देखी जा सकती है, दूसरे को भी जनाई व दिखाई जा सकती है और उससे दूध दुहकर पेट भी भरा जा सकता है।

इस प्रकार वस्तु तीन प्रकार की है—ज्ञानात्मक, शब्दात्मक और अर्थात्मक। चौथी प्रकार की वस्तु लोक में नहीं है। तीन प्रकार की वस्तुओं को जानने वाला ज्ञान भी तीन प्रकार का होना चाहिए।

ज्ञान दो प्रकार का है—प्रमाण रूप और नय रूप।[22] अखण्ड वस्तु को जानने वाला एकरसात्मक ज्ञान प्रमाण कहलाता है और उस वस्तु के एक देश को जानने वाला अंशज्ञान नय कहलाता है। अत: प्रमाण भी तीन प्रकार का है—ज्ञानात्मक प्रमाण, शब्दात्मक प्रमाण और अर्थात्मक प्रमाण। प्रत्यक्षज्ञान ज्ञानात्मक प्रमाण है, आगम या द्रव्यश्रुत शब्दात्मक प्रमाण है तथा वस्तु स्वयं अर्थात्मक प्रमाण है।

अत: नय भी तीन प्रकार का है—ज्ञाननय, शब्दनय और अर्थनय।

भावात्मक श्रुतज्ञान रूप प्रमाण के एक देश को ग्रहण करने वाला ज्ञान 'ज्ञान नय' कहलाता है।

शब्दात्मक श्रुतज्ञान रूप प्रमाण अर्थात् आगम के एक देश को जानने वाला ज्ञान 'शब्दनय' है अर्थात् आगम में प्रयुक्त अनेक प्रकार की युक्तियों वाला वाक्यों का ज्ञान 'शब्दनय' है।

अर्थ (वस्तु) के एक देश, गुण अथवा पर्याय को ग्रहण करने वाला ज्ञान 'अर्थनय' है।

इस प्रकार यद्यपि नय के तीन भेद कर दिये गये हैं—ज्ञान, शब्द और अर्थ। परन्तु इसका यह अर्थ नहीं कि शब्द या अर्थ (वस्तु) स्वयं नय रूप है, नय तो स्वयं ज्ञान रूप ही है। वह ज्ञान जिस प्रकार की वस्तु का आश्रय लेकर उत्पन्न होता है उस नाम से ही वह ज्ञान उपचार से पुकारा जाता है। जैसे—घी के आश्रय- भूत घड़े को भी घी का घड़ा उपचार से कहा जाता है। अत: ज्ञान को विषय करने वाला ज्ञान 'ज्ञान नय' कहा जाता है। शब्द को विषय करने वाला ज्ञान 'शब्द नय' कहा जाता है और अर्थ (वस्तु) को विषय करने वाला ज्ञान 'अर्थनय' कहा जाता है। ये तीनों नय अपने स्वरूप से ज्ञानात्मक ही हैं, शब्दात्मक व अर्थात्मक नहीं।

यहाँ इस प्रकरण में नैयायिक आदि यह शंका उपस्थित कर सकते हैं कि अर्थ नय और शब्द नय कहना तो ठीक है परन्तु ज्ञान नय कहना ठीक नहीं है, क्योंकि ज्ञान 'अर्थ' को तथा 'शब्द' को तो विषय करता देखा जाता है, पर ज्ञान स्वयं ज्ञान को ही विषय करता हो ऐसा देखा नहीं जाता,[23] किन्तु ऐसी शंका करना ठीक नहीं है; क्योंकि दीपक के समान ज्ञान स्व-पर-प्रकाशक है।[24] जिस प्रकार दीपक अन्य पदार्थों को प्रकाशित करता हुआ स्वयं को भी प्रकाशित कर लेता है, उसे स्वयं को प्रकाशित करने के लिए अन्य दीपक की आवश्यकता नहीं पड़ती। उसी प्रकार ज्ञान भी अन्य पदार्थों को जानता हुआ स्वयं अपने को भी वह स्वयं ही जान लेता है। उसे अपने आपको जानने के लिए अन्य ज्ञान की आवश्यकता नहीं पड़ती। जैसे—'मैं घट-पट आदि पदार्थों को अपने आप ही जानता हूँ, इस प्रकार की स्वानुभव-जन्य प्रतीति स्वयं ही होती है' इस बात को सभी जानते हैं। इस स्वानुभव-जन्य प्रतीति को उत्पन्न करने के लिए अन्य ज्ञान की आवश्यकता नहीं पड़ती है। इससे सिद्ध होता है कि ज्ञान जिस प्रकार अर्थ और शब्द को विषय करता है उसी प्रकार स्वयं—अपने आपको (ज्ञान को) भी विषय करता है। इस प्रकार ज्ञान तीन प्रकार की वस्तुओं को ग्रहण करने के कारण तीन प्रकार का हो जाता है—ज्ञान नयरूप, अर्थ नयरूप और शब्द नयरूप।

ज्ञान, अर्थ और शब्द—इन तीनों में ज्ञान सबसे बड़ी वस्तु है, अर्थ उससे छोटी है और शब्द सबसे छोटी है। 'ज्ञान' सत् और असत् सब प्रकार के पदार्थों को जानने में समर्थ है। 'सत्' पदार्थों को तो ज्ञान जानता ही है, पर कल्पना के आधार पर 'गधे का सींग', आकाश पुष्प, कूर्म रोम, बन्ध्या पुत्र आदि काल्पनिक बातों को भी ज्ञान जानता ही है, अत: ज्ञान में अर्थ और शब्दजन्य प्रतिभास भी होता है तथा कल्पनाजन्य प्रतिभास भी। कल्पनाजन्य प्रतिभास नियम से ज्ञान विषयक ही

होता है, अर्थ व शब्द विषयक नहीं और उस कल्पनाजन्य प्रतिभास का विषय अर्थ व शब्द—दोनों से अधिक है; क्योंकि अर्थ व शब्द तो सीमित हैं और वह है असीमित। इसलिए ज्ञान सबसे बड़ी वस्तु है। अर्थ और शब्द में से अर्थ बड़ा है और शब्द छोटा; क्योंकि द्रव्य, गुण-पर्यायों में सूक्ष्म स्थूल रूप से तथा द्रव्य, क्षेत्र, काल, भाव रूप से रहने वाला अर्थ तो अनन्त है, परन्तु शब्द संख्यात मात्र से अधिक होना असम्भव है। दूसरी बात यह है कि शब्द केवल स्थूल अर्थ को विषय कर सकता है, सूक्ष्म को नहीं और जगत् में स्थूल की अपेक्षा सूक्ष्म अर्थ बहुत है। इसलिए शब्द का विषय अर्थ की अपेक्षा अत्यन्त अल्प है। इस प्रकार तीनों नयों के विषयों में महान् व लघुपना जान लेना चाहिए। ज्ञाननय का विषय महान् है, अर्थनय का उससे कम और शब्दनय का सबसे कम।

जिन नैगमादि सात नयों का विवेचन आगे किया जाने वाला है, उनमें से नैगमनय ज्ञाननय भी है और अर्थनय भी। संग्रह, व्यवहार और ऋजुसूत्र ये तीन नय अर्थनय ही हैं। शब्द, समभिरूढ और एवंभूत ये तीन शब्दनय ही हैं। इस प्रकार उन सातों में एक नैगमनय ज्ञाननय है, नैगम, संग्रह, व्यवहार और ऋजुसूत्र ये चार नय अर्थनय हैं और शब्द, समभिरूढ तथा एवंभूत—ये तीन नय शब्दनय हैं।[25]

इन तीन नयों में ज्ञानाश्रित व्यवहारों का संकल्पमात्र ग्राही नैगमनय में समावेश होता है। आचार्य पूज्यपाद[26] ने नैगमनय को संकल्पमात्रग्राही बताया है। तत्त्वार्थभाष्य में भी अनेक ग्राम्य व्यवहारों का तथा औपचारिक लोकव्यवहारों का स्थान इसी नैगमनय की विषयमर्यादा में निश्चित किया है।

आचार्य सिद्धसेन ने अभेदग्राही नैगम का संग्रहनय में तथा भेदग्राही नैगम का व्यवहार नय में अन्तर्भाव किया है। इससे ज्ञात होता है कि नैगम को संकल्प मात्र ग्राही न मानकर अर्थग्राही भी स्वीकार करते हैं। अकलंकदेव[27] ने यद्यपि राजवार्तिक में आचार्य पूज्यपाद का अनुसरण करके नैगमनय को संकल्प मात्र ग्राही लिखा है फिर भी लघीयस्त्रय-कारिका 39 में उन्होंने नैगमनय को अर्थ के भेद का या अभेद का ग्रहण करने वाला बताया है। इसीलिए इन्होंने स्पष्ट रूप से नैगम आदि ऋजुसूत्र पर्यन्त चार नयों को अर्थनय माना है। अर्थाश्रित अभेद व्यवहार का संग्रह नय में अन्तर्भाव किया गया है।

इससे नीचे तथा एक परमाणु की वर्तमान कालीन एक अर्थ पर्याय से पहले होने वाले यावत् मध्यवर्ती भेदों को, जिनमें नैयायिक, वैशेषिकादि दर्शन हैं, व्यवहारनय में अन्तर्भूत किया गया है।

अर्थ की आखिरी देशकोटि परमाणु रूपता तथा अन्तिम कालकोटि में

क्षणिकता को ग्रहण करने वाली बौद्ध दृष्टि ऋजुसूत्र नय में समाविष्ट की जाती है।

काल, कारक, संख्या तथा धातु के साथ लगने वाले भिन्न-भिन्न उपसर्ग आदि की दृष्टि से प्रयुक्त होने वाले शब्दों के वाच्य अर्थ भी भिन्न-भिन्न हैं। इस काल, कारकादि भेद से शब्द-भेद मानकर अर्थभेद मानने वाली दृष्टि का शब्दनय में समावेश होता है।

एक ही साधन से निष्पन्न तथा एक कालवाचक भी अनेक पर्यायवाची शब्द होते हैं, अतः इन पर्यायवाची शब्दों से भी अर्थ-भेद मानने वाली दृष्टि का समभिरूढनय में अन्तर्भाव किया जाता है।

एवंभूत नय कहता है कि जिस समय जो अर्थ जिस क्रिया में परिणत हो उसी समय, उसमें तत्क्रिया से निष्पन्न शब्द का प्रयोग होना चाहिए। इसकी दृष्टि से सभी शब्द क्रियावाची है। गुणवाचक 'शुक्ल' भी शुचिभवन रूप क्रिया से, जातिवाचक 'अश्व' शब्द आशुगमन रूप क्रिया से, क्रिया-वाचक 'चलति' शब्द चलने रूप क्रिया से, नामवाचक 'यदृच्छा' शब्द देवदत्तादि 'भी' 'देव ने इसको दिया' इस क्रिया से निष्पन्न हुए हैं। इस तरह ज्ञान, अर्थ और शब्द को आश्रय लेकर होने वाले ज्ञाता के अभिप्रायों का समन्वय इन नयों में किया गया है; किन्तु कोई भी अभिप्राय (या दृष्टि) अपने प्रतिपक्षी अभिप्राय का निराकरण या उपेक्षा नहीं करेगा। यह हो सकता है कि जहाँ एक अभिप्राय की मुख्यता रहे वहाँ दूसरा अभिप्राय गौण हो जाय। यही सापेक्ष भाव नय का प्राण है। इसी से नय सुनय कहलाता है। आचार्य समन्तभद्र, सिद्धसेन आदि ने सापेक्षता को सुनय और निरपेक्षता को दुर्नय कहा ही है, जैसा कि द्वितीय अध्याय के नय प्रकरण में कहा गया है।

द्वितीय प्रकार

(1) द्रव्यार्थिक नय और (2) पर्यायार्थिक नय।

जैनदर्शन के अनुसार प्रत्येक वस्तु सामान्य-विशेषात्मक या द्रव्य-पर्यायात्मक है और नय वस्तु के एक अंश का ग्राही होता है; अतः सामान्य या द्रव्यांश का ग्राही द्रव्यार्थिक नय है और विशेष या पर्यायांश का ग्राही पर्यायार्थिक नय। दूसरे शब्दों में अभेदपरक या सामान्य ग्राही दृष्टि द्रव्यार्थिक नय और भेदपरक या विशेषग्राही दृष्टि पर्यायार्थिक नय है। द्रव्यार्थिक नय वस्तु को केवल सामान्य या अभेद रूप ही देखता है और पर्यायार्थिक नय उसी वस्तु को केवल विशेष या भेद रूप। तात्पर्य यह है कि अभेद या सामान्य को ग्रहण करने वाला द्रव्यार्थिक नय और भेद या विशेष को ग्रहण करने वाला पर्यायार्थिक नय है।

वास्तव में संसार की छोटी-बड़ी सभी वस्तुएँ एक दूसरी से सर्वथा भिन्न या असमान भी नहीं हैं और सर्वथा अभिन्न एकरूप या समान भी नहीं हैं। समानता या अभिन्नता और असमानता या भिन्नता दोनों अंश सभी में विद्यमान हैं। इसीलिए वस्तु-मात्र को सामान्य-विशेषात्मक या उभयात्मक कहा जाता है। मानव-बुद्धि कभी तो वस्तुओं के सामान्य या द्रव्यांश की ओर झुकती है और कभी विशेषांश या पर्यायांश की ओर। सामान्य या द्रव्य अंश की ओर झुकते समय किया गया विचार द्रव्यार्थिक नय और विशेषांश या पर्यायांश की ओर झुकते समय किया गया वही विचार पर्यायार्थिक नय कहलाता है। इस प्रकार नय के मूल भेद दो ही हैं—द्रव्यार्थिक नय और पर्यायार्थिक नय। अन्य सब नय इन्हीं दोनों के भेद-प्रभेद हैं, जैसा कि ऊपर भी कहा जा चुका है।

प्रत्येक वस्तु का विश्लेषण करने पर उसमें दो मुख्य अंश दृष्टिगोचर होते हैं। एक सामान्य अंश और दूसरा विशेष अंश, क्योंकि सामान्य, विशेष आदि अनेक धर्मों का समूह ही वस्तु है। किन्तु केवल द्रव्यास्तिक नय को मानने वाले अद्वैतवादी, मीमांसक तथा सांख्य पदार्थ को केवल सामान्यात्मक ही मानते हैं। उनका कथन है कि सामान्य से भिन्न विशेष दृष्टिगोचर नहीं होता। सब पदार्थों का सामान्य रीति से ही ज्ञान होता है और सब पदार्थ 'सत्' कहे जाते हैं, अतएव समस्त पदार्थ एक हैं। द्रव्यत्व ही एक तत्त्व है; क्योंकि द्रव्यत्व को छोड़कर धर्म, अधर्म, आकाश, काल, पुद्गल और जीव नहीं पाये जाते। अत: सामान्य ही एक तत्त्व है।

केवल पर्यायास्तिक नय को मानने वाले क्षणिकवादी बौद्ध लोग पदार्थ को केवल विशेष रूप ही मानते हैं। उनकी मान्यता है कि भिन्न और क्षण-क्षण में नष्ट होने वाले विशेष ही तत्त्व हैं, अत: प्रत्येक सर्वथा विशेष रूप ही है। विशेष को छोड़कर सामान्य कोई अलग वस्तु नहीं है। गौ को जानते समय हमें गौ के वर्ण, आकार आदि के विशेष ज्ञान को छोड़कर 'गौ' का केवल सामान्य ज्ञान नहीं होता है; क्योंकि विशेष ज्ञान को छोड़कर किसी पदार्थ का सामान्य ज्ञान हमारे अनुभव के बाहर है। अतएव पदार्थों के विशेष ज्ञान को छोड़कर पदार्थों का केवल सामान्य होना असम्भव है। अत: सामान्य कोई वस्तु नहीं है, प्रत्येक वस्तु सर्वथा विशेषात्मक ही है।

केवल नैगमनय का अनुकरण करने वाले न्याय-वैशेषिक सामान्य को एक स्वतन्त्र पदार्थ मानते हैं और विशेष को एक स्वतन्त्र पदार्थ और उनका द्रव्य के साथ समवाय सम्बन्ध मानते हैं। इसप्रकार परस्पर भिन्न और निरपेक्ष सामान्य और विशेष दोनों को स्वीकार करते हैं। वे सामान्य और विशेष को एक न मानकर परस्पर भिन्न ही स्वीकार करते हैं।

किन्तु जैन दर्शन की मान्यता है कि पदार्थ न केवल सामान्य रूप है, न केवल विशेष रूप और न स्वतन्त्र परस्पर भिन्न और निरपेक्ष उभय रूप ही है; अपितु उभयात्मक (सामान्य-विशेषात्मक) है; क्योंकि सम्पूर्ण पदार्थ सामान्य-विशेष रूप ही अनुभव में आते हैं। जैसे—'गौ' के देखने पर जिस समय हमें खुर, ककुद, सास्ना (गल कम्बल) पूँछ, सींग आदि अवयवों वाली व्यक्ति रूप सब गौओं का सामान्य रूप से ज्ञान होता है, उसी समय भैंस आदि की व्यावृत्ति (निराकरण) रूप विशेष-ज्ञान भी होता है, अतएव सांख्य, वेदान्ती, मीमांसक आदि को केवल सामान्य को ही तत्त्व न मानकर पदार्थों को सामान्य-विशेषात्मक ही मानना चाहिए।[28]

इसी प्रकार शबला (चितकबरी) गौ का विशेष ज्ञान होने पर भी 'गोत्व' सामान्य का स्पष्ट रूप से ज्ञान होता है, क्योंकि शबला कहने पर 'गोत्व' सामान्य का ज्ञान अवश्य होता है तथा शबलत्व भी अनेक प्रकार का है, अतएव वक्ता के 'गौ' को शबला कहने पर सम्पूर्ण गौओं में शबलत्व का सामान्य से ग्रहण होने पर भी विवक्षित गौओं में ही शबलत्व का ज्ञान होता है अतएव सामान्य और विशेष परस्पर-सापेक्ष हैं। बिना सामान्य के विशेष और बिना विशेष के सामान्य कहीं भी, कभी भी नहीं पाये जाते; अतएव विशेष-निरपेक्ष सामान्य को अथवा सामान्य-निरपेक्ष विशेष को तत्त्व मानना केवल प्रलाप मात्र है।[29] जिस प्रकार जन्मान्ध पुरुष हाथी के एक-एक अवयव को स्पर्श करके हाथी का जुदा-जुदा स्वरूप सिद्ध करते हैं अर्थात् एक-एक अवयव को ही हाथी मानते हैं—जिसने पैर को स्पर्श किया वह खम्भे के आकार का ही हाथी मानता है और जिसने कान का स्पर्श किया वह कहता है कि हाथी सूप के आकार का ही है इत्यादि रूप से एक-एक अवयव को ही हाथी मानते हैं, उसी प्रकार सर्वथा एकान्तवादी वस्तु का स्वरूप एक-एक अपेक्षा को ग्रहण करके भिन्न-भिन्न सिद्ध करते हैं, किन्तु यह मान्यता एकांगी होने से वस्तु-स्वरूप की सिद्धि करने में सर्वथा असमर्थ है। अतएव वस्तु को केवल विशेष रूप ही न मानकर परस्पर सापेक्ष सामान्य-विशेषात्मक ही मानना चाहिए।

इसी प्रकार सामान्य और विशेष को परस्पर भिन्न और निरपेक्ष मानने वाले नैयायिक और वैशेषिकों की मान्यता भी ठीक नहीं है; क्योंकि विसदृश परिणाम की तरह सामान्य व्यक्ति-विशेष से कथंचित् भिन्न और कथंचित् अभिन्न है। जैसे—किसी व्यक्ति के अन्य व्यक्तियों से विशेष रूप प्रतिभासित होने पर उसमें विसदृश परिणाम देखा जाता है, वैसे ही भिन्न-भिन्न व्यक्तियों में सामान्य रूप देखे जाने से सदृश परिणाम भी पाया जाता है। उदाहरण के लिए गौ व्यक्ति के अश्व आदि व्यक्तियों से असमान होने पर गौ में विसदृश परिणाम तथा गौ में गोत्व

सामान्य के रहने से सदृश परिणाम पाया जाता है। अतएव सामान्य और विशेष परस्पर सापेक्ष हैं, क्योंकि सामान्य विशेष से सर्वथा भिन्न नहीं है और न ही विशेष सामान्य से सर्वथा भिन्न है।[30]

वैसे जैनदर्शन के सापेक्ष दृष्टिकोण से उक्त दार्शनिकों की मान्यताएँ कथंचित् सत्य भी हैं, सर्वथा सत्य नहीं। वस्तु को सर्वथा सामान्य रूप मानने वाले सांख्य, अद्वैतवादी, मीमांसकों का कथन द्रव्यार्थिक नय की अपेक्षा से, वस्तु को सर्वथा विशेष रूप मानने वाले बौद्धों का कथन पर्यायार्थिक नय की अपेक्षा से तथा सामान्य-विशेष को परस्पर भिन्न और निरपेक्ष मानने वाले न्याय-वैशेषिकों का कथन नैगमनय की अपेक्षा से सत्य है। इसलिए सामान्य-विशेष को कथंचित् भिन्न और कथंचित् अभिन्न ही स्वीकार करना चाहिए; क्योंकि पदार्थों का ज्ञान करते समय सामान्य और विशेष दोनों का ही एक साथ ज्ञान होता है। बिना सामान्य के विशेष और बिना विशेष के सामान्य का कहीं भी ज्ञान नहीं होता। जैसे गौ के देखने पर हमें अनुवृत्ति रूप गौ का ज्ञान होता है, वैसे ही भैंस आदि की व्यावृत्ति रूप विशेष का भी ज्ञान होता है। इसी तरह शबला गौ कहने पर जैसे विशेष रूप शबलत्व का ज्ञान होता है, वैसे ही 'गोत्व' रूप सामान्य का भी ज्ञान होता है। अतएव सामान्य-विशेष कथंचित् भिन्न और कथंचित् अभिन्न होने से प्रत्येक पदार्थ सामान्य विशेषात्मक दोनों रूप ही है।

अनेक अर्थों में रहने वाली एकता को सामान्य कहते हैं और एक अर्थ में रहने वाली अनेकता को विशेष कहते हैं। अर्थात् अनेक पदार्थों में एक सी प्रतीति उत्पन्न करने वाला और उन्हें एक ही शब्द का वाच्य बनाने वाला धर्म सामान्य कहलाता है। जैसे—अनेक गायों में 'यह भी गौ है, 'यह भी गौ है', इस प्रकार का ज्ञान और शब्द प्रयोग कराने वाला 'गोत्व धर्म' सामान्य है। इससे विपरीत एक पदार्थ से दूसरे पदार्थ में भेद कराने वाला धर्म विशेष कहलाता है। जैसे—उन्हीं अनेक गायों में नीलापन, शाबलेयत्व (चितकबरापन), ललाई, सफेदी आदि।

जिन पदार्थों में एक दृष्टि से हमें सदृशता (समानता) की प्रतीति होती है उन्हीं पदार्थों में दूसरी दृष्टि से विसदृशता (विशेष) की प्रतीति भी होने लगती है। दृष्टि में भेद होने पर भी जब तक पदार्थ में सदृशता और विसदृशता न हो तब तक उनकी प्रतीति नहीं हो सकती है। इससे सिद्ध होता है कि पदार्थ में सदृशता या समानता की प्रतीति उत्पन्न करने वाला सामान्य है। जैसे—अनेक गायों में 'यह गौ है, यह भी गौ है, यह भी गौ है; इस प्रकार की सदृश या समान आकार वाली प्रतीति सामान्य है, इसी को अनुवृत्त प्रत्यय कहते हैं और विसदृशता की प्रतीति उत्पन्न करने वाला धर्म विशेष है; जैसे—'यह गाय काली है', 'यह चितकबरी है'

इस प्रकार की विशेष आकार वाली प्रतीति को विशेष कहते हैं। यही व्यावृत्त प्रत्यय कहलाता है।

वह सामान्य दो प्रकार का है—तिर्यक् सामान्य और ऊर्ध्वता सामान्य।[31]

प्रत्येक व्यक्ति में सदृश (समान) परिणाम को तिर्यक्-सामान्य कहते हैं[32] अथवा एक कालवर्ती व एक क्षेत्रवर्ती अनेक पदार्थों में रहने वाली एकता या समानता को तिर्यक् सामान्य कहते हैं। जैसे—खण्डी, मुण्डी, चितकबरी, श्याम, लाल आदि अनेक गायों में रहने वाला एक 'गोत्व' सामान्य तिर्यक् सामान्य है इसे सादृश्य-सामान्य भी कहते हैं, क्योंकि इसमें 'यह भी गौ है', 'यह भी गौ है', 'यह भी गौ है' इस प्रकार का सादृश्य प्रत्यय प्राप्त होता है। एक कालवर्ती तथा एक क्षेत्रवर्ती अनेक पदार्थों में रहने वाली एकता या समानता भी तिर्यक् सामान्य है। यह अनेक द्रव्यों में तिरछा होकर व्याप्त रहने के कारण तिर्यक्-सामान्य कहलाता है।

पूर्व और उत्तर पर्यायों में समान रूप से रहने वाले द्रव्य को ऊर्ध्वता-सामान्य कहते हैं; जैसे—कडे, कंकण आदि पर्यायों में समान रूप से रहने वाला स्वर्ण द्रव्य अथवा स्थास, कोश, कुशूल आदि घट की पर्यायों में समान रूप से रहने वाली मिट्टी ऊर्ध्वता सामान्य है।[33] अर्थात्—जो त्रिकालवर्ती समस्त पर्यायों में व्याप्त होकर साथ रहता है, ऐसे द्रव्य को ऊर्ध्वता सामान्य कहते हैं; जैसे—एक चित्र ज्ञान एक साथ होने वाले अपने अन्तर्गत अनेक नील, पीतादि आकारों में व्याप्त रहता है, उसी प्रकार ऊर्ध्वता सामान्य रूप जो द्रव्य है, वह काल-क्रम से होने वाली पर्यायों में व्याप्त होकर रहता है। इसी प्रकार अनेक कालवर्ती व एक क्षेत्रवर्ती अनेकों क्रमवर्ती अवस्थाओं में अनुस्यूत एक द्रव्य ऊर्ध्वता-सामान्य है; जैसे आगे पीछे प्रकट होने वाली बालक, युवा, वृद्ध आदि अनेक अवस्थाओं में अनुस्यूत एक मनुष्यत्व; क्योंकि यहाँ भी 'यह भी वही मनुष्य है, जो कि पहले बच्चा था' इस प्रकार के एकत्व-प्रत्यय की प्राप्ति हो रही है। यह अपनी काल-क्रम से होने वाली क्रमिक पर्यायों में ऊपर से नीचे तक व्याप्त रहने के कारण ऊर्ध्वता-सामान्य कहलाता है। यह जिस प्रकार अपनी क्रमिक पर्यायों को व्याप्त करता है उसी तरह अपने सहभावी गुण और धर्मों को भी व्याप्त करता है।

विशेष भी दो प्रकार का है—1. तिर्यक्-विशेष और 2. ऊर्ध्वता-विशेष।

एक काल व एक क्षेत्रवर्ती अनेक विभिन्न पदार्थों में रहने वाली व्यक्तिगत पृथक्ता तिर्यक् विशेष है; जैसे—अनेक गौओं में रहने वाली अनेकता, क्योंकि 'यहाँ जो यह गाय है वही यह दूसरी नहीं है' इस प्रकार व्यतिरेकी-प्रत्यय प्राप्त होता है।

अनेक कालवर्ती व एक क्षेत्रवर्ती आगे पीछे होने वाली एक ही द्रव्य की अनेक पर्यायों में रहने वाली पृथक्ता ऊर्ध्वता-विशेष है। जैसे—एक व्यक्ति में आगे पीछे उदय होने वाला हर्ष व विषाद, क्योंकि 'यहाँ भी जो हर्ष का स्वरूप है वही विषाद का नहीं है' इस प्रकार का विसदृश-प्रत्यय प्राप्त होता हे।

आचार्य माणिक्यनन्दि, अनन्तवीर्य, प्रभाचन्द्र आदि ने विशेष के पर्याय और व्यतिरेक—इस प्रकार से दो भेद किये हैं।[34]

एक द्रव्य में क्रम से होने वाले परिणामों को पर्याय कहते हैं। जैसे—आत्मा में हर्ष-विषाद आदि परिणाम क्रम से होते हैं, वे ही पर्याय हैं।[35]

एक पदार्थ की अपेक्षा अन्य पदार्थ में रहने वाले विसदृश परिणाम को व्यतिरेक कहते हैं। जैसे—गाय, भैंस आदि में विलक्षणपना पाया जाता है।[36]

श्री वादिदेव सूरि ने विशेष के गुण और पर्याय इस प्रकार दो भेद किये हैं।[37]

सहभावी—सदा साथ रहने वाले धर्म को गुण कहते हैं।[38] एक द्रव्य में क्रम से होने वाले परिणाम को पर्याय कहते हैं। जैसे—आत्मा में सुख-दु:खादि।[39]

सदैव द्रव्य के साथ रहने वाले धर्मों को गुण कहते हैं। जैसे—आत्मा में ज्ञान और दर्शन सदा रहते हैं, इनका कभी विनाश नहीं होता, अतएव ये आत्मा के गुण हैं। रूप, रस, गन्ध और स्पर्श सदैव पुद्गल के साथ रहते हैं, पुद्गल से एक क्षण के लिए भी अलग नहीं होते, अत: रूपादि पुद्गल के गुण हैं। गुण-द्रव्य की भाँति अनादि अनन्त होते हैं।

पर्याय इससे विपरीत है। यह उत्पन्न होती रहती है और नष्ट भी होती रहती है। आत्मा जब मनुष्य भव (पर्याय) का त्यागकर देवभव (पर्याय) में जाता है तब मनुष्य पर्याय का विनाश हो जाता है और देव-पर्याय की उत्पत्ति हो जाती है। एक वस्तु की एक पर्याय का नाश होने पर उसके स्थान पर दूसरी पर्याय उत्पन्न होती है। अतएव पर्याय को क्रमभावी कहा है।

ऊपर कहा गया है कि प्रत्येक वस्तु सामान्य-विशेषात्मक या द्रव्य-पर्यायात्मक है, अत: सामान्य या द्रव्यांश का ग्राही द्रव्यार्थिक नय है और विशेष या पर्यायांश का ग्राही पर्यायार्थिक नय है। वस्तु के सामान्य और विशेषांश पर पूर्ण विचार किया जा चुका हैं। अब द्रव्य और पर्याय के व्युत्पत्तिपरक लक्षण विवेचनीय है।

'द्रव्य' शब्द 'द्रु' (द्रव्) धातु से 'य' प्रत्यय करने पर निष्पन्न होता है। 'द्रु' (द्रव्) का अर्थ है जाना या प्राप्त करना। इस प्रकार 'द्रव्य' शब्द का व्युत्पत्ति परक अर्थ हुआ—जो उन-उन पर्यायों को प्राप्त होता है, प्राप्त होगा और प्राप्त हुआ था,

वह द्रव्य है।[40]

इसी प्रकार द्रव्य का यह व्युत्पत्तिपरक लक्षण आचार्य कुन्दकुन्द,[41] पूज्यपाद-स्वामी,[42] अकलंक देव,[43] आचार्य देवसेन,[44] माइल्ल धवल,[45] धवलाकार,[46] जयधवलाकार[47] आदि ने भी किया है।

यह 'द्रव्य' ही जिसका अर्थ (प्रयोजन) हो, उसे द्रव्यार्थिक नय कहते हैं।[48] द्रव्य का अर्थ सामान्य, अभेद, अन्वय और उत्सर्ग भी है, इसको विषय करने वाला नय द्रव्यार्थिक नय है।[49]

'पर्याय' शब्द 'परि' उपसर्गपूर्वक 'इण्' धातु से 'ण' प्रत्यय करने पर सिद्ध होता है। 'परि' उपसर्ग का अर्थ है 'कालकृत भेद' और 'इण्' धातु का अर्थ है 'गमन या प्राप्ति' अर्थात् जो कालकृत भेद को प्राप्त होती है या जो सब ओर से भेद को प्राप्त करे, उसे पर्याय कहते हैं[50] अथवा जो स्वभाव विभाव रूप से पूरी तरह द्रव्य को प्राप्त होती है वे पर्याय हैं।[51] 'पर्याय' शब्द में परि उपसर्ग का अर्थ 'भेद' है और उससे ऋजुसूत्र वचन अर्थात् वर्तमान वचन का विच्छेद जिस काल में होता है वह काल लिया गया है। ऋजुसूत्र का विषय वर्तमान पर्याय मात्र और उसके वचन को विच्छेद रूप काल भी वर्तमान समय मात्र होता है। इस प्रकार जो वर्तमान काल एक समय को प्राप्त होती है उसे पर्याय कहते हैं[52] ऋजुसूत्र के प्रतिपादक वचनों का विच्छेद जिस काल में होता है वह काल जिन नयों का मूल आधार है, वे पर्यायार्थिक नय हैं। विच्छेद अथवा अन्त जिस काल में होता है उस काल को विच्छेद कहते हैं। वर्तमान वचन को ऋजुसूत्र वचन कहते हैं और उसके विच्छेद को ऋजुसूत्र वचन विच्छेद कहते हैं। वह ऋजुसूत्र के प्रतिपादक वचनों का विच्छेद रूप काल जिन नयों का मूल आधार है, उन्हें पर्यायार्थिक नय कहते हैं अर्थात् ऋजुसूत्र के प्रतिपादक वचनों के विच्छेद रूप समय से लेकर एक समयपर्यन्त वस्तु-स्थिति का निश्चय करने वाले पर्यायार्थिक नय हैं।[53]

उक्त पर्याय भी जिस नय का प्रयोजन हो, उसे पर्यायार्थिक नय कहते हैं।[54]

पर्याय का अर्थ विशेष, भेद, व्यतिरेक और अपवाद है, इसको विषय करने वाला नय पर्यायार्थिक नय है।[55]

इस प्रकार ये द्रव्यार्थिक और पर्यार्थिक नय के सैद्धान्तिक और व्युत्पत्तिपरक लक्षण किये गये हैं।

उपरि-विवेचित कथन का निष्कर्ष यही है कि द्रव्य को मुख्य रूप से ग्रहण करने वाला नय द्रव्यार्थिक और पर्याय को मुख्य रूप से ग्रहण करने वाला नय पर्यायार्थिक नय है अर्थात् जो पर्याय को गौण करके और द्रव्य को मुख्य करके ग्रहण करता है उसे द्रव्यार्थिक नय कहते हैं और जो द्रव्य को गौण करके

और पर्याय को मुख्य करके ग्रहण करता है उसे पर्यायार्थिक नय कहते हैं। अतः द्रव्यार्थिक नय का विषय द्रव्य है और पर्यायार्थिक नय का विषय पर्याय है।

जैनदर्शन के अनुसार जैसा कि ऊपर कहा जा चुका है वस्तु द्रव्य-पर्यायात्मक या सामान्य-विशेषात्मक है। द्रव्य और पर्याय को या सामान्य और विशेष को देखने वाली दो आँखें हैं, द्रव्यार्थिक नय और पर्यायार्थिक नय। पर्यायार्थिक दृष्टि को सर्वथा बन्द करके जब केवल द्रव्यार्थिक दृष्टि से देखते हैं तो नरक, तिर्यंच, मनुष्य, देव और सिद्धत्व पर्याय रूप विशेषों में व्यवस्थित एक जीव-सामान्य के ही दर्शन होने से सब जीव-द्रव्य रूप ही प्रतिभासित होता है और जब द्रव्यार्थिक दृष्टि को सर्वथा बन्द करके केवल पर्यायार्थिक दृष्टि से देखते हैं तो जीव द्रव्य में व्यवस्थित नरक, तिर्यंच, मनुष्य, देव, सिद्धत्व पर्यायों के पृथक्-पृथक् दर्शन होते हैं और जब द्रव्यार्थिक तथा पर्यायार्थिक दृष्टियों को एक साथ खोल कर देखते हैं तो नरक, तिर्यंच, मनुष्य, देव और सिद्धत्व पर्यायों में व्यवस्थित जीव द्रव्य और जीवद्रव्य में व्यवस्थित नरक, तिर्यंच मनुष्य, देव और सिद्धत्व पर्याय एक साथ दिखाई देती हैं। अतः एक दृष्टि से देखना एक देश को देखना है और दोनों दृष्टियों से देखना सब वस्तु को देखना है। इस तरह वस्तु को देखने की ये दो दृष्टियाँ हैं। इन्हीं को द्रव्यार्थिक और पर्यायार्थिक नय कहते हैं।

द्रव्यार्थिक और पर्यायार्थिक नय के भेद-प्रभेद—द्रव्यार्थिक और पर्यायार्थिक इन दोनों नयों के दो-दो भेद हैं।[56] अध्यात्म द्रव्यार्थिक, अध्यात्म पर्यायार्थिक, शास्त्रीय द्रव्यार्थिक और शास्त्रीय पर्यायार्थिक। इनमें से अध्यात्म द्रव्यार्थिक नय के दस भेद हैं[57] और अध्यात्म पर्यायार्थिक नय के छह भेद हैं।[58] शास्त्रीय द्रव्यार्थिक नय के तीन भेद हैं—नैगम, संग्रह और व्यवहार। नैगम नय के तीन भेद हैं[59] भूत, भावि और वर्तमान। संग्रह नय के दो भेद हैं[60]—सामान्य संग्रह और विशेष संग्रह। व्यवहार नय के दो भेद हैं[61]—सामान्य संग्रहभेदक व्यवहार और विशेष संग्रहभेदक व्यवहार। इस प्रकार शास्त्रीय द्रव्यार्थिक के सात भेद हैं। शास्त्रीय पर्यायार्थिक के चार भेद हैं—ऋजुसूत्र, शब्द, समभिरूढ और एवंभूत नय। इनमें भी ऋजुसूत्र नय के दो भेद हैं[62]—सूक्ष्म ऋजुसूत्र और स्थूल ऋजुसूत्र। शब्द, समभिरूढ और एवंभूत नय, इनके एक-एक ही भेद हैं।[63] उपनयों के तीन भेद है—सद्भूत, असद्भूत और उपचरित। इनमें सद्भूत के दो भेद हैं, असद्भूत के तीन भेद हैं और उपचरित के भी तीन भेद हैं।[64] इस प्रकार उक्त नयों के कुल छत्तीस भेद हैं। नयों के इन भेद-प्रभेदों से आचार्य देवसेन, माइल्ल धवल आदि सभी सहमत हैं। सभी ने इन नयों

के इसी प्रकार भेद-प्रभेद किये हैं।

तृतीय प्रकार

नैगमादि नय-विवेचन—जैसा कि पहले कहा जा चुका है 'जितने वचनमार्ग हैं उतने ही नय हैं'[65] किन्तु नैगमादि नयों का ही जैनागम ग्रन्थों में सविस्तर विवेचन पाया जाता है। सभी नय प्रमाण के समान श्रुतज्ञानात्मक होते हैं। प्रमाणज्ञान वस्तुगत एक गुण के द्वारा सम्पूर्ण वस्तु का कथन करता है; क्योंकि प्रमाण के विषयभूत एक गुण का अर्थगत अनेक धर्मों के साथ अविनाभाव सम्बन्ध रहता है। प्रमाण के द्वारा जाने गये अर्थ के एक देश को जानने वाले श्रुतज्ञान विशेष को नय कहते हैं। इसी प्रकार नय के अन्य लक्षण भी जैनाचार्यों ने किये हैं, किन्तु इन सभी लक्षणों का अभिप्राय एक ही है।

संक्षेप[66] में द्रव्यार्थिक और पर्यायार्थिक ये दो ही मूल नय हैं। जो वस्तु के द्रव्यांश को विषय करता है वह द्रव्यार्थिक और जो पर्याय को अपना विषय बनाता है वह पर्यायार्थिक नय है। यह सब ऊपर भी कहा गया है। इन दोनों नयों के ही भेद नैगम, संग्रह, व्यवहार, ऋजुसूत्र, शब्द, समभिरूढ और एवंभूत ये सात नय हैं। इन नैगमादि सात नयों में से पहले तीन अर्थात् नैगम, संग्रह और व्यवहार ये द्रव्यार्थिक अर्थात् द्रव्यप्रधान नय हैं और शेष चार अर्थात् ऋजुसूत्र, शब्द, समभिरूढ और एवंभूत ये पर्यायार्थिक अर्थात् पर्यायप्रधान नय हैं। प्रथम तीन नयों का मूल कारण द्रव्यार्थिक नय है और शेष चार नयों का मूल कारण पर्यायार्थिक नय है। ये नैगमादि सात नय इन दोनों नयों के विस्तार रूप ही हैं। वैसे अति विस्तार की दृष्टि से नयों के भेद संख्यात भी होते हैं।

ज्ञानादि तीन नयों की अपेक्षा से इन सात नयों में से आदि के चार नयों को अर्थात् नैगम, संग्रह, व्यवहार और ऋजुसूत्र को अर्थनय कहते हैं, क्योंकि ये अर्थ की प्रधानता से वस्तु का ग्रहण करते हैं और शब्दप्रधान होने से शेष तीन नयों अर्थात् शब्द, समभिरूढ और एवंभूत को शब्दनय कहते हैं।[67] किन्तु इतना विशेष समझना कि नैगमनय अर्थनय होने के साथ-साथ ज्ञाननय भी है, अतः नैगमनय ज्ञाननय भी है और अर्थनय भी है।

यहाँ पर यह आशंका हो सकती हैं कि 'गुणपर्ययवद् द्रव्यम्'[68] इस तत्त्वार्थ सूत्र के वचन के अनुसार जब वस्तु त्र्यंशरूप है अर्थात् द्रव्य, गुण, पर्याय इन तीनों अंशों से युक्त अंशिरूप है तब उसको दो अंश वाली मानकर द्रव्यांशग्राही और पर्यायांशग्राही दो नयों को ही क्यों माना गया है? गुणांशग्राही गुणार्थिक नय को

क्यों नहीं स्वीकार किया गया है? 'वस्तु द्रव्य-पर्यायात्मक होने से उसके दो ही अंश माने गये हैं; अतः दो ही नय मानना उचित है। यदि ऐसा कहा जाय तो 'गुणपर्ययवद् द्रव्यम्' इस सूत्र के द्वारा वस्तु अंशत्रयात्मक क्यों बतायी गयी है? अतः तीसरा गुणार्थिक नय भी मानना उचित ही है?

यद्यपि 'गुणपर्ययवद् द्रव्यम्' इस वचन के अनुसार द्रव्य की अंशत्रयात्मकता प्रतिभासित होने से उक्त शंका का प्रादुर्भाव होना स्वाभाविक है तो भी वह ठीक नहीं है, क्योंकि गुण सहभाविपर्याय होने से उसका पर्याय-सामान्य में अन्तर्भाव हो जाता है। पर्याय के सहभाविपर्याय और क्रमभावि पर्याय ये दो विशेष भेद हैं। इन दोनों का पर्याय सामान्य में अन्तर्भाव होता है। विशेषों का सामान्य में नियम से अन्तर्भाव होता है; क्योंकि सामान्य के अभाव में विशेषों का सद्भाव होना असम्भव है। अतः जब सहभावि पर्याय रूप गुण का पर्याय सामान्य में अन्तर्भाव होता है तब वस्तु की अंशद्वयात्मता सिद्ध हो जाती है और वस्तु की अंशद्वयात्मकता की सिद्धि हो जाने से प्रत्येक अंश को जानने वाली नय की भी द्विविधता भी सिद्ध हो जाती है। एक नय द्रव्यमूलक होता है और दूसरा पर्याय-मूलक होता है। द्रव्यमूलक नय द्रव्यार्थिक नय कहा जाता है और पर्यायमूलक नय पर्यायार्थिक नय कहा जाता है। अतः गुणमूलक तीसरा गुणार्थिक नय का सद्भाव होना असम्भव है। अतः मूलनय दो ही हैं और ये ही नैगमादि नयों के मूल कारण हैं, तीसरा गुणार्थिक नय नैगमादि नयों का मूल कारण नहीं हो सकता। यदि सहभावि पर्याय रूप होने से गुण का पर्यायार्थिक नय में अन्तर्भाव होने पर भी गुणार्थिक नय को एक अलग नय भेद माना जाय तो शुद्ध द्रव्यार्थिक नय का द्रव्यार्थिक नय सामान्य में अन्तर्भाव होने पर शुद्ध द्रव्यार्थिक नय को भी एक अलग-नय भेद क्यों न माना जाये? अतः दो ही नय मानना उचित है। ये दो ही नय नैगमादि नयों के मूल कारण मानने योग्य हैं।

(1) **नैगमनय**—जैसा कि पहले कहा जा चुका है नैगमनय ज्ञाननय भी और और अर्थनय भी है। अतः इस नय के दो लक्षण किये गये हैं—एक ज्ञाननय की अपेक्षा से और दूसरा अर्थनय की अपेक्षा से। ज्ञाननय की अपेक्षा से पहला लक्षण तो 'नैगम' शब्द की व्युत्पत्ति के आधार पर किया गया है—'नि' उपसर्गपूर्वक 'गम्' धातु से 'अच्' प्रत्यय करने पर 'निगम' शब्द बनता है, जिसका अर्थ है संकल्प या विकल्प और 'निगम' शब्द के कुशल या भव अर्थ में 'अण' प्रत्यय करने पर 'नैगम' शब्द की सिद्धि होती है। इसका अर्थ है संकल्प करना।[69]

वास्तव में 'निगम' शब्द का अर्थ है 'अन्दर से बाहर निकलना'। ज्ञान में से

स्वयं फूटकर बाहर निकलना निगम कहलाता है। अर्थात् शान्त व स्थिर ज्ञान में सहसा जो विकल्प उत्पन्न होता है, उसे निगम कहते हैं। उस निगम या विकल्प अथवा संकल्प में जो रहे या उससे उत्पन्न हो उसे नैगमनय कहते हैं। इस प्रकार नैगम नय संकल्प मात्र को ग्रहण करता है। यह संकल्प सत् पदार्थ सम्बन्धी भी हो सकता है और असत् पदार्थ सम्बन्धी भी। सत् पदार्थ सम्बन्धी ज्ञान तो सर्व सम्मत है ही। जैसे कि मनुष्य तथा वृक्षादि सम्बन्धी ज्ञान, परन्तु असत् पदार्थ सम्बन्धी ज्ञान भी असिद्ध नहीं है। भले ही आकाश पुष्प की माला की सत्ता लोक में न हो पर संकल्प ज्ञान उसको भी गूँथने में समर्थ है। भले ही गधे के सींग न होते हों पर ज्ञान में सींग वाले गधे की कल्पना होना भी सम्भव है। अर्थ नय तो केवल सत्ता भूत पदार्थ को ही जान सकता है, परन्तु ज्ञान या नैगमनय का व्यापार उपर्युक्त प्रकार से असत् पदार्थ में भी होता है।

उक्त संकल्पों को प्रमाणभूत और अप्रमाणभूत भी कहा जा सकता है। सत्ताधारी किसी पदार्थ के सम्बन्ध में होने वाला संकल्प प्रमाणभूत है, जैसे राजकुमार में राजापने का संकल्प अथवा राजभ्रष्ट व्यक्तियों में राजापने का संकल्प अथवा नाटक के किसी पात्र में राजापने का संकल्प अथवा खड़ाऊँ या राजमुद्रा आदि में राजा का संकल्प। असत् पदार्थ के सम्बन्ध में होने वाला संकल्प अप्रमाणभूत है जैसे—'बन्ध्या-पुत्र' के लिए 'आकाश-पुष्प' की माला गूँथने का संकल्प अथवा सींग वाले घोड़े पर सवारी करने का संकल्प अथवा स्वप्न की अनेकों ऊटपटांग बातों के सम्बन्ध में विचारने का संकल्प। भले ही काम करना अभी प्रारम्भ न किया हो पर चित्त में उसे करने का संकल्प मात्र प्रकट हो जाने पर वह कार्य जिस दृष्टि में निश्चित रूप से समाप्त होने के समान प्रतिभासित होने लगता है, वही नैगमनय है। जैसे अभी मेरठ नहीं गये पर मेरठ जाने का विचार करने पर 'मैं मेरठ जा रहा हूँ' ऐसा कहने का व्यवहार होता है। इस प्रकार संकल्प मात्र के द्वारा भूतकालीन वस्तु को अथवा भविष्यत् कालीन वस्तु को वर्तमानवत् देखा जा सकता है और इसी प्रकार अप्रमाणभूत काल्पनिक बातों को भी ज्ञान के विकल्प में सत् स्वरूपवत् देखा जा सकता है। इन प्रमाणभूत व अप्रमाणभूत दोनों प्रकार के विषयों को सत् स्वरूप देखना नैगमनय का लक्षण है। इसी प्रकार चावलों को नापकर लेती हुई स्त्री के पूछने पर कि तुम क्या कर रही हो? तो वह उत्तर देती है कि मैं भात बना रही हूँ। तथा कुल्हाड़ा लेकर जाते हुए व्यक्ति से पूछने पर कि तुम कहाँ जा रहे हो? तो वह उत्तर देता है कि मैं 'हल' लेने जा रहा हूँ। इनमें पहली का उत्तर तो चावलों की भविष्यकाल में उत्पन्न होने वाली भात रूप पर्याय की अपेक्षा से है और दूसरे

का उत्तर लकड़ी की हल रूप भावि पर्याय की अपेक्षा से है। किन्तु उस समय न तो कहीं भात है और न हल, किन्तु उन दोनों का भात और हल बनाने का संकल्प मात्र है, उस संकल्प में ही ये भात या हल का व्यवहार करते हैं। इस प्रकार अनिष्पन्न अर्थ के संकल्प मात्र का ग्राहक नैगमनय है या यों कहिए कि जितना लोकव्यवहार अनिष्पन्न अर्थ के अवलम्बन से संकल्प मात्र को विषय करता है वह सब नैगमनय का विषय है।[70]

अर्थनय की अपेक्षा से नैगमनय का दूसरा लक्षण 'न एकं गमः नैगमः' जो एक को ही प्राप्त नहीं होता है इस व्युत्पत्ति के आधार पर किया गया है; जिसका अर्थ होता है जो एक को ही विषय न करे, भेद और अभेद दोनों को विषय करे वह नैगमनय है अर्थात् जो धर्म और धर्मी में से एक को ही नहीं जानता है, किन्तु गौण और मुख्य रूप से धर्म और धर्मी दोनों को ही विषय करता है उसे नैगमनय कहते हैं। जैसे—जीव अमूर्त है, ज्ञाता, द्रष्टा है। यहाँ प्रधान रूप से जीवत्व का निरूपण करने पर ज्ञानादि या सुखादि धर्म गौण हो जाते हैं और ज्ञानादि गुणों का निरूपण करने पर आत्मद्रव्य गौण हो जाता है। यह न केवल धर्म को ही ग्रहण करता है और न केवल धर्मी को ही, किन्तु विवक्षानुसार दोनों ही इसके विषय होते हैं। भेद और अभेद दोनों को ही यह जानता है। दो धर्मों में से, दोनों धर्मियों में से और धर्म तथा धर्मी इन दोनों में से केवल एक के प्रति गमन न करना अर्थात् दोनों में से किसी एक का ही प्रतिपादन न करना किन्तु दोनों का ही मुख्य और गौण रूप से प्रतिपादन करना यह नैगमनय का स्वरूप है।[71] यह नय संग्रह नय के विषय अभेद को तथा व्यवहार नय के विषय भेद को दोनों को ही युगपत् किन्तु मुख्य गौण के विकल्प से ग्रहण करता है। संग्रहनय अनेकों में अनुगत सामान्य को ही ग्रहण करके वस्तु को एक मानता है और व्यवहारनय उसी वस्तु में अनेकों द्रव्य, गुण, पर्याय गत विशेषों का ग्रहण करके उसे अनेक रूप मानता है। जैसे 'जीव एक है' यह संग्रहनय का विषय है और जीव दो प्रकार का है—'संसारी व मुक्त' यह व्यवहार नय का विषय है। परन्तु इन दोनों नयों के विषयों को मुख्य-गौण भाव से युगपत् ग्रहण करना यह नैगमनय का विषय है। उसमें कहीं संग्रहनय का अभेद विषय मुख्य होता है तो व्यवहारनय का भेद विषय गौण हो जाता है। जैसे—जो यह संसारी व मुक्त दो प्रकार का कहा जा रहा है वह वास्तव में एक जीव ही है। कहीं व्यवहारनय का भेद विषय मुख्य हो जाता है और संग्रहनय का अभेद विषय गौण हो जाता है। जैसे—यह जो एक जीव कहा जा रहा है वही संसारी व मुक्त के भेद से दो प्रकार का है। नैगमनय के इस लक्षण का विषय सत्ता भूत पदार्थ ही

है; क्योंकि यह अर्थनय है। जो अनेक मानों (जानने की विधियों) से वस्तु को जानता है अथवा अनेक भावों से वस्तु का निर्णय करता है उसे भी नैगमनय कहते हैं।

निगम नाम जनपद (देश) का भी है। जिस देश में जो शब्द जिस अर्थ के लिए नियत है, वहाँ उस अर्थ और शब्द के सम्बन्ध को जानना नैगमनय है अर्थात् इस शब्द का यह अर्थ है और अर्थ का वाचक यह शब्द है। इस प्रकार वाच्य-वाचक के सम्बन्ध का ज्ञान नैगमनय है।

नैगमनय पदार्थ को सामान्य, विशेष और उभयात्मक मानता है। तीनों कालों एवं चारों निक्षेपों को मानता है तथा धर्म और धर्मी दोनों को ग्रहण करता है।

नैगमनयाभास:[72]—धर्म-धर्मी या गुण-गुणी को अत्यन्त भिन्न मानना नैगम नयाभास है; क्योंकि गुण गुणी से पृथक् अपनी सत्ता नहीं रखता और न ही गुणी गुणों से पृथक् अपना अस्तित्व रख सकता है। जैनदर्शन के अनुसार गुण-गुणी, अवयव-अवयवी, क्रिया-क्रियावान् तथा जाति-व्यक्ति में अत्यन्त भेद मानने वाला न्याय-वैशेषिक दर्शन नैगमाभासी है तथा ज्ञान और सुखादि को आत्मा से अत्यन्त भिन्न मानने वाला सांख्यदर्शन भी नैगमाभासी है।

यहाँ पर यह कहा जा सकता है कि जिस प्रकार नैगमनय वस्त्वंशग्राही होता है उसी प्रकार संग्रह और व्यवहार नय भी वस्त्वंशग्राही होते हैं। अत: नैगमनय का संग्रह या व्यवहार नय में अन्तर्भाव किया जा सकता है इसलिए इसे अलग से मानने की आवश्यकता नहीं है, किन्तु इस प्रकार का कथन ठीक नहीं है; क्योंकि नैगमनय दोनों अंशों को गुण प्रधान भाव से जानने वाला है, अत: इसका वस्तु के एक मात्र अंश को जानने वाले संग्रह या व्यवहारनय में कैसे अन्तर्भाव किया जा सकता है? वस्तु के दोनों अंशों को ग्रहण करने वाले नैगमनय का विषय जब एक अंश को जानने वाले संग्रह नय या व्यवहार नय के विषय से बड़ा है तब उन दोनों नयों में से किसी भी एक नय में नैगमनय का अन्तर्भाव किया जाना असम्भव है।

वस्त्वंशद्वयग्राही नैगमनय का ऋजुसूत्र, शब्द, समभिरूढ और एवंभूत नय, इन में से किसी भी एक नय में अन्तर्भाव नहीं किया जा सकता; क्योंकि ऋजुसूत्रादि प्रत्येक नय वस्तु के एक मात्र अंश को ग्रहण करने वाले होने से जिस प्रकार नैगमनय का संग्रहनय में अथवा व्यवहारनय में अन्तर्भाव नहीं किया जा सकता उसी प्रकार ऋजुसूत्रादि नयों में भी उसका अन्तर्भाव नहीं किया जा सकता। अत: नैगमनय का किसी भी अन्य नय में अन्तर्भाव न होने से नयों की संख्या सात ही है, छह नहीं हो सकती।

नैगमनय के भेद-प्रभेद[73]—नैगमनय बहुत व्यापक नय है। अत: इसकी व्यापकता को दर्शाने के लिए इस नय का विश्लेषण करना अत्यन्त आवश्यक है। इसका विषय द्रव्य, गुण व पर्याय तीनों हैं। जाति व व्यक्ति, शुद्ध व अशुद्ध द्रव्य, शुद्ध व अशुद्ध पर्याय, स्थूल व सूक्ष्म पर्याय, अर्थ व व्यंजन पर्याय सब कुछ इस नय के पेट में समाया हुआ है। अत: विषय की अपेक्षा से इसके अनेकों भेद-प्रभेद हो जाते हैं।

सर्वप्रथम इसके दो भेद किये गये हैं—समग्रग्राही और देशग्राही।

समग्रग्राही नैगमनय सामान्य अंश का सहारा लेकर प्रवृत्त होता है। जैसे—'यहाँ घड़ा है'। यहाँ काला-पीला, छोटा-बड़ा आदि विशेषण न लगाकर सामान्य रूप से घट मात्र का ग्रहण किया गया है।

देशग्राही नैगमनय विशेष अंश का सहारा लेकर प्रवृत्त होता है। जैसे 'यह घड़ा मिट्टी का है; 'काला है' या 'छोटा है'। यहाँ घट की विशेष अवस्थाओं का ग्रहण किया गया है।

काल की अपेक्षा से नैगमनय के तीन भेद हैं—भूत-नैगम, भावि-नैगम और वर्तमान-नैगम।

भूत नैगम—अतीत काल में वर्तमान का संकल्प करना भूत नैगम है। जैसे—आज दीपावली के दिन 'भगवान् महावीर मोक्ष गये थे।' आज का अर्थ—वर्तमान दिवस है। लेकिन उसका संकल्प हजारों वर्ष पहले के दिन में किया गया है। महावीर जयन्ती, कृष्णजन्माष्टमी, रामनवमी आदि भी इसी के उदाहरण हैं।

भाविनैगम—भविष्य में भूतकाल का संकल्प करना अथवा अनिष्पन्न भावि पदार्थ को निष्पन्नवत् कल्पना करना भावि नैगम नय है। जैसे—कुल्हाड़ा लेकर जाते हुए व्यक्ति से पूछने पर वह कह देता है कि प्रस्थ लेने जा रहा हूँ। यहाँ प्रस्थ पर्याय अभी बनी नहीं फिर भी केवल संकल्प के आधार पर उसे बनी हुई की तरह स्वीकार कर लिया गया है।

वर्तमान-नैगम—कोई कार्य प्रारम्भ कर दिया गया है परन्तु वह पूर्ण न हुआ हो फिर भी उसे पूर्ण हुआ कहना वर्तमान नैगम है। जैसे रसोई के प्रारम्भ में ही कह देना कि 'आज तो भात बनाया है।'

अपेक्षा विशेष से नैगम नय के (1) पर्याय-नैगम, (2) द्रव्य-नैगम और (3) द्रव्य-पर्याय-नैगम इस प्रकार तीन भेद किये गये हैं। इनमें से पर्याय-नैगम के तीन भेद हैं, द्रव्य-नैगम के दो भेद हैं और द्रव्य-पर्याय नैगम के चार भेद हैं। इस प्रकार नैगम के कुल 9 भेद होते हैं। नैगम के नौ भेद और शेष छह नय मिलकर नय

के कुल पन्द्रह भेद हो जाते हैं।

(2) **संग्रह-नय**[74]—जो नय अभेद रूप से सम्पूर्ण वस्तु समूह को विषय करता है वह संग्रह नय है। यह नय अपनी जाति का विरोध न करते हुए एकपने से समस्त पदार्थों को ग्रहण करता है। जैसे—'सत्' कहने से सत्ता सम्बन्ध के योग्य द्रव्य, गुण, कर्म आदि सभी सद्-व्यक्तियों का ग्रहण हो जाता है। 'द्रव्य' कहने से सभी द्रव्यों का ग्रहण हो जाता है। इसी प्रकार 'घट' कहने से सभी प्रकार के घड़ों का ग्रहण हो जाता है। यह अभेद ग्राही तथा अद्वैत दर्शाने वाला है। इसी तरह विशेष से रहित सत्ता (द्रव्यत्वादि सामान्य) मात्र को ग्रहण करने वाला है। अथवा पिण्डित अर्थात् एक जाति रूप सामान्य अर्थ को विषय करने वाला है। यह नय विशेष (भेद) को छोड़कर सामान्य द्रव्यत्व को ग्रहण करता है। एक जाति में आने वाली समस्त वस्तुओं में एकता लाना इसका अभिप्राय है। यह एक शब्द कहने पर उससे सम्बन्ध रखने वाले सभी पदार्थों का ग्रहण कर लेता है। जैसे—'रोटी लाओ' कहने पर रोटी, शाक, चावल, दाल आदि समस्त भोजन-सामग्री उपस्थित कर दी जाती है।

संग्रह नय के दो भेद हैं—परसंग्रह और अपरसंग्रह।

परसंग्रह—परसंग्रहनय सामान्य-ग्राहक है अर्थात् सत्तामात्र को ग्रहण करता है। 'द्रव्य' शब्द से यह जीव-अजीव का भेद न करके सभी द्रव्यों को ग्रहण कर लेता है।

परसंग्रहनयाभास[75]—संग्रहनय के विषय भूत पदार्थों के जो विशेष धर्म होते हैं वे गौण बनाये जाते हैं, उनका निराकरण (अभाव) नहीं किया जाता। यदि उन पदार्थों के विशेषों का निराकरण किया गया है तो ये स्वजाति से च्युत हो जाएँगे और उनमें होने वाले कथंचित् भेद का अभाव हो जाएगा। कथंचित् भेद का अभाव हो जाने पर उनके सर्वथा अभेद की (एकत्व की) सिद्धि हो जाएगी। उनके सर्वथा एकत्व की सिद्धि हो जाने पर संग्रहनय की सभी पदार्थों की कथंचित् एकता को ग्रहण करना रूप अर्थ क्रिया का अभाव हो जाएगा और उसके अभाव में संग्रह नय का ही अभाव मानना पड़ेगा। सभी पदार्थों के विशेषों का निराकरण करके सत्ता मात्र धर्म से अद्वैत की सिद्धि प्रत्यक्षादि प्रमाणों से बाधित हो जाती है। अतः सभी पदार्थों के विशेषों को निराकरण कर देने पर परसंग्रह की सिद्धि न होकर परसंग्रहाभास की ही सिद्धि हो जाती है। पदार्थों के विशेषों का निराकरण करने वाले कपिलों का महासामान्य, वैयाकरणों का शब्दाद्वैत, वेदान्तियों का ब्रह्माद्वैत, बौद्धों का विज्ञानाद्वैत आदि सभी अद्वैतवाद परसंग्रहाभास के ही रूप हैं।

अपरसंग्रह—अपरसंग्रह नय केवल अपने विषयभूत द्रव्यविशेष का ही ग्रहण करता है। जैसे—'जीव' कहने से मात्र जीवों का ग्रहण होगा, अजीवों का नहीं।

अपरसंग्रहनयाभास[76]—'जिन द्रव्यों में द्रव्यत्व-सामान्य आश्रित होता है, उन द्रव्यों से द्रव्यत्व एकान्त रूप से अभिन्न है; क्योंकि द्रव्यत्व सामान्य से भिन्न द्रव्यों का सद्भाव नहीं पाया जाता, उनका अभाव ही होता है।' इस प्रकार मानने से अपरसंग्रहनय आभास रूप ही बन जाता है; क्योंकि ऐसा मानना प्रतीतिविरुद्ध है। लौकिक व्यवहार में द्रव्यत्व-सामान्य और द्रव्य इनमें कथंचित् भेद भी पाया जाता है। 'पर्यायत्व सामान्य पर्यायों से कदापि भिन्न नहीं होता—वह पर्यायात्मक ही होता है; क्योंकि पर्यायत्व-सामान्य से भिन्न पर्यायों का अस्तित्व नहीं रह सकता। उस कारण से ही पर्यायत्व-सामान्य पर्यायव्यक्त्यात्मक होता है।' इस प्रकार मानने से अपरसंग्रहनय आभासरूप बन जाता है। उसी प्रकार जीवत्व सामान्य जीवव्यक्त्यात्मक ही होता है , पुद्गलत्व-सामान्य पुद्गलव्यक्त्यात्मक ही होता है, धर्मत्व-सामान्य धर्मद्रव्यव्यक्त्यात्मक ही होता है, अधर्मत्व-सामान्य अधर्मद्रव्यव्यक्त्यात्मक ही होता है, आकाशत्व-सामान्य आकाशद्रव्यव्यक्त्यात्मक ही होता है और कालत्व समान्य कालात्मक ही होता है। ऐसी मान्यताओं से अपरसंग्रहनय आभासरूप बन जाते हैं। अपर सामान्य का व्यक्ति के साथ अर्थात् विशेष के साथ सर्वथा अभेद माना जाएगा तो अपरसामान्य का अभाव हो जाएगा' क्योंकि वह विशेष में विलीन हो जाने पर ही विशेष से सर्वथा अभिन्न हो सकता है। इस प्रकार अपरसामान्य का अभाव हो जाने पर विशेष का भी अभाव हो जाने का प्रसंग खड़ा हो जाता है; क्योंकि—

'निर्विशेषं हि सामान्यं भवेत् खरविषाणवत्।
सामान्यरहितत्वाच्च विशेषस्तद्वदेव हि।।'[77]

इस वचन के अनुसार और प्रतीति के अनुसार अकेले अर्थात् सामान्य-रहित विशेष का सद्भाव नहीं रह सकता। इसी प्रकार सामान्य और विशेष इनमें सर्वथा भेद मानने पर भी दोनों का अभाव हो जाने का प्रसंग उपस्थित हो जाता है; क्योंकि दोनों का एक दूसरे के अभाव में अस्तित्व ही नहीं बन सकता।

सारांश यह है कि सामान्य और विशेष को सर्वथा अभिन्न मानने पर और सर्वथा भिन्न मानने पर भी दोनों का अभाव हो जाने का प्रसंग उपस्थित हो जाने से अपरसंग्रह नय नयाभास हो जाता है। इसी प्रकार क्रमभाविपर्याय सामान्य क्रमभावि पर्याय विशेष से सर्वथा अभिन्न और सहभावि गुणसामान्य सहभावि

गुणविशेष से सर्वथा अभिन्न मानने से अपरसंग्रहनय आभासरूप हो जाता है, क्योंकि प्रतीति का उल्लंघन हो जाता है। इस प्रकार उत्तरोत्तर द्रव्यसामान्य का द्रव्यव्यक्ति विशेषों से, पर्याय-सामान्य का पर्याय विशेष से सर्वथा अभेद मानने से अर्थात् कथंचित् भेद न मानने से अपरसंग्रह नय संग्रहाभास रूप ही हो जाता है। इसका कारण यह है कि 'सामान्य और विशेष इनमें सर्वथा भेद या सर्वथा अभेद होता है', यह मान्यता प्रमाणविरुद्ध है। इनमें कथंचित् अभेद और कथंचित् भेद मानना ही प्रमाणसिद्ध है।

(3) **व्यवहारनय**[78]—'विशेषेण विधिपूर्वकमवहरणं पृथक्करणं व्यवहार:' परसंग्रह नय के द्वारा गृहीत किये गये अर्थों का विधिपूर्वक पृथक्करण अर्थात् विभाग करना व्यवहार है। यह अनेक प्रकार का होता है। यह परसंग्रहनय के द्वारा संगृहीत अर्थों का ऋजुसूत्रनय के विषयभूत सूक्ष्म पर्याय तक विभाग करता जाता है। परसंग्रह नय जो सत् होता है उसका संग्रह करता है, व्यवहार इस संग्रह नय के द्वारा गृहीत अर्थों का अर्थ-पर्याय तक विभाजन करता जाता है। 'सत्' उत्पाद-व्यय-ध्रौव्यात्मक वस्तु है। उस वस्तु के द्रव्य और पर्याय इन अंशों को व्यवहार नय विभाजित करता है। अपरसंग्रह द्रव्यत्वरूप सामान्य के द्वारा सभी द्रव्यों का संग्रह करता है और पर्याय रूप सामान्य के द्वारा सभी पर्यायों का संग्रह करता है। व्यवहार नय द्रव्यसामान्य का 'जो द्रव्य है वह जीव, पुद्गल, धर्म, अधर्म, आकाश और काल छह प्रकार का है' इसप्रकार विभाजन करता है और जो पर्याय है उसका क्रमभावि-पर्याय और सहभावि-पर्याय के रूप से द्वि प्रकारक विभाजन करता है। अपरसंग्रह जीव, पुद्गल आदि छहों द्रव्यों को ग्रहण करता है, क्रमभावि-पर्यायत्व सामान्य का अवलम्बन लेकर सभी क्रमभावि पर्यायों को ग्रहण करता है और सहभावि पर्यायत्व सामान्य का अवलम्बन लेकर सभी सहभावि पर्यायों को ग्रहण करता है। संग्रहनय संगृहीत इन अर्थों का व्यवहारनय विभाजन करता है। जैसे—जीवद्रव्य सामान्य के मुक्त और संसारी इसप्रकार, पुद्गल द्रव्य सामान्य के अणु और स्कंध इसप्रकार गति हेतुत्व-सामान्य ऐसे धर्म द्रव्य के जीवगति हेतु और पुद्गलगति हेतु इसप्रकार, अधर्मास्तिकाय के जीवस्थिति हेतु और पुद्गलस्थिति हेतु इसप्रकार व्यवहार नय भेद करता है। उसी प्रकार जो आकाश है उसके लोकाकाश और अलोकाकाश इसप्रकार, तथा जो काल है उसके मुख्य काल और व्यवहार काल इसप्रकार, जो क्रमभावी पर्याय है उसके क्रियारूप और अक्रिया रूप इसप्रकार, विशेष जो सहभावी पर्याय है उसके गुण और सदृशपरिणाम रूप सामान्य इसप्रकार अपर संग्रहों के द्वारा गृहीत विषयों के विभाजन का विस्तार है। व्यवहार-नय का

विषयभूत यह विस्तार परसंग्रह से लेकर ऋजुसूत्र तक होता है, क्योंकि सभी वस्तुएँ कथंचित् सामान्य-विशेषात्मक होती हैं। इस प्रकार यह व्यवहार-नय नैगमरूप नहीं हो सकता; क्योंकि यह संग्रह के विषय का विभाजन करने वाला है और नैगमनय सर्वत्र दो धर्मों को या दो धर्मियों को अथवा धर्म और धर्मी इन दोनों को गुण-प्रधान भाव से अपना विषय बनाता है।

व्यवहारनयाभास[79]—जो वस्तु के द्रव्यपर्याय विभाग को काल्पनिक मानता है वह व्यवहारनयाभास; क्योंकि वस्तु के द्रव्यपर्यायरूप विभाग का काल्पनिकत्व प्रमाणबाधित है।

वस्तु का द्रव्य और पर्याय यह विभाग कल्पनारोपित ही है, ऐसा नहीं है। वस्तु की कथंचित् नित्यता की सिद्धि करना रूप अर्थक्रिया का हेतु द्रव्य विभाग है और कथंचित् अनित्यता की सिद्धि करना रूप अर्थक्रिया का हेतु पर्याय विभाग है। यदि वस्तु के इस विभाग को काल्पनिक अर्थात् मिथ्या माना जाय तो अर्थक्रियाओं की सिद्धि नहीं हो सकती। वंध्या के पुत्र का अभाव होने पर जिस प्रकार वंशवृद्धि नहीं होती उसी प्रकार द्रव्य-विभाग और पर्याय विभाग का अभाव होने पर उक्त अर्थक्रियाएँ नहीं हो सकतीं। दूसरी बात यह है कि द्रव्य-पर्याय विभाग रूप व्यवहार को मिथ्या माना जाये तो व्यवहार की अनुकूलता से बनने वाली प्रमाणों की प्रमाणता नहीं बनेगी। यदि उक्त विभागरूप व्यवहार मिथ्या होने पर भी 'प्रमाणों' की प्रमाणता सिद्ध हो सकती है; ऐसा माना जाय तो स्वप्नादि विभ्रमरूप व्यवहार की अनुकूलता से भी प्रमाणों की अप्रमाणता का प्रसंग आ जाएगा। अतः द्रव्यपर्यायरूप विभाग की सत्यता का अभाव होने पर व्यवहारनय आभासरूप हो जाता है।

चार्वाकदर्शन वास्तविक द्रव्यपर्याय के भेद को स्वीकार नहीं करता, किन्तु अवास्तविक भूतचतुष्टय को स्वीकर करता है। अतः चार्वाकदर्शन व्यवहारनयाभास है। इसी प्रकार सौत्रान्तिक का जड़ या चेतन सभी पदार्थों को सर्वथा क्षणिक, निरंश और परमाणुरूप मानना, योगाचार का क्षणिक अविभागी विज्ञानाद्वैत मानना, माध्यामिक का निरालम्बन ज्ञान या सर्वशून्यता स्वीकार करना प्रमाण विरोधी और लोकव्यहार में विसंवादक होने से व्यवहार-नयाभास है।

(4) **ऋजुसूत्र**[80]—ऋजु शब्द का अर्थ सरल या सीधा होता है और 'सूत्र' का अर्थ धागा या डोरा होता है। जो सरल या सीधे अर्थ को ग्रहण करे अथवा जो सीधे ढंग से वस्तु को मुक्ताफल की तरह एक सूत्र (धागे) में पिरोए, वह श्रुतज्ञान विशेष ऋजुसूत्र नय कहलाता है। यह इसका व्युत्पत्तिपरक अर्थ है।

ऋजुसूत्रनय भूत और भविष्य की उपेक्षा करके द्रव्य की वर्तमान सरल पर्याय (अवस्था) को ग्रहण करता है। वर्तमान में यदि आत्मा सुख का अनुभव करता है तो यह नय उसे सुखी कहेगा और बाह्य रूप से अनेक प्रकार की अनुकूलता होने पर भी यदि आत्मा में किसी प्रकार का खेद विद्यमान है तो यह नय उसे दुःखी कहेगा।

व्यवहार में साधु का वेश धारण करने पर भी यदि किसी का मन सांसारिक विषयों में लगा हो तो यह नय उस समय उसे साधु नहीं मानता। इसी प्रकार सामायिक, भक्ति आदि के विषय को लेकर भी समझना चाहिए। वास्तव में यह नय वर्तमान समयवर्ती पर्याय को ही ग्रहण करता है। इसके अनुसार वस्तु की अतीत पर्याय तो नष्ट हो चुकी है और अनागत पर्याय अभी है ही नहीं। इसलिए न अतीत पर्याय से काम चलता है और न भावि पर्याय से लोकव्यवहार चलता है। काम तो वर्तमान पर्याय से ही चलता है। अतः यह नय वर्तमान क्षणवर्ती शुद्ध अर्थ पर्याय (एकसमयवर्ती वर्तमान पर्याय) को ही विषय करता है। त्रिकालातीत द्रव्य की विवक्षा नहीं करता है। यह तो सरल सूत की तरह केवल वर्तमान पर्याय को स्पष्ट करता है।

सम्भवतः कोई यह कहे कि इस तरह से तो सब व्यवहार का लोप हो जाएगा; क्योंकि जिसे हमने कर्ज दिया था वह तो अतीत हो चुका, अब हम रुपया किससे लेंगे? किन्तु बात ऐसी नहीं है। लोकव्यवहार सब नयों से चलता है, एक ही नय को पकड़ कर बैठ जाने से लोकव्यवहार नहीं चल सकता है। हमें अभिप्राय को समझना चाहिए। यद्यपि इसप्रकार के एकत्व का ग्रहण कुछ अटपटा सा प्रतीत होता है और समस्त व्यवहार का लोप करता हुआ प्रतीत होता है, परन्तु सूक्ष्म दृष्टि से तत्त्व का निरीक्षण करने वाले के लिए न यह अटपटा है और न व्यवहार का लोप करने वाला। उस सूक्ष्मदृष्टि वाले का लक्ष्य लौकिक व्यवहार पर है ही नहीं, अतः वह व्यवहार उसकी दृष्टि में भ्रममात्र है। अटपटा इसलिए नहीं मालूम पड़ता कि उस प्रकार से देखने पर वस्तु वैसी ही दिखाई अवश्य देती है।

कुछ विषय तो ऋजुसूत्र नय का ऐसा है, जिसका वर्णन अभी आगे किया जाएगा और जिसे जानकर हम आश्चर्यचकित होंगे। जैसे कौवा काला नहीं होता, पलाल जलती नहीं, बालक बूढ़ा नहीं हुआ आदि। किन्तु सूक्ष्मदृष्टि या सापेक्ष दृष्टि से विचार करने पर आश्चर्य की कोई बात नहीं, वस्तु का स्वरूप ही ऐसा है और इस नय का विषय भी ऐसा ही है। यह नय शुद्ध वर्तमानकालीन एक क्षणवर्ती पर्याय मात्र को विषय करता है। इस नय का विषय पच्यमान भी अंशतः पक्व, भुज्यमान

भुक्त, क्रियमाण कृत, बद्ध्यमान बद्ध, निष्पद्यमान निष्पन्न और सिद्धयत् सिद्ध आदि रूप है।

इस नय के अनुसार जिस समय प्रस्थ से धान्यादि मापा जाता है उसी समय उसे प्रस्थ कहते हैं। वर्तमान में अतीत और अनागत धान्य का माप तो सम्भव नहीं है। इस नय की दृष्टि में कुम्भकार व्यवहार भी नहीं बन सकता; क्योंकि शिविक आदि पर्यायों के निर्माण तक तो उसे कुम्भकार कह नहीं सकते और घट पर्याय के समय अपने अवयवों से स्वयं ही घट बन जाता है तब उसे कुम्भकार कैसे कहा जाय? सहकारी कारण निष्फल है; क्योंकि एक उपादान से ही कार्य की सिद्धि होती है। ठहरे हुए किसी पुरुष से यह प्रश्न भी नहीं हो सकता कि 'कहाँ से आ रहे हो' क्योंकि जिस समय प्रश्न किया गया उस समय आगमन रूप क्रिया नहीं पाई जाती है। ऋजुसूत्र नय की दृष्टि में वह जितने आकाश देश में स्थित है वही उसका निवासस्थान है अथवा वह अपने जिस आत्मस्वरूप में स्थित है उसी में उसका निवास है। इस नय की दृष्टि से 'ग्रामनिवास', 'गृहनिवास', 'आश्रमनिवास' आदि व्यवहार नहीं बन सकता।

इस नय की दृष्टि में 'काक कृष्ण होता है' यह व्यवहार भी नहीं बन सकता; क्योंकि जो कृष्ण है वह कृष्णरूप ही है, काकरूप नहीं है। यदि कृष्ण को काक रूप माना जाय तो भ्रमर आदि को भी काक रूप मानना पड़ेगा। काक भी कृष्ण रूप नहीं है, काक भी काक रूप ही है; क्योंकि यदि काक को कृष्ण रूप माना जावे तो काक के पीले पित्त, सफेद हड्डी और लाल रुधिर आदि को भी कृष्ण रूप मानना पड़ेगा।

इस नय की दृष्टि में पलाल-दाह भी नहीं होता; क्योंकि अग्नि का जलना उसे धौंकना और जलाना आदि अनेक समय की क्रियाएँ वर्तमान क्षण में नहीं हो सकतीं। जिस समय दाह है उस समय पलाल नहीं और जिस समय पलाल है उस समय दाह नहीं, तब पलाल दाह कैसा? जो 'पलाल है वह जलता है' ऐसा भी नहीं कह सकते; क्योंकि बहुत-सा पलाल बिना जला हुआ पड़ा है।

इस नय की दृष्टि से समानाधिकरण, बन्ध्य-बन्धक भाव, वध्य-घातकभाव, दाह्य-दाहकभाव, विशेषण-विशेष्यभाव, ग्राह्य-ग्राहक भाव, वाच्य-वाचक भाव आदि कुछ भी नहीं बनता, क्योंकि ये सब दो पदार्थों से सम्बन्ध रखते हैं, पर यह नय दो पदार्थों के सम्बन्ध को स्वीकार नहीं करता। संयोग सम्बन्ध और समवाय सम्बन्ध भी इस नय में नहीं बनता; क्योंकि संयोग सम्बन्ध दो में और समवाय सम्बन्ध भी कथंचित् दो में होता है, पर जब इस नय का विषय दो नहीं है तो दो

में रहने वाला सम्बन्ध इसका विषय कैसे हो सकता है? इसलिए सजातीय और विजातीय दोनों प्रकार की उपाधियों से रहित केवल शुद्ध परमाणु ही इस नय का विषय है अत: जो स्तम्भादि रूप स्कन्धों का प्रत्यय होता है वह ऋजुसूत्र नय की दृष्टि में भ्रान्त है। कोई किसी से समान नहीं। परमाणु निरवयव है; क्योंकि परमाणु परमाणु न रह कर स्कन्ध हो जाएगा। यह नय प्रत्येक वस्तु को निरंश रूप से ही स्वीकार करता है। यहाँ इस नय का विषय जो शुद्ध परमाणु कहा है उसका अर्थ परमाणु द्रव्य नहीं लेना चाहिए; किन्तु निरंश और सन्तानरूप धर्म से रहित शुद्ध एक पर्याय मात्र लेना चाहिए। इस प्रकार जब इसका विषय शुद्ध निरंश पर्याय-मात्र है तो दो में रहने वाला सदृश परिणाम इसका विषय कभी भी नहीं हो सकता है। यह नय द्रव्यगत भेद को ग्रहण न करके कालभेद से वस्तु को ग्रहण करता है। इसलिए जब तब द्रव्यगत भेदों की मुख्यता रहती है तब तक व्यवहार नय की प्रवृत्ति होती है और जब से कालनिमित्तक भेद प्रारम्भ हो जाता है। तब से ऋजुसूत्र का प्रारम्भ होता है। यहाँ काल-भेद से वस्तु की वर्तमान पर्याय मात्र का ग्रहण किया है। अतीत और अनागत पर्यायों के विनष्ट और अनुत्पन्न होने के कारण ऋजुसूत्र नय के द्वारा उनका ग्रहण नहीं होता है। यद्यपि शब्द, समभिरूढ और एवंभूत ये तीनों नय भी वर्तमान पर्याय को ही विषय करते हैं, परन्तु वे शब्द भेद से वर्तमान पर्याय को ग्रहण करते हैं; इसलिए उनका विषय ऋजुसूत्र से सूक्ष्म, सूक्ष्मतर और सूक्ष्मतम माना गया है। इस प्रकार ऋजुसूत्र नय तत्त्व को केवल वर्तमान कालरूप से स्वीकार करता है और भूतकाल तथा भविष्यत् कालरूप से स्वीकार नहीं करता अर्थात् यह नय शुद्ध वर्तमान कालीन एकक्षणवर्ती पर्याय-मात्र को विषय करता है।

ऋजुसूत्र नयाभास[81]—बौद्धों का क्षणिक वाद या पर्यायवाद ही ऋजुसूत्र नयाभास है; क्योंकि क्षणिकवादी बौद्ध दर्शन द्रव्य की सत्ता मानने से सर्वथा निषेध करता है, उसका सर्वथा अपलाप करता है और केवल पर्याय को ही अपने दृष्टिकोण में रखता है, किन्तु पर्यायों में अनुस्यूत अन्वयी द्रव्य नहीं मानता। अतएव यह नय आभासरूप है।

ऋजुसूत्र नय के भेद[82]—इसके दो भेद हैं—(1) सूक्ष्म ऋजुसूत्र नय, और (2) स्थूल ऋजुसूत्र नय।

सूक्ष्म ऋजुसूत्र नय[83]—जो द्रव्य में एक समयवर्ती सूक्ष्म किन्तु ध्रुवत्व पर्याय को अर्थात् द्रव्य की केवल एक समय प्रमाण स्थिति को ग्रहण करता है वह सूक्ष्म ऋजुसूत्र है। जैसे-सभी ही शब्द क्षणिक हैं, ऐसा कहना। यह नय वस्तु की एक समय मात्र की वर्तमान पर्याय को ग्रहण करता है। अर्थ पर्याय को विषय करने वाला

शुद्ध ऋजुसूत्र नय प्रत्येक क्षण में परिणमन करने वाले समस्त पदार्थों को विषय करता हुआ, अपने विषय से सादृश्य-सामान्य और तद्भावरूप सामान्य को दूर करने वाला है।

सूक्ष्म-पर्याय प्रमाण सत्ता को ग्रहण करने के कारण इस नय का सूक्ष्म ऋजुसूत्र नाम सार्थक है; क्योंकि सूक्ष्म अर्थ पर्याय के एकत्व में अन्य किसी भी पर्याय का किसी प्रकार भी सम्मेल सम्भव नहीं; इसलिए इसे ही शुद्ध ऋजुसूत्र या परम पर्यायार्थिक नय भी कहते हैं। यही इस नय का कारण है।

वर्तमान में जो मनुष्यादि पर्याय स्थूल दृष्टि से बदलती हुई दिखाई देती है वह वस्तुभूत नहीं है; क्योंकि स्वतन्त्र रूप से वह कोई पृथक् एक पर्याय नहीं है, बल्कि अनेकों सूक्ष्म अर्थ पर्यायों का एक पिण्ड है। वस्तुभूत तो वह सूक्ष्म अर्थ पर्याय है जो दृष्टि में नहीं आती, परन्तु इस स्थूल पर्याय की कारण है। यह बताना इस नय का प्रयोजन है।

स्थूल ऋजुसूत्र नय[84]—जो अनेक समयों की वर्तमान पर्याय को ग्रहण करता है वह स्थूल ऋजुसूत्र नय कहलाता है। जैसे सौ वर्ष से कुछ अधिक मनुष्य पर्याय।

यह नय अपनी-अपनी स्थिति प्रमाण काल में वर्तमान अर्थात् जन्म से मरण पर्यन्त मनुष्यादि पर्यायों को उतने काल तक के लिए टिकने वाला एक स्वतन्त्र पदार्थ मानता है।

एक समय मात्र काल में प्रमाण स्थायी वस्तु की पर्याय को जो स्वतन्त्र सत्ता के रूप में देखता है वह सूक्ष्म ऋजुसूत्र है। इसी प्रकार वर्ष आदि स्थूल काल प्रमाण स्थायी वस्तु की पर्याय को जो स्वतन्त्र सत्ता के रूप में देखता है वह स्थूल ऋजुसूत्र है।

स्थूल समय को विषय करने के कारण इसका नाम स्थूल पर्यायार्थिक नय है। और वह स्थूल समय या व्यंजन पर्याय वर्तमान काल रूप या एक पर्याय स्वरूप ग्रहण करने में आती है। इसलिए ऋजुसूत्र है। अत: 'स्थूल ऋजुसूत्र नय' ऐसा इसका नाम सार्थक है। इसी को अशुद्ध ऋजुसूत्रनय भी कहते हैं।

क्षणिक सूक्ष्म अर्थ पर्याय प्रमाण कोई भी सत् अप्रत्यक्ष होने के कारण व्यवहार कोटि में नहीं आ सकता। वह लोक में किसी भी अर्थ क्रिया की सिद्धि करता प्रतीत नहीं होता। अत: व्यंजन पर्याय प्रमाण ही पदार्थ को स्वीकार करना योग्य है। अत: स्थूल पदार्थों की एकता दर्शाकर लौकिक व्यवहार को सम्भव बनाना इस नय का प्रयोजन है।

(5) **शब्दनय और शब्दनयाभास**[85]—जो नय शब्द अर्थात् व्याकरण से

प्रकृति और प्रत्यय के द्वारा सिद्ध अर्थात् निष्पन्न शब्द को मुख्यकर विषय करता है वह शब्द नय है। यहाँ 'शब्द' की व्युत्पत्ति की गयी है कि 'शपत्यर्थमाह्वयति प्रत्याययतीति शब्दः' अर्थात् जो पदार्थ को बुलाता है, उसे कहता है या उसका निश्चय कराता है उसे शब्दनय कहते है। यह नय काल, कारक (विभक्ति), लिंग, संख्या (वचन), पुरुष (साधन) और उपसर्ग (उपग्रह) के भेद से शब्दभेद होने पर उनके भिन्न-भिन्न अर्थों का प्रतिपादन करता है। जैसे—सुमेरु था, सुमेरु है, सुमेरु होगा। यहाँ शब्दनय भूत, वर्तमान और भविष्यत्काल के भेद से सुमेरु पर्वत के तीन भेद मानता है। इसी प्रकार 'घड़े को करता है' और 'घड़ा किया जाता है'—यहाँ कारक के भेद से शब्दनय घड़े के दो भेद करता है।

शब्दनय ऋजुसूत्र के द्वारा ग्रहण किए हुए वर्तमान को विशेषरूप से मानता है। ऋजुसूत्र नय लिंगादि का भेद होने पर भी उसकी वाच्य पर्यायों को एक ही मान लेता है, परन्तु शब्दनय उन्हें एक न मानकर भिन्न-अर्थवाली मानता है। जैसे—तटः-तटी-तटम्-यहाँ लिंगभेद हैं। देवः-देवौ-देवाः—यहाँ एक-द्वि-बहुवचनरूप संख्याभेद है। 'स गच्छति, त्वं गच्छसि, अहं गच्छामि'—यहाँ प्रथम-मध्यम-उत्तमपुरुषरूप पुरुष-भेद है। प्रकाश-विकास-संकाश आदि शब्दों में ' प्र-वि-सं' आदि उपसर्गों का भेद है। सभी जगह इस शब्दनय की अपेक्षा से अर्थ-भेद माना जाता है। वास्तव में यह नय शब्द-प्रधान है।

वैयाकरणों के व्यवहार के अनुसार कालादि का भेद होने पर भी अर्थ-भेद नहीं होता है, यह मान्यता शब्दनयाभास है और यह शब्दनय की दृष्टि से दोष है। शब्दनय 'कालादि के भेद से अर्थभेद होता है' इस दृष्टि को स्वीकार कर उक्त दोष का परिहार करता है। यह श्रुतज्ञान विशेष का कार्य होने पर भी शब्द प्रधान होने से शब्दनय कहा जाता है। यह नय लोक-विरोध और व्याकरण विरोध की चिन्ता नहीं करता। सारांश यह है कि इस नय के अनुसार काल-भेद होने पर भी अर्थ-भेद न मानने पर बड़ा दोष आता है। अतीत का रावण और भविष्य में होने वाला शंखचक्रवर्ती भी एक हो जाएँगे।

(6) **समभिरूढ नय और समभिरूढ नयाभास**[86]—शब्द भेद से जो नाना अर्थों में अभिरूढ़ है अर्थात् जो शब्दभेद से अर्थभेद मानता है उसे समभिरूढ नय कहते हैं अथवा पर्यायवाची शब्दों में निरुक्ति के भेद से भिन्न अर्थ को मानने वाले नय को समभिरूढनय कहते हैं। यह नय कहता है कि जहाँ शब्द भेद है, वहाँ अर्थ भेद अवश्य होता है। शब्दनय तो अर्थ-भेद वहीं मानता है, जहाँ लिंगादि का भेद हो, परन्तु इस नय की दृष्टि में प्रत्येक शब्द का अर्थ भिन्न-भिन्न होता है। दो शब्द

एक अर्थ वाले हो ही नहीं सकते। भले ही वे शब्द पर्यायवाची हों और उनमें लिंग, संख्या आदि का भेद भी न हो।

इन्द्र, शक्र और पुरन्दर, ये तीनों शब्द पर्यायवाची हैं, फिर भी इनके अर्थों में अन्तर है। 'इन्द्र' शब्द से ऐश्वर्य वाले का बोध होता है, 'शक्र' शब्द से शक्तिशाली का और पुरन्दर शब्द से पुरों (दैत्यनगरों) को नाश करने वाले का। इन तीनों शब्दों का आधार एक होने से ये पर्यायवाची माने गये हैं, किन्तु इनका अर्थ अलग-अलग है। इसी प्रकार प्रत्येक शब्द मूल में तो अपना अर्थ भिन्न ही रखता है, किन्तु कालान्तर में व्यक्ति या समूह में प्रयुक्त होते-होते पर्यायवाची बन जाता है। समभिरूढ नय शब्दों के प्रचलित अर्थों को न पकड़कर उनके मूल अर्थों को पकड़ता है।

इस नय का कहना है कि निरुक्ति भिन्न होने पर भी यदि इन्द्र, शक्र, पुरन्दर को एकार्थ माना जाय तो घट-पट को भी एक मानना पड़ेगा, क्योंकि जैसे—'इन्द्र' शब्द का अर्थ 'इन्दनादिन्द्रः' अर्थात् इन्दन (ऐश्वर्य भोगने रूप) क्रिया में प्रयुक्त होना है, 'शक्र' का अर्थ 'शक्रनाच्छक्रः' अर्थात् शक्रन् (शक्तिशाली होने रूप) क्रिया में प्रयुक्त होना है और पुरन्दर का अर्थ 'पूर्दारणात् पुरन्दरः अर्थात् पुरदारण (दैत्यनगरों को नष्ट करने रूप) क्रिया में प्रयुक्त होना है। उसी प्रकार 'घट' का अर्थ जलधारण क्रिया करना है एवं पट का अर्थ शीतादि निवारण क्रिया करना है। यदि घट-पट कभी एक नहीं माने जा सकते तो फिर इन्द्र, शक्र, पुरन्दर एक कैसे माने जा सकते हैं? अर्थात् एक नहीं माने जा सकते, किन्तु ये भिन्न-भिन्न ही हैं। इनके भिन्न-भिन्न होने से इनके अर्थ भी भिन्न-भिन्न ही हैं।

एकान्त रूप से पर्यायवाचक शब्दों के वाच्य अर्थ में भेद मानने वाला अभिप्राय समभिरूढ नयाभास है। समभिरूढनय पर्यायभेद से अर्थ में भेद स्वीकार करता है, पर अभेद का निषेध नहीं करता, उसे केवल गौण कर देता है और समभिरूढ नयाभास पर्यायवाचक शब्दों के अर्थ में रहने वाले अभेद का निषेध करके एकान्त भेद का ही समर्थन करता है। इसलिए यह नयाभास है। निष्कर्ष यह है कि पर्यायवाची भेद मानकर भी अर्थ भेद न मानना समभिरूढ नयाभास है।

(7) **एवंभूतनय और एवंभूतनयाभास**[87]—'एवम्भवनात् एवंभूतः' अर्थात् जिस शब्द का जिस क्रियारूप अर्थ है उसी क्रियारूप परिणमते हुए पदार्थ को जो नय ग्रहण करता है उसे एवंभूतनय कहते हैं। इस नय में वर्तमान क्रिया की प्रधानता होती है। समभिरूढनय इन्दनादि क्रिया वर्तमान में हो या न हो, फिर भी इन्दनादि को इन्द्रादि शब्दों का वाच्य मान लेता है; क्योंकि वे शब्द अपने वाच्यों के लिए रूढ़ हो चुके हैं, परन्तु एवंभूतनय इन्द्र को इन्द्र तभी मानता है जब वह आज्ञारूप

ऐश्वर्य भोग रहा हो। शक्र को शक्र तभी मानता है जब वह शासन कर रहा हो, इन्दन क्रिया के समय नहीं। पुरन्दर को पुरन्दर तभी कहता है जब वह पुरदारण क्रिया कर रहा हो, ऐश्वर्य-भोग के समय नहीं। घट को घट तभी स्वीकार करता है जब उसमें घटन क्रिया या जलधारण क्रिया हो रही हो उससे भिन्न समय में नहीं, पूजा करते समय ही पुजारी को पुजारी कहता है, पाठ करते समय नहीं। इसी प्रकार अन्य उदाहरणों को समझना। तात्पर्य यह है कि एवंभूतनय में उपयोगसहित क्रिया की प्रधानता होती है। इसके अनुसार वस्तु तभी पूर्ण होती है जब वह अपने सम्पूर्ण गुणों से युक्त हो और यथावत् क्रिया करे। यदि तत्क्रिया काल में अर्थात् जिस समय जिस वस्तु की जो क्रिया चल रही है। उस समय उस वस्तु के लिए उसके उपयुक्त शब्द का प्रयोग न करके अन्य शब्द का प्रयोग किया जाय तो वह एवंभूतनयाभास है। एवंभूतनय अमुक क्रिया से युक्त पदार्थ को ही उस क्रिया-वाचक शब्द से अभिहित करता है, किन्तु अपने से भिन्न दृष्टिकोण का निषेध नहीं करता। जो दृष्टिकोण एकान्त रूप से क्रियायुक्त पदार्थ को ही शब्द का वाच्य मानने के साथ उस क्रिया से रहित वस्तु को उस शब्द के वाच्य होने का निषेध करता है वह एवंभूतनयाभास है। एवंभूतनयाभास का दृष्टिकोण यह है कि अगर घटन क्रिया न होने पर भी घट को घट कहा जाय तो पट या अन्य पदार्थों को भी घट कह देना अनुचित न होगा। फिर तो कोई भी पदार्थ किसी भी शब्द से कहा जा सकेगा। इस अवस्था का निवारण करने के लिए यही मानना उचित है कि जिस शब्द से जिस क्रिया का भान हो उस क्रिया की विद्यमानता में ही उस शब्द का प्रयोग किया जाए, अन्य समयों में उस शब्द का प्रयोग नहीं किया जा सकता।

दूसरी बात यह है कि—शब्द, समभिरूढ और एवंभूत ये तीन नय परस्पर-सापेक्ष होने पर ही समीचीन या सम्यक् होते है। अतएव एक दूसरे का उपकार करने वाले होते हैं और परस्पर-निरपेक्ष होने पर वे ही मिथ्या होते हैं या आभास रूप होते हैं। क्योंकि परस्पर-निरपेक्ष होने पर ये परस्पर-विरोधी होते हैं। शब्दनय यदि समभिरूढनय और एवंभूतनय इन दोनों के विषयों की अपेक्षा रखने वाला न हो तो यह नय शब्द नयाभास रूप बन जाता है, समभिरूढनय यदि शब्दनय और एवंभूतनय के विषयों की अपेक्षा रखने वाला न हो तो यह नय समभिरूढनयाभास रूप बन जाता है और इसी प्रकार एवंभूतनय यदि शब्दनय और समभिरूढनय के विषयों की अपेक्षा नहीं रखता हो तो यह नय भी एवंभूतनयाभास रूप बन जाता है।

निष्कर्ष यह है कि इस प्रकार उक्त नैगमादि नयों तथा उनके आभासों का

विश्लेषण किया गया है। उक्त नयों में नैगम, संग्रह, व्यवहार और ऋजुसूत्र इन चारों नयों को अर्थनय कहा गया है; क्योंकि ये अर्थग्राही होने से इनकी दृष्टि अर्थ पर ही होती है। और शब्द, समभिरूढ तथा एवंभूतनय ये तीन नय शब्दनय कहे गये हैं, क्योंकि इनके विषय शब्द के वाच्यभूत अर्थ होते हैं। इतना विशेष है कि नैगमनय ज्ञाननय भी है और अर्थनय भी है। पहले चार नयों के विषय मुख्यतया अर्थ और गौणतया शब्द होते हैं और शेष तीन नयों के विषय मुख्यतया वाचक शब्द और गौणतया अर्थ होते हैं।

नैगमादिनयों में कार्य-कारणता तथा सूक्ष्माल्पविषयता[88]

इन नयों में पूर्वपूर्व नय उत्तरोत्तर नय का कारण होता है और पूर्वपूर्व नय का विषय उत्तरोत्तर नय के विषय से बहु विषयवाला या स्थूल होता है। उत्तरोत्तर नय पूर्वनय का कार्यरूप होता है और उसका विषय पूर्वपूर्व नय के विषय से अल्प या सूक्ष्म होता है अर्थात् नैगमनय के विषय में संग्रह आदि छहों नयों का विषय समा जाता है। संग्रहनय के विषय में अभेदरूप से व्यवहार आदि पाँचों नयों का विषय समा जाता है। इसी प्रकार आगे भी समझना चाहिए। इससे यह भी सिद्ध हो जाता है कि संग्रहनय की अपेक्षा नैगम-नय का, व्यवहारनय की अपेक्षा संग्रहनय का और ऋजुसूत्र नय आदि की अपेक्षा व्यवहारनय आदि का विषय महान है अर्थात् नैगमनय का समग्र विषय संग्रह नय का अविषय है। संग्रहनय का समग्र विषय व्यवहारनय का अविषय है। इसी प्रकार आगे भी समझना चाहिए। इन सात नयों में से नैगमनय संकल्पग्राही होने से सत् और असत् दोनों को विषय करता है जबकि संग्रहनय सत् तक ही सीमित है। नैगमनय द्रव्य और पर्यायगत भेदा-भेद को गौण-मुख्यभाव से ग्रहण करता है जबकि संग्रहनय की दृष्टि केवल अभेद पर है, इसलिए संग्रहनय के विषय से नैगमनय का विषय महान् है और नैगमनय के विषय से संग्रहनय का विषय अल्प और सूक्ष्म है। संग्रहनय अभेदरूप से सत्ता और अवान्तर सत्ताओं को ग्रहण करता है, इसलिए व्यवहारनय से संग्रहनय का विषय महान् है और संग्रहनय से व्यवहारनय का विषय अल्प है। व्यवहारनय भेद रूप से द्रव्य को विषय करता है, इसलिए ऋजुसूत्रनय के विषय से व्यवहारनय का विषय महान् है और व्यवहारनय के विषय से ऋजुसूत्रनय का विषय अल्प और सूक्ष्म है। ऋजुसूत्रनय वर्तमानकालीन एक समयवर्ती पर्याय को ग्रहण करता है, इसलिए शब्दनय के विषय से ऋजुसूत्रनय का विषय महान् है और ऋजुसूत्रनय के विषय से शब्दनय का विषय

अल्प है। शब्दनय लिंगादिक के भेद से वर्तमानकालीन पर्याय को भेदरूप से ग्रहण करता है, इसलिए समभिरूढनय के विषय से शब्दनय का विषय महान् है और शब्दनय के विषय से समभिरूढ नय का विषय सूक्ष्म और अल्प है। समभिरूढ नय पर्यायवाची शब्दों के भेद से वर्तमानकालीन पर्याय को भेदरूप से स्वीकार करता है, इसलिए वर्णभेद से पर्याय के भेद को मानने वाले एवंभूतनय से समभिरूढनय का विषय महान् है और समभिरूढनय के विषय से एवंभूतनय का विषय सूक्ष्म और अल्प है।

इन सात नयों की उत्तरोत्तर अल्पविषयता को स्पष्ट करने के लिए एक सुन्दर संक्षिप्त उदाहरण प्रस्तुत किया जा सकता है[89]—किसी गाँव में कहीं किसी पक्षी के शब्द को सुनकर नैगमनय की दृष्टि से कहा जाएगा कि 'गाँव में' पक्षी बोल रहा है। संग्रहनय की दृष्टि से कहा जाएगा कि 'वृक्ष पर' पक्षी बोल रहा है। व्यवहारनय की दृष्टि से कहा जाएगा कि विटप (तना) पर पक्षी बोल रहा है। ऋजुसूत्रनय की दृष्टि से कहा जाएगा 'शाखा पर' पक्षी बोल रहा है। शब्दनय की दृष्टि से कहा जाएगा कि 'घोंसले' में पक्षी बोल रहा है। समभिरूढनय की दृष्टि से कहा जाएगा कि वह अपने 'शरीर में' बोल रहा है और एवंभूतनय की दृष्टि से कहा जाएगा वह अपने 'कण्ठ' में बोल रहा है। जिस प्रकार यहाँ पक्षी के बोलने के प्रदेश को लेकर उत्तरोत्तर क्षेत्रविषयक सूक्ष्मता है, उसी प्रकार सातों नयों के विषय में उत्तरोत्तर सूक्ष्म-विषयता समझना चाहिए।

उक्त समस्त कथन का निष्कर्ष यह है कि ये सातों ही नय परस्पर सापेक्ष होकर तत्त्व का विवेचन करते हैं। यद्यपि प्रत्येक नय अपने ही विषय को ग्रहण करता है फिर भी उसका प्रयोजन दूसरे दृष्टिकोण का निराकरण करना नहीं है। इससे अनेकान्तात्मक वस्तु की सिद्धि होती है और एकान्तदर्शनों के मन्तव्यों का परिहार होता है। यही इन सब नयों की उपयोगिता और प्रयोजन है।

सन्दर्भ

1. स. त. अ. सू.—1 ।35, पृ. 63
2. स. प्र.—3/47
3. गो. क.—गा. 894
4. अ. यो. व्य.—का. 22
5. प्र. सा., गा.—114 तथा इसकी टीका, नियमसार गा. 19
6. तित्थयर वयणसंगह-विसेसपत्थारमूल वागरणी।

दव्वट्ठि ओ य पज्जवण ओ य सेसा वियप्पासिं।।—स. प्र., गा. 1/3

7. दो चेवय मूलिणया भणिया दव्वत्थ-पज्जयत्थणया।
अण्णं असंख संखा ते तब्भेया मुणेयव्बा।।—न. च., गा. 183
8. आ. प., सू. 46
9. वही, सू. 57
10. वही, सू. 41
11. त. सू., 1/34
12. वही, 1/35
13. त. सू., 1/33
14. जैन त. भा., पृ. 59
15. त. श्लो. वा., 1/33
16. लघी., का, 72
17, वी. भा., गा. 2753
18. ज. ध., पृ. 235
19. वि. भा., गा. 2264
20. ज. ध. टीका, पृ. 140
21. सो चिय एक्को धम्मो वाचय-सद्दो वि तस्स धम्मस्स।
जं जाणदि तं णाणं ते तिण्णि वि णय-विसेया य।।—का. अ., गा. 265
22. त. रा. वा.—1/6 की व्याख्या
23. घटमहमात्मना वेद्मि।—प्र. क. मा., सू. 1/8 की व्याख्या
24. प्रदीपवत्। वही, सू.।—1/12 की व्याख्या
25. चत्वारोऽर्थनया ह्येते जीवाद्यर्थव्यपाश्रयात्।
त्रयः शब्दनयाः सत्यपदविद्यां समाश्रिताः।।—लघी., का. 72
26. सर्वार्थसिद्धि।—1/33, पृ. 141
27. त. रा. वा.—1/33
28. सामान्यविशेषात्मा तदर्थो विषयः।—प्र. क. मा. 4/1। की व्याख्या
29. पंचास्ति., गा. 12
30. अ. यो. व्य., का. 4 तथा 14 की व्याख्या
31. सामान्यं द्वेधा तिर्यगूर्ध्वताभेदात्।—प. मु., सू. 4/3
32. वही, सू. 4/4
33. प. मु., सू. 4/5
34. विशेषश्च पर्यायव्यतिरेकभेदात्।—प्र. र., सू. 4/6-7
35. एकस्मिन् द्रव्ये क्रमभाविनः परिणामाः पर्याया आत्मनि हर्षविषादादिवत्।
— वही, सू. 4/8
36. अर्थान्तरगतो विसदृशपरिणामो व्यतिरेको गोमहिषादिवत्।—वही, सू. 4/9
37. विशेषोऽपि द्विरूपो-गुणः पर्यायश्च।—प्र. न. त. 5/6
38. वही, सू. 5/7, 6

39. पर्यायस्तु क्रमभावी, यथा तत्रैवसुखदुखादि।—वही, सू. 5/8
40. द्रवति, गच्छति, प्राप्नोति, द्रोष्यति, गमिस्यति, प्राप्स्यति, अदुद्रुवत् अगमत् प्राप्तवान् तांस्तान् पर्यायान् इति द्रव्यम्।—त. वृ. 5/38, पृ. 207
41. पंचास्ति., गा. 9
42. स. सि., सू. 5/2
43. लघी., पृ. 11
44. आ. प., सू. 96
45. न. च., गा. 35-36
46. ध. पु. 1, पृ. 83
47. ज. ध., पु. 1, पृ. 211
48. द्रव्यमेवार्थः प्रयोजनमस्येति द्रव्यार्थिकः।—ध., पु.1, पृ. 83
49. लघी., पृ. 51
50. ध. पु. 1, पृ. 84
51. त. वृ. 5/38, पृ. 207
52. ज. ध., पृ. 217
53. ध. पु. 1, पृ. 85
54. स पर्यायः अर्थः प्रयोजनमस्येति पर्यायार्थिकः।—ज. ध., पृ. 217
55. लघी., पृ. 51
56. जैनसिद्धान्त द., पृ. 25
57. आ. प., सू. 46
58. वही, सू. 57
59. वही, सू. 64
60. वही, सू. 68
61. वही, सू. 71
62. वही, सू. 73
63. वही, सू. 76
64. न. च., गा. 187
65. जावदिया वयणवहा तावदिया चेव होंति णयवादा।—गो. क. का., गा. 894
66. आ. प., सू. 41
67. चत्वारोऽर्थनया ह्येते जीवाद्यर्थव्यपाश्रयात्।
    त्रयः शब्दनयाः सत्यपदविद्यां समाश्रिताः।।—लघी. का. 72
68. त. सू. 5/38
69. त. रा. वा. 1/33, वा. 2
70. स. सि., सूत्र 1/33 की वृत्ति
71. लघी. का. 39 तथा 68
72. लघी. का. 39 तथा सि. वि. टीका—पृ. 674-76
73. त. श्लो. वा.—पृ. 269-70

74. त. श्लो. वा.—पृ. 270
75. लघी., का. 38, 69
76. प्र. क. मा.—पृ. 677
77. आ. प.—पृ. 160 पर उद्धृत
78. त. श्लो. वा.—पृ. 271
79. लघी., का. 42, 70 तथा त. श्लो. वा.—पृ.271
80. तत्वा. श्लो. वा.—पृ. 271, 72, तथा लघी. का. 43 तथा 71
81. लघी.—का. 43. 71
82. आ. प.—सू. 73
83. वही, सू. 74
84. आ. प., सू. 75
85. लघी, का 44, 72 तथा त. श्लो. वा.—पृ. 272-73
86. लघी., का. 44 तथा त. श्लो. वा.—पृ. 273
87. त. रा. वा. 1 I33 I त. श्लो. वा. पृ.—274
88. त. रा. वा.—1/33, पृ. 99
89. प्र. र. टिप्पण—पृ. 350

5

नयों का आध्यात्मिक दृष्टिकोण तथा उनके भेद-प्रभेद

नयों का आध्यात्मिक दृष्टिकोण

जैसा कि तृतीय अध्याय के प्रारम्भ में कहा गया है कि जैनागम ग्रन्थों में नयों का विवेचन दो दृष्टियों से किया गया है—एक सैद्धान्तिक दृष्टि से और दूसरा आध्यात्मिक दृष्टि से। सैद्धान्तिक दृष्टि का विवेचन पूर्व में किया जा चुका है, यहाँ नयों का आध्यात्मिक दृष्टिकोण विवेचनीय है। यहाँ विशेष बात विचारणीय यह है कि सैद्धान्तिक और आध्यात्मिक नय कोई अलग-अलग नहीं हैं, सभी का वर्णन सिद्धान्त या आगम ग्रन्थों में किया गया है, अतः वे आगम नय ही हैं, किन्तु उनमें जो नय अपने भेद-प्रभेद सहित सिद्धान्त वर्णन में विशेष रूप से आते हैं उन्हें विद्वज्जन सिद्धान्तनय कहने लगे हैं। जैसे—द्रव्यार्थिक नय और पर्यायार्थिकनय और जो नय अध्यात्मवर्णन में विशेष रूप से आते हैं, उन्हें अध्यात्म नय कहने लगे हैं। जैसे—निश्चय और व्यवहारनय। आध्यात्मिक दृष्टि में केवल आत्मा अर्थात् जीवद्रव्य का कथन करना प्रमुख है। आत्मा का स्वभाव, उसके गुण, पर्याय, उनमें भेद-प्रभेद तथा उसका अन्य पदार्थों के साथ निमित्त-नैमित्तिक सम्बन्ध आदि सब बातें बताना इसका काम है। आत्मा के लिए क्या कुछ हेय है और क्या कुछ उपादेय? इस बात का विवेक कराके उसकी शुद्धता व अशुद्धता आदि के विकल्पों का परिचय देना इस आध्यात्मिक दृष्टि में ही आता है। इसीलिए इस पद्धति में नयों के नाम भी केवल आत्मपदार्थ का तथा उसके लिए इष्ट व अनिष्ट बातों का आश्रय करके रखे गये हैं। जैसे निश्चय, व्यवहार, शुद्ध, अशुद्ध, सद्भूत, असद्भूत आदि।

जिस प्रकार सैद्धान्तिक दृष्टि से द्रव्यार्थिक और पर्यायार्थिक ये दो मूलनय वस्तुस्वरूप के विवेचन के लिए माने गये हैं उसी प्रकार आध्यात्मिक दृष्टि से निश्चय और व्यवहार इन दो नयों का विवेचन आत्मस्वरूप के परिज्ञान के लिए किया गया है; क्योंकि अध्यात्मग्रन्थों में इन दोनों का ही विवेचन प्रमुख रूप से पाया

जाता है। द्रव्यार्थिक और पर्यायार्थिक तथा नैगमादि सात नयों का विवेचन धवलादि सिद्धान्तग्रन्थों में वस्तुस्वरूप की मीमांसा करने की दृष्टि से किया गया है जब कि निश्चय और व्यवहार नयों का कथन आचार्य कुन्दकुन्द के समयसारादि अध्यात्मग्रन्थों में संसारी जीव की अध्यात्म भावना को परिपुष्ट कर, हेय और उपादेय के विचार से मोक्षमार्ग में लगाने की दृष्टि से किया गया है। आचार्य कुन्दकुन्द ने प्रवचनसार में द्रव्यार्थिक और पर्यायार्थिक नयों की दृष्टि से भी विवेचन किया है किन्तु समयसार का तात्त्विक विवेचन निश्चय और व्यवहार नय से किया गया है। आगे इसी प्रवचनसार की 189 गाथा की टीका में आचार्य कुन्दकुन्द के भाष्यकार आचार्य अमृतचन्द्र ने निश्चयनय को शुद्ध द्रव्य का निरूपक और व्यवहारनय को अशुद्ध द्रव्य का निरूपक कहा है। छह द्रव्यों में धर्म, अधर्म, आकाश और काल ये चार द्रव्य तो सदा शुद्ध ही रहते हैं। और जीव तथा पुद्गल ये दो द्रव्य शुद्ध तथा अशुद्ध दोनों प्रकार के होते हैं। जब तक जीव का परद्रव्य-पुद्गल तथा पुद्गलजन्य रागादि के साथ सम्बन्ध रहता है तब तक वह अशुद्ध कहलाता है और जब उसका सम्बन्ध छूट जाता है तब शुद्ध हो जाता है। जैसे—सिद्धात्मा या मुक्तात्मा। इसी प्रकार जीव के सम्बन्ध से जब तक पुद्गल में कर्मस्कन्ध रूप परिणमन रहता है तब तक वह अशुद्ध कहलाता है और जब उसका स्वाश्रित परिणमन होने लगता है तब शुद्ध कहलाता है अथवा पुद्गल का जो अणुरूप परिणमन है वह शुद्ध परिणमन है और द्व्यणुक आदि स्कन्धरूप जो परिणमन है वह अशुद्ध परिणमन है। इस प्रकार से ये दोनों द्रव्य जैनदर्शन के अनुसार शुद्ध और अशुद्ध माने जाते हैं। अतः निश्चय और व्यवहारनय की उपयोगिता इन्हीं दोनों द्रव्यों के विवेचन में मुख्य रूप से है। द्रव्यार्थिक और पर्यायार्थिक तो वस्तु मात्र के विवेचन के लिए उपयोगी हैं, उनका मुख्य उद्देश्य वस्तुस्वरूप का विश्लेषण है। इसी से सिद्धान्तग्रन्थों में सर्वत्र उन्हीं का कथन मिलता है, किन्तु अध्यात्म का विश्लेषण आत्मपरक होने से आत्मा की शुद्धता और अशुद्धता के विवेचक निश्चय और व्यवहारनयों का विवेचन अध्यात्मग्रन्थों में मिलता है। एक बात यह भी है कि द्रव्यार्थिक और पर्यायार्थिक नयों को निश्चयनय के साधन में हेतु कहा है; क्योंकि द्रव्यार्थिक और पर्यायार्थिक नयों के द्वारा वस्तुतत्त्व को जानने के बाद ही निश्चयदृष्टि से आत्मा के शुद्धस्वरूप को जानकर उसकी प्राप्ति का प्रयत्न किया जाता है। अतः ये दोनों नय निश्चय के साधन में हेतु हैं। इससे इनको भी जानना आवश्यक है। इसीलिए अध्यात्म के महान् वेत्ता आचार्य कुन्दकुन्द ने 'समयसार' और 'नियमसार' में आध्यात्मिक दृष्टि से आत्मस्वरूप का विवेचन किया है। अतः

इनमें निश्चय और व्यवहारनय ये दो भेद ही दृष्टिगत होते हैं तथा पंचास्तिकाय और प्रवचनसार में आध्यात्मिक दृष्टि के साथ सैद्धान्तिक या शास्त्रीय दृष्टि को भी प्रश्रय दिया है। इसलिए इन ग्रन्थों में द्रव्यार्थिक और पर्यायार्थिक नयों का भी वर्णन प्राप्त होता है।

इस आध्यात्मिक दृष्टि का महत्त्वपूर्ण विवेचन 'कुन्दकुन्द प्राभृत' संग्रह की प्रस्तावना में किया गया है—'आध्यात्मिक दृष्टि के द्वारा आत्मतत्त्व को लक्ष्य में रखकर वस्तु का विचार किया जाता है। जो आत्मा के आश्रित हो उसे अध्यात्म कहते हैं। जैसे वेदान्ती ब्रह्म को केन्द्र में रखकर जगत् के स्वरूप का विचार करते हैं वैसे ही आध्यात्मिक दृष्टि आत्मा को केन्द्र में रखकर विचार करती है। जैसे वेदान्त में ब्रह्म ही परमार्थ सत् है और जगत् मिथ्या है, वैसे ही अध्यात्म विचारणा में एक मात्र शुद्ध-बुद्ध-अबद्ध आत्मा ही परमार्थ सत् है और उसकी अन्य सब दशाएँ व्यवहार सत्य हैं। इसी से शास्त्रीय क्षेत्र में जैसे वस्तुतत्त्व का विवेचन द्रव्यार्थिक और पर्यायार्थिक नयों के द्वारा किया जाता है वैसे ही अध्यात्म में निश्चय और व्यवहारनय के द्वारा आत्मतत्त्व का विवेचन किया जाता है और निश्चय दृष्टि को परमार्थ और व्यवहार दृष्टि को अपरमार्थ कहा जाता है, क्योंकि निश्चय दृष्टि आत्मा के यथार्थ शुद्ध स्वरूप को दिखलाती है और व्यवहार दृष्टि अशुद्ध अवस्था को दिखलाती है। अध्यात्मी मुमुक्षु शुद्ध आत्मतत्त्व को प्राप्त करना चाहता है अतः उसकी प्राप्ति के लिए सबसे प्रथम उसे उस दृष्टि की आवश्यकता है जो आत्मा के शुद्ध स्वरूप का दर्शन करा सकने में समर्थ है। ऐसी दृष्टि निश्चय दृष्टि है अतः मुमुक्षु के लिए वही दृष्टि भूतार्थ है और जिससे आत्मा के अशुद्ध अवस्था स्वरूप का दर्शन होता है वह व्यवहारदृष्टि उसके लिए कार्यकारी नहीं है।'[1]

उक्त कथन का निष्कर्ष यही है कि अपने विशुद्ध स्वरूप को समझने के लिए निश्चय दृष्टि की ही आवश्यकता है। जब तक हम बाह्य भौतिकवाद में भटकते रहेंगे, पर को अपना मानते रहेंगे तब तक आध्यात्मिकता के प्रशस्त मार्ग को प्राप्त नहीं कर सकते। यह आध्यात्मिकता कहीं बाहर से आने वाली नहीं है, यह तो हमारे आत्मा का धर्म या गुण है और यह धर्म दृष्टि को निर्मल बनाने से या निश्चयपरक बनाने से प्राप्त हो सकता है।

वास्तव में यह संसारी आत्मा अनादि काल से इस संसार में ही परिभ्रमण करता हुआ अनेक कष्टों को उठा रहा है। नरकादि चतुर्गतियों में जन्म-मरण के दुःखों को भोग रहा है। अब तक इसने पुण्य-पाप, स्वर्ग-नरक, शुभाशुभ कर्मों की कथनी को ही सुना और जाना है, स्व (शुद्धात्मा) से भिन्न पर (बाह्य पदार्थों के

भोग) में ही रमा है, उनको अपना माना है, किन्तु स्व (शुद्धात्मस्वरूप) को न तो कभी जाना है और न जानने का प्रयास ही किया है। इसकी समझ में यह सिद्धान्त कभी आया ही नहीं कि स्व स्व है, पर पर है, स्व पर नहीं, पर स्व नहीं। यह सदा परदृष्टि ही रहा, स्वदृष्टि कभी हुआ ही नहीं। यदि यह स्वदृष्टि हो जाता, भेदविज्ञानी बन जाता तो संसार परिभ्रमण से मुक्त हो जाता। किन्तु इसने अब तक तो केवल काम, भोग सम्बन्धी बन्ध की कथा को ही सुना है, उससे ही परिचय किया है और वही इसके अनुभव में आयी है, परपदार्थों से भिन्न एक शुद्धात्मा की कथा न तो कभी सुनी है, न इसके परिचय में आयी है और न ही अनुभव में आयी है; क्योंकि अनादि से जिसे सुना है, वही परिचय में आएगी और जो परिचय में आएगी उसी का तो अनुभव होगा, उससे भिन्न स्वरूप का अनुभव कैसे हो सकता है, जिसे कभी सुना ही नहीं वह परिचय में कैसे आ सकती है? और जो परिचय में नहीं आयी है उसके अनुभव में आने का कोई प्रश्न ही नहीं उठता।[2] इसी के परिणाम स्वरूप यह भव-भवान्तर में सांसारिक दुःखों का पात्र बना।

अब तक इसने अज्ञानतावश विकारी विभाव भावों (राग-द्वेषादि) को ही अपनाया है, स्वभाव भावों (शुद्धात्मभाव) से सदा दूर हटता रहा है। यही इसके परिभ्रमण का कारण है। इससे मुक्त होने के लिए जैन दार्शनिकों ने आध्यात्मिक दृष्टि से निश्चय और व्यवहार नयों तथा उनके भेद-प्रभेदों का सुव्यवस्थित विवेचन किया है।

अध्यात्म प्रतिपादक निश्चय और व्यवहारनय

जैसा कि ऊपर कहा गया है सैद्धान्तिक दृष्टि से द्रव्यार्थिक और पर्यायार्थिक ही मूलनय हैं जो सामान्यविशेषात्मक या द्रव्यपर्यायात्मक वस्तु के एक-एक अंश को ग्रहण करते हैं, किन्तु आध्यात्मिक दृष्टि से निश्चय और व्यवहारनय ही मूलनय हैं, क्योंकि अध्यात्म का लक्ष्य है शुद्धात्मस्वरूप की प्राप्ति और वह निश्चय के बिना सम्भव नहीं है। आत्मा के शुद्ध स्वरूप का दर्शन इसी से होता है। इसी से आचार्य देवसेन ने आलापपद्धति में लिखा है—'अब अध्यात्म भाषा के द्वारा नयों का कथन करते हैं।'[3] और ऐसा लिखकर निश्चयनय और व्यवहारनय तथा उनके भेद-प्रभेदों का विवेचन किया है। इस कथन से तथा अध्यात्मग्रन्थों में इन दोनों नयों का विवेचन किया जाने से यह स्पष्ट हो जाता है कि ये दोनों नय अध्यात्म दृष्टि से सम्बद्ध हैं। अध्यात्म में वस्तु-विचार इन्हीं के द्वारा किया जाता है। इसी से आचार्य देवसेन ने निश्चयनय और व्यवहारनयों को ही मूलनय कहा है।[4] श्री माइल्ल धवल ने भी

कहा है—'सब नयों के मूल निश्चय और व्यवहार ये दो नय हैं। द्रव्यार्थिक और पर्यायार्थिक, ये दोनों निश्चयनय के साधन या हेतु हैं।'[5] इसप्रकार अध्यात्मनय निश्चय और व्यवहार ये दोनों हैं। इनका यहाँ विवेचन किया जाता है।

निश्चय और व्यवहार शब्दों का व्युत्पत्त्यर्थ—'निश्चय' शब्द 'निस्' उपसर्ग पूर्वक चयनार्थक 'चिञ्' धातु से 'अप्' प्रत्यय करने पर सिद्ध होता है, जिसकी व्युत्पत्ति है, 'निर्गतः चयः यस्मात् स निश्चयः' अर्थात् जिसमें अन्य कुछ न जोड़ा जाए या जिससे भेद निकल गया है अर्थात् जो अभेद रूप से वस्तु का कथन करने वाला है वह निश्चय नय है अथवा 'निःशेषेण चयः निश्चयः' अर्थात् जिसमें से कुछ निकाला न जाए, उसे परिपूर्ण ही रहने दिया जाए। इस प्रकार 'निश्चय' शब्द का व्युत्पत्त्यर्थ हुआ कि जहाँ जोड़-तोड़ न किया जाए, वस्तु का जैसा स्वरूप है उसे वैसा ही जाना जाए वह निश्चयनय है। इसकी व्युत्पत्ति अन्य प्रकार से भी की गयी है,'जिसके द्वारा अभेद और अनुपचार रूप से वस्तु का निश्चय किया जाता है उसे निश्चयनय कहते हैं।[6]

इसी प्रकार 'व्यवहार' शब्द 'वि' तथा 'अव' उपसर्गपूर्वक हरणार्थक 'हृञ्' धातु से 'ण' प्रत्यय होकर निष्पन्न हुआ है, जिसकी व्युत्पत्ति है, 'वि-विधिपूर्वकम् अव-अवहरणं भेदः व्यवहारः' अर्थात् विधिपूर्वक अवहरण यानि भेद करना व्यवहार है। आचार्य देवसेन ने भी व्युत्पत्ति करते हुए लिखा है—'जिसके द्वारा भेद और उपचार रूप से वस्तु का व्यवहार किया जाता है, उसे व्यवहारनय कहते हैं।'[7]

उपचार का अर्थ है अन्य वस्तु के धर्म को प्रयोजनवश अन्य वस्तु में आरोपित करना। जैसे मूर्त पदार्थों से उत्पन्न ज्ञान को मूर्त कहना अथवा मुख्य के अभाव में किसी पदार्थ के स्थान पर अन्य का आरोप करना उपचार कहलाता है। जैसे—संश्लेषसम्बन्ध के कारण शरीर को ही जीव कहना अथवा निमित्त के वश से किसी अन्य पदार्थ को अन्य का कहना उपचार है। जैसे घी का घड़ा कहना। घड़ा घी का तो नहीं होता, वह तो मिट्टी का बना हुआ होता है, किन्तु उसमें घी रखा जाने के कारण उपचार से मिट्टी निर्मित घड़े को भी घी का घड़ा व्यवहार चलाने के लिए कह दिया जाता है। इसप्रकार यह उपचार एक द्रव्य का अन्य द्रव्य में, एक गुण का अन्य गुण में, एक पर्याय का अन्य पर्याय में, स्वजाति-द्रव्य, गुण, पर्याय का विजाति-द्रव्य, गुण, पर्याय में, सत्यासत्य पदार्थों के साथ सम्बन्ध रूप में, कारण का कार्य में, कार्य का कारण में इत्यादि अनेक प्रकार से होता है। यद्यपि यथार्थ दृष्टि से देखने पर यह मिथ्या है, परन्तु अपेक्षा या प्रयोजन की दृष्टि से विचार करें तो कथंचित् सम्यक् है। इसी से उपचार को भी एक नय स्वीकार किया गया है।

व्यवहारनय को ही उपचार कहा जाता है। यह उपचार दो प्रकार है।—भेदोपचार और अभेदोपचार। अभेद वस्तु में गुण-गुणी आदि का भेद करना भेदोपचार है तथा भिन्न वस्तुओं में प्रयोजनवश एकता या अभिन्नता का व्यवहार अभेदोपचार कहलाता है। इनका प्रयोग लौकिक क्षेत्र में और आगम में नित्य स्थान-स्थान पर किया जाता है।

उक्त व्युत्पत्तियों के अनुसार वस्तु में सम्भवनीय अभेद रूपता-भेदरूपता, स्वाश्रयरूपता-पराश्रयरूपता, अनुपचाररूपता-उपचाररूपता, अखण्डरूपता-खण्डरूपता, तद्रूपता-अतद्रूपता, सामान्यरूपता-विशेषरूपता, द्रव्यरूपता-पर्यायरूपता, मुख्यरूपता-गौणरूपता आदि परस्परविरुद्ध धर्मयुगलों मे पूर्व-पूर्व धर्म तो निश्चय शब्द का और उत्तर धर्म व्यवहार शब्द का अर्थ समझना चाहिए।

निश्चय और व्यवहारनय का स्वरूप तथा उनकी उपयोगिता—अभेद विधि से वस्तु को जानने वाले नय को निश्चयनय कहते हैं और भेद- विधि से वस्तु के जानने वाले नय को व्यवहारनय कहते हैं अर्थात् गुण-गुणी का या पर्याय-पर्यायी का भेद करके जो वस्तु को जानता है वह व्यवहारनय है। जैसे—जीव के ज्ञान, दर्शन आदि गुण तथा नर, नारकादि पर्यायों का भेद करके कथन करना, पुद्गल द्रव्य के मूर्तिक गुणों को जीव में बतलाना और जीव के चेतन गुण को पुद्गल में बतलाना। जैसे—जीव के रूप, रस गन्धवान् और शरीर को ही चेतन कहना। इसप्रकार उपचार (आरोप) करके वस्तु को ग्रहण करना व्यवहारनय का विषय है और भेद तथा उपचार की अपेक्षा से रहित अखण्ड द्रव्य निश्चयनय का विषय है।[8]

जैसे आगम में वस्तुस्वरूप को जानने के लिए द्रव्यार्थिक और पर्यायार्थिक नय हैं वैसे ही अध्यात्म में आत्मा को जानने के लिए निश्चय और व्यवहारनय हैं। यहाँ यह भी ज्ञातव्य है कि जिस प्रकार अद्वैत वेदान्त में परमार्थ और व्यवहार पद्धति से तत्त्व विवेचन किया जाता है उसी प्रकार जैन अध्यात्म में भी तत्त्व विवेचन के लिए निश्चय और व्यवहार पद्धति को अपनाया गया है। इन दोनों में केवल इतना ही भेद है कि जैन अध्यात्म का निश्चयनय वास्तविक स्थिति को स्वीकार कर अन्य पदार्थों के अस्तित्व का निषेध नहीं करता, जबकि अद्वैत वेदान्त ब्रह्म को ही परमार्थ सत्य स्वीकार करता है और उसके अतिरिक्त अन्य की सत्ता उसे स्वीकार नहीं।

जैनदर्शन के अनुसार वस्तु अनेक धर्मों का एक अखण्ड पिण्ड है। धर्मी वस्तु और उसके अनेक धर्म भिन्न-भिन्न नहीं हैं। जो नय उनमें भेद का उपचार करता है वह व्यवहारनय है और जो ऐसा न करके वस्तु को उसके स्वाभाविक रूप में ग्रहण करता है वह निश्चयनय है। आत्मा अनन्त धर्म रूप एक अखण्डधर्मी है, परन्तु व्यवहारी जन अभेदरूप वस्तु में भी भेद का व्यवहार करके ऐसा कहते हैं

कि आत्मा के गुण दर्शन-ज्ञान-चारित्र हैं। निश्चय से देखा जाये तो आत्मद्रव्य अनन्त धर्मों को इस तरह पिये हुए बैठा है कि उसमें भेद नहीं है, किन्तु भेद का अवलम्बन किये बिना व्यवहारी जीव को आत्मा के स्वरूप की प्रतीति नहीं कराई जा सकती। अत: **जहाँ तक वस्तुस्वरूप को जानने की बात है वहाँ तक ही व्यवहारनय की उपयोगिता है, किन्तु जब तक व्यवहार का अवलम्बन है तब तक आत्मा के यथार्थस्वरूप की प्राप्ति सम्भव नहीं है;** क्योंकि व्यवहारनय भेद दृष्टि प्रधान है और भेद दृष्टि में निर्विकल्प दशा नहीं होती तथा सरागी के जब तक रागादि दूर नहीं होते तब तक निर्विकल्प दशा प्राप्त नहीं होती। इसलिए अभेदरूप निर्विकल्प दशा में पहुँचने के लिए निश्चयनय की उपयोगिता है। वीतराग होने के पश्चात् तो नय का अवलम्बन ही छूट जाता है।

जिन द्रव्यार्थिक और पर्यायार्थिक नयों का उल्लेख आगम में वस्तुस्वरूप के प्रतिपादक रूप में किया गया है वे ही अध्यात्म में निश्चय और व्यवहारनय के रूप में कहे गये हैं। जैसे—द्रव्यार्थिक नय का विषय द्रव्य है वैसे ही निश्चयनय का विषय भी शुद्ध द्रव्य है और जैसे पर्यायार्थिक नय का विषय पर्याय है वैसे ही व्यवहारनय का विषय भी भेद-व्यवहार है। व्यवहार शब्द का अर्थ ही भेद करना है। अखण्ड वस्तु में वस्तुत: भेद करना तो अशक्य है, क्या कोई आत्मा के खण्ड-खण्ड कर सकता है? किन्तु शब्द के द्वारा अखण्ड एक वस्तु में भी भेद-व्यवहार सम्भव है। जैसे—आत्मा में दर्शन, ज्ञान और चारित्र गुण हैं अर्थात् गुण और गुणी या द्रव्य और पर्याय के भेद से अभिन्न वस्तु में भी भेद की प्रतीति होती है। यह भेद-व्यवहार भी व्यवहारनय की मर्यादा के ही अन्तर्गत है। यद्यपि इसे अशुद्ध निश्चयनय का भी विषय बतलाया है किन्तु शुद्ध निश्चयनय की अपेक्षा से अशुद्ध निश्चयनय भी व्यवहारनय में ही आता है।

इसके अतिरिक्त भी निश्चय और व्यवहारनय के लक्षण किए गये हैं। जो शुद्ध द्रव्य का निरूपण करता है वह निश्चयनय है और जो अशुद्ध द्रव्य का निरूपण करता है वह व्यवहारनय है।[9] इसी से निश्चयनय को शुद्ध नय और व्यवहारनय को अशुद्धनय भी कहते हैं। अशुद्धनय के अवलम्बन से अशुद्ध आत्मा की प्राप्ति होती है और शुद्धनय का अवलम्बन करने से शुद्ध आत्मा की प्राप्ति होती है अथवा जो स्वाश्रित है वह निश्चयनय है और जो पराश्रित है वह व्यवहारनय है।[10]

आत्मा के पर के निमित्त से जो अनेक भाव होते हैं वे सब व्यवहारनय के विषय हैं इसीलिए व्यवहारनय पराश्रित है और जो एक अपना स्वाभाविक भाव है वही निश्चयनय का विषय है इसीलिए निश्चयनय आत्माश्रित या स्वाश्रित है।

तात्पर्य यह है कि जो अपने ही आश्रय से हो उसे निश्चय कहते हैं। जिस द्रव्य के अस्तित्व में जो भाव पाये जाएँ, उस द्रव्य में उनका ही स्थापन करना तथा परमाणु मात्र भी अन्य कल्पना न करना स्वाश्रित है। इसका कथन ही मुख्य (निश्चय) कथन कहलाता है। इसको जानने से अनादि शरीरादि पर द्रव्य में एकत्व श्रद्धान रूप अज्ञान भाव का अभाव हो जाता है और भेद विज्ञान की प्राप्ति होती है तथा समस्त पर द्रव्य से भिन्न अपने शुद्ध चैतन्यस्वरूप का अनुभव होता है, तब यह शुद्धात्मा परमानन्द दशा में मग्न होकर कैवल्य अवस्था को प्राप्त हो जाता है, किन्तु जो अज्ञानी जन इसको जाने बिना धर्म में प्रवृत्ति करते हैं, वे शरीराश्रित क्रिया-काण्ड को ही उपादेय जानकर, संसार के कारण स्वरूप शुभोपयोग को ही मुक्ति का कारण मानकर अपने स्वरूप से भ्रष्ट होते हुए संसार में परिभ्रमण करते हैं। अतः निश्चयनय का परिज्ञान आवश्यक है।

इसी प्रकार जो परद्रव्य के आश्रित हो उसे व्यवहार कहते हैं। किंचित् मात्र भी कारण पाकर अन्य द्रव्य का भाव अन्यद्रव्य में आरोपित करना पराश्रित कहलाता है। इसी के कथन को उपचार या गौण कथन कहते हैं। इसे जानकर ज्ञानीजन शरीरादि के साथ सम्बन्ध रूप संसारदशा का ज्ञान करके संसार के कारण स्वरूप आस्रव-बन्ध को पहिचानकर और मुक्त होने के उपायरूप जो संवर और निर्जरा हैं, उनमें प्रवर्तन करे। अज्ञानीजन इन्हें जाने बिना शुद्धोपयोगी होने की इच्छा करता है, वह पहले ही व्यवहार साधन को छोड़ पापाचरण में लीन होकर नरकादि के दुःखों का पात्र बनता है। इसलिए उपचार या व्यवहार कथन का भी परिज्ञान आवश्यक है।

आचार्य कुन्दकुन्द[11] और उनके भाष्यकार आचार्य अमृतचन्द्र[12] ने निश्चयनय को भूतार्थ या सत्यार्थ और व्यवहारनय को अभूतार्थ या असत्यार्थ कहा है। भूतार्थ और अभूतार्थ का व्युत्पत्त्यर्थ इसप्रकार किया जा सकता है, 'भूतं विद्यमानं सत्यं वा अर्थं भावं कथयति यः स भूतार्थः' जो 'भूत' अर्थात् पदार्थ में पाये जाने वाले 'अर्थ' (भाव) को जैसे का तैसा (बिना किसी कल्पना या जोड़-तोड़ के) कहता है वह भूतार्थ है। जैसे—**कोई सत्यवादी सत्य ही कहता है, जो बात जैसी है उसको बिना किसी कल्पना किये वैसे ही कहता है, उसमें थोड़ी सी भी मिलावट नहीं करता है। इसी प्रकार जीव और कर्म या पुद्गल का अनादि काल से एक क्षेत्रावगाह सम्बन्ध है, दोनों मिले हुए से दिखाई पड़ते हैं, फिर भी निश्चयनय आत्मद्रव्य को शरीरादि परद्रव्यों से भिन्न ही प्रकाशित करता है। वही भिन्नता मुक्त अवस्था में प्रकट होती है। अतएव निश्चयनय भूतार्थ है,** इसीलिए इसको सत्यार्थ

भी कहते हैं। तथा अभूतार्थ का अर्थ असत्यार्थ है। 'अभूतमविद्यामानमसत्यं या अर्थं भावं कथयति यः सोऽभूतार्थः' जो 'अभूत' अर्थात् पदार्थ में न पाये जाने वाले 'अर्थ' यानि भाव को प्रकाशित करता है, उसमें अनेक कल्पना करके कहता है उसे अभूतार्थ कहते हैं। **जैसे कोई मिथ्यावादी जरा से कारण का बहाना लेकर उसमें अनेक कल्पना करके बताता है। उसी प्रकार जैसे जीव और पुद्गल की सत्ता भिन्न है, स्वभाव भिन्न है, प्रदेश भिन्न है, फिर भी एक क्षेत्रावगाह सम्बन्ध का बहाना लेकर व्यवहारनय आत्मा और शरीर को एक कहता है, किन्तु मुक्त अवस्था में स्पष्ट भिन्नता होती है। अतएव व्यवहारनय अभूतार्थ है।** इसीलिए इसको असत्यार्थ भी कहते हैं। इस विषय को आचार्य अमृतचन्द्र ने एक दृष्टान्त द्वारा स्पष्ट किया है, जिस प्रकार कीचड़ से कलुषित हुए गँदले जल को कीचड़ और जल का भेद न कर सकने वाले अधिकांश मनुष्य तो मलिन ही अनुभव करते हैं, किन्तु कुछ मनुष्य अपने हाथ से डाली गयी निर्मली के प्रभाव से जल और मैल के भेद को जानकर उस जल को निर्मल ही अनुभव करते हैं, उसी तरह प्रबल कर्म रूपी मैल के द्वारा जिसका स्वाभाविक ज्ञायक भाव तिरोभूत हो गया है ऐसे आत्मा का अनुभव करने वाला व्यवहार से विमोहितमति अविवेकी पुरुष आत्मा को नानापर्यायरूप अनुभव करता है। किन्तु भूतार्थदर्शी मनुष्य शुद्धनय के द्वारा आत्मा और कर्म का भेद जानकर ज्ञायक स्वभाव आत्मा को ही अनुभव करता है। यहाँ शुद्धनय निर्मली के समान है। अतः जो शुद्ध नय का आश्रय करता है वही सम्यक् द्रष्टा होने के कारण सम्यग्दृष्टि है, किन्तु जो व्यवहारनय का आश्रय करता है वह सम्यग्दृष्टि नहीं हैं। अतः कर्म से भिन्न आत्मा का अनुभव करने वालों के लिए व्यवहारनय का अनुसरण करना योग्य नहीं है।[13]

इस व्याख्या से अध्यात्म में निश्चयनय को भूतार्थ और व्यवहारनय को अभूतार्थ मानने का तथा एक को उपादेय और दूसरे को हेय कहने का हेतु स्पष्ट हो जाता है।

निश्चयनय आत्मा के शुद्ध स्वरूप का अनुभव कराता है इसलिए उसे शुद्धनय भी कहते हैं। आचार्य कुन्दकुन्द ने शुद्धनय का स्वरूप बतलाते हुए कहा है, 'जो आत्मा को अबद्ध, अस्पृष्ट, अनन्य, नियत, अविशेष और पर के संयोग से रहित जानता है उसे शुद्धनय जानो।'[14] इस पर टीका करते हुए आचार्य अमृतचन्द्र एक दृष्टान्त द्वारा इसे स्पष्ट करते हैं, 'जैसे जल में डूबे हुए कमलिनी के पत्तों की जल में डूबी हुई अवस्था को देखते हुए उनका जल से स्पृष्ट होना भूतार्थ है, किन्तु जब हम कमलिनी के पत्तों के स्वभाव को लक्ष्य में रखकर देखते हैं तो उनका जल से

स्पृष्टपना अभूतार्थ है; क्योंकि कमलिनी का पत्र जल से सदा अस्पृष्ट ही रहता है। इसी तरह आत्मा की अनादि पुद्‌गल कर्मों से बद्ध और स्पृष्ट अवस्था का जब अनुभव करते हैं तो आत्मा का बद्धपना, स्पृष्टपना भूतार्थ है, किन्तु जब आत्मा के स्वभाव का अनुभव करते हैं तो बद्ध-स्पृष्टपना अभूतार्थ है।'[15]

आत्मा की दो अवस्थाएँ हैं—एक स्वाभाविक और एक वैभाविक। स्वाभाविक अवस्था यथार्थ होने से भूतार्थ है और वैभाविक अवस्था औपाधिक होने से अभूतार्थ है। भूतार्थ ग्राही निश्चयनय है और अभूतार्थग्राही व्यवहारनय है। यद्यपि आत्मा अनादि काल से कर्म पुद्‌गलों से बद्ध और स्पृष्ट होने से बद्ध और स्पृष्ट प्रतीत होता है; कर्म के निमित्त से होने वाली नर-नारकादि पर्यायों में भिन्न-भिन्न दृष्टिगोचर होता है; दर्शन, ज्ञान, चारित्र आदि गुणों में विशिष्ट प्रतीत होता है तथा कर्म के निमित्त से होने वाले राग-द्वेष-मोह रूप परिणामों से संयुक्त प्रतीत होता है। इस तरह व्यवहारनय से आत्मा बद्ध, स्पृष्ट, अन्यरूप, अनियत, विशिष्ट और संयुक्त प्रतीत होता है। व्यवहारनय से ये सब प्रतीतियाँ भूतार्थ हैं, किन्तु व्यवहारदृष्टि से ज्ञायक स्वभाव रूप आत्मा को नहीं जाना जा सकता। अतः आत्मा के असाधारण ज्ञायक स्वभाव को लक्ष्य में रखने पर उक्त सब भाव अभूतार्थ हैं।

सारांश यह है कि परद्रव्य के सम्बन्ध से अशुद्धता होती है, किन्तु उसके होने से मूलद्रव्य अन्य द्रव्यरूप नहीं हो जाता, केवल परद्रव्य के संयोग से अवस्था मलिन हो जाती है। द्रव्यदृष्टि से तो उस अवस्था में भी द्रव्य वही है, किन्तु पर्यायदृष्टि से देखने पर मलिन ही दिखाई देता है। इसी तरह आत्मा का स्वभाव ज्ञायक मात्र है, किन्तु पुद्‌गल कर्म के निमित्त से उसकी अवस्था रागादिरूप मलिन हो रही है। पर्यायदृष्टि से देखने पर वह मलिन ही दिखाई देती है, किन्तु द्रव्यदृष्टि से देखने पर ज्ञायकरूप ही है, वह जड़रूप नहीं हो गया है। अतः द्रव्यदृष्टि में अशुद्धता गौण है, व्यवहार है, अभूतार्थ है, असत्यार्थ है, उपचरित है और द्रव्यदृष्टि शुद्ध है, निश्चय है, भूतार्थ है, सत्यार्थ है, परमार्थ है।

तथ्य यह है कि **शुद्धता और अशुद्धता दोनों वास्तविक हैं, किन्तु अशुद्धता परद्रव्य के संयोग से होने से आगन्तुक है जबकि शुद्धता स्वभावभूत है।** इस अन्तर के कारण ही एक अभूतार्थ है और दूसरी भूतार्थ। **जो नय अभूतार्थ अशुद्धदशा का अनुभव कराता है वह हेय है;** क्योंकि अशुद्ध नय का विषय संसार है और शुद्धनय का विषय मोक्ष है। शुद्धनय की अपेक्षा आत्मा अपने एकपने में नियत है, स्वकीय गुण-पर्यायों में व्याप्त है तथा पूर्ण चैतन्य पिण्ड है। ऐसे आत्मा का आत्मातिरिक्त पदार्थों से पृथक् अनुभव करना ही भेद विज्ञान है। इस भेद विज्ञान

की प्राप्ति शुद्धनय से ही हो सकती है। यही शुद्धात्म स्वरूप की प्राप्ति का उपाय है; क्योंकि अध्यात्म का लक्ष्य है आत्मा के शुद्ध स्वरूप की प्रतीति, अनुभूति और प्राप्ति। वह निश्चयनय के बिना सम्भव नहीं है। आत्मा के शुद्ध स्वरूप का दर्शन उसी से होता है। इसी से उसे शुद्धनय भी कहा है। उसका स्वरूप आचार्य अमृतचन्द्र ने कहा है—'रागादि भावों से भिन्न, अपने गुणों से परिपूर्ण, आदि और अन्त से रहित, एक तथा समस्त संकल्प-विकल्पों के जाल से विमुक्त आत्म स्वभाव को प्रकाशित करता हुआ वह शुद्धनय उदित होता है।'[16]

आत्मस्वभावं परभावभिन्नमापूर्णमाद्यन्त विमुक्तमेकम्।
विलीन-संकल्प-विकल्प-जालं प्रकाशयन् शुद्धनयोऽभ्युदेति।।10।।

यह शुद्धनय आत्मा के यथार्थ स्वाभाविक रूप को ही ग्रहण करता है। उसका वह स्वाभाविक रूप ही उपादेय होता है। उसी की प्राप्ति के लिए संसारी जीव प्रयत्न करता है। अत: वही स्वरूप ध्यान करने योग्य है। जो व्यक्ति जैसा होना चाहता है वैसा ही सतत चिन्तन करता है। शुद्ध स्वर्ण की प्राप्ति का इच्छुक खान से स्वर्णपाषाण प्राप्त करके भी पाषाण को उपादेय नहीं मानता, स्वर्ण को ही उपादेय मानता है। अत: उसके लिए सबसे प्रथम तो उस दृष्टि की उपयोगिता है जो स्वर्णपाषाण दशा में भी शुद्धस्वर्ण की पहचान कराती है। शुद्धस्वर्ण की पहचान हो जाने पर वह उसे अपनी दृष्टि से ओझल नहीं होने देता और उसकी प्राप्ति के लिए प्रयत्नशील रहता है। इसी प्रकार मुमुक्षु भी निश्चयदृष्टि के द्वारा कर्मलिप्त आत्मअवस्था में भी आत्मा के यथार्थ स्वरूप के दर्शन करके सतत उसी की प्राप्ति के लिए प्रयत्नशील रहता है। उसी का ध्यान करने की चेष्टा में रहता है और अपनी असमर्थतावश अन्य सविकल्पक ध्यान करते हुए भी उसी आत्म स्वरूप को एक मात्र ध्येय मानता है, तभी वह अपने ध्येय को प्राप्त करने में समर्थ होता है।

इस प्रकार शुद्धात्म स्वरूप की प्राप्ति के लिए निश्चयनय या शुद्धनय की उपयोगिता सिद्ध होती है। वही उपादेय है, साध्य है, किन्तु जिन जीवों को इसकी प्राप्ति नहीं हो सकी है, जो अज्ञान दशा में ही पड़े हुए हैं, उनको सुमार्ग पर लाने के लिए, आत्मस्वरूप ही पहचान कराने के लिए व्यवहारनय उपयोगी है। इसी को समयसार की दार्शनिक भाषा में यों कहा जा सकता है कि 'जो परमभावदर्शी हैं अर्थात् शुद्धनय को प्राप्त कर पूर्ण श्रद्धा, ज्ञान और चारित्रवान् हैं उनके लिए तो शुद्धतत्त्व का कथन करने वाला शुद्धनय ही ग्राह्य है, किन्तु जो अपरमभाव में स्थित हैं अर्थात् श्रद्धा, ज्ञान और चारित्र के पूर्ण भाव को प्राप्त नहीं कर सके हैं, अभी

साधक अवस्था में ही हैं या जिनका ऐसा लक्ष्य ही नहीं है उनको सम्बोधने के लिए व्यवहारनय उपयोगी है, वे व्यवहारनय द्वारा उपदेश करने योग्य हैं।[17]

निश्चय और व्यवहार ये दोनों ही नय अपने-अपने विषय की दृष्टि से तत्त्वबोधक हैं। जो जीव निश्चय और व्यवहार को ठीक प्रकार से समझकर एकान्त पक्ष का परित्याग करता है और मध्यस्थ वृत्ति को ग्रहण करता है वही शुद्धात्म स्वरूप को समझकर उसे प्राप्त कर सकता है। अत: वस्तु स्वरूप का परिज्ञान करने के लिए दोनों नयों का आलम्बन आवश्यक है। आत्मश्रद्धा या आत्मानुभूति के समय निश्चयनय का अवलम्बन उपादेय है और व्यवहारनय का अवलम्बन हेय है। किन्तु जब तक वह अवस्था प्राप्त नहीं हुई है तब तक व्यवहारनय का अवलम्बन भी उपादेय है। इसप्रकार उभयनयों का अवलम्बन अपेक्षा भेद से आवश्यक है। इसी बात को आचार्य अमृतचन्द्र ने उक्तगाथा की व्याख्या करते हुए एक उद्धरण द्वारा कहा है, 'हे भव्य जीवो! यदि जिन मत का प्रवर्तन करना चाहते हो तो व्यवहार और निश्चय, दोनों नयों को मत छोड़ो; क्योंकि व्यवहारनय के बिना तो तीर्थ यानि व्यवहारमार्ग का ही नाश हो जाएगा और निश्चयनय के बिना तत्त्व यानि वस्तुस्वरूप का ही विनाश हो जाएगा।'[18]

साधनावस्था में दोनों ही नय उपयोगी हैं। दोनों की सापेक्षता में ही साध्य की सिद्धि हो सकती है। वास्तव में दोनों में ही साध्य-साधन सम्बन्ध पाया जाता है। निश्चयसाध्य है और व्यवहार उसका साधन है। साधन के बिना साध्य की सिद्धि नहीं होती। जैसे कोई व्यक्ति किसी ऊँची मंजिल पर पहुँचना चाहता है तो उसे किसी सीढ़ी का ही सहारा लेना पड़ेगा, बिना सीढ़ी के सहारे मंजिल पर नहीं पहुँच सकता, वैसे ही प्रारम्भ में व्यवहारनय का अवलम्बन लिये बिना निश्चय की प्राप्ति सम्भव नहीं है, किन्तु व्यवहार के द्वारा निश्चय की प्राप्ति तभी होगी जब निश्चय की ओर लक्ष्य होगा और जैसे मनुष्य सीढ़ी पर पैर इसलिए रखता है कि उसे छोड़ता हुआ आगे की ओर बढ़ता चला जाय। यदि कोई सीढ़ी को ही पकड़कर बैठ जाय और उसके द्वारा मंजिल पर चढ़ने की बात भुला बैठे तो वह त्रिकाल में भी मंजिल पर नहीं पहुँच सकता। उसी तरह यदि कोई निश्चय के लक्ष्य को भुलाकर व्यवहार को ही साध्य मानकर उसी में रम जाता है तो उसका व्यवहार निश्चय का साधक नहीं है। जो साधक निश्चय पर लक्ष्य रखकर उसी की प्राप्ति के लिए तन्मय होता हुआ अन्यगति न होने से व्यवहार को अपनाता है वह उसे उपादेय समझ कर नहीं अपनाता, हेय समझ कर ही अपनाता है। ऐसा ही व्यवहार

निश्चय का साधन होता है। ऐसा साधक ज्यों-ज्यों निश्चय की और बढ़ता जाता है त्यों-त्यों अशुद्ध परिणतिरूप भेदमूलक व्यवहार छूटता जाता है और ज्यों-ज्यों वह व्यवहार छूटता जाता है त्यों-त्यों साधक निश्चय की ओर बढ़ता जाता है। **जो व्यवहार को अपनाकर उसी में रम जाता है वह साधक ही नहीं है।** सच्चे साधक की दृष्टि से एक क्षण के लिए भी निश्चय नय का लक्ष्य ओझल नहीं होता।

यहाँ यह सिद्धान्त भी नहीं भूलना चाहिए कि आखिर में यह व्यवहारनय हेय है, सर्वथा उपादेय नहीं है। और न ही सर्वथा हेय है, कथंचित् उपादेय है। इसीलिए व्यवहारनय को कथंचित् असत्यार्थ कहा है। सर्वथा असत्यार्थ नहीं कहा है। यह भी सत्य के निकट पहुँचाने वाला है, किन्तु यदि कोई उसे सर्वथा असत्यार्थ जानकर छोड़ दे तो वह शुभोपयोग रूप व्यवहार मार्ग को भी छोड़ देगा। इसका परिणाम यह होगा कि वह शुद्धोपयोग (आत्मा की शुद्धदशा) तो प्राप्त हुआ ही नहीं, उल्टा अशुभोपयोग (आत्मा की अत्यन्त अशुद्धदशा) में ही आकर भ्रष्ट होकर पतन के गर्त में पड़ जाएगा। इसलिए शुद्धनय का विषय जो साक्षात् शुद्धात्मा है उसकी प्राप्ति जब तक न हो जाय तब तक व्यवहारनय भी उपयोगी है, प्रयोजनवान् है।

तात्पर्य यह है कि व्यवहारनय व्यवहारीजन को समझाने के लिए उपयोगी है। जैसे—किसी म्लेच्छ पुरुष को म्लेच्छभाषा के बिना अपनी बात नहीं समझाई जा सकती वैसे ही व्यवहारीजन को व्यवहार के बिना परमार्थ का उपदेश नहीं दिया जा सकता।[19] इस पर टीका करते हुए आचार्य अमृतचन्द्र ने विश्लेषण किया है, 'जिस प्रकार किसी पुरुष को कोई ब्राह्मण 'स्वस्ति' कह कर आशीर्वाद दे तो वह कुछ भी नहीं समझता, केवल आँखें फाड़कर टकटकी लगाकर बड़े गौर से देखता रह जाता है कि यह क्या कह रहा है? किन्तु जब वही बात उसकी म्लेच्छ भाषा में समझाई जाती है तो वह झट समझ जाता है और आनन्द विभोर हो जाता है। वैसे ही व्यवहारीजन 'आत्मा' कहने से कुछ भी नहीं समझते; क्योंकि उन्हें आत्मा के स्वरूप का कोई ज्ञान ही नहीं है, किन्तु जब व्यवहार मार्ग का अवलम्बन लेकर समझाया जाता है कि 'जिसमें दर्शन, ज्ञान, चारित्र है, वह आत्मा है', ऐसा कहने से झट समझ जाते हैं। जगत् के समस्त व्यवहारीजन म्लेच्छ के समान हैं और व्यवहारनय म्लेच्छभाषा के समान है। अत: व्यवहार के द्वारा ही शुद्धनयरूप परमार्थ को समझा जा सकता है। इसलिए परमार्थ का प्रतिपादक होने से व्यवहारनय का उपेदश किया जाता है।'[20] **किन्तु ब्राह्मण को म्लेच्छ नहीं हो जाना चाहिए इसी**

वचन से व्यवहारनय अनुसरण योग्य नहीं है।

व्यवहारनय के बिना परमार्थ का उपदेश नहीं दिया जा सकता, अतः उसका अवलम्बन लिया जाता है यद्यपि अपरमार्थ का प्रतिपादक होने से व्यवहारनय अभूतार्थ है तो भी उसके बिना परमार्थ का उपदेश नहीं हो सकता। जो अज्ञानी जीव हैं उन्हें ज्ञानी पुरुष आत्मद्रव्य में भेद करके समझाता है कि यह जो देखने-जानने वाला है, ज्ञान, दर्शन गुणवाला है, वह आत्मा है और वह दृश्यमान जड़ जगत् से सर्वथा भिन्न है। तब वे अज्ञानी जीव आत्मस्वरूप को समझकर उसमें प्रवृत्त होते हैं और परमार्थ को प्राप्त कर लेते हैं। अतः व्यवहारनय की यही उपयोगिता है।

निश्चय और व्यवहार के विषय में यह ज्ञातव्य है कि इन दोनों नयों का विषय परस्पर सर्वथा विरुद्ध है। यहाँ तक कि ये दोनों '३६' के अंक के समान एक दूसरे के विपरीत हैं। इस विषय का सूक्ष्म विवेचन आचार्य कुन्दकुन्द ने अपनी पैनी दृष्टि से किया है। व्यवहार नय जिसे कहता है, निश्चय नय उसका निषेध करता है। निश्चय नय जिसे कहता है, व्यवहार नय उसमें भेद डालता है। व्यवहार नय कहता है कि जीव की बद्धदशा है, किन्तु निश्चयनय कहता है कि जीव तो स्वभाव से अबद्ध है। कहीं आकाश को भी कोई तलवार से चीर सकता है? जब आत्मा अमूर्तिक है तब मूर्तिक पुद्‌गल कर्मों के साथ उसका बन्ध कैसे हो सकता है? निश्चयनय की दृष्टि से जीव और शरीर कभी भी एक पदार्थ नहीं हो सकते, किन्तु व्यवहारनय जीव और शरीर की एकता प्रतिष्ठापित करता है।[21] इसी प्रकार दर्शन, ज्ञान, चारित्र-रूप परिणत यह आत्मा जानता है कि निश्चयनय से 'मैं एक हूँ', 'शुद्ध हूँ', दर्शन-ज्ञानमय हूँ, सदा अरूपी हूँ, परद्रव्य किंचित् मात्र यहाँ तक कि परमाणु मात्र भी मेरा नहीं हैं।[22] मैं तो एक शाश्वत, शुद्धात्मा हूँ। शेष सब आत्म-भिन्न पर पदार्थ शुभाशुभ कर्मों के संयोग से प्राप्त हैं, अतः मुझसे सर्वथा भिन्न हैं।[23] निश्चयनय से जीव के वर्ण नहीं, गन्ध नहीं, राग और द्वेष भी नहीं है। और जीव के ये सभी हैं, ऐसा व्यवहारनय से कहा जाता है।[24] जैसे गाँव के किसी एक व्यक्ति को चोरी करते हुए देखकर व्यवहार से यह कह दिया जाता है कि यह गाँव तो चोर है, किन्तु निश्चय से विचार किया जाए तो गाँव चोर नहीं, किन्तु गाँव का वह व्यक्ति चोर है। इसी प्रकार जीव में शरीर के सम्बन्ध से रूप, रस, गन्ध का व्यवहार होता है। निश्चयनय से तो जीव शुद्धस्वरूप है, उसे सांसारिक केवल व्यवहारनय से ही कहा जाता है।

इसी प्रकार कर्ता-कर्म के सम्बन्ध में भी इन दृष्टियों से विचार किया जा

सकता है। यह कहना कि जीव राग-द्वेषादि पुद्गल कर्मों का कर्ता है और उन्हीं का भोक्ता है, यह सब व्यवहार है। निश्चयनय से तो यह आत्मा अपने शुद्ध ज्ञान भावों का ही कर्ता और भोक्ता है।[25] यही भाव आचार्य नेमिचन्द्र ने भी अभिव्यक्त किया है।[26]

इसी प्रकार शुभ-अशुभ या पुण्य-पाप के विषय में भी निश्चय-व्यवहार की दृष्टि से विचार किया जा सकता है। दैनिक जीवन-व्यवहार के क्षेत्र में राग, द्वेष, क्रोधादि कषाय तथा हिंसादि क्रूरकर्मरूप अशुभ (पाप) भाव तो त्याज्य हैं ही, उसके लिए तो कोई स्थान है ही नहीं, पर जीव-दया आदि अहिंसा तथा, व्रत, नियम, संयम, भगवद्भक्ति आदि शुभ (पुण्य) भाव ग्रहण करने योग्य हैं।

यहाँ यह प्रश्न हो सकता है कि क्या अध्यात्म क्षेत्र में निश्चयदृष्टि से शुभभाव उपादेय (ग्रहण करने योग्य) है या हेय (छोड़ने योग्य) है? इसका समाधान यह प्रस्तुत किया जा सकता है कि जब तक जीव शुद्धता या आत्मानुभव को प्राप्त नहीं कर लेता तब तक उसके लिए शुभभाव रूप प्रर्वतना चाहिए। सिद्धान्ततः निश्चयदृष्टि वाला जीव भगवद्दर्शन, पूजन, व्रत, संयमादि शुभ भावों को करता हुआ भी उन्हें उपोदय नहीं मानता है। भवन के ऊपर जाने के लिए मनुष्य सीढ़ियों का उपयोग करता है, परन्तु सीढ़ियों की सुन्दरता देख उन्हीं में रम कर नहीं रह जाता, किन्तु उन्हें छोड़कर अपने लक्ष्य स्थान पर पहुँच जाता है। इसी प्रकार मनुष्य दर्पण को देखता है। किसलिए देखता है? क्या इसलिए देखता है कि दर्पण बड़ा सुन्दर है? उसका फ्रेम हीरा, पन्ना आदि रत्नों से जड़ा हुआ है? नहीं, दर्पण इसलिए देखता है कि उसके माध्यम से अपने मुख को देखता है और उसको देखकर मुख पर लगी हुई कालिमा आदि को दूर करने का प्रयास करता है। विवेकी मनुष्य भगवान् के प्रतिबिम्ब के दर्शन इसलिए नहीं करता कि वह चाँदी, सोने, हीरा, पन्ना, जवाहरात का है, बड़ा सुन्दर लगता है, किन्तु इसलिए करता है कि उसके दर्शन के माध्यम से हमें अपने अन्दर भी विद्यमान वीतराग स्वरूप का दर्शन होता है। **जिसने प्रतिमा के दर्शन कर अपने आपका, अपने वीतरागस्वरूप के दर्शन का उद्यम नहीं किया उसका दर्शन करना निष्फल है।** इसी प्रकार दर्शन-पूजन आदि शुभोपयोग के कार्यों को निश्चय दृष्टि वाला करता है और बड़ी रुचि के साथ करता है, परन्तु श्रद्धा में उन्हें मोक्ष का साधक न होने से सर्वथा उपादेय नहीं मानता। अशुभ, शुभ और शुद्ध ये तीन प्रकार के भाव हैं। इनमें अशुभ (पाप) भाव तो हेय ही हैं इसे सब लोग मानते हैं, पर शुभ (पुण्य) भाव छोड़ने योग्य है या ग्रहण करने योग्य? इस विषय पर विवाद चलता है, पर विवाद की कोई बात ही नहीं है। पुण्य

और पाप इन दोनों भावों को सामने रखकर जब चर्चा की जाती है कि इनमें छोड़ने योग्य क्या है? और ग्रहण करने योग्य क्या है? तब प्रत्येक समझदार व्यक्ति यही उत्तर देता है कि पुण्यभाव उपादेय है, परन्तु जब शुद्ध और शुभ (पुण्य) भाव को सामने रखकर चर्चा की जाती है कि इन दोनों में उपादेय क्या है? और हेय क्या है? इसका उत्तर आचार्य कुन्दकुन्द ने एक दृष्टान्त द्वारा बड़े सुन्दर ढंग से दिया है कि शुद्ध भाव उपादेय है और पुण्यभाव हेय है। पापभाव लौहनिर्मित बन्धन के समान है और पुण्यभाव स्वर्णनिर्मित बन्धन के समान हैं। तत्त्वदृष्टि से दोनों ही बन्धन हैं, जीव की स्वतन्त्र दशा (मुक्त दशा) के बाधक हैं। **इसप्रकार पापभाव और पुण्यभाव दोनों ही कर्मबन्ध के कारण हैं अतएव हेय या छोड़ने योग्य हैं।**[27] इसका अभिप्राय यह नहीं समझना चाहिए कि शुभकर्म जीवन में पूर्णतया हेय है। जब तक मनुष्य आत्मानुभव की भूमिका पर अवस्थित नहीं होता तब तक शुभकर्म होते ही है। उस भूमिका को प्राप्त करने के पहले ही यदि शुभकर्मों को हेय मान लिया जाएगा तो व्यक्ति अशुभ से बचने के लिए किसका सहारा लेगा? इससे यह भी नहीं समझ लेना चाहिए कि वह शुभ करते-करते शुद्ध को प्राप्त कर लेगा। शुद्ध भावों की प्राप्ति तो शुद्ध भावों से ही होगी, शुभ से नहीं। दूसरे शब्दों में, निर्विकल्पक अवस्था की प्राप्ति सविकल्पक अवस्था से नहीं हो सकती।

इस प्रकार निश्चय और व्यवहार इन दोनों नयों का विषय परस्पर सर्वथा विरुद्ध है, किन्तु जो जीव स्वयं मोह का वमन कर इन दोनों नयों के विरोध को ध्वस्त करने वाले 'स्यात्' पद से चिह्नित नय वचनों का अनुसरण करता है वह परमज्योति स्वरूप आत्मा को अवगत कर लेता है।[28]

उक्त कथन का निष्कर्ष यह है कि वस्तुस्वरूप का परिज्ञान प्राप्त करने के लिए दोनों नयों का अवलम्बन आवश्यक है, किन्तु आत्मश्रद्धा या आत्मानुभूति के समय व्यवहारनय का अवलम्बन हेय है, पर वस्तुस्वरूप का यथार्थ ज्ञान प्राप्त करने के लिए उभयनयों का अवलम्बन आवश्यक है। यदि कोई इन दोनों में से एक को ही यथार्थ मानकर उसी का अवलम्बन करे तो वह मिथ्या है, क्योंकि केवल व्यवहार का अवलम्बन करने से जीव के शुद्धस्वरूप की प्रतीति त्रिकाल में भी नहीं हो सकती और उस व्यवहार के बिना शुद्ध स्वरूप की प्राप्ति का तो प्रश्न ही नहीं उठता। जिसकी पहचान ही नहीं उसकी प्राप्ति कैसी? इसी तरह यदि कोई निश्चयनय के विषयभूत शुद्धस्वरूप को ही यथार्थ मानकर यही भूल जाय कि मेरी वर्तमान दशा अशुद्ध है तो वह उसकी शुद्धता के लिए प्रयत्न ही क्यों करेगा? और प्रयत्न न करने पर वह अशुद्ध का अशुद्ध ही बना रहेगा। अतः सापेक्ष दोनों नयों

से वस्तुस्वरूप को जानना ही सम्यग्ज्ञान है। वस्तुस्वरूप के परिज्ञान के लिए दोनों ही नय आवश्यक हैं। जिस प्रकार वस्तु को देखने के लिए दो आँखें हैं उसी प्रकार वस्तुस्वरूप को समझने के लिए दो नयों की आवश्यकता रहती है। जो केवल एक आँख से देखता है वह काना कहलाता है इसी प्रकार जो केवल एक नय से पदार्थ को देखता है अर्थात् उसको जानता है वह एकान्ती है। प्रारम्भिक दशा में व्यवहारदृष्टि प्रबल रहती है और निश्चयदृष्टि निर्बल। आगे चलकर ज्यों-ज्यों निश्चयदृष्टि प्रबल होती जाती है त्यों-त्यों व्यवहारदृष्टि निर्बल होती जाती है। ये दोनों नय अथवा दोनों दृष्टियाँ तराजू के दो पलड़ों के समान हैं। तराजू अच्छी वही समझी जाती है जिसके दोनों पलड़ों में थोड़ा भी पासंग (अन्तर) न हो। वक्ता को इन दोनों दृष्टियों का सन्तुलन रखते हुए विवेचन करना चाहिए। इन दोनों नयों को तत्त्व-विवेचन में गौण और मुख्य तो किया जा सकता है, पर छोड़ा किसी को नहीं जा सकता अर्थात् न तो एक नय को प्रधान कर दूसरे नय को छोड़ा जा सकता है और न दोनों नयों को प्रधान किया जा सकता है, न दोनों नयों को गौण किया जा सकता है। वस्तु को समझने के लिए दोनों नय समान हैं, कोई छोटा या बड़ा नहीं है। दोनों की सापेक्षता अपेक्षित है।

यहाँ विशेषरूप से यह भी विचारणीय है कि नयों की सूक्ष्मविषयता से अनभिज्ञ जन व्यवहार को सर्वथा हेय कहने लगते हैं, किन्तु वे इस बात को भूल जाते हैं कि एक तो अध्यात्म के प्रतिष्ठापक आचार्य कुन्दकुन्द ने अपने समयसार आदि अध्यात्मग्रन्थों में व्यवहार को हेय तो कहा किन्तु सर्वथा हेय नहीं कहा। उन्होंने निश्चय और व्यवहार दोनों के विवेचन में अनेकान्तदृष्टि को नहीं छोड़ा है, सापेक्ष निरूपण ही किया है। दूसरी बात यह है कि व्यवहारनय भी अनेकान्तात्मक वस्तुप्रतिपादक नयविकल्प रूप ज्ञान की ही पर्याय है। वह वस्तु में जो भाव नहीं है उसका भी भेद और उपचार से कथन करता है इसलिए असत्यार्थ या मिथ्या कहा जाता है। वैसे तो वह भी सापेक्षता से वस्तुस्वरूप का प्रतिपादक होने से सम्यक्नय है। हाँ उसके प्रतिपाद्य-विषय को ही कल्याणकारी समझकर उपादेय मानना मिथ्या ही नहीं, सर्वथा मिथ्या है, अतएव हेय है, किन्तु सापेक्षता से वस्तुस्वरूप का प्रतिपादक होने से वह मिथ्या नहीं, सम्यक् है। व्यवहार का अपना विषय तथा सीमा है और निश्चय का भी अपना विषय तथा सीमा है। दोनों ही अपनी-अपनी दृष्टि से अपने-अपने विषय के प्रतिपादक हैं, किन्तु वह प्रतिपादन सापेक्षता से ही करते हैं तभी वस्तुस्वरूप की यथार्थ सिद्धि होती है। इस प्रकार इन दोनों नयों के स्वरूप

की इतनी स्पष्टता होने पर भी ऐकान्तिक निश्चय के व्यामोह में व्यवहार को सर्वथा छोड़ना एक बड़ी भूल है, पर इस विचार की भी अवहेलना नहीं की जा सकती कि व्यवहार के चक्र में फँसे रहकर निश्चय को छोड़ देना उससे भी बड़ी भूल है। निश्चय और व्यवहार दोनों एक ही सिक्के की दो पीठिकाएँ है। जिन्हें अनेकान्तात्मक दृष्टि के प्रकाश में परखना होगा; क्योंकि आचार्य हेमचन्द्र के शब्दों में, अनेकान्त के बिना नयों की स्थिति नहीं बन सकती अर्थात् अनेकान्तवाद को छोड़कर वस्तुस्वरूप के प्ररूपण करने का दूसरा कोई मार्ग नहीं है।[29] अतः इन्हें वस्तुस्वरूप के अनुसार ग्रहण करना होगा। अनन्त जन्मों में अनन्त बार व्यवहार को पकड़ने का प्रयत्न किया, पर अपने मूल उपादान की ओर दृष्टिपात नहीं किया। पुरुषार्थ के यथार्थ स्वरूप को नहीं पहचाना। पुरुषार्थ की प्रबलता होने पर निमित्त सामग्री का साहाय्य प्राप्त होना स्वाभाविक है। कार्य की उत्पत्ति अन्तरंग और बहिरंग कारणों के मिलने से होती है। अतः आत्मसाधना के लिए आवश्यक है कि आत्मा के विभाव द्वार को पार कर उसके स्वभाव के भव्यद्वार में प्रवेश किया जाए। इसी से विकल्प का विष आचार-विचार के ज्ञानामृत में परिवर्तित हो जाता है और वीतरागता की प्राप्ति होने लगती है। अशुद्ध से शुद्ध होने पर चेतन परमचेतन हो जाता है और कर्मबन्ध क्षीण होते हैं। ऐसी अवस्था में व्यवहार की हेयता की तो बात क्या निश्चय का विकल्प भी छूट जाता है; क्योंकि यदि आत्म-स्वभाव का विश्लेषण किया जाय तो वह नय पक्षातीत है, किन्तु कब? जबकि शुद्धनय की प्राप्ति हो जाती है। तब ऐसा शुद्धजीव निर्विकल्पता तथा शुद्धानुभूति में निमग्न हो जाता है। वह इन दोनों नयों की भूमिका से ऊपर उठकर परमज्योतिस्वरूप शुद्धात्मतत्त्व की प्राप्ति की ओर बढ़ने लगता है। ऐसी शुद्धनयात्मक स्वानुभूति की अवस्था को आचार्य अमृतचन्द्र ने संकल्प-विकल्प से मुक्त शुद्धनय (निरूपाधि जीववस्तु स्वरूप) कहा है।[30] इस स्वानुभूति के अभ्युदयकाल में अर्थात् शुद्धनय के विषयभूत शुद्धात्मा के अनुभवकाल में प्रमाण, नय, निक्षेप सब विलीन हो जाते हैं, कोई भेद नहीं रह जाता है। एक अद्वैत, अखण्ड चैतन्यपुंज अवशिष्ट रह जाता है।[31] परमात्मतत्त्व के विचारकाल में ही प्रमाण, नय, निक्षेप की उपयोगिता है, किन्तु अनुभूतिकाल में तो प्रमाण, नय, निक्षेप से निरपेक्ष शुद्धात्मस्वरूप के दर्शन हो जाते हैं। पूर्ण निर्विकल्पक अवस्था हो जाती है। इसी को कैवल्य या परमानन्द अवस्था कहते हैं।

संक्षिप्त निष्कर्ष यही है कि अध्यात्मनय निश्चय और व्यवहार के विषय में

पूर्ण सावधानी की आवश्यकता है। **दोनों ही नय तत्त्व प्रतिपादन काल में अपेक्षित एवं तत्त्वानुभूति काल में उपेक्षित हो जाते हैं।** जो प्रबुद्ध साधक अध्यात्मार्थी इस विवेक दृष्टि को सामने रखकर साधनामार्ग में प्रवृत्त होते हैं वे ही नयपक्षातीत, निरूपाधि आत्मतत्त्व स्वरूप शुद्धनय को प्राप्त करते हैं; क्योंकि आत्महित की साधना में व्यवहारनय को छोड़कर अन्तस्तत्त्व का अवलोकन करना होता है। अतः साधना के प्रसंग में व्यवहारनय हेय हो जाता है। पश्चात् शुद्धनयात्मक ज्ञानानुभूति के प्रसंग में निश्चयनय भी हेय हो जाता है, किन्तु वस्तुस्वरूप के परिचय के प्रसंग में न तो निश्चयनय हेय है और न व्यवहारनय हेय है। दोनों नय अपेक्षित हैं, दोनों ही कार्यकारी हैं। इसी विवेकपरक साधना से आत्मकल्याण हो सकता है।

निश्चय और व्यवहारनय के भेद-प्रभेद

निश्चयनय के भेद—अभेदविधि से द्रव्य के विषय में जानना निश्चयनय है। निश्चयनय का विषय अभेद है। इसके दो प्रकार हैं।[32] शुद्धनिश्चयनय और अशुद्धनिश्चयनय।

(1) **शुद्धनिश्चयनय**[33]—जो नय कर्मजनित विकार से रहित गुण और गुणी को अभेद रूप से ग्रहण करता है वह शुद्धनिश्चयनय है। जैसे—'केवल ज्ञान स्वरूप जीव है' अर्थात् जीव केवल ज्ञानमयी है, क्योंकि ज्ञान जीव का स्वरूप है। शुद्धनिश्चयनय का विषय शुद्धद्रव्य है। जीव और अजीव के शुद्ध स्वभाव का विवेचन करता है। शुद्धनिश्चयनय की अपेक्षा जीव के न बन्ध है, न मोक्ष है।

(2) **अशुद्धनिश्चयनय**[34]—जो नय कर्मजनित विकार सहित गुण और गुणी को अभेद रूप से ग्रहण करता है उसे अशुद्धनिश्चयनय कहते हैं। जैसे—मतिज्ञानादिस्वरूप जीव है अथवा एक द्रव्य में अभेद विधि से अशुद्धपर्याय का ज्ञान होना अशुद्धनिश्चयनय है। जैसे जीव रागी है आदि अशुद्धपर्यायमय द्रव्य का परिचय होना। अशुद्धनिश्चयनय संसारी जीव को गुण और गुणी में अभेद दृष्टि से ग्रहण करता है; क्योंकि संसारी जीव कर्मजनित विकार सहित होता है। संसारी जीव में मतिज्ञान ज्ञान गुण की विकारी अवस्था है।

इसी प्रकार निश्चयनय का एक भेद परमशुद्ध निश्चयनय भी है। अखण्ड परम स्वभाव का ज्ञान होना अखण्ड परम शुद्धनिश्चयनय है। जैसे—अखण्ड शाश्वत सहज चैतन्य स्वभावमात्र आत्मा का परिचय होना। शुद्ध द्रव्य स्वभाव का ज्ञान होना भी परम शुद्धनिश्चयनय है।

उक्त भेद-कथन का निष्कर्ष यह है कि शुद्धनिश्चयनय विवक्षितवस्तु को

शुद्धस्वरूप से ही जानता है, वस्तु को विकारों से पृथक् देखता है। वस्तु को शुद्धस्वरूप में देखना ही इस नय का काम है। जैसे—जीव के विकार परिणमनों को जीव के न बताकर पुद्गल के ही बताना। इन समस्त पौद्गलिक रागादि विकारों से रहित एक शुद्ध जीव को जानना शुद्धनिश्चयनय है।

व्यवहारनय को गौणकर अर्थात् भेद-विधि से जानने का उपयोग न करके निश्चयनय को मुख्यकर अभेद-विधि से जानते हुए परमशुद्ध निश्चयनय को प्राप्त कर वहाँ रहने वाले स्वभाव के एक विकल्प को भी अतिक्रान्त कर जब स्वानुभव प्राप्त हो जाता है तब संकल्प विकल्प को ध्वस्त करता हुआ शुद्धनय उदित होता है। इसके परिणामस्वरूप ही प्रमाण-नय-निक्षेप के सभी विकल्प विलीन हो जाते हैं और यह शुद्धात्मा स्वयं प्रमाण स्वरूप हो जाता है। इस प्रकार की यह ज्ञान-स्थिति शुद्धनय है। शुद्धनय की अवस्था में कोई भेद या प्रकार नहीं होता, वहाँ तो नयविकल्प से अतिक्रान्त अखण्ड अन्तस्तत्त्व का अभेददर्शन होता है।

व्यवहारनय के भेद—भेदविधि से वस्तु को जानने वाले नय को व्यवहारनय कहते हैं। व्यवहारनय का विषय भेद और उपचार है। इस नय के मुख्य रूप से दो भेद हैं[35]—सद्भूत व्यवहारनय और असद्भूत व्यवहारनय।

(1) **सद्भूत व्यवहारनय**[36]—सद्भूत का अर्थ है सत् में रहने वाले गुण और उनकी वृत्ति का नाम है व्यवहार अर्थात् पदार्थ में रहने वाले गुणों का प्रतिपादन करना, उनका परिज्ञान करना सद्भूत व्यवहारनय है। वस्तु स्वयं अपने आप में एक निज अखण्डरूप है। उस वस्तु के गुण जानकर उसी वस्तु में बताना सद्भूत व्यवहारनय है। यह व्यवहारनय यथार्थ है; क्योंकि यह नय वस्तु के असाधारण गुणों का विवेचन करता है। जीव में ज्ञान, दर्शन, सुख, श्रद्धा, चारित्र आदि अनेक गुण हैं, इन गुणों से विशिष्ट अखण्ड आत्मा के गुणों का प्रतिपादक सद्भूत व्यवहारनय है। अखण्ड वस्तु के गुणों का प्रकाशक होने के कारण ही यह नय यथार्थ कहा जाता है, पर इसमें उपचारपना इस कारण से है कि यह अखण्डवस्तु में गुण-गुणी का भेद करता है। वस्तुतः गुण गुणी (द्रव्य) से भिन्न नहीं है फिर भी कथन में जो गुण-भेद करना पड़ता है इतने मात्र से इसे अयथार्थ या असत्यार्थ कहते हैं।

आचार्य देवसेन ने एक सत्तावाले पदार्थों को या एक वस्तु को विषय करने वाले को सद्भूत व्यवहारनय कहा है।[37] जैसे—वृक्ष एक है, उसमें लगी हुई शाखाएँ आदि यद्यपि भिन्न हैं तथापि वृक्ष ही हैं। उसी प्रकार सद्भूत व्यहारनय गुण-गुणी का भेद कथन करता है। गुण-गुणी का संज्ञा, लक्षण, प्रयोजन आदि की अपेक्षा भेद

है, किन्तु प्रदेश सत्ता भिन्न नहीं है, इसलिए एक वस्तु है। उस एक वस्तु में गुण-गुणी का संज्ञादि की अपेक्षा से भेद करना सद्भूत व्यवहारनय का विषय है। जैसे—जीव के ज्ञान, दर्शनादि गुण और पुद्गल के रूप, रसादि गुणों का कथन करना। व्यवहारनय के इन दोनों प्रकारों में यह सद्भूत व्यवहारनय एक विशुद्ध व्यवहार है और यथार्थ वस्तुस्वरूप के निकट का व्यवहार है।

सद्भूत व्यवहारनय के दो भेद हैं[38]—अनुपचरित और उपचरित।

अर्थात् अनुपचरित सद्भूत व्यवहारनय और उपचरित सद्भूत व्यवहारनय। यहाँ उपचरित और अनुपचरित के अर्थ को समझ लेना आवश्यक है। जब किसी वस्तु का परिज्ञान किसी अन्य द्रव्य के आलम्बन से होता है तब वह पद्धति उपचरित कहलाती है और जब किसी वस्तु का परिज्ञान अन्य द्रव्य के आलम्बन के बिना होता है तब वह पद्धति अनुपचरित कहलाती है।

अनुपचरित सद्भूत व्यवहारनय[39]—जिस पदार्थ के अन्दर जो शक्ति है उसका निरूपण जब किसी अन्यविशेष की अपेक्षा के बिना होता है तो इस पद्धति को अनुपचरित सद्भूत व्यवहारनय कहते हैं। सत् (पदार्थ) में जो स्वयं हो उसका व्यवहार करना सद्भूत व्यवहार है। यही सद्भूत व्यवहार जब किसी अन्य तथ्य का आलम्बन लिए बिना सीधे सामान्य पद्धति से होता है तब वह अनुपचरित सद्भूत व्यवहारनय कहलाता है। यह व्यवहारनय परमार्थभूत तत्त्व के परिज्ञान के लिए निकटतम पद्धति है। जैसे—ज्ञान जीव का गुण है। यह ज्ञान गुण जीव में शाश्वत, अनादि अनन्त रहता है। इस ज्ञान के द्वारा घट को जाना। यह घट विषयक ज्ञान घट के सद्भाव में हुआ तो यह घटाकार प्रतिभास होने पर भी वह ज्ञान जीव का घट निरपेक्ष गुण है। जीव में जो भी ज्ञान व्यक्त हुआ है वह घट की अपेक्षा रखकर नहीं हुआ है। वह ज्ञान आत्मा का उस समय का परिपूर्ण परिणमन है, उस ज्ञान का कर्ता, कर्म, करण, सम्प्रदान, अपादान, अधिकरण ये सब इसमें गुणी हैं। ज्ञान को किसने किया? इस ज्ञानी ने। इस ज्ञानी ने अपने अभिन्न कर्म को ही किया। अपनी ही ज्ञान परिणति के द्वारा किया, अपने ही जानने के लिए किया और अपनी ही पूर्व पर्यायों से चलकर इस पर्यायरूप में ज्ञान किया और ये सब परिणति अपने में ही हुई। इसप्रकार यह ज्ञान किसी अन्य पदार्थ से या उदाहृत घट से नहीं हुआ, किन्तु यह ज्ञान जीव का घट निरपेक्ष गुण है। घट को विषय करने से यह ज्ञान घट रूप नहीं हो जाता। घटाकार होना तो इसका स्वभाव है। जितने भी प्रमेय हैं सब ही का प्रतिभास होना ज्ञान का स्वरूप है।

इस उदाहरण को और भी स्पष्ट करने के लिए एक दर्पण का दृष्टान्त प्रस्तुत

किया जा सकता है। जैसे—दर्पण में सामने आये हुए पदार्थ का प्रतिबिम्ब पड़ा, उस समय दर्पण उस पदार्थाकार हो गया। सभी दर्शक जानते हैं कि वह पदार्थ प्रतिबिम्बित है, लेकिन दर्पण में उस रूप का प्रतिबिम्बित हो जाना यह दर्पण का ही स्वभाव है, दर्पण की ही परिणति है। पदार्थ का प्रतिबिम्ब दर्पण में पड़ा; किन्तु दर्पण उस पदार्थ रूप नहीं हो जाता। दर्पण प्रतिबिम्बित होने पर भी अपने ही स्वरूप में है, प्रतिबिम्ब वाले पदार्थरूप नहीं बन गया। उसका प्रतिबिम्ब न होने पर भी दर्पण अपने रूप में ही है। पदार्थाकार होने के समय दर्पण में उस पदार्थ का कोई गुण नहीं आया या दर्पण के कोई गुण उस पदार्थ में नही पहुँच गये। इसी प्रकार ज्ञान में कोई पदार्थ प्रतिभासित हो जाय तो उस पदार्थ रूप या उस पदार्थ के गुण रूप यह ज्ञान नहीं बन जाता। ज्ञान तो अपने ज्ञान स्वरूप ही रहता है। ज्ञान जीव का गुण और वह अन्य पदार्थ निरपेक्ष हैं। इस पद्धति से समझा गया गुण-गुणी का प्रकार अनुपचरित सद्भूत व्यवहारनय है।

आचार्य देवसेन ने भी इसी प्रकार इस नय का लक्षण किया है—उपाधि रहित अर्थात् कर्मजनित विकार रहित जीव में गुण और गुणी के भेद रूप विषय को ग्रहण करने वाला अनुपचरित-सद्भूत व्यवहारनय है। जैसे—जीव के केवलज्ञान आदि गुण।[40]

शुद्ध गुण-गुणी में भेद कथन करना अनुपचरित सद्भूत व्यवहारनय है। प्रदेशत्व की अपेक्षा शुद्ध गुण-गुणी में अभेद कथन करना शुद्ध निश्चयनय का विषय है, किन्तु संज्ञा, संख्या, लक्षण, प्रयोजन आदि की अपेक्षा भेद कथन करना अनुपचरित सद्भूत व्यवहारनय है। अपनी-अपनी अपेक्षा दोनों ही कथन यथार्थ हैं। इनमें से किसी एक का भी एकान्त ग्रहण करने से वस्तुस्वरूप का लोप हो जाएगा, क्योंकि वस्तु भेदाभेदात्मक, अनेकान्तमयी है।

उपचरित सद्भूत व्यवहारनय[41]—जिस पदार्थ का जो गुण है उसे उस पदार्थ का ही बताना, लेकिन किसी पर का नाम लेकर उनका व्यवहार करना उपचरित सद्भूत व्यवहारनय है। इस व्यवहारनय में अविरुद्ध उपचार की बात हुआ करती है, इसमें सही उपचार होता है, किन्तु वस्तु का गुण वस्तु के अस्तित्व पर ही निर्भर रहता है, किसी अन्य पर नहीं। ऐसे स्वतन्त्र गुण को भी किसी पर-पदार्थ के सम्बन्ध से प्रतिपादित करने की नीति को उपचरित सद्भूत व्यवहारनय कहते हैं। जैसे—घटज्ञान। यहाँ ज्ञान को जीव का गुण बताया गया है, यह अंश तो सद्भूत है और 'जीव का ज्ञान' इस तरह गुण-गुणी का भेद किया गया है, यह व्यवहार का अंश है तथा वह गुण जीव में घट का नाम लेकर उपचरित किया गया, यह

अंश उपचरित अंश है। ऐसे ज्ञान वाले नय को उपचरित सद्भूत व्यवहारनय कहते हैं। उपचरित सद्भूत व्यवहारनय भी ज्ञाता को एक सुन्दर दिश.ा की ओर ले जाता है। भले ही वहाँ पर से उपचार किया गया है, लेकिन जीव के गुण का जीव में ही आरोप किया गया है। आरोप होता है भेद की स्थिति में, जीव का ही वह ज्ञान है, लेकिन उस ज्ञान का जीव में जब आरोप किया जाता है तो बुद्धि में जीव का स्वरूप और ज्ञान का स्वरूप भिन्न-भिन्न समझा गया है और जब ज्ञान का जीव में पर का सम्बन्ध लेकर आरोप किया जाता है, तब उसे उपचरित सद्भूत व्यवहारनय कहते हैं।

आचार्य देवसेन की दृष्टि से कर्मजनित विकार सहित गुण-गुणी के भेद को विषय करने वाला उपचरित सद्भूत व्यवहारनय है।[42] जैसे—जीव के मतिज्ञानादि गुण।

अशुद्धद्रव्य में गुण-गुणी का भेद कथन करने वाला उपचरित सद्भूत व्यवहारनय है। अशुद्धद्रव्य में गुण-गुणी का प्रदेशत्व की अपेक्षा अभेद कथन करना अशुद्ध-निश्चयनय का विषय है, किन्तु संज्ञा, संख्या, लक्षण, प्रयोजन आदि की अपेक्षा भेद कथन करना सद्भूत व्यवहारनय है। दोनों ही कथन अपनी-अपनी अपेक्षा से वास्तविक हैं। इनमें से किसी का भी एकान्त ग्रहण करने से वस्तुस्वरूप का अभाव हो जायेगा; क्योंकि वस्तु भेदाभेदात्मक, अनेकान्तमयी है।

(2) **असद्भूत व्यवहारनय**[43]—'असद्भूत व्यवहारनय' इस पद में अ + सत् + भूत + व्यवहार ये चार शब्द हैं। इनका सामूहिक अर्थ है जो सत् में स्वयं अपने स्वरूप से नहीं है, उन भावों का उस सत् में प्रतिपादन करना असद्भूत व्यवहारनय है। इसका स्पष्ट अर्थ यह है कि दूसरे द्रव्य के गुणों का बलपूर्वक दूसरे में संयोग करके, मिला करके, आरोप या उपचार करके प्रतिपादन करना असद्भूत व्यवहारनय है। इस नय की दो विधियाँ हैं—एक तो यह है कि पर निमित्त से होने वाले भावों को उस वस्तु के भाव बतलाना जिस वस्तु में वे हुए हैं। ये भाव उस वस्तु में स्वरूपतः नहीं हैं, ये उसके सहज सिद्ध भाव नहीं है, फिर भी उनको उस वस्तु के कहना असद्भूत व्यवहारनय है।

दूसरी विधि यह है कि जिस निमित्त से विभाव उत्पन्न हुए हैं, उस निमित्त में रहने वाले गुणों का भी उस दूसरे द्रव्य में हुए भावों में निष्पत्ति बताना अर्थात् दूसरे द्रव्य के गुणों का बलपूर्वक दूसरे द्रव्य में आरोप करना असद्भूत व्यवहारनय है। ये दोनों विधियाँ इस नय के लक्षण में आती है। दूसरे द्रव्य का गुण जो आरोपित

किया गया है वह गुण भी असद्भूत है, उसके प्रतिपादन को असद्भूत व्यवहारनय कहते हैं। इसी प्रकार दूसरे द्रव्य के निमित्त से जो भाव हुए हैं वे विभाव उस परिणममान पदार्थ में सहज नहीं हुए हैं, वे उसके अपने स्वरूप नहीं है। स्वरूप न होकर भी उस वस्तु के बताये जा रहे हैं अत: वे भी असद्भूत व्यवहार कहलाते हैं। जैसे—क्रोधादि विकार या विभाव कर्म के निमित्त से होते हैं इसलिए मूर्त हैं तथा उन्हें जीव का कहना असद्भूत व्यवहारनय है। यहाँ अन्य द्रव्य के गुण धर्म का अन्य में आरोप किया गया है, इसलिए तो यह असद्भूत है और इस कथन में गुण-गुणी के भेद की प्रमुखता है, इसलिए यह व्यवहार है। तात्पर्य यह है कि भेद में अभेद का उपचार करना असद्भूत व्यवहारनय है। आचार्य देवसेन[44] ने भी 'अन्य के धर्म का अन्य में आरोप करने को असद्भूत व्यवहारनय कहा है।'

असद्भूत व्यवहारनय के भी दो भेद हैं[45]—अनुपचरित और उपचरित। अर्थात् अनुपचरित असद्भूत व्यवहारनय और उपचरित असद्भूत व्यवहारनय।

अनुपचरित असद्भूत व्यवहारनय[46]—जीवादिक वस्तु में सहजस्वभावत: जो भाव नहीं है उसका प्रतिपादन जब किसी पर का आलम्बन लिये बिना किया जाता है तब वह अनुपचरित असद्भूत व्यवहारनय कहलाता है। जैसे—अबुद्धिपूर्वक होने वाली कषायों में जीव के भावों की विवक्षा करना, वह अनुपचरित असद्भूत व्यवहारनय है। ये क्रोधादिक विकारभाव कर्मोदय का निमित्त पाकर होते हैं। अतएव ये जीव के नहीं कहे जा सकते। यद्यपि कषाय भाव जीव में ही परिणम रहे हैं, परन्तु केवल जीव में जीव के ही निमित्त से स्वरूपत: उत्पन्न नहीं हो रहे हैं, अतएव ये जीव के नहीं कहे जाते, इस कारण ये असद्भूत हैं, ऐसे असद्भूत भावों को बिना उपचार के प्रतिपादन करना अनुपचरित असद्भूत व्यवहार है।

इन विकार भावों में अनुपचरितता इस ढंग से आती है कि ये विकार भाव दो प्रकार के होते है—एक बुद्धि गत और दूसरे अबुद्धिगत। जो भाव बुद्धि में आ रहे हैं, स्थूलता से उदय में आ रहे हैं, जिनके विषय में हम परिज्ञान कर सकते हैं, अनुभव कर सकते हैं, वे बुद्धिगत हैं। 'ये कषायें हुई हैं' ऐसे बुद्धिगत भाव तो हैं उपचरित, किन्तु जो विकारभाव अबुद्धिगत हैं, जहाँ ये विकार सूक्ष्मता से आश्रय में आ रहे हैं, जिनके सम्बन्ध में यह निर्णय भी नहीं हो पाता कि 'ये हैं क्रोधादिक भाव' ऐसे अबुद्धिगत भावों को जीव के बताना, अनुपचरित असद्भूत व्यवहारनय है। इस उदाहरण में 'विकारभावों को जीव के कहना 'इतना अंश तो असद्भूत व्यवहारता का है और ये भाव जीव (सत्) में सहजस्वभावत: उत्पन्न नहीं हुए, फिर भी उन्हें जीव के कहना यह अंश असद्भूतता का है। और

इसके साथ गुण-गुणी का भेद करना, पर्याय अंश का जीव से सम्बन्ध बताना, यह व्यवहार अंश है और जो क्रोधादिक विकार अबुद्धिगत हैं, अनुभव में नहीं आ पा रहे हैं, उनको कहना अनुपचरित है। इसप्रकार यह सब अनुपचरित असद्भूत व्यवहारनय है।

आचार्य देवसेन ने भी इसी प्रकार इस नय का लक्षण किया है—संश्लेषसहित वस्तु के सम्बन्ध को विषय करने वाला अनुपचरित असद्भूत व्यवहारनय है। जैसे—जीव का शरीर आदि।[47]

यद्यपि जीव का स्वचतुष्टय[48] भिन्न है और शरीर का स्वचतुष्टय भिन्न है, तथापि जीव और शरीर का संश्लेषसम्बन्ध है। जीव जिस शरीर को धारण करता है, संकोच या विस्तार गुण के कारण उसके आत्मप्रदेश उस शरीर प्रमाण या आकाररूप हो जाते हैं।

उपचरित असद्भूत व्यवहारनय[49]—'क्रोधादिक विकारभाव जीव के हैं' यह असद्भूत व्यवहारनय का उदाहरण है, जिसका विवेचन पहले किया जा चुका है, किन्तु भृकुटी चढ़ाना, मुख का विवर्ण होना, शरीर में कम्पन होना इत्यादि क्रियाओं को देखकर क्रोधादिक को बुद्धि गोचर मानना उपचरित होने से प्रकृत में 'क्रोधादिक बुद्धिजन्य हैं' यह मान्यता उपचरित असद्भूत व्यवहारनय है। ये 'बुद्धिगत क्रोधादिक भाव जीव के हैं' यह मान्यता इस नय का विषय है। ये जीव के परिणमन है, इस कारण जीव के कहे गये हैं, लेकिन हैं ये औपाधिक (कर्मोपाधिजन्य) भाव, जीव के स्वत:सिद्ध स्वरूप नहीं है, इस कारण से ये असद्भूत व्यवहारनय के विषय हैं। क्रोधादिक भाव केवल जीव के नहीं हैं। जीव के परिणमन हैं, पर जीव के निमित्त से नहीं हुए हैं। यदि स्वयं जीव के निमित्त से ये विकारभाव होते हों तो इन्हें शाश्वत रहना चाहिए।

'ये विकारभाव जीव के हैं, इतना अंश तो 'असद्भूत' है और क्रोधादिक भावों को समझकर ये जीव के हैं; इसप्रकार उपचार या आरोप करना, यह उपचार अंश है। इसप्रकार यह सब उपचरित असद्भूत व्यवहारनय है।

आचार्य देवसेन ने इस नय का लक्षण इस प्रकार किया है—'संश्लेषण सम्बन्ध रहित भिन्न वस्तुओं का परस्पर में सम्बन्ध ग्रहण करना उपचरित असद्भूत व्यवहारनय है।[50] जैसे—देवदत्त का धन।'

तात्पर्य यह है कि देवदत्त भिन्न सत्तावाला द्रव्य है और धन भिन्न सत्ता वाला द्रव्य है। इन दोनों का संश्लेषण सम्बन्ध भी नहीं है, किन्तु स्व-स्वामी सम्बन्ध है। देवदत्त धन का स्वामी है और धन उसका स्व है। देवदत्त को अधिकार है कि वह अपने धन को तीर्थ-वन्दना, जिनमन्दिर-निर्माण तथा दान आदिक धर्मकार्यों में व्यय

करे या अपने भोगोपभोग में व्यय करे। देवदत्त के धन को व्यय करने का देवदत्त के अतिरिक्त अन्य किसी पुरुष को अधिकार नहीं है। देवदत्त के दिये बिना यदि देवदत्त के धन को कोई अन्य पुरुष ग्रहण करता है तो वह चोर है, क्योंकि 'अदत्तदानं स्तेयम्'[51] ऐसा आर्ष-वाक्य है इसी प्रकार ज्ञान-ज्ञेय सम्बन्ध भी इस उपचरित असद्भूत व्यवहार नय का विषय है, क्योंकि ज्ञान का स्वचतुष्टय भिन्न है और ज्ञेय-द्रव्यों का स्वचतुष्टय भिन्न है। ज्ञान और ज्ञेय में संश्लेष सम्बन्ध भी नहीं है तथापि ज्ञान ज्ञेयों को जानता है और ज्ञेय ज्ञान के द्वारा जाने जाते हैं। अत: ज्ञान-ज्ञेय सम्बन्ध यथार्थ है जो कि उपचरित असद्भूत व्यवहारनय का विषय है। यदि ज्ञान-ज्ञेय सम्बन्ध यथार्थ न हो तो सर्वज्ञता का अभाव हो जायेगा। इसी प्रकार अन्य सम्बन्धों के विषय में भी जानना चाहिए।

व्यवहारनय के उक्त भेद-कथन का निष्कर्ष यह है कि व्यवहरण करना अर्थात् किसी वस्तु में भेद करना व्यवहारनय है। वस्तुस्वभाव का विश्लेषण किया जाय तो वह अभिन्न और अखण्ड है, उसमें कोई भेद नहीं है, किन्तु उसके स्वरूप को समझने के लिए कथन करने में भेद करना पड़ता है। इसलिए इस नय के सद्भूत आदि उपर्युक्त चार भेद किये गये हैं।

वास्तव में व्यवहारनय वस्तु के यथार्थ स्वरूप को नहीं कहता है इस कारण वह परमार्थ नहीं है। जैसे—यद्यपि 'सत्' अभिन्न और अखण्ड है, किन्तु जब उसका प्रतिपादन किया जाता है तब इतना तो कहना ही पड़ता है कि यह गुण है और यह गुणी (द्रव्य) है। यह सत् है और इसमें सत्त्व है। इस प्रकार गुण-गुणी का भेद करना इस नय का विषय है, किन्तु यदि वस्तुस्वरूप पर विचार किया जाय तो क्या वस्तु में गुण-गुणी का भेद है? क्या वस्तु के दो आधार हैं? जैसे—घड़े में चने भरे हुए हैं तो चनों का स्वरूप चनों में है, घड़े का स्वरूप घड़े में है। दोनों अपनी-अपनी भिन्न-भिन्न सत्ता लिए हुए हैं, फिर भी उनका सम्बन्ध बताया जाता है कि ये चने इस घड़े में हैं, किन्तु इस प्रकार की स्थिति गुण-गुणी की नहीं है। वहाँ तो सब एक ही हैं। अभिन्न और अखण्ड हैं। केवल व्यवहार में कथन करने के लिए गुण-गुणी का भेद किया जाता है, वास्तव में भेद नहीं है। इस प्रकार व्यवहारनय अखण्ड वस्तु में भेद करके उसका प्रतिपादन करता है। इसीलिए उसे परमार्थ या सत्यार्थ नहीं कहा जाता है। फिर भी वह वस्तुस्वरूप का साधक है।

व्यवहारनय के विषय में यह भी ध्यान रखने की आवश्यकता है कि व्यवहार शब्द का प्रयोग व्यवहारनय नामक द्रव्यार्थिकनय, भेदविषयक व्यवहारनय, नयविषयप्रतिपादक व्यवहार व उपचार इन चार स्थलों पर होता हैं अत: जहाँ

व्यवहार शब्द आवे वहाँ यह विवेक करना अत्यावश्यक है कि यह व्यवहार उन चारों में से कौन-सा है? यदि यह विवेक नहीं रखा जाएगा तो अर्थ का अनर्थ हो जाएगा और सब आगम-विरुद्धार्थक हो जाएगा। जैसे—'दूध' शब्द कहने से गाय, भैंस, बकरी के दूध का बोध होता है और 'आक' के पेड़ से निकले सफेद रस को भी दूध कहते हैं। अब यहाँ 'आक का दूध पीने से मरण हो जाता है' इसप्रकार आक के दूध का उदाहरण देकर सर्वथा यह कहना कि दूध प्राणघातक है तो क्या इस प्रकार के व्यवहार और श्रद्धा से हमारा जीवन चल सकेगा? नहीं किन्तु जो यह विवेक करेगा कि आक का दूध ही घातक है, गाय, भैंस आदि का दूध घातक नहीं होता है, बल्कि पोषक और बलवर्धक होता है। इस प्रकार के विवेक से ही हमारा जीवन व्यवहार सुव्यवस्थित चल सकता है। यही विवेकदृष्टि हमें व्यवहारनय के विषय में रखना है और वह इस प्रकार है—नैगमादि सात नयों में विवेचित व्यवहार नय अर्थनय है और उसमें भी द्रव्यार्थिकनय है। इस कारण यह व्यवहारनय अध्यात्म शास्त्रों में प्रयुक्त होने वाले निश्चय-व्यवहार वाले व्यवहारनय से भिन्न है। निश्चय-व्यवहार में प्रयुक्त व्यवहारनय व्यवहार अर्थात् भेद व उपचार (आरोप) से कथन वाला है और यह व्यवहार नय नामक द्रव्यार्थिकनय तत्त्वाधिगम कराने वाला है और वह भी द्रव्यार्थिकदृष्टि से। इस व्यवहारनय नामक द्रव्यार्थिकनय के द्वारा परिपूर्ण, अखण्ड, एक सत् अन्य सबसे विभक्त करके ज्ञात होता है।

अध्यात्मशास्त्र में प्रयुक्तनय चार रूपों में उपलब्ध होते हैं—

(1) निश्चयनय

(2) व्यवहारनय

(3) व्यवहार

(4) उपचार

निश्चयनय—अभेद विधि से जानने वाले नय को निश्चयनय कहते हैं।

व्यवहारनय—भेद विधि से जानने वाले नय को व्यवहारनय कहते हैं।

व्यवहार—निश्चय और व्यवहारनय से जाने गये विषय के कथन को व्यवहार कहते हैं।

उपचार—भिन्न-भिन्न द्रव्यों का परस्पर एक या दूसरे को कर्ता, कर्म, करण, सम्प्रदान, अपादान, सम्बन्ध और अधिकरण या आधार आदि बताने को उपचार कहते हैं।

इस कथन से स्पष्ट हो जाता है कि अध्यात्म में प्रयुक्त व्यवहारनय सिद्धान्त प्रयुक्त नैगमादिनयों वाले व्यवहारनय से पृथक् है। वैसे तो द्रव्यार्थिक नय और

पर्यायार्थिक नय दोनों ही प्रमाण के अंश होने से सत्य हैं। इसी प्रकार निश्चयनय और व्यवहारनय भी प्रमाण के अंश होने से सत्य हैं। द्रव्यार्थिक वस्तु को द्रव्य की प्रधानता से जानता है, पर्यायार्थिक नय वस्तु को पर्याय की प्रधानता से जानता है और निश्चयनय वस्तु को अभेद विधि से जानता है तो व्यवहारनय वस्तु को भेद विधि से जानता है। इस प्रकार भेदविधि से द्रव्य व पर्याय का ज्ञान कराने वाला यह अध्यात्म प्रयुक्त व्यवहारनय व्यवहारनय नामक द्रव्यार्थिक नयों में यथोचित समाविष्ट होने पर भी व्यवहारनय नामक द्रव्यार्थिक से भिन्न लक्षण वाला है तथा यह व्यवहारनय नामक द्रव्यार्थिकनय व्यवहार और उपचार से तो भिन्न है ही। इस प्रकार व्यवहार के विषय में बड़ी सूक्ष्मता से विचार करने की आवश्यकता है तभी तत्त्व की यथार्थ प्ररूपणा हो सकती है।

संक्षेप में आध्यात्मिक नय निश्चय और व्यवहार के छह भेद हैं—निश्चयनय के शुद्ध निश्चयनय और अशुद्धनिश्चयनय ये दो भेद तथा व्यवहारनय के अनुपचरित सद्‌भूत व्यवहारनय और उपचरित सद्‌भूत व्यवहारनय, अनुपचरित असद्‌भूत व्यवहारनय और उपचरित असद्‌भूत व्यवहारनय ये चार, कुल मिलाकर छह भेद होते हैं।

जैनदर्शन मान्य यह नय का विषय अत्यन्त ही सूक्ष्म और गम्भीर है अतएव समझने में कठिन प्रतीत होता है। यदि इसको ठीक प्रकार से समझा जाय तब तो ये हितकारी है अन्यथा घातक अतएव अहितकारी है। इसीलिए आचार्य अमृतचन्द्र[52] ने कहा है—जैनदर्शन का यह नयचक्र (नयसमूह) अत्यन्त कठिनता से पार हो सकने वाले महान् गहन वन के समान है। जैसे—कोई व्यक्ति महाभयंकर गहन वन में प्रवेश कर जाय तो उसका निकलना या बचना बहुत ही कठिन हो जाता है, जब तक कि उसे कोई प्रबुद्ध मार्गदर्शक न मिल जाय, वैसे ही अत्यन्त सूक्ष्म और गम्भीर विषय वाला यह समस्त नयसमूह है। इसमें जो जिज्ञासु मार्गभ्रष्ट हो जाते हैं अर्थात् उन्हें ठीक-ठीक नहीं समझ पाते हैं, उनके समझने में भ्रान्त या विमूढ हो जाते हैं अर्थात् उनका एकान्त और निरपेक्ष रूप से प्रयोग करते हैं, तब ऐसी स्थिति में उन्हें यदि कोई शरण है तो उन नय विशेषज्ञ आचार्यों की ही है, जो नयों की अत्यन्त गम्भीर और सूक्ष्म विशेषताओं को जानते हैं, वस्तु स्वरूप का परिज्ञान करने के लिए उनका सापेक्ष निरूपण करते हैं। यदि कोई इस नयचक्र का प्रयोग इन आचार्यों की शरण लिये बिना करता है तो उसका बड़ा अनर्थ हो जाता है; क्योंकि यह नयचक्र अत्यन्त तीक्ष्ण धार वाला है, इसका प्रयोग बड़ी सावधानी से करना चाहिए। अन्यथा यह इसको धारण करने वाले, किन्तु उसकी प्रयोगविधि को न जानने वाले अज्ञानी

पुरुषों का ही मस्तक काट डालता है अर्थात् वे अज्ञानीजन इस नयचक्र का सही परिज्ञान न कर सकने के कारण एकान्त मिथ्या मार्ग का अनुसरण कर लेते हैं और संसार में ही भटकते रहते हैं, अत: आत्मकल्याण नहीं कर पाते हैं, पर जो इसकी प्रयोग विधि से परिचित हो जाते हैं, वे इस गहन नयचक्र महावन में प्रवेश करके भी उसमें भ्रान्त होकर चक्कर नहीं काटते और बड़ी सुगमता से बाहर निकल आते हैं।

उक्त विवेचन का निष्कर्ष यह है कि वस्तु-स्वरूप के परिज्ञान के लिए नयों का सम्यग्ज्ञान आवश्यक है। नयों का सम्यग्ज्ञान किये बिना वस्तु-स्वरूप का यथार्थ प्रतिपादन हो ही नहीं सकता है। यदि नयों के सापेक्ष कथन द्वारा तत्त्व विवेचन किया जाएगा तो तत्त्वोपलब्धि हो सकती है। अन्यथा तत्त्व तत्त्व न रहकर अतत्त्वरूप हो जाएगा, मिथ्या हो जाएगा और उस मिथ्या तत्त्व का अनुसरण करने से जीव कभी भी आत्मकल्याण के मार्ग को प्राप्त नहीं कर सकेगा। सैद्धान्तिक नय द्रव्यार्थिक और पर्यायार्थिक तथा उनके भेद नैगमादि एवं अध्यात्मनय निश्चय और व्यवहार के विषय को बड़ी सूक्ष्मता से समझने की आवश्यकता है। इनकी प्रयोग विधि में थोड़ी सी भी असावधानी बड़े अनर्थ का कारण बन सकती है। जैनदर्शन के अनुसार इन सभी नयों के सर्वथा एकान्त पक्ष के कारण ही विभिन्न एकान्तवादी दर्शनों का आविर्भाव हुआ। दार्शनिक, साम्प्रदायिक, आध्यात्मिक और लौकिक विषयों को लेकर जब-जब, जितने भी विवाद और मतभेद हुए हैं उन सबका कारण इन नयों की सर्वथा एकान्तपक्षता अथवा अनेकान्त और स्याद्वाद की आश्रय विहीनता ही है। इन सभी विवादों, मतभेदों और तज्जन्य संघर्षों को समाप्त करने के लिए ही भगवान् महावीर ने अनेकान्त और उसके फलितवाद स्याद्वाद तथा नयवाद का उपदेश दिया था। अत: उक्त सभी विवादों और संघर्षों को समाप्त करने के लिए तथा तत्त्वनिर्णय एवं वस्तु स्वरूप के परिज्ञान के लिए उक्त नय कथन को ठीक-ठीक समझना आवश्यक है। इसी से तत्त्व निर्णय एवं वस्तु-स्वरूप की यथार्थ सिद्धि हो सकती है।

यहाँ नयों के आध्यात्मिक विवेचन के प्रकरण में यह भी ज्ञातव्य है कि आचार्य अमृतचन्द्र ने 'प्रवचनसार' के परिशिष्ट भाग में 47 नयों का सूत्र रूप में विवेचन किया है।[53] यह विवेचन आत्मस्वरूप प्रतिपादक नयों के रूप में किया है किन्तु वे नय उपरि विवेचित नयचक्र से सर्वथा भिन्न हैं। श्री कुन्दकुन्द आदि किसी भी आचार्य ने अपने ग्रन्थों में इनका उल्लेख तक नहीं किया है। वह तो केवल

आचार्य अमृतचन्द्र ने 47 नयों के रूप में उन 47 वचनमार्गों या अभिप्रायों को लिया है जो जैनेतर दार्शनिकों के अपने-अपने अलग मन्तव्य हैं; क्योंकि जैनदर्शन के अनुसार 'जितने वचनमार्ग या अभिप्राय अथवा मन्तव्य होते हैं उतने ही नयवाद होते हैं और जितने नयवाद होते हैं उतने ही परसमय (परमत) हैं।'[54] तात्पर्य यह है कि वक्ता के वचन या अभिप्राय एक से लेकर अनन्त तक हो सकते हैं, अत: नयवाद भी एक से लेकर अनन्त तक हो सकते हैं, किन्तु यदि उनमें परस्पर सापेक्षता है तो वे सुनय हैं और वस्तु-स्वरूप साधक हैं और यदि वे परस्पर निरपेक्ष हैं या एक दूसरे के प्रतिषेधक हैं तो वे दुर्नय हैं, मिथ्या हैं और वस्तु-स्वरूप विघातक हैं।

अत: आचार्य अमृतचन्द्र ने उनके विवेचन से यह सिद्ध किया है कि यदि इन दार्शनिक मन्तव्यों का 'स्यात्' पद चिह्नित वाक्यों के साथ या 'स्यात् पद के साथ विवेचन किया जाय या अनेकान्तात्मक दृष्टि से उन्हें स्वीकार किया जाय तो वे यथार्थ में आत्मतत्त्व प्रतिपादक और आत्मसिद्धि विधायक सुनय हैं । इन सुनयों से ही आत्मस्वरूप का परिज्ञान हो सकता है।

सन्दर्भ

1. कु. कु. प्रा. सं. की प्रस्तावना, पृ. 83
2. सुदपरिचिदाणुभूदा सव्वस्स वि कामभोगबंधकहा।
   एयत्तस्सुवलंभो णवरि ण सुलहो विहत्तस्य।।—स. सा, गा. 4
3. पुनरप्यध्यात्मभाषया नया उच्यन्ते।—आ. प., सू. 214
4. तावन्मूलनयौ द्वौ निश्चयो व्यवहारश्च।—आ. प., सू. 215
5. णिच्छयववहारणया मूलिमभेया णयाणसव्वाणं।
   णिच्छयसाहणहेउं पज्जयदव्वत्थियं मुणह।।—न. च., गा. 182
6. अभेदानुपचारतया वस्तु निश्चीयत इति निश्चय:।—आ. प., सू. 204
7. भेदोपचारतया वस्तु व्यवह्रियत इति व्यवहार:।—आ. प., सू. 205
8. तत्र निश्चयनयोऽभेदविषयो व्यवहारो भेदविषय:।—आ. प., सू. 216
9. शुद्धद्रव्यनिरूपणात्मको निश्चयनय......अशुद्धद्रव्यनिरूपणात्मको व्यवहारनय:।
   प्र. सा., गा. 189 की त. दी. टीका
10. आत्माश्रितो निश्चय: पराश्रितो व्यवहारनय:।—स. सा., गा. 272 की आ. ख्या. टीका
11. ववहारोऽभूयत्थो भूयत्थो देसिदो हु सुद्धणओ।
    भूयत्थमस्सिदो खलु सम्माइट्ठी हवइ जीवो।।—स. सा., गा. 11
12. निश्चयमिह भूतार्थं व्यवहारं वर्णयन्त्यभूतार्थम्।—पु. सि., श्लो. 5
13. स. सा., गाथा 11 की आ. ख्या. टीका
14. जो पस्सदि अप्पाणं अबद्धपुट्ठमणण्णयं णियदं।
    अविसेसमसंजुत्तं तं सुद्धणयं वियाणाहि। स. सा., गा. 14

15. स. सा., गा. 14 की टीका
16. स. सा. क., 10
17. सुद्धो सुद्धादेसो णायव्वो परमभावदरिसीहिं।
ववहारदेसिदा पुण जे दु अपरमेट्ठिदा भावे।।—स. सा., गा. 12
18. जइ जिणमयं पवज्जह ता मा ववहारणिच्छए मुयह।
एक्केण विणा छिज्जइ तित्थं अण्णेण उण तच्चं।।—स. सा., गा. 12 की आ. टीका में उद्धृत
19. जह णवि सक्कमणज्जो अणज्जभासं विणा उ गाहेउं।
तह ववहारेण विणा परमत्थुवएसणमसक्कं।—स. सा., गा. 8
20. स. सा., गा. 8 की आ. ख्या. टीका
21. स. सा., गा. 27
22. वही, गा. 38
23. नि. सा., गा. 102
24. स. सा., गा. 50-56
25. वही, गा. 83-84
26. द्र. स., गा. 8-9
27. स. सा., गा. 146
28. उभयनयविरोधध्वंसिनी स्यात्पदाङ्के जिनवचसि रमन्ते ये स्वयं वान्तमोहाः।
सपदि समयसारं ते परं ज्योतिरुच्चै-रनवमनयपक्षाक्षुण्णमीक्षन्त एव।।—स. सा. क., श्लो. 4
29. न चाप्यनेकान्तमृते नयस्थितिः।—अ. व्य., श्लो. 28
30. ......विलीनसंकल्प-विकल्पजालं।
प्रकाशयन् शुद्धनयोऽभ्युदेति।।—स. सा. क., श्लो. 10
31. उदयति न नयश्रीरस्तमेति प्रमाणं
क्वचिदपि च न विद्मो याति निक्षेपचक्रम्।
किमपरमभिदध्मो धाम्नि सर्वंकषेऽस्मिन्
अनुभवमुपयाते भाति न द्वैतमेव।।—वही, श्लो. 9
32. आ. प., सू. 217
33. वही, सू. 218
34. आ. प., सू. 219
35. व्यवहारनयो द्वेधा सद्भूतस्त्वथ भवेदसद्भूतः।
सद्भूतस्तद्गुण इति व्यवहारस्तत्प्रवृत्तिमात्रत्वात्।।—पं. ध. श्लो. 525
36. वही, श्लो, 525
37. तत्रैकवस्तुविषयः सद्भूतव्यवहारः।—आ. प., सू. 221
38. पंचाध्या. श्लो. 534
39. वही, श्लो. 535
40. आ. प., सू. 225

41. पंचाध्या., श्लो. 540
42. आ. प., सू. 224
43. अपि चासद्भूतादिव्यवहारान्तो नयश्च भवति यथा।
अन्यद्रव्यस्य गुणाः संयोज्यन्ते बलादन्यत्र।।—पंचाध्याः., श्लो. 529
44. आ. प., सू. 222
45. पंचाध्या., श्लो. 534
46. अपि वा सद्भूतो यो नुपचरिताभ्यो नयः स भवति यथा।
क्रोधा। जीवस्य हि विवक्षितश्चिदबुद्धिभवः।।—पंचाध्या. श्लो. 546
47. आ. प., सू. 228
48. द्रष्टव्यः इसी प्रबन्ध का नय प्रकरण, पृ. 126
49. पंचाध्या., श्लो. 549
50. आ. प., सू. 227
51. त. सू. सू. 7/15
52. इति विविधभङ्गगहने सुदुस्तरे मार्गमूढदृष्टीनाम्।
गुरवो भवन्ति शरणं प्रबुद्धनयचक्रसंचाराः।।
अत्यन्तनिशितधारं दुरासदं जिनवरस्य नयचक्रम्।
खण्डयति धार्यमाणं मूर्धानं झटिति दुर्विदग्धानाम्।।—पु. सि., श्लो., 58-59
53. प्र. सा., त. दी. टीका., प्र. 326-333
54. जावदिया वयणवहा तावदिया चेव होंति णयवादा।
जावदिया णयवादा तावदिया चेव होंति परसमया।।—गो. क., गा. 894

6

अध्ययन का निष्कर्ष

जगत् के सभी जीव सुख-शान्ति चाहते हैं और उसको प्राप्त करने के लिए रात-दिन प्रयत्न करते हैं, फिर भी वे उसका लेशमात्र भी प्राप्त नहीं कर पाते। इसका एक मात्र कारण है उनका भौतिकवादी दृष्टिकोण को अपनाना और अध्यात्मवादी दृष्टिकोण से अपने आपको ओझल रखना।

मोही जीव विषयभोग, अर्थसंचय आदि भौतिक पदार्थों के संयोग में सुख की कल्पना करते हैं, किन्तु वह कल्पना अल्पसामयिक ही होती है और वे उस प्रसंग से अहर्निश संकल्प-विकल्प के अनेक कष्टों को भोगते हैं। इतना होने पर भी वे सुख-शान्ति का सही उपाय प्राप्त नहीं कर पाते। सही उपाय वह है जिससे आत्मशन्ति की प्राप्ति हो, जिसके आश्रय से जीवन निराकुल हो सके। आत्मशान्ति कहीं बाहर से आने वाली नहीं, वह तो हमारे आत्मा का धर्म है, हमारी चेतना का धर्म है। शान्तिधाम हम स्वयं ही हैं। यदि स्वयं में शान्ति नहीं तो कितने ही उपाय किये जायें, शान्ति मिल नहीं सकती। अतएव शान्ति का उपाय है शान्ति-धाम आत्मा के स्वरूप का परिज्ञान और आत्मा से भिन्न बाह्य पदार्थों के स्वरूप का परिज्ञान। जब तक हम इन दोनों के स्वरूप का परिज्ञान नहीं करेंगे, उनके गुण-दोषों का परिचय प्राप्त नहीं करेंगे तब तक हमें हेयोपादेय का ज्ञान नहीं हो सकता और हेयोपादेय के सम्यग्ज्ञान बिना हमें आत्मस्वरूप की प्राप्ति नहीं हो सकती, आत्मस्वरूप की प्राप्ति बिना शान्तिलाभ कैसे हो सकता है? सुखप्राप्ति कहाँ से हो सकती है? अत: आत्मस्वरूप का सम्यग्ज्ञान ही श्रेयस्कर है।

निष्कर्ष यह है कि हमें वस्तु-स्वरूप का परिज्ञान करना चाहिए। वस्तु-स्वरूप के परिज्ञान का आधार है स्याद्वाद। स्याद्वाद वस्तु-स्वरूप का यथार्थ विश्लेषण करता है। वह अनेक नयों की अपेक्षा से अनेकान्तात्मक या अनेक धर्मात्मक वस्तु के धर्मों का निर्णय करता है। वह बतलाता है कि नयों के सापेक्ष कथन से ही वस्तु-स्वरूप की सिद्धि होती है। आत्मस्वरूप का परिज्ञान होता है।

जैनदर्शन के अनुसार, वस्तु का सम्यग्ज्ञान प्रमाण और नय से होता है। स्व-पर-प्रकाशक ज्ञान ही प्रमाण है। ज्ञान आत्मा का स्वरूप है, अतः उसे आत्मा शब्द से भी कहते हैं। अनन्तधर्मात्मक वस्तु के समस्त धर्मों को ग्रहण करने वाला ज्ञान प्रमाण होता है और उस वस्तु के किसी एक धर्म को जानने वाले ज्ञान को नय कहते हैं। जैसे—'अयं घटः' यह ज्ञान प्रमाण है; क्योंकि इसमें घट के रूप, रस, गन्ध और स्पर्श तथा कनिष्ठ-ज्येष्ठ आदि समग्र धर्मों का एक साथ बोध हो जाता है, परन्तु जब यह कहा जाता है कि 'रूपवान् घटः' तब केवल घट के अनेक धर्मों में से 'रूप' का ही परिज्ञान होता है, उसके अन्य धर्म रस, गन्ध और स्पर्श आदि का नहीं। अनन्तधर्मात्मक वस्तु के परिज्ञान में अंश कल्पना ही वस्तुतः नय है। अतः अंशी (पदार्थ या वस्तु) के किसी एक अंश (धर्म) का ज्ञान 'नय' और सर्व अंशों का ज्ञान 'प्रमाण' कहलाता है।

प्रमाण और नय में से प्रमाण को तो प्रायः सभी जैन जैनेतर दर्शन मानते हैं, किन्तु नय की मान्यता केवल जैनदर्शन में ही पाई जाती है। वस्तुतः 'नयवाद' जैनदर्शन की अपनी एक विशिष्ट और व्यापक विचार-पद्धति है। जैनदर्शन प्रत्येक वस्तु का विश्लेषण 'नयवाद' से करता है। जैनदर्शन में एक भी सूत्र और अर्थ ऐसा नहीं है, जो नय-शून्य हो। यह 'नयवाद' अनेकान्तवाद या स्याद्वाद की देन है, इसी से जैनेतर दर्शनों में प्रमाण-विवेचन तो मिलता है, किन्तु नय का उल्लेख उनमें नहीं पाया जाता है। अनेकान्तवाद के दो फलितवाद हैं—सप्तभंगीवाद और नयवाद। अतः अनेकान्तवाद, स्याद्वाद, नयवाद और सप्तभंगीवाद ये सब जैनदर्शन की विशेषताएँ हैं। यह जैनदर्शन की दार्शनिक जगत् को सबसे बड़ी देन है।

इनके उक्त समस्त विवेचन द्वारा यह निष्कर्ष निकलता है कि शाश्वत सुख और शान्ति प्राप्त करने के लिए वस्तु-स्वरूप का परिज्ञान आवश्यक है और वस्तु-स्वरूप के सम्यग्ज्ञान के लिए अनेकान्तवाद, स्याद्वाद, नयवाद और सप्तभंगीवाद का सम्यग्ज्ञान आवश्यक है। इनके परिज्ञान से ही वस्तु-स्वरूप का बोध हो सकेगा, उसकी यथार्थ सिद्धि हो सकेगी।

अनेकान्त का अर्थ है, जिसमें अनेक धर्म पाये जाते हैं अर्थात् परस्पर विरोधी प्रतीत होने वाले अनेक धर्मों का एक ही वस्तु में होने का नाम अनेकान्त है। स्याद्वाद उस अनेक धर्मात्मक वस्तु का प्रतिपादक है तो नयवाद अनेकान्तात्मक वस्तु के विभिन्न धर्मों का समन्वय करने वाला है तथा एक धर्म के विषय में सम्बन्धित विविध मन्तव्यों के समन्वय के लिए सप्तभंगीवाद है।

प्रमाण, नय, निक्षेप, अनेकान्त और स्याद्वाद तथा सप्तभंगीवाद ये सब वस्तु

या तत्त्वाधिगम के उपाय हैं। इनके सम्यग्ज्ञान द्वारा तत्त्वोपलब्धि कर जहाँ हम आत्मशान्ति और परमानन्द अवस्था (मुक्ति) को प्राप्त कर सकते हैं, वहाँ अपने लौकिक जीवन को भी सुखी, शान्त और सन्तुलित बना सकते हैं।

जैनदर्शन अनेकान्तवादी दर्शन है। जब कि अन्य सभी जैनेतर दर्शन एकान्तवादी हैं। वे वस्तु को एक धर्मात्मक ही मानते हैं, विरुद्ध उभयधर्मात्मक नहीं मानते हैं, किन्तु जैनदर्शन वस्तु को अनेकान्तात्मक या अनेक धर्मात्मक मानता है। इसलिए उसका काम नय के बिना नहीं चल सकता। अतः जैनदर्शन अनेकान्तात्मक वस्तु का विश्लेषण नय से करता है। उसके अनुसार वस्तु अनेक धर्मवाली मानी गयी है। वह परस्पर विरोधी प्रतीत होने वाले सत्-असत्, नित्य-अनित्य, एक-अनेक आदि अनेक धर्मस्वरूप है, अतः वह अनेकान्तात्मक कही जाती है। इस अनेकान्तात्मक वस्तु का प्रतिपादक होने से जैनदर्शन को अनेकान्तवादी दर्शन कहा जाता है।

वस्तु न सर्वथा सत् ही है, न सर्वथा असत् ही, न सर्वथा नित्य ही है, न सर्वथा अनित्य ही, न सर्वथा एक ही, न सर्वथा अनेक ही, किन्तु कथंचित् या किसी अपेक्षा से सत् है तो किसी अपेक्षा से असत्, किसी अपेक्षा से नित्य है तो किसी अपेक्षा से अनित्य। इस प्रकार परस्पर विरोधी प्रतीत होने वाले सत् असत् आदि धर्मों का तादात्म्यरूप ही वस्तु है। यह अनेकान्तात्मक वस्तु ही प्रमाण का विषय है जैसा कि ऊपर कहा गया है, किन्तु वस्तु के इन विरोधी प्रतीत होने वाले धर्मों में से किसी एक धर्म की मुख्यता से वक्ता अपने अभिप्रायानुसार कथन करता है। जैसे देवदत्त व्यक्ति किसी का पिता और किसी का पुत्र है, किसी का मामा तो किसी का भानजा है। इसप्रकार अपने नाना सम्बन्धियों की अपेक्षा से वह नाना सम्बन्धों वाला है। अपने पुत्र की अपेक्षा से वह पिता है तो अपने पिता की अपेक्षा से वह पुत्र भी है। अपने भानजे की अपेक्षा से वह मामा है तो अपने मामा की अपेक्षा से वह भानजा भी है। इन सम्बन्धों के होने में कोई विरोध नहीं आता। इस तरह विवक्षा भेद से जो वस्तु के एक धर्म का कथन करता है वह नय है। विशेषता यह है जब नय वस्तु के एक धर्म का कथन करता है तब वह वस्तु के अन्य धर्मों का निषेध या निराकरण नहीं करता है। वस्तु का सापेक्षता से ही निरूपण करता है, इसी से नय सापेक्ष होने पर सम्यक् कहे जाते हैं। जो नय वस्तु का निरपेक्ष कथन करते हैं अर्थात् एक धर्म का कथन करते हुए अन्य धर्मों का निषेध करते हैं, वे मिथ्या कहे जाते हैं, अतएव वे वस्तु-स्वरूप साधक नहीं हो सकते हैं। इसप्रकार नयवाद सापेक्ष दृष्टिकोण से ही वस्तु-स्वरूप का विश्लेषण करता है। इसीलिए नयवाद को सापेक्षवाद भी कहते हैं। यह सापेक्षता का सिद्धान्त आध्यात्मिक और लौकिक दोनों प्रकार के पक्षों को

सिद्ध करता है। यह सभी प्रकार के विवादों और मतभेदों को समाप्त कर एक स्वस्थ परम्परा स्थापित करता है, जिससे इहलौकिक और पारलौकिक शान्तिलाभ होता है।

वस्तुस्वरूप के विचार की विभिन्न दृष्टियाँ हैं। सब अपनी-अपनी दृष्टि से उस पर विचार करते हैं। द्रव्यदृष्टि वाला उसे नित्य कहता है। तो पर्यायदृष्टि वाला उसे अनित्य, अत: इन विभिन्न दृष्टियों का समन्वय होना आवश्यक है। इसके लिए जैनदर्शन में 'नयवाद' या 'सापेक्षवाद' का आविर्भाव हुआ, जो ज्ञाता के अभिप्राय विशेष को बतलाता है।

नयवाद कहता है, हम अपनी धारणाओं को जितना महत्त्व देते हैं, उतना ही दूसरे की धारणाओं को भी देना चाहिए। प्रत्येक व्यक्ति की अपनी योग्यता होती है और अपना वातावरण। धारणाएँ भी तदनुसार बन जाती हैं और वह उन्हीं को लेकर अपने विचार प्रकट करता है। सत्य पर पहुँचने के लिए आवश्यक है कि व्यक्ति परस्पर विरोधी धारणाओं के खण्डन-मण्डन में न पड़कर उन परिस्थितियों पर ध्यान दे, जिन्हें लेकर वे अस्तित्व में आयी। एक ही पुरुष को एक स्त्री पुत्र के रूप में देखती है, दूसरी भाई के रूप में, तीसरी पिता के रूप में और चौथी पति के रूप में। यदि पुत्र कहने वाली पिता कहने वाली पर अथवा भाई कहने वाली या पति कहने वाली पर आक्षेप करे तो इसे उचित नहीं कहा जा सकता है। यही बात दार्शनिक मान्यताओं की है।

प्रत्येक वस्तु में प्रतिक्षण परिवर्तन हो रहा है और स्थायित्व भी है। बौद्धदर्शन ने परिर्वतन को वास्तविक कहा और स्थायित्व को मिथ्या। इसके विपरीत वेदान्त ने स्थायित्व को वास्तविक कहा और परिवर्तन को मिथ्या। प्रथम ने भेद को सत्य कहा और अभेद को मिथ्या। द्वितीय ने अभेद को सत्य और भेद को मिथ्या। जैनदर्शन कहता है कि विभिन्न दृष्टियों से स्थायित्व एवं परिवर्तन, अभेद एवं भेद दोनों सत्य हैं। द्रव्यार्थिक नय की अपेक्षा से वस्तु स्थायी अथवा नित्य है और पर्यायार्थिक नय की अपेक्षा से वस्तु परिवर्तनशील अथवा अनित्य है। वैचारिक समता के इसी दृष्टिकोण को लेकर 'अनेकान्त' का विकास हुआ, जो जैनदर्शन का प्राण है। अनेकान्त की इस दृष्टि को लेकर 'नयवाद' अस्तित्व में आया जो वैचारिक समन्वय का ही दूसरा नाम है।

नयवाद कहता है कि वस्तु के अनन्त धर्मों और पर्यायों को अनन्त चक्षुओं से देखो। उन्हें किसी एक ही चक्षु से मत देखो। जो व्यक्ति वस्तु-सत्य को एक चक्षु से देखता है वह अपने सिद्धान्त का समर्थन और दूसरे की स्वीकृतियों का खण्डन करता है।

नयवाद का दृष्टिकोण वैचारिक द्वन्द्व की समाप्ति का दृष्टिकोण है। इससे सभी विचारधाराओं का समन्वय सधता है। यह समन्वय का मार्ग एकांगी दृष्टिकोण, वैचारिक अभिनिवेश और मताग्रह से होने वाली हिंसा तथा प्रतिशोधभावना से मुक्ति देने वाला है।

अध्यात्म के परिज्ञान तथा उसकी उपलब्धि के लिए भी स्याद्वाद और नयवाद की महती उपयोगिता है। यह आत्मा कर्मों के विलक्षण सम्बन्ध के कारण पर को निज मानता चला आ रहा है। इसी मान्यता के कारण ज्ञान-दर्शनस्वरूप आत्मा ने स्वकीय शुद्धात्मद्रव्य से च्युत होकर परद्रव्य के निमित्त से उत्पन्न राग-द्वेष-मोह के साथ अभेद सम्बन्ध समझकर परद्रव्यों को अपना मान लिया है। यही मान्यता परसमय है और जब यह आत्मा समस्त पदार्थों के स्वरूप को अवगत करने वाले भेदज्ञान को प्राप्त कर लेता है, तो आत्मतत्त्व के साथ एकत्व की बुद्धि कर अपने चैतन्य स्वरूप में स्थित हो जाता है। इसी को स्वसमय कहते हैं। स्वसमय और परसमय ये दोनों आत्मा की दो पर्याय हैं। एक पर्याय पुद्गलकर्म के सम्बन्ध से है और दूसरी पर्याय चैतन्य स्वरूप की अवस्थिति की अपेक्षा से है। जब तक शरीर सम्बन्ध है, तब तक आत्मा को संसारी कहा जाता है और शरीर-सम्बन्ध का अभाव होने पर इसे सिद्ध। सामान्य रूप से आत्मा न सिद्ध है न संसारी, किन्तु स्व-स्वरूप निमग्न है, क्योंकि वहाँ कोई संज्ञा ही नहीं है। ये आत्मा की दोनों अवस्थाएँ हैं और ये दोनों पर्यायदृष्टि हैं। द्रव्यदृष्टि से आत्मा नित्य, शुद्ध, अबद्ध, परिणमनशील है, उत्पाद-व्यय-ध्रौव्य युक्त है। चैतन्यस्वरूप होने के कारण ही यह ज्ञान-दर्शन स्वरूप है।

आत्मा दर्पणवत् है, इसकी स्वच्छता में समस्त पदार्थ प्रतिभासित होते हैं। इसका स्वभाव निर्मल है, कर्मजनित विकारों या विभावों से रहित है, संकल्प-विकल्पों से मुक्त शुद्ध स्वरूप है। अतः स्वानुभूति द्वारा शुद्धात्म स्वरूप को प्राप्त करने का प्रयत्न करना चाहिए। स्वानुभूतिजन्य सुख अलौकिक, अनुपम, अतीन्द्रिय और निज स्वभाव रूप होता है। इससे परमशान्ति और अलौकिक आनन्द की प्राप्ति होती है, किन्तु इसकी प्राप्ति तभी हो सकती है, जब आत्मशुद्धि हो और आत्मशुद्धि का सबसे प्रमुख साधन है आत्मसत्ता की आस्था के साथ स्व-पर के भेद को अवगत करना और स्व-पर भेदावगति नयों द्वारा हो सकती है अतः नयों का परिज्ञान आवश्यक है। नय-परिज्ञान के बिना जीवन में भेदज्ञान का प्रकाश उत्पन्न नहीं हो सकता और भेद विज्ञान का प्रकाश उत्पन्न न होने से हमारा आत्मा अज्ञानान्धकार में ही भटकता रहता है। भेद विज्ञान का दीपक प्रज्वलित होते ही अन्धश्रद्धा का

तिमिर नष्ट हो जाता है। साधक को आत्मानुभूति होने के साथ स्व स्वरूप की उपलब्धि होने लगती है और जीवन अमल-धवल बन जाता है।

इसप्रकार स्याद्वाद और नयवाद के द्वारा जहाँ सैद्धान्तिक, दार्शनिक और आध्यात्मिक जीवन-पक्ष साधा जा सकता है वहाँ लौकिक जीवन-व्यवहार के पक्ष को भी सुव्यवस्थित किया जा सकता है।

वास्तव में जब-जब विवाद, संघर्ष, और बड़े-बड़े युद्ध हुए, वे सब एकांगी दृष्टिकोण और विचारधारा से ही हुए। आज विश्व की अशान्ति और बर्बरता का एकमात्र कारण है तो यही है कि दूसरों के विचारों के प्रति असहिष्णुता और उनके मन्तव्यों का अनादर या उपेक्षा करना। अत: स्याद्वाद और नयवाद का सिद्धान्त यही बताता है कि केवल अपने विचारों और सिद्धान्तों को महत्व न देकर दूसरों के विचारों के प्रति सहिष्णुता रखना और दूसरों के सिद्धान्तों का आदर करना जब हम स्वीकार कर लेते हैं तो सहज ही संघर्ष, विवाद और युद्ध समाप्त हो जाते हैं।

आज के शब्दों में अनेकान्त, स्याद्वाद और नयवाद का चिन्तन और मनन प्रजातान्त्रिक पद्धति और समाजवादी समाजरचना की आधारशिला है। इसीलिए बड़े-बड़े दार्शनिक और चिन्तक भी यह मानते हैं कि दर्शन के क्षेत्र में अनेकान्त, स्याद्वाद और नयवाद का सिद्धान्त एक मौलिक देन है। आज विश्व में शान्ति-स्थापना के लिए अनेकान्त, स्याद्वाद और नयवाद के समन्वयवादी दृष्टि को स्वीकार करने की महती आवश्यकता है। हिंसा और भय से पीड़ित प्राणियों के लिए अहिंसा के अतिरिक्त कोई दूसरा मार्ग नहीं है। इसी प्रकार पारस्परिक संघर्ष, विवाद और युद्धों को समाप्त करने के लिए उक्त सिद्धान्तों के समन्वयवादी दृष्टिकोण को अपनाने के अतिरिक्त दूसरा कोई उपाय नहीं है।

स्याद्वाद और नयवाद मन के टकरावों और तनावों को रोकता है, जिस प्रकार चौराहे पर खड़ा हुआ सिपाही अपने हाथों के संकेतों से चारों ओर से आने-जाने वाले पैदल यात्रियों, बसों, कारों और तांगों आदि के टकरावों को रोकता है। अत: जीवन को सुखी और शान्त बनाने के लिए समन्वयवादी दृष्टिकोण को अपनाना आवश्यक है। अन्यथा पिता-पुत्र, भाई-भाई, देश, समाज और राष्ट्रों में टकराव, तनाव, संघर्ष और युद्ध प्रारम्भ हो जाएँगे, समस्त विश्व में अशान्ति का वातावरण छा जाएगा, मानवता त्रस्त हो उठेगी और चारों और 'त्राहि-त्राहि' की ध्वनि गूँज उठेगी।

आज सारा संसार भौतिकवाद की ओर अग्रसर हो रहा है। वह धनसंचय और अणुशक्ति के विकास में लगा हुआ है। उसके विनाशकारी प्रयोगों को संसार देख चुका है। इसलिए आज बड़े-बड़े राष्ट्र भयभीत और एक दूसरे के प्रति अविश्वस्त

हो रहे हैं। इसीलिए अणु अस्त्रों की होड़ में लगे देश भी विरोधों को छोड़कर एक मंच पर बैठकर सह-अस्तित्व का चिन्तन करने लगे हैं। वैज्ञानिक अपने द्वारा निर्मित विनाशक यन्त्रों और अस्त्रों से स्वयं परेशान हैं और बहुमत से स्वीकार करने लगे हैं कि बिना वैचारिक सामंजस्य और समन्वय के सुख-शान्ति सम्भव नहीं है।

आज मानव ग्रहों और चाँद तक तो पहुँच गया, किन्तु मानवता और आत्मशान्ति उसकी पहुँच के बाहर हो रहे है; क्योंकि उस ओर उसका लक्ष्य ही नहीं है। वास्तव में सच्चाज्ञान वही है जो जीवन में उतरे। आज विज्ञान की प्रगति से ज्ञान का क्षेत्र तो व्यापक हो गया, लेकिन उसका सम्बन्ध जीवन से टूट गया है इसीलिए आज बार-बार कहा जा रहा है कि विज्ञान और अध्यात्म का समन्वय होना चाहिए तभी कुछ शान्ति हो सकती है, किन्तु वही समन्वय नहीं हो पा रहा है।

आज सहचारिता, सहिष्णुता और भावात्मक एकता की महती आवश्यकता है, इसी से विश्व में शान्ति की स्थापना हो सकती है। अत: यह आवश्यक है कि हम अपनी दृष्टि को भौतिकवाद से हटाकर अध्यात्मवाद की ओर मोड़ने का प्रयास करें और समन्वय के मार्ग को अपनावें। तभी ये समस्याएँ सुलझ सकेंगी।

संक्षेप में यही कहना पर्याप्त होगा कि उक्त सभी आपत्तियों से बचने के लिए तथा सुखी, शान्त और सन्तुलित जीवन जीने के लिए विचार में अनेकान्त, भाषा में स्याद्वाद और व्यवहार में नयवाद या सापेक्षवाद को अपनाना श्रेयस्कर है।

❑❑❑

सहायक ग्रन्थ-सूची

(क) संस्कृत

अकलंक ग्रन्थत्रयम्, आचार्य अकलंक देव, सिंधी जैन ग्रन्थमाला, अहमदाबाद, 1939

अष्टसहस्त्री, आचार्य विद्यानन्द, निर्णयसागर प्रेस, बम्बई, 1915

अष्टशती, आचार्य अकलंक देव, निर्णयसागर प्रेस, बम्बई,

अन्ययोगव्यवच्छेदिका, हेमचन्द्राचार्य, परमश्रुतप्रभावकमण्डल, बम्बई, 1935

अयोगव्यवच्छेदिका, हेमचन्द्राचार्य, परमश्रुतप्रभावकमण्डल, बम्बई, 1935

आप्तमीमांसा, समन्तभद्राचार्य, वीर सेवा मन्दिर ट्रस्ट, दिल्ली, 1967

आलापपद्धति, देवसेनाचार्य, शान्ति वीर दि. जैन संस्थान, महावीर जी, 1970

छान्दोग्योपनिषद्, शांकरभाष्य सहित, गीताप्रेस, गोरखपुर, वि. सं., 2013

जैन तर्कभाषा, यशोविजय, त्रिलोकरत्न स्था. जैन धार्मिक परीक्षा-बोर्ड, पाथर्डी (अहमदनगर), 1964

तत्त्वार्थसार, आचार्य अमृतचन्द्र, श्री गणेश प्रसाद वर्णी ग्रन्थमाला, वाराणसी, 1970

तत्त्वार्थसूत्र, आचार्य उमास्वामी, दि. जैन पुस्तकालय, सूरत, 1941

तत्त्वार्थवृत्ति, श्री श्रुतसागर सूरि, भारतीय ज्ञानपीठ, काशी, 1949

तत्त्वार्थाधिगमभाष्य, आचार्य उमास्वाति, परमश्रुत प्रभावक मण्डल, बम्बई, 1932

तत्त्वार्थश्लोकवार्तिक, आचार्य विद्यानन्द, नि. सा. प्रेस, बम्बई, 1918

तत्त्वार्थराजवार्तिक, आचार्य अकलंक देव, भारतीय ज्ञानपीठ, काशी, 1953

तर्कभाषा, श्री केशवमिश्र, चौखम्बा संस्कृत सीरीज, बनारस, 1953

तर्कसंग्रह, श्री अन्नम्भट्ट, भारतीय संस्कृत भवन, जालंधर, 1967

धवला (षट्खण्डागम की टीका), आचार्य वीरसेन, जैन साहित्योद्धारक फण्ड, अमरावती, 1939

धवला टीका, पु. 9, आचार्य वीरसेन, जैन साहित्योद्धारक फण्ड, अमरावती, 1949

धवला टीका, पु. 13, आचार्य वीरसेन, जैन साहित्योद्धारक फण्ड, अमरावती, 1949

न्यायकुमुदचन्द्र (द्वितीय भाग), आचार्य प्रभाचन्द्र, माणिकचन्द दि. जैन ग्रन्थमाला, बम्बई, 1941

न्याय विनिश्चय विवरण भाग 1., श्री वादिराज सूरि, भारतीय ज्ञानपीठ, काशी, 1944

न्याय विनिश्चय विवरण भाग 2., श्री वादिराज सूरि, भारतीय ज्ञानपीठ, काशी, 1954

न्यायावतार, आचार्य सिद्धसेन, परमश्रुत प्रभावक मण्डल, बम्बई, 1950

न्यायावतारवार्तिकवृत्ति, श्रीशान्ति सूरि, भारतीय विद्याभवन, बम्बई, 1949

न्यायदीपिका, श्री अभिनवधर्मभूषणयति, वीर सेवा मन्दिर, सरसावा, 1945

पंचाध्यायी, श्री पं. राजमल, गणेश प्रसाद वर्णी जैन ग्रन्थमाला, बनारस, वी. नि. सं. 2476

प्रमाणमीमांसा, आ. हेमचन्द्र, श्री सुधर्मा मुद्रणालय, पाथर्डी (अहमदनगर) 1970

प्रमेयकमलमार्तण्ड, आ. प्रभाचन्द्र, निर्णयसागर प्रेस, बम्बई, 1941

प्रमाण-नय-तत्त्वालोक, श्री वादिदेव सूरि, आत्म-जागृति कार्यालय, व्यावर, 1942

प्रमेयरत्नमाला, आ. अनन्तवीर्य, चौखम्बा विद्या भवन, वाराणसी, 1964

परीक्षामुख, आ. माणिक्यनन्दी, पं. घनश्यामदास, स्याद्वाद महाविद्यालय, काशी, वि. सं. 1972

पुरुषार्थसिद्ध्युपाय, आ. अमृतचन्द्र, दि. जैन मन्दिर, रोहतक 1940

महाभाष्य, महर्षि पातंजल, जगद्धितेच्छु मुद्रणालय, पूना, वि. सं. 1944

मीमांसाश्लोकवार्तिक, कुमारिल भट्ट, चौखम्बा सीरिज, काशी

युक्त्यनुशासन, आ. समन्तभद्र, वीर सेवा मन्दिर, सरसावा, 1951

लघीयस्त्रयम्, आ. अकलंकदेव, सिंधी जैन ग्रन्थमाला, अहमदाबाद 1939

विशेषावश्यकभाष्य, श्री जिनभद्रगणी क्षमाश्रमण, ला. द. भारतीय संस्कृति विद्यामन्दिर, अहमदाबाद, 1968

वृहत् स्वयम्भूस्तोत्र, आ. समन्तभद्र, शान्तिवीर दि. जैन संस्थान, महावीरजी, 1969

वेदान्तसार, सदानन्द, चौखम्बा विद्याभवन, वाराणसी, 1959

समयसार कलश, आ. अमृतचन्द्र, दि. जैन स्वाध्याय मन्दिर ट्रस्ट, सोनगढ़, 1964

सप्तभंगीतरङ्गिणी, श्रीमद्विमलदास, निर्णयसागर प्रेस, बम्बई, वी. नि. 2431

सांख्यकारिका, ईश्वर कृष्ण, भारतीय साहित्य विद्यालय, काशी, वि. सं. 2013

सर्वदर्शनसंग्रह, माधवाचार्य, लक्ष्मी वेंकटेश्वर प्रेस, बम्बई, सं. 1982

सर्वार्थसिद्धि, आ. पूज्यपाद, भारतीय ज्ञानपीठ, काशी, 1955

सिद्धिविनिश्चय टीका 1., आ. अनन्तवीर्य, भारतीय ज्ञानपीठ, काशी, 1959

सिद्धिविनिश्चय टीका 2., आ. अनन्तवीर्य, भारतीय ज्ञानपीठ, काशी, 1959

स्याद्वादमंजरी, आ. मल्लिषेण, परमश्रुतप्रभावक मण्डल, बम्बई, 1935

ब्रह्मसूत्र-शांकरभाष्य, शंकराचार्य, चौखम्बा विद्याभवन, वाराणसी, 1964

सिद्धान्तकौमुदी, भट्टोजिदीक्षित, निर्णयसागर प्रेस, मुम्बई, 1933

श्रीमद्भगवद्गीता, वेद व्यास, गीताप्रेस, गोरखपुर, 1970

(ख) प्राकृत

कत्तिगेयाणुपेक्खा (कार्तिकेयानुप्रेक्षा) स्वामिकुमार, परमश्रुत प्रभावक राजचन्द्र, जैन शास्त्रमाला, अगास, 1960

कुन्दकुन्दप्राभृतसंग्रह, कैलाशचन्द्र शास्त्री, जैन संस्कृति संरक्षक संघ, सोलापुर, 1960

गोम्मटसार (जीवकाण्ड), आ. नेमिचन्द्र सिद्धान्त चक्रवर्ती, परमश्रुतप्रभावक मण्डल, बम्बई, 1927

गोम्मटसार (कर्मकाण्ड) आ. नेमिचन्द्र सिद्धान्त चक्रवर्ती, परमश्रुतप्रभावक मण्डल, बम्बई, 1928

जयधवला (कषाय पाहुड की टीका) आचार्य वीरसेन, भा. दि. जैन संघ, चौरासी, मथुरा, 1974

तिलोयपण्णत्ती भाग 1, आ. यतिवृषभ, जैन संस्कृति संरक्षक संघ, सोलापुर, 1943

द्रव्यसंग्रह, आ. नेमिचन्द्र, दि. जैन प्रज्ञा पुस्तकमाला, लुहर्री (झांसी), 2465

नयचक्र, श्री माइल्लधवल, भारतीय ज्ञानपीठ, काशी, 1971

नियमसार, आ. कुन्दकुन्द, दि. जैन पारमार्थिक ट्रस्ट, बम्बई, 1960

पंचास्तिकाय, आचार्य कुन्दकुन्द, दि. जैन स्वाध्याय मन्दिर ट्रस्ट, सोनगढ़, 1959

प्रवचनसार, आचार्य कुन्दकुन्द, पाटनी दि. जैन ग्रन्थमाला, मारोठ, 1950

समयसार, आचार्य कुन्दकुन्द, पाटनी दि. जैन ग्रन्थमाला, मारोठ, 1953

सन्मतिप्रकरण, आचार्य सिद्धसेन, ज्ञानोदय ट्रस्ट, अहमदाबाद, 1963

(ग) हिन्दी

चिद्विलास, पं. दीपचन्द्र काशलीवाल, सेठी दि. जैन ग्रन्थमाला, बम्बई,

जैन-सिद्धान्त-दर्पण, पं. गोपालदास जी बरैया, मुनि श्री अनन्तकीर्ति दि. जैन ग्रन्थमाला समिति, बम्बई, 1928

जैनदर्शन और विज्ञान, प्रो. जी. आर. जैन, वीर भवन, मेरठ, 1971

नयदर्पण, श्री जिनेन्द्र वर्णी, दि. जैन पारमार्थिक संस्थाएं, इन्दौर, 1965

प्रेमी अभिनन्दन ग्रन्थ, प्रेमी अभिनन्दन ग्रन्थ समिति, टीकमगढ़, 1946

जैन दर्शन के मौलिक तत्त्व, मुनि नथमल, मोतीलाल बेगानी चेरिटेबल ट्रस्ट, कलकता

जैनधर्म, सिद्धान्ताचार्य पं. कैलाशचन्द्र जैन, भा. दि. जैन संघ चौरासी, मथुरा, 2475

भारतीय दर्शन (हिन्दी अनुवाद) भाग 1., डॉ. राधाकृष्णन, राजपाल एण्ड संस, दिल्ली, 1969

भारतीय दर्शन, श्री बलदेव उपाध्याय, शारदा मन्दिर प्रकाशन, काशी, 1971

जैन दर्शन और आधुनिक विज्ञान, मुनिश्री नगराज जी, आत्मा राम एण्ड संस, देहली

शब्दकल्पद्रुम, श्री राधाकान्त देव, चौखम्बा संस्कृत सीरीज़, वाराणसी

ग्रन्थ संकेत सूची

संकेत	ग्रन्थ
अ. ग्र.	अकलंक ग्रन्थत्रयम्
अ. यो. व्य.	अन्ययोगव्यवच्छेदिका
अ. व्य.	अयोगव्यवच्छेदिका
अ. श.	अष्टशती
अ. स.	अष्टसहस्री
आ. प.	आलापपद्धति
आ. मी.	आप्तमीमांसा
का. क.	कत्तिगेयाणुपेक्खा (कार्तिकेयानुप्रेक्षा)
कु. कु. प्रा. सं.	कुन्दकुन्दप्राभृतसंग्रह
गो. क.	गोम्मटसार (कर्मकाण्ड)
गो. जी.	गोम्मटसार (जीवकाण्ड)
चि. वि.	चिद्विलास
छान्द. उ.	छान्दोग्योपनिषद्
ज. ध. टी.	जयधवला (कषायपाहुड की टीका)
जैन तर्क.	जैन तर्कभाषा
जैन सि. द.	जैन-सिद्धान्त-दर्पण
त. अ. भा.	तत्त्वार्थाधिगमभाष्य
त. भा.	तर्कभाषा
त. रा. वा.	तत्त्वार्थराजवार्तिक
त. वृ.	तत्त्वार्थवृत्ति

त. श्लो.	तत्त्वार्थश्लोकवार्तिक
त. सं.	तर्कसंग्रह
त. सा.	तत्त्वार्थसार
त. सू.	तत्त्वार्थसूत्र
ति. प.	तिलोयपण्णत्ती
द्र. सं.	द्रव्यसंग्रह
ध. टी.	धवला (षट्खण्डागम की टीका)
ध. पु.	धवला टीका, पु. 9
न. च.	नयचक्र
न. द.	नयदर्पण
नि. सा.	नियमसार
न्या. कु. च.	न्यायकुमुदचन्द्र
न्या. दी.	न्यायदीपिका
न्याया.	न्यायावतार
न्या. वा. वृ.	न्यायावतारवार्तिकवृत्ति
न्या. वि.	न्यायविनिश्चयविवरण
पं. का.	पंचास्तिकाय
पंचाध्या.	पंचाध्यायी
प. मु.	परीक्षामुख
पु. सि.	पुरुषार्थसिद्ध्युपाय
प्र. क. मा.	प्रमेयकमलमार्तण्ड
प्र. न. त.	प्रमाण-नय-तत्त्वालोक
प्र. मी.	प्रमाणमीमांसा
प्र. र.	प्रमेयरत्नमाला
प्र. सा.	प्रवचनसार
ब्र. सू. शां. भा.	ब्रह्मसूत्र-शांकरभाष्य
भा. द.	भारतीय दर्शन (हिन्दी अनुवाद)
भा. द.	भारतीय दर्शन
म. भा.	महाभाष्य
मी. श्लो. वा.	मीमांसाश्लोकवार्तिक
यु. शा.	युक्त्यनुशासन

लघी.	लघीयस्त्रयम्
वि. आ. भा.	विशेषावश्यकभाष्य
वृ. स्व. स्तो.	वृहत् स्वयम्भूस्तोत्र
वे. सा.	वेदान्तसार
स. द. सं.	सर्वदर्शनसंग्रह
स. भं. त.	सप्तभंगीतरङ्गिणी
स. प्र.	सन्मतिप्रकरण
स. सा.	समयसार
स. सा. क.	समयसार कलश
सां. का.	सांख्यकारिका
स. सि.	सर्वार्थसिद्धि
सि. को.	सिद्धान्तकौमुदी
सि. वि. टी.	सिद्धिविनिश्चय टीका
स्या. मं.	स्याद्वादमंजरी

णाणं
पयासयं

वीर नि.सं. 2470

ई. सन् 1944

भारतीय ज्ञानपीठ